Ingo Hermann

Hardenberg
Der Reformkanzler

Ingo Hermann

Hardenberg

Der Reformkanzler

Siedler

© 2003 by Siedler Verlag, Berlin
einem Unternehmen der Verlagsgruppe
Random House GmbH

Alle Rechte vorbehalten,
auch das der fotomechanischen Wiedergabe.
Redaktion und Register: Stephanie Esser, Berlin
Schutzumschlag: Rothfos & Gabler, Hamburg
Satz und Reproduktionen: Bongé + Partner, Berlin
Druck und Buchbinder: GGP Media, Pößneck
Printed in Germany 2003
ISBN 3-88680-729-0
Erste Auflage

*Für Monika, Julia
und David*

Inhalt

7

9

Das steinerne Herz

Am Dorfanger von Neuhardenberg im Oderland steht die Patronatskirche der alten Herrschaft Neuhardenberg. Nach der Wende von 1989 wurde sie restauriert. Sie verbindet das Schloss mit dem Dorf und fügt beides zu einem charakteristischen Ensemble zusammen. Frau Busch, eine Mitarbeiterin des Heimatvereins, schließt die Tür auf und erzählt, was sie weiß.[1] Über den großen Brand im Jahre 1801. Den Wiederaufbau durch Schinkel. Die Arbeiten seit der Wende. Dann fragt sie: »Wollen Sie sein Herz sehen?«

»Sein Herz« ist das Herz des Staatskanzlers Karl August Fürst von Hardenberg. Es liegt unter einer Glasglocke in einer gemauerten, von einer kleinen Holztür verschlossenen Nische in der Rückwand des Altars.

Wenn man die Tür öffnet, fällt elektrisches Licht auf den faustgroßen Herzmuskel. Die Aorta, die Venen und die Arterien sind, noch erkennbar, mit einem Hanftau abgebunden. Das konservierte Herz wirkt steinern, obgleich es ganz leicht ist. Es ist das Herz eines Menschen, der vor fast zwei Jahrhunderten gestorben ist.

In der Erinnerung der Zeitgenossen und der Nachwelt war Karl August von Hardenberg ein stattlicher Mann, hoch gewachsen und von anmutigen Bewegungen. Ernst Moritz Arndt schildert ihn als einen Mann mit einem schönen Kopf und leuchtenden blauen Augen. Die zeitgenössischen Porträts, etwa das Tischbein zugeschriebene oder das von Lawrence, zeigen einen aristokratischen Kopf mit offenem, der Außenwelt zugewandtem Blick. Selbstbewusst strahlen seine Augen Gelassenheit, Wohlwollen und Freundlichkeit aus. Seine Züge verraten waches Interesse an allem, was um ihn herum vorging.

Er wirkt bäuerlich fest und stark. Sein Mund lässt Sinnlichkeit, Freude am Genießen und die Neigung zur Ironie, aber auch die Offenheit für Spaß und Humor erkennen. Mehrere Zeitgenossen, wie Amalie von Beguelin oder Wilhelm Dorow, rühmen die natürliche Vornehmheit seines Auftretens mit folgender Gedankenfigur: Selbst wenn er im Schurzfell und in den Zeichen eines Handwerkers ins Zimmer träte oder beim Diner, allen völlig unbekannt, als Diener hinter dem Stuhl eines geladenen Gastes stünde, würde man ihn doch als Edelmann erkennen, würde aufstehen, sich verneigen und ihn bitten, an der Tafel Platz zu nehmen.[2]

Der Berliner Bischof Friedrich Eylert beschreibt Hardenbergs Stimme: *sonor und wohlklingend, die Sprache langsam, ruhig, bedächtig und verständlich – aber keineswegs imponierend diktatorisch, und gehalten im Tone der Konversation.*[3]

Allgemein war wohl das Empfinden, dass er ein in sich ruhender Mensch war, dessen Inneres und Äußeres in harmonischer Übereinstimmung standen und dessen Sinn für Maß und Schönheit eine Eleganz des Geistes und eine Verletzbarkeit des Herzens offenbarten, wie man sie eher bei einem Künstler als bei einem aristokratischen homo politicus der Aufklärungszeit erwarten würde.

Es versteht sich von selbst, dass ein solcher von Natur und Schicksal begünstigter Mann auch beneidet und angefeindet wurde und dass Neid und Missgunst genau die Eigenschaften seines Charakters ins Negative wendeten, die seine Würde und seinen Glanz begründeten. Aus der Selbstsicherheit wurde im Urteil der Gegner Arroganz, aus der Geschmeidigkeit Opportunismus, aus der Flexibilität Verschlagenheit. Keiner seiner Vorzüge blieb von Herabsetzung verschont. Und selbst ein großer Geist wie Karl Freiherr vom Stein, den Golo Mann doch als einen »starken, stolzen, warmherzigen und guten Mann« charakterisiert,[4] war sich nicht zu schade, Hardenbergs berufliches und privates Profil, seine diplomatische Geschicklichkeit und seine heitere Lebens- und Liebeslust mit der Formel zu denunzieren, er sei »halb Fuchs, halb Bock«.

Das Bild, das der Freiherr vom Stein sich von Karl August von Hardenberg gemacht hat, ist ein in schrägen Konturen gezeichnetes, dunkles und zugleich schrilles Gemälde, gemischt aus Enttäuschung und Verachtung und durchsetzt von Anziehung und Abstoßung. Steins Urteil hat ohne Zweifel die Meinung der Nachwelt über Hardenberg eingefärbt und dafür gesorgt, dass Hardenberg immer wieder vernachlässigt oder sogar verleumdet wurde. Es ist bezeichnend, dass Steins erste Äußerung über Hardenberg Anstoß nimmt an einer höchst privaten Angelegenheit: der Heirat mit Sophie von Lenthe. Stein war zu diesem Zeitpunkt Direktor der Cleveschen und Märkischen Kammer in Wetter an der Ruhr und war Hardenberg noch nie begegnet. *Die Geschichte von Hardenberg und Lenthe ist eine Folge von Leichtsinn, Sinnlichkeit und beides mit etwas romanhaftem und empfindsamem Wesen überguldet –, damit diese Menschen ihre Laster edel und interessant machen wollen. Ich hörte die näheren Umstände in Hannover, und mir erregten sie Abscheu und Verachtung.*[5] Stein und Hardenberg haben trotzdem zusammengearbeitet.

Die »Stein-Hardenbergschen Reformen« sind in das Geschichtsbewusstsein vieler Menschen eingegangen, und weder Abscheu noch Verachtung können ungeschehen machen, dass beide im Dienst des preußischen Staates, wenn auch in unterschiedlichen Nuancen, die gleichen Ziele verfolgt haben. Umso erschreckender ist dann der Zynismus, mit dem Stein auf den Tod des Staatskanzlers reagierte: *Wenn er nur wirklich ernstlich und zum letzten Male tot ist, so gratuliere ich zuerst der preußischen Monarchie zu diesem glücklichen Ereignis.*[6]

Ein Jahr, nachdem Hardenberg mit 72 Jahren während einer Reise in Genua gestorben war, wurde sein Leichnam nach Neuhardenberg überführt und dort, seinem Wunsch entsprechend, an der Dorfkirche beigesetzt. Im »Mausoleum«, von dem nur eine Außenwand zu sehen ist, zeigt eine Inschrift an, dass er hier begraben wurde.

Was mag den Staatskanzler Preußens bewogen haben, sein Herz, getrennt vom Körper, konservieren und sichtbar bestatten zu lassen? Aus den Formulierungen seiner Tagebücher und autobiografischen Aufzeichnungen geht hervor, dass das Herz für ihn eine zentrale Metapher war. So sprach er im Alter von 56 Jahren rückblickend von einigem Unglück, das ihm widerfahren sei, *besonders in Dingen, die mein Herz ergriffen.* Wenn er erzählte, er habe dem König etwas sehr dringlich vor Augen geführt, dann sagt er, er habe es *in der Sprache des Herzens* getan.

Trotzdem muss es, über das Metaphorische hinaus, mit dem Wunsch nach einer Herzbestattung etwas Besonderes auf sich haben. Schon seit dem Mittelalter gab es in Mitteleuropa Herzbestattungen.[7] Kam ein Adliger bei einem Feldzug oder einem Kreuzzug zu Tode und war eine Überführung des Leichnams in

13

die Heimat nicht möglich, sollte wenigstens sein Herz, der Sitz seines Lebens und seiner Seele, an einem Ort bestattet werden, der für ihn wichtig oder bedeutungsvoll war. Das Herz wurde entnommen, in einer Kapsel geborgen und später bestattet. Zwar hattete Papst Bonifaz VIII. 1299 die Öffnung des menschlichen Körpers eine »verabscheuungswürdige Unsitte« und eine »gräßliche Gewohnheit« genannt, doch verloren sich die Bedenken der Kirche allmählich – vor allem unter dem Einfluss des Reliquienkultes und später auch der medizinischen Wissenschaft, die im 15. Jahrhundert von den Päpsten ausdrücklich gefördert wurde. Als der gelehrte Diplomat und Kardinal Nikolaus von Kues 1464 starb, wurde sein Leichnam in Rom, sein Herz aber in seiner Heimat, in Kues an der Mosel, beigesetzt.

Hardenberg war der Gedanke also nicht völlig fremd, das Herz vom übrigen Körper getrennt zu bestatten, obgleich dieser Brauch mehr in katholischen Ländern üblich war und für ihn als Protestanten nicht – wie etwa für die Habsburger – normal war.

Ungewöhnlich aber ist vor allem die Bestimmung, das Herz solle *sichtbar* aufbewahrt werden. Sagt die Herzbestattung als solche nur, was jede Bestattung ausdrücken will: Ich möchte in der Welt der Lebenden auch nach meinem Tode präsent bleiben, so bringt die sichtbare Aufbewahrung des Herzens, wie Hardenberg sie verfügte,[8] einen weiteren Gedanken ins Spiel.

Weil die Menschen in sinnlicheren Zeiten geglaubt haben, dass Bosheit und Verfehlungen sichtbare Spuren auf dem Herzen hinterlassen, würde seine Offenlegung bedeuten: Schaut auf mein Herz, und dann urteilt über mein Leben. Ich schütte mein Herz vor euch aus. Jeder kann es anschauen. Ich habe nichts zu verbergen. Hat irgendeine Sünde, irgendeine Schuld ihre Spuren hinterlassen? Es gibt keine Spur. Denn es gibt keine Schuld, die nicht gesühnt wäre. Dieses Herz ist nicht falsch. Es ist jetzt versteinert, um zu überdauern. Als es noch schlug, war es aus Fleisch, ein weiches, ein warmes Herz. Es hat oft schneller geschlagen als gewöhnlich: wenn die Liebe oder der Zorn ihren Tribut verlangten. Aber es ist auf dem rechten Fleck geblieben, was immer geschah. Niemals war ich herzlos.

Als wolle sie eine Brücke in die Gegenwart schlagen, führt Frau Busch den Besucher, weg von Hardenbergs Herz, zu den Zeugnissen der jüngeren Geschichte. Auf dem Friedhof finden sich aus jüngster Zeit zwei Grabsteine mit den Namen der Renate Gräfin von Hardenberg und des Carl Hans Graf von Hardenberg, Verwandten des Staatskanzlers aus der »Neuhardenberger Linie«. Carl Hans gehörte zum Widerstandskreis gegen Hitler und wurde am 23. Juli 1944 im Schloss verhaftet und ins KZ Sachsenhausen deportiert. Dort sollte er auf seinen Prozess vor dem Volksgerichtshof warten. Als schwer kranker Mann wurde er 1945 von der Roten Armee befreit. Er kehrte nach Neuhardenberg zurück, musste aber bald einsehen, dass er unter den neuen Herren des Staates nicht bleiben konnte. Er starb 1957 in Kronberg im Taunus. Frau Busch erzählt:

Die Gräfin hat im Januar 1958 an den Bürgermeister von Marxwalde – so hieß Neuhardenberg in der DDR – einen Brief geschrieben und für sich und ihren Mann die Bitte geäußert, hier ihre letzte Ruhe finden und die Urnen auf dem Friedhof der Familie bestatten zu dürfen.

Im »Heimathaus« des Heimat-Vereins ist der Brief zu sehen, mit dem der Bürgermeister von Marxwalde auf die Bitte geantwortet hat. Am 30. Januar 1958 schrieb er, ohne die Bittstellerin anzureden:

Ihr an mich gerichtetes Schreiben vom 14. 1. 1958 gelangte in meinen Besitz. Von mir aus wurde es dem Rat der Gemeinde zur Stellungnahme und Beschlußfassung weitergeleitet.

Gemeinsam lehnen wir das an mich gerichtete Ansinnen mit der eindeutigen Begründung ab, daß der Name Graf von Hardenberg mit so viel Bitternis für die ehemals von ihm abhängige Bevölkerung von Marxwalde verbunden ist, daß eine Überführung der Leiche des Grafen von Hardenberg eine Verhöhnung des Willens der Mehrheit der Bevölkerung von Marxwalde darstellen würde.

Wir haben auf dem Gebiete unserer Republik die Junker und Großgrundbesitzer von dannen gejagt und wollen weder sie, noch ihre Asche wiederhaben. Im Auftrag ...[9]

Zwar haben die Verantwortlichen in ihrer Geschichtslosigkeit und ideologischen Härte Neuhardenberg in Marxwalde umbenannt und das Schloss verkommen lassen. Aber die Ruhestätte Karl Augusts von Hardenberg, der sich *wie wenige Menschen von Vorurteilen freigemacht* hatte,[10] haben sie nicht angetastet. Auch sein Herz nicht.

Die Reise ins märkische Oderland ist heute in jeder Hinsicht eine Reise in die Vergangenheit und in die Vergänglichkeit. Sie ist aber auch eine Reise in die Gegenwart der Geschichte. Denn mit Preußen sind die Deutschen noch nicht im Reinen. Wer heute die Region an der Oder erkundet, begegnet der europäischen Geschichte. Er begegnet einem vornationalen Europa, einem Europa, *das noch nicht am Nationalismus und Rassismus kaputtgegangen war*[11]; einem Europa, wie es für Hardenberg der selbstverständliche Horizont seines Denkens war; einem Europa, das zwar fern von jedem Gedanken an Einheit, aber sehr nah dem Gefühl einer zusammengehörenden Vielfalt von Skandinavien bis Italien und von England bis Russland war.

Einst hieß Neuhardenberg Quilitz. Zu Neuhardenberg wurde es erst, als König Friedrich Wilhelm III. das Staatsgut 1814 dem neu ernannten Fürsten Hardenberg schenkte und mit der Umbenennung des Ortes den verdienten Staatsmann ehren wollte. *Das in Meiner Ordre vom 3. Juni v.J. (1814) enthaltene Versprechen, Ihnen und Ihren Nachkommen zum Anerkenntnis der ausgezeichneten Verdienste, welche Sie sich um den Staat erworben haben, und der Mir und Meinem Hause in den verhängnisvollen Zeiten bewiesenen Anhänglichkeit den Besitz von standesmäßigen Gütern zu verleihen, will ich jetzt dadurch in Erfüllung gehen lassen, daß ich Ihnen die Güter Quilitz und Rosenthal sowie die vormalige Kommende Lietzen erb- und eigentümlich hiedurch verleihe. Diese Güter sollen eine Herrschaft ausmachen und den Namen Neuhardenberg zu Ihrem Andenken führen ...*[12]

Heute leuchtet das Schloss in hellem Weißgrau. Seine klassizistischen Formen verraten die Handschrift Schinkels. Der Bau ist sorgfältig restauriert[13] und wirkt in der kargen brandenburgischen Landschaft wie ein Kleinod aus besseren Zeiten. Bessere Zeiten, zu denen auch dieses seltsame steinerne Herz gehört.

Man kann sich wieder vorstellen, wie die Menschen gelebt haben. Der Staatskanzler hat nur gut 150 Tage hier verbracht, aber wenn er da war, kam das Leben. Verwalter und Lieferanten gingen aus und ein, die Kutschen fuhren vor zu gastlichen Diners und politischen Beratungen.

Und dann kam Karl August von Hardenberg ein letztes Mal. Varnhagen von Ense berichtet in seinem Tagebuch unter dem 23. Oktober 1823: *Die Leiche des Fürsten von Hardenberg wurde*

Schloss Neuhardenberg nach der Renovierung 2002

gestern mit Fackelbegleitung durch die Stadt gebracht, um nach Neuhardenberg geführt zu werden. Der Zug war gering, die Behörden waren nicht davon benachrichtigt, und so schlossen sich nur wenige Wagen dem Gefolge an. Viele Leute ärgerten sich über die geringe Beeiferung, und es zeigte sich noch viel warmer Anteil im Publikum für das Gedächtnis des guten Staatskanzlers. Friede sei mit ihm.

Der einflussreiche Politiker und Publizist Friedrich von Gentz, Sprachrohr Metternichs, hielt Hardenberg für moralisch tot, längst bevor er gestorben war. Und die Propyläen-Weltgeschichte meint: er starb *zu spät für seinen Ruhm, der einst so hell gestrahlt hatte.*[14]

Moralisch längst tot? Zu spät gestorben? Der Mann, dessen Reformwerk die Voraussetzung dafür war, dass Preußen sich aus dem Würgegriff Napoleons befreien konnte – moralisch tot? Der Mann, der die Fäden der preußischen, deutschen und europäischen Politik klug und schlau, leidenschaftlich und gerissen, weitblickend und doch ans Hier und Jetzt gebunden, zu einem Netzwerk verknüpfte – zu spät gestorben? Der Mann, von dem Ranke sagt, tiefer als er habe *noch niemals ein Staatsmann seinen Namen in die ehernen Tafeln der preußischen Geschichte eingegraben* – moralisch tot?

Hardenberg war umstritten. Schon zu Lebzeiten wurde er bewundert und verachtet, geliebt und gehasst. Auch die Nachwelt und ihre Geschichtsschreibung schwankte zwischen Lobpreis und Geringschätzung. Die Zeitgenossen konnten sich nicht einigen, ob er ein verkappter Revolutionär und »Jakobiner«, ein Liberaler oder ein staatsabsolutistischer Bürokrat war. Einig waren sich alle nur darin, dass er die Toleranzgrenzen der gesellschaftlichen Moral überschritt und die heuchlerischen Übereinkünfte seiner frömmelnden Umgebung missachtete. Weder das Preußen des 19. Jahrhunderts noch das kaiserliche Deutschland, noch die Weimarer Republik wussten etwas mit ihm anzufangen. War er zu groß, um von den Nachfahren eingeordnet werden zu können? Was sollte man von einem Staatsmann halten, der dem Adel nicht ständisch, den Bürgern nicht kleinbürgerlich, den Nationalisten nicht deutsch und den Rassisten nicht antisemitisch genug war?

Auch den beiden deutschen Diktaturen fiel nichts Besseres ein, als sein Lebenswerk in ihrer Propaganda herabzusetzen. Den Nationalsozialisten war er zu wenig national und zu freundlich zu den Juden, für den Arbeiter- und Bauernstaat war er der Klassenfeind, der mit infamer Raffinesse die wahre Revolution von unten durch eine Revolution von oben verhindert hat.[15]

Der zeitgenössische Beobachter Wilhelm Dorow – man würde ihn heute als Hardenberg-Fan empfinden – hat in seinen Erlebnisberichten viele der späteren Beurteilungsmuster vorweggenommen. *Es ist wahrhaftig traurig, wie noch jetzt Leute, welche kaum den Windeln entkrochen waren, als Fürst Hardenberg schon die große europäische Koalition gegen Napoleon mit Konsequenz, Umsicht und durch weise Gesetzgebung zur Kräftigung der Nation vorbereitete, ins Leben rief und zusammenhielt – daß solche jetzt mit ihrer heiseren Posaune wie z. B. Börne's Franzosenfresser in Stuttgart sich unterfangen, in aufgeblasener Unwissenheit zu urtheilen und abzusprechen über Personen und Verhältnisse, die sie weder kannten noch begriffen.*[16]

Aber auch jenseits von Polemik und Gegenpolemik sind Leben und Lebenswerk Hardenbergs – zu seiner Zeit ebenso wie in der nachfolgenden Geschichte – in unterschiedlichem Licht erschienen. Auch haben die verschiedenen Standorte und Standpunkte der Urteilenden das Bild bestimmt, das man sich heute von Hardenberg machen kann. Es ist eben ein Unterschied, ob man ihn mit den Augen des Freiherrn vom Stein oder Wilhelm von Humboldts, Königin Luises oder König Friedrich Wilhelms III., Kaiser Napoleons oder des Fürsten Metternich oder seiner Ehefrauen und Geliebten ansieht. Und es ist ein Unterschied, ob man Karl August von Hardenberg mit den Augen eines ostelbischen Junkers oder eines Deutschnationalen, eines Antisemiten des 19. Jahrhunderts, eines Liberalen oder eines Demokraten der Weimarer Republik, eines Nazis oder eines Kommunisten ansieht. Oder: aus der Sicht des 21. Jahrhunderts und der Erfahrung, dass wieder eine politische Führungselite im Reformstau steht, zwar die Notwendigkeit von Reformen beschwört, aber die Kraft zum Handeln nicht aufbringt. »Rethinking Hardenberg« ist die Aufgabe der Geschichtsschreibung und der zeitgenössischen Politik.[17] Das Abenteuer, Hardenbergs Leben jetzt aus einer Distanz von fast 200 Jahren neu zu betrachten, wird dadurch umso reizvoller.

I.

Lebenslauf
mit Hindernissen

Aller Anfang ist leicht

31. Mai 1750, gegen sechs Uhr morgens. Gut Essenrode, zwischen Braunschweig und Gifhorn gelegen. Dem Obersten Christian Ludwig von Hardenberg und seiner Frau Anna Sophia Ehrengart, geborene von Bülow, wird ein Sohn geboren. Das Paar hatte am 20. August 1749 geheiratet. Der Sohn soll Karl August heißen. Sieben Geschwister werden folgen: Anna Sibylla (Hofname Anette), Friedrich Ludwig, August Georg Ulrich, Christiane Maria Charlotte, Georg Adolf Gottlieb und Amalie Sophie Elisabeth. Ein weiteres Kind stirbt früh, der Name wird in den Genealogien nicht überliefert.

Natürlich prägt die Familienkonstellation die Charakterzüge der Kinder, vor allem des Ältesten. Karl August hat sich wie selbstverständlich um den Interessenausgleich unter den Geschwistern und immer wieder um Konfliktlösungen zu kümmern. Zugleich muss er aber auch um seine Autorität und die Respektierung seiner Rolle kämpfen. Um in der großen Geschwisterschar die Übersicht zu behalten, muss der Älteste für feste Strukturen des geschwisterlichen Zusammenlebens sorgen. Er muss die täglichen Sachzwänge »verwalten«.

Wer der Älteste ist, bleibt immer der Älteste. Er findet darin ein Grundmuster seines Lebens. Hardenbergs später immer wieder hervortretende Neigung, alle Wechselfälle des politischen und gesellschaftlichen Lebens durch Verwaltung zu »bewältigen«, also Verwaltungsstrukturen kreativ zu organisieren, zu reformieren und zu reglementieren, hat ihre psychologischen Grundlagen ohne Zweifel in dieser Erfahrung des Ältesten mit seinen Geschwistern. Täglich muss Karl August Stellung beziehen und Entscheidungen treffen, weil der Vater als Offizier – Oberst zunächst und später Feldmarschall und Oberkommandierender der hannoverschen Truppen – häufig nicht zu Hause ist, auch wenn die Familie ihm in die verschiedenen Garnisonsstädte folgt.

Als Karl August geboren wird, ist seine Mutter 19 Jahre alt, sein Vater 49. Christian Ludwig von Hardenberg hatte als Offizier im Dienst seines Landesherrn gekämpft, zuletzt im Österreichischen Erbfolgekrieg. Der Landesherr ist Georg III., König von Großbritannien und Irland und Kurfürst von Hannover. Bevor Oberst von Hardenberg an Heirat denken konnte, musste der Krieg beendet sein. Erst nach dem Frieden von Aachen konnte Hardenberg sein Regiment in die Friedensgarnison in Gifhorn führen. Die Familie zog deshalb ins benachbarte Elternhaus der jungen Frau, das stattliche Landschloss von Essenrode. Hier werden die ersten drei Kinder der Hardenbergs geboren.

Später, wahrscheinlich mitten in den Kriegswirren der napoleonischen Eroberungszüge, als Karl August von Hardenberg sich in Riga aufhielt und seine autobiografischen Notizen ordnete, zitierte er seinen *seligen Onkel Friedrich Carl* mit einem Auszug aus dessen Kalender über den Frühling 1750, die Wochen vor seiner Geburt: *1750 fiengen die Apricosen schon den 1. Maerz an zu blühen, den 8ten die Pfirschen, den 16ten die Weinstöcke, den 21ten schlugen die Hecken im Garten zu Herrenhausen aus. Die Ulmen standen den 12ten April in voller Blüte, die Tulpen den 29ten, die Alleen und die Hecken waren grün, die Kirschen und Birnbäume hatten abgeblüht. Den 11ten Mai war die Orangerie heraus. Bis den 18ten war das Wetter sehr kalt und windig und schlackerig, aber kein frost und Schaden.*[1]

Dem kleinen Karl August scheint das Schicksal wohlgesonnen zu sein. Der Anfang seines Lebens ist leicht. Er ist ein gesundes und schönes, im wahren Wortsinn begütertes Kind. Er ist gerade zwei Jahre alt, als der Onkel Friedrich Karl, der Erbherr des Stammgutes Hardenberg, die Familiengüter seinem jüngeren Bruder Christian Ludwig, Karl Augusts Vater, vermacht. Der Onkel bestimmt zugleich, dass sein Neffe Karl August zum nachfolgenden Erbherrn bestellt wird.

Diese Verfügung sichert Karl Augusts Zukunft. Das Geschenk versteht sich nicht von selbst. Es wird möglich, weil Friedrich Karl keine eigenen Kinder hat und sein ganzes Wohlwollen der Familie seines jüngeren Bruders und vor allem seinem ältesten Neffen entgegenbringt. Die gelassene Selbstgewissheit, die zu den Charaktereigenschaften Karl Augusts gehören wird, erklärt sich auch aus dem Lebensgefühl, wirtschaftlich gesichert zu sein – ein Lebensgefühl, das ihn später auch dann nicht verlässt, wenn er in finanzielle Schwierigkeiten gerät.

Karl August von Hardenberg hat es auch selber so gesehen,

Karl August mit etwa 14 Jahren

dass sein Leben von Anfang an unter einem guten Stern stand. Daran hatte auch der Siebenjährige Krieg nichts geändert, in dessen Verlauf das zur Herrschaft gehörende Dorf Nörten von französischen Truppen besetzt wurde. Die Bevölkerung musste Geld, Getreide, Fleisch, Bier, Heu, Hafer, Decken, Leinen und Holz abliefern.

Die Ernährung der Landbevölkerung war immer gefährdet, schon eine militärische Besetzung oder ein eisiger, strenger Winter konnte eine Hungersnot auslösen. Dann wurde Brot aus Kleie, Kartoffelkraut und Disteln gebacken. Man kochte sogar die Kadaver verendeter Tiere – was aus medizinischen Gründen eigentlich verboten war. Die Regierung in Hannover ordnete an, dass die »Schindluder« in der Erde vergraben werden mussten, was wiederum eine Mäuse- und Rattenplage zur Folge hatte. Es wird berichtet, dass die Ratten so groß wie Hamster wurden.

Die Erinnerung Karl Augusts geht offenbar weit in die frühe Kindheit zurück, was in der Entwicklungspsychologie als Zeichen

25

hoher Intelligenz, mehr noch aber als Indiz für eine glückliche Kinderzeit verstanden wird. Er erinnert sich an die Tapeten des Hauses in Essenrode, an Gastmähler und an eine schwarze Binde, die er von einem der Gäste geschenkt bekam, als er gerade einmal drei Jahre alt war.

Karl August erinnert sich auch an Situationen seines Lebens, als er vier oder fünf Jahre alt war: Konzerte, Offiziere, ein »Spitz ruthen laufen« und hölzerne Granaten, die neben ihm platzten. Er erinnert sich an den Ausbruch des Krieges, der 1756 begann und sieben Jahre dauern sollte, und an den Umzug nach Einbeck, die neue Garnison des Vaters. Er weiß noch, wie sein Vater vor dem Ausrücken im Zimmer saß und schrieb, seine Mutter nebenan weinte und er mit seinem Bruder, der Erzieherin Elisabeth Gavell und dem Hofmeister Wedekind eine Habergrützsuppe aß.

Er erinnert sich an Bücher, die er als Sechsjähriger geschenkt bekam: ein Englisch-Lexikon und das berühmte Kinderbuch »Orbis sensualium pictus« des großen Predigers und Pädagogen Comenius, ein Theaterspiel »Joseph und seine Brüder«. Er erinnert sich an das Erdbeben von Lissabon (1756), an Soldaten und an einen Taschenspieler, der Nadeln fraß und Gurkensalat ausspie. Er erinnert sich aber auch an den Anblick von Toten und an die Hinrichtung eines Soldaten, der der Plünderei beschuldigt und öffentlich gehängt wurde.

Immer wieder erwähnt Hardenberg seinen Onkel Friedrich Karl: *Er betrachtete mich als einen Sohn, besorgte meine Erziehung, bestritt alle Ausgaben, welche diese erforderte und versah mich für meine Jahre sehr reichlich mit Taschengeld, über dessen Verwendung ich ihm Rechenschaft ablegen mußte.*[2] Er zitiert auch aus dem Kalender des Onkels: *Ich will Wedekind jährlich 100 Reichstaler geben, weil ich auf das principium minimi nicht sehe – Er muß aber meinen Neveu nicht wie einen Papagey abrichten.*[3]

Hardenberg erinnert sich in seinen späteren Aufzeichnungen an die stereotype Frage des Onkels: »Que fait Charlot?« – was macht der kleine Karl? –, als freue sich noch der längst Erwachsene über das Interesse des Onkels an seinem Kinderleben.[4] Hardenberg erinnert sich auch an einen schweizerischen Hauptmann, der als Einquartierung im Hause war, und trägt am Rande des Papiers nach: *Hatte mich gern, weil ich dreist war und französisch mit ihnen schwatzte.*[5]

In der wirtschaftlichen Lage der Familie Hardenberg – also den Vorgaben, mit denen Karl August ins Leben tritt – spiegeln sich die Besitzverhältnisse und Rechtsbestimmungen der Feudalzeit, aus der sich auch viele Facetten im ursprünglichen Standesdenken Karl Augusts erklären. Der Besitz Hardenberg gehörte in der Mitte des 18. Jahrhunderts zum Fürstentum Göttingen, das seinerseits seit 1692 zum Kurfürstentum Braunschweig-Lüneburg und damit zum Heiligen Römischen Reich Deutscher Nation gehörte. Durch Erbfolge war der Kurfürst von Hannover seit 1714 auch König von Großbritannien und Irland.

Die Hardenbergs waren als landständischer Adel seit dem Mittelalter und bis in die Reformationszeit Lehensnehmer unter anderen der Bischöfe von Hildesheim und Paderborn und des geistlichen Kurfürstentums Mainz gewesen. Nach der Reformation hatten sie die Rekatholisierung vermieden und bei den protestantischen Welfen Schutz gesucht und gefunden – was ihnen allerdings lang andauernde Rechtsstreitigkeiten mit dem Mainzer Kurfürst-Erzbischof brachte. Erst 1744 war es dem Onkel Friedrich Karl gelungen, sich im Rahmen eines Vertrags zwischen Kurmainz und Kurbraunschweig freizukaufen. Mainz verzichtete auf alle Rechtsansprüche gegen die Familie Hardenberg. Alleiniger Landesherr war jetzt der Kurfürst von Braunschweig-Lüneburg.

Die Last komplizierter Lehensverhältnisse – fünfzehn waren es im Lauf der Jahrhunderte – hatte sich also gerade aufgelöst, als Christian Ludwig von Hardenberg Anna Sophia Ehrengart von Bülow, die Tochter des Landrates in Essenrode, heiratete.

Mit der Heirat wurden dem Familienbesitz der Hardenbergs die Bülowschen Güter Löhrsdorf, Klausdorf und Großenbrode hinzugefügt. Diese Güter lagen auf der Halbinsel Wagrien in Holstein, zwischen der Kieler und der Mecklenburger Bucht.

Dadurch öffnete sich der Lebensradius Karl Augusts in Richtung Norden. Er wird auf lange Sicht mit Holstein und Dänemark zu tun haben.

Eberkopf und Verbum Dei

Ein gutes Menschenalter nach der Verbindung zwischen den Häusern Hardenberg und Bülow gab der inzwischen 43-jährige Karl August von Hardenberg den Auftrag, eine »Geschichte des Geschlechts von Hardenberg« zu schreiben. Er engagierte dafür Karl Heinrich Lang, einen Pfarrerssohn aus dem schwäbisch-bayerischen Nördlingen, der sich als Sekretär und Archivar an kleineren Höfen des Landes hochgedient hatte. Was Lang nach 1793 niederschrieb, stieß bei einigen Mitgliedern der Familie nicht auf Gegenliebe. Man fand *seine Ansicht der Dinge zu gewagt, zu frei, in Schilderung der alten Ritter und ihrer Sitten zu leichtfertig.* Also wurde beschlossen, die als wenig respektvoll empfundene Schilderung zu ignorieren und ungedruckt im Familienarchiv zu verschließen.

Erst 1964 fand Alexandra Gräfin von Hardenberg die Schrift des später zum Ritter von Lang avancierten Historikers in einer alten Kiste wieder. Sie und ihr Mann Hans Adolf Graf von Hardenberg waren frei genug, das Dokument zu edieren.[1]

In seinen Memoiren schildert Lang seine Ankunft unter dem Familienwappen, einem Eberkopf mit zwei Schlüsseln: *Das Schloß Hardenberg, das Vorderhaus Hardenberg genannt, wo ich zwei schön eingerichtete Zimmer mit freier Heizung angewiesen erhielt, liegt etwa 500 Schritte rechts an der Straße von Göttingen nach Northeim abwärts und ist im neuen Stil erbaut ...*[2]

Lang bezog seine Zimmer über der Schlosskapelle und fürchtete sich zunächst vor den langen Winternächten. Zwischen einem Pförtner und einem Nachtwächter, der am Tage sein Kammerdiener war, dem Hofgärtner mit seinen Töchtern und einem weißen Hund richtete er sich dann aber doch so behaglich ein, dass er in Ruhe die Familienakten, Register und Urkunden der Familiengeschichte durchforsten konnte und auch noch die Zeit fand, sich mit anderen Bewohnern der Herrschaft Hardenberg in der Apotheke zu einem Glas Wein zu treffen.

Seinen Auftraggeber Karl August von Hardenberg schildert Lang als einen freundlichen Menschen, der *ohne alle Veranlassung aufmerksam war, seinen Untergebenen, wo es nur immer möglich war, Angenehmes zu erweisen,* bei dem er lernte, *wie*

Gott die Welt regiert, und der gelegentlich mit tobendem und sausendem Gefolge auf dem Hardenberg erschien und das ländliche Schloss in eine kleine Residenz verwandelte.

Was Ritter von Lang über Hardenbergs Besuche auf dem elterlichen Stammgut berichtet, war für den einen der angemessene Auftritt eines Ministers, für den anderen aber auch hier schon die etwas großspurig geratene Show eines Potentaten: *Auf einmal trafen Briefe ein, welche die Ankunft des Herrn, des Ministers meldeten. Es kamen allmählich die Wohnung bereitenden Leibdiener, hierauf der Kammerwagen, die Köche, die Ministerialräte, ein paar zum Dienst der Kabinettskuriere bestimmte Feldjäger, endlich in langem Gespann der Minister selbst, am Wagen empfangen von seinem vorausgeeilten Gefolge, seinen Beamten, seinen Geistlichen und von mir, die er alle mit freundlichem Gesicht, mit dargebotener Hand empfing und, so wie wir alle waren, gleich mit sich an seine Tafel nötigte. Täglich kamen jetzt die Besuche des benachbarten Adels, ja selbst von Hannover und Braunschweig und die aufwartenden Herren Professoren von Göttingen herbei. Das vorher so stille ländliche Schloß hatte sich plötzlich in eine kleine Residenz verwandelt, wo es in allen Gängen schwirrte, in den Küchen rasselte und in den von Lichterglanz strahlenden Sälen Gesänge und Reigen ertönten ...*[3]

Bei einem seiner ersten Rundgänge besucht Lang auch die Ruine der alten Burg Hardenberg, an der außer dem Eberkopf noch in Stein gemeißelt ein Bekenntnis zu finden war: »Verbum Dei manet in aeternum« – Gottes Wort bleibt in Ewigkeit. Das Bibelwort war der Wahlspruch des Landgrafen Philipp von Hessen und stand hier für das Bekenntnis der Burgherren, dass sie, wie der Landgraf, die Lehren Martin Luthers zu ihrer Sache gemacht hatten.

Dem Familienhistoriker Lang dürfte der preußische Minister von Hardenberg, vor dem Hintergrund seiner Vorfahren, als eine sehr weltläufige, urbane Erscheinung vorgekommen sein. *Der hochwürdige Herr Antonius Corvinus, von Gottes Gnaden Superintendent in Witzenhausen* jedenfalls hatte einem Vorfahren des Ministers aus dem 16. Jahrhundert noch zugerufen: *Gelehrte Leute scheinen Euch nicht viel besser als Narren, und Euer wahrer Adel besteht in Ackerland, Pferden, Schlemmen, Prassen, Spielen, Huren und Fluchen.*

Derart derbe Worte konnten natürlich den Nachfahren, sofern sie nicht den Zuschnitt des Ministers hatten, nicht gefallen. Allerdings war schon bald, mit Hildebrand Christof von Hardenberg (1645 – 1682) von ganz neuen Sitten zu berichten: *Bedienung, Kleidung, Zeremonie, selbst die Art der Erziehung erhielt von nun an einen schwelgenden Anstrich. Bisher, wenn ein Hardenberg in die nächste Stadt zum Jahrmarkt ritt, war ihm wohl ein schnurrbärtiger Stallknecht zur Seite; aber daß rüstige Bengel in einer bunten Montur hinten auf einer Kutsche stehen, Speisen auftragen und Teller wechseln sollen, gab dem im Langforst aufgewachsenen Menschensohn ein ungesehenes Schauspiel.*

Karl Heinrich Lang berichtet in seiner »Geschichte des Geschlechtes von Hardenberg« auch, dass unter dem Regiment Hildebrand Christofs die Burgherrin die schwarzen Wollkleider auszog und mit gepuderten Haaren, schwarzen und rosafarbenen Federn, in seidenen Strümpfen, schillernden Taftkleidern und parfümierten Handschuhen erschien und einen Fächer mit kleinen Spiegeln in der Hand hielt.

Damit alles auf Dauer seine Ordnung hatte, erließ Hildebrand Christof eine Hausordnung, die er am 10. März 1666 in Kraft setzte und die einen ungewöhnlichen Einblick in den Alltag einer adeligen Hofhaltung dieser Zeit gibt – knapp neunzig Jahre, bevor Karl August geboren wird.

Die Haus- und Hofordnung erklärt den Dienern zunächst einmal, dass sie alle *grobe, ungehobelte, dumme und unachtsame Kerle* wären, weshalb sie erzogen werden müssten. Worum es dabei geht und wie es geht, wird genau beschrieben: Wer aus der Predigt in der Kirche nichts behält, soll *wie ein Hund, auf der Erde liegend, sein Mittagsbrot fressen*; wer flucht, soll *eine Stunde lang mit bloßen Knien auf einem scharf gehobelten Brette knien.* Wer das Heilige Abendmahl versäumt, soll *mit schwerem Gewicht belastet auf einem Esel reiten.*

Ein Beispiel schwarzer Pädagogik folgt dem anderen: Da gibt es Hiebe und Schläge, Ohrfeigen und Nasenstüber, die säuberlich nach italienischen und spanischen Nasenstübern unterschieden werden.

Die Pflichten von Hofmeistern, Kammerdienern, Pagen, Lakaien, Reitknechten, Kutschern und Stallknechten werden aufs Genaueste geregelt. Ganz besondere Aufmerksamkeit wird auf die Tischsitten verwendet: Tisch decken, Servieren, Einschenken, Vorlegen. *Wer ein Glas übervoll einschenkt und es dann mit seinem eigenen Maule abtrinkt, erhält 20 Hiebe nach der Peitschenordnung.*

Die von Karl Heinrich Lang überlieferte Hausordnung der Familie Hardenberg stammt zwar aus dem 17. Jahrhundert, zeigt aber auch noch für die zweite Hälfte des 18. Jahrhunderts den kulturellen Hintergrund, vor dem Karl August von Hardenberg seine Erziehung und Bildung erfahren hat – wenngleich sich in den 68 Jahren zwischen dem Tod Hildebrand Christofs (1682) und der Geburt Karl Augusts (1750) eine enorme Verfeinerung der Sitten herausgebildet hatte.

Als Karl August geboren wurde, hielten die Hardenbergs einen Grundbesitz von 1 200 Morgen Ackerland, 3 000 Morgen Wald und Weideland für 3 000 Schafe. Mehr als diese selbstbewirtschafteten Ländereien erbrachten die traditionellen Elemente der alten Feudalstruktur, die Grundherrschaft und die Gerichtsherrschaft.

Die Grundherrschaft bedeutete, dass der Feudalherr von seinen »Hintersassen« Abgaben verlangen konnte: Zehnten, Erbzins, Nutzungsgebühren und Abgaben für Haus- und Hof stellen.

Die Gerichtsherrschaft bedeutete zunächst die tatsächliche Ausübung der höheren und niederen Gerichtsbarkeit, also die Verhängung von Strafen, von der Geldstrafe über die Körperstrafe bis hin zur Todesstrafe. Wer die Gerichtsherrschaft besaß, war ein Teil der landesherrlichen, in gewisser Weise also staatlich-obrigkeitlichen Verwaltung. Er konnte den Bürgermeister, den Arzt und den *Chierurgus* bestätigen. Er durfte die »eigenen« Bauern als Treiber bei der Jagd in Anspruch nehmen. Er bestimmte bei öffentlichen Bauvorhaben wie Wege- und Wasserstraßenbau, welche »Fronden«, also welche Dienstleistungen für die Herrschaft oder die Stadt, zu erbringen waren.

Alle diese Formen mittelalterlicher Feudalherrschaft, also der vom Lehnswesen geprägten Gesellschaftsordnung, brachten dem Besitzer von Grund- und Gerichtsherrschaft nicht nur Rechte und Pflichten, erhebliche Einkünfte und persönliche Macht über die Abhängigen, sondern auch politischen und gesellschaftlichen Einfluss bei der allgemeinen Gesetzgebung und Steuerverwaltung.

Der Besitz der Familie Hardenberg bestand also aus dieser Verbindung von Grundbesitz, Grundherrschaft und Gerichtsherrschaft.

Als Karl August zum Universalerben eingesetzt wurde, gehörte zu seinem Erbe die Verpflichtung, den Stammbesitz als »Fideikommiss« zu führen, als einen zu treuen Händen belassenen Besitz, den er nicht teilen und nur mit Zustimmung der Familienangehörigen verkaufen durfte. Nur der Ertrag des Vermögens stand zu seiner freien Verfügung. Jeder Zukauf war als Teil des Familien-Stammgutes zu führen.

Karl August musste auch seine Geschwister ausbezahlen, und zwar nicht mit einer einmaligen Auszahlung des gesamten Erbteils, sondern mit einer Apanage, einer Leibrente. Das Privileg, der Erbfolger zu sein, war also mit lebenslangen finanziellen Verpflichtungen und ständiger Verantwortung belastet.

Karl August konnte dies alles erst hinter sich lassen, als er im Jahre 1800 den hannoverschen Hardenberg mit allen Rechten und Pflichten an seinen Vetter August Wilhelm Karl verkaufte, um sich ganz in Preußen zu etablieren.

Die Entscheidung ist ihm offensichtlich nicht leicht gefallen. Als wolle er den Schmerz des Abschieds und des Verlustes mildern, nahm er alles, was im Vorderhaus nicht niet- und nagelfest war, mit auf seine neuen preußischen Besitzungen. 1802 erwarb er die Herrschaft Tempelberg und brachte hier seine Bibliothek unter.

Vergegenwärtigt man sich noch einmal Hardenbergs Lebenschancen vor dem Hintergrund seiner Herkunft, seiner Erziehung und Elementarbildung, so wird sehr gut vorstellbar, wie der Reformer, Kanzler und Kavalier die Fähigkeit zu enormen Leistungen für das Gemeinwohl zu verbinden wusste mit einer ebenso enormen Fähigkeit zu Lebensfreude und Genuss.

Hardenbergs Anfänge waren leicht – nicht zuletzt, weil er wirklich privilegiert war. Aber die sehr früh beginnende Erziehung und Ausbildung war auch anstrengend. Für die Spielregeln der aristokratischen Familien im Zeitalter der Aufklärung, mit Hofmeistern und Hauslehrern, war die fordernde und fördernde und auch darum optimale Erziehung und Ausbildung der Kinder selbstverständlich. Selbstverständlicher jedenfalls als in der Erziehungspraxis der bäuerlichen und handwerklichen Familien, die sich mehr oder weniger ausschließlich um die Sicherung des Lebensunterhalts kümmern mussten. Zwar war die allgemeine Schulpflicht schon seit Anfang des 18. Jahrhunderts gesetzlich eingeführt, in Preußen seit 1717, aber längst nicht überall durchgesetzt worden, weil die Kinderarbeit in der Landwirtschaft, im Handwerk und in den aufkommenden Manufakturen noch viel zu weit verbreitet war – Hardenberg musste noch gegen Ende seiner Lebenszeit dagegen vorgehen.

Schulbildung war für die Kinder der unteren Stände, vor allem für Mädchen, also Glückssache. In den Adelsfamilien hingegen wuchsen die Kinder ganz selbstverständlich in eine aufgeschlossene Lernatmosphäre hinein: Lesen und Schreiben, Fremdsprachen, Geschichte, Erdkunde, Literatur, Rechtskunde und Ökonomie, sogar die Grundzüge der klassischen Philosophie waren Standard. Auch die Künste wie Musizieren und Malen gehörten, wenigstens zeitweise, zum Lernprogramm.

Dem jungen Hardenberg kam also die allgemeine Aufgeschlossenheit der Eliten seiner Zeit zugute. Besonders die öffentliche Diskussion der Erziehungs- und Bildungsfragen förderte die Aufmerksamkeit, mit der die Eltern und Lehrer seinen Bildungsweg begleiteten. Karl August war gerade 12 Jahre alt, als Rousseau 1762 seinen viel beachteten Erziehungsroman »Émile ou de l'éducation« herausbrachte.

Wer eine Leiter hinaufsteigen will

Aus den Kinder- und Jugendjahren Karl Augusts von Hardenberg sind nur wenige Einzelheiten und erst recht keine Gesamtsicht überliefert. Der Versuch, sich ein Bild zu machen, muss gewissermaßen verstreute Farbtupfer zu einem Gemälde verbinden.

Die Erziehung des jungen Karl August lag während der ersten Jahre in der Verantwortung der Erzieherin Gavell, die schon seine Mutter unterrichtet hatte. Sie las ihm Geschichten vor und legte den Grundstein dafür, dass er früh lesen und schreiben lernte. Natürlich hatte der Vater, Oberst von Hardenberg, genaue Vorstellungen von der Ausbildung seines ältesten Sohnes und Erbfolgers. Der Erziehungsplan hielt sich an die Gewohnheiten der Zeit und des Standes. Man sprach Französisch, die Erzieherin las dem kleinen Schüler nicht nur französische Geschichten vor, sondern erklärte ihm auch die Grundzüge der französischen Grammatik. Mit dem 6. Lebensjahr – die Familie war inzwischen von Essenrode nach Einbeck in die Nähe der Garnison des väterlichen Regiments gezogen – kam Latein als weitere Fremdsprache hinzu. Diesen Unterricht hatte jetzt ein Hofmeister übernommen, der Wedekind hieß. Sein Name ist Bestandteil der frühen Erinnerungen Karl Augusts. Es war der Onkel Friedrich Karl, der Wedekind für seinen Charlot ausgesucht hatte.

Der Hofmeister war für den Adel des 18. Jahrhunderts der Erzieher und Reisebegleiter der Söhne, die in die Spielregeln des Standes eingeführt werden sollten.

Die Rolle eines Hofmeisters zur Zeit des jungen Hardenberg wird anschaulich von Lessing beschrieben. Der Leipziger Kaufmann Johann Gottfried Winkler plante 1756 eine auf vier Jahre angelegte Reise durch Europa und suchte einen Begleiter. Die Stelle war dotiert mit 300 Talern jährlich, zusätzlich zu freier Fahrt, Kost und Logis. Lessing war interessiert und schrieb seinem Freund Mendelssohn: *Ich werde nemlich nicht als ein Hofmeister, nicht unter der Last eines mir auf die Seele gebundenen Knabens, nicht nach den Vorschriften einer eigensinnigen Familie, sondern als der bloße Gesellschafter eines Menschen reisen, welchem es weder an Vermögen noch an Willen fehlt, mir die Reise so nützlich und angenehm zu machen, als ich mir sie nur selbst werde machen wollen.*[1]

1756 war Christian Ludwig von Hardenberg, nach kurzem Aufenthalt auf den Britischen Inseln, auf den Kontinent zurückbeordert worden. Der Siebenjährige Krieg hatte begonnen, England und Kurbraunschweig kämpften an der Seite Friedrichs II. von Preußen. Der Oberst zog ins Feld.

Dieser Krieg prägte das Leben des Heranwachsenden zwischen dem 6. und dem 13. Lebensjahr. Karl August begeisterte sich für soldatisches Heldentum und verarbeitete die bedrohlichen Erlebnisse im kriegerischen Spiel. Dabei wird ihm, beim Spiel »Festungssturm im Garten«, durch einen geschleuderten Stein die Lippe durchstoßen. Sein Kommentar: *Ich verschweige es und sage, ich bin gefallen.* Und von seinem Onkel Georg Wilhelm hält er fest, dass der ein deutscher Ordensritter und sächsischer General ist und aus ihm einen *Reuter und dreisten Hasen Hetzer* gemacht hat.

Die wohlwollende Fürsorge des Onkels Friedrich Karl kam umso mehr zum Zuge, als der Vater im Krieg war. Friedrich Karl nahm die Schwägerin und die Kinder zu sich nach Hannover. Und da der Lateinunterricht des Hauslehrers nicht nur Grammatik und Syntax umfassen sollte, sondern zugleich auch die lateinische Kultur und Literatur, besorgte der Onkel die nötigen Standardwerke. Zum Beispiel die Prosafassung der Tierfabeln, Schwänke und Anekdoten des von Kaiser Augustus freigelassenen Sklaven Phädrus. Wenig später – Karl August war jetzt acht Jahre alt – besorgte der Onkel auch die Werke des Horaz, des römischen Dichters aus dem ersten vorchristlichen Jahrhundert. Horaz war »in« zu dieser Zeit – die Aufklärung und Aufklärungskritik brachte immer wieder neue Horaz-Übersetzungen hervor, etwa die von Christoph Martin Wieland, Johann Gottfried Herder und Karl August von Platen. Auch Horaz war der Sohn eines Freigelassenen und hatte die antike Tradition Griechenlands nach Italien vermittelt. Horaz sollte Karl August ein Leben lang als besonders geliebter Autor begleiten.

Es gibt Verbindungen zwischen der Wesensart Hardenbergs und den charakteristischen Merkmalen der Horazschen Dichtung: Die unvergleichliche Mischung aus rationaler Präzision, satirischer Treffsicherheit und poetischer Eleganz wird später zu den besonderen Vorzügen des Diplomaten und Ministers Hardenberg gezählt. Auch die innere Wahrhaftigkeit und Freiheit des Horaz finden eine Entsprechung in der Lebensauffassung Hardenbergs – auch und gerade dort, wo seine moralischen Entscheidungen von einer heuchlerischen Umgebung nicht verstanden und nicht gebilligt, wohl aber infrage gestellt wurden. Die Satiren und Schmähgedichte, aber auch die Carmina und Episteln des Horaz lesen sich auf manchen Strecken wie vorweggenommene Kommentare zu Hardenbergs Leben.

Zu den Büchern, die der Onkel für seinen Neffen anschaffte, gehörte neben Nachschlagewerken auch der Abriss der Römischen Geschichte von Eutropius, dem römischen Geschichtsschreiber des vierten Jahrhunderts.

Der Unterricht des Hofmeisters umfasste natürlich auch Religion, Geschichte und Erdkunde. Musiklehre und Zeichnen ergänzten das Bildungsprogramm – und natürlich der gerade für hannoversche Adlige lebenswichtige Englischunterricht.

Die Ferien verbrachte Karl August jedes Jahr mit seiner Mutter und den Geschwistern auf dem Hardenberg bei Göttingen. Von Essenrode, Einbeck und Hannover aus waren die alte Ruine und das Schloss das Ferienziel der Familie. Für Karl August waren die Ferien immer eine glückliche Zeit mit wildem Spiel und dem vitalen Schlüsselerlebnis des Reitens.

Heute wie damals umlagern zwei Anwesen die Felsnase mit der Ruine der alten Burg: das Vorderhaus und das Hinterhaus. In der sanften Hügellandschaft des Leinetals wirkt der Burgfelsen wie hineingesetzt in die Natur und wird von feudaler und inzwischen moderner Zivilisation umschlossen. Beide Häuser, das Vorder- wie das Hinterhaus, haben auch heute keinen musealen Charakter. Sie verbreiten eher eine Atmosphäre solider Kommerzialisierung: Verwaltungsgebäude auf der einen Seite, Hotel, Restaurant, Brennerei und Reitplatz auf der anderen.

Im Hotel beherrschen die Preußen das Bild: Friedrich der Große, Seydlitz, Ziethen, Blücher, Schwerin. Die Hardenbergs, damals zum Kurfürstentum Hannover gehörend, lassen sich im heutigen Hotel durch das allgegenwärtige Familienwappen, den Eberkopf, vertreten. Im Wappen erinnern zwei Schlüssel an die alten Zeiten, als zwei Familien, die Hardenbergs und die Rosdorfs, als Burgleute des Mainzer Erzbischofs die Schlüsselgewalt auf dem Hartesberg besaßen. Aber das ist über 800 Jahre her. Und die Raufereien der hohen geistlichen und weltlichen Herren haben längst zu klaren Verhältnissen geführt.[2]

Karl August kam durch den Besuch der öffentlichen Schule mit den Söhnen des wohlhabenden Bildungsbürgertums in Berührung und konnte bleibende Verbindungen knüpfen zu den künftigen Staatsbeamten des hannoverschen Landes. Zu seinen Mitschülern gehörten ganz selbstverständlich auch jüdische Jugendliche. Sein Lebenshorizont weitete sich durch diese Begegnung mit Gleichaltrigen. Die Zeit, die er mit den bürgerlichen Freunden aus unterschiedlichen Konfessionen verbrachte, machte ihn unbefangen im Umgang mit Menschen – auch wenn niemand vergessen konnte, dass er eben der designierte Erbherr von Hardenberg war und Pastor, Arzt und Apotheker, Bauern und Landarbeiter von seiner Familie abhängig waren. Diese Erfahrung mag früh das Lebensgefühl gefestigt haben, immer und überall zugleich privilegiert und verantwortlich zu sein – ein Lebensgefühl, das typisch war für die Eliten unter den Privilegierten der nichtegalitären, ständischen Gesellschaft im Deutschland des 18. Jahrhunderts. Dieses Lebensgefühl war allerdings verbunden mit einem selbstverständlichen Anspruchsdenken, das dem Verantwortlichen auch höhere Privilegien einräumte.

Die Aufenthalte in Hardenberg gewannen wohl auch dadurch eine besondere Farbe, dass Karl August neben der pietistisch-protestantischen Glaubenslehre den Katholizismus kennen lernte. Das benachbarte Dorf Nörten war eine Art katholischer Enklave inmitten der protestantischen Region. Für den Heranwachsenden war die Begegnung mit der anderen Konfession eine Schule der Toleranz, einer Toleranz, wie sie für den Staatsmann Hardenberg später selbstverständlich war.

Für die Hardenberg-Forschung steht heute fest: Karl August genoss *eine für einen jungen Adeligen ungewöhnlich fortschrittliche und an modern-aufklärerischen Idealen orientierte Erziehung, vor deren Hintergrund seine spätere Entwicklung als liberaler Reformer gesehen werden muß.*[3] Der junge Hardenberg genoss durch den Einfluss des Onkels eine emanzipatorische Erziehung, in der Herz und Geist bewusst gefördert wurden.[4]

Als der spätere Staatskanzler sechs Jahre zu Hause unterrichtet worden war, kam die Zeit für den Besuch einer allgemein zugänglichen Schule. Für den Bildungsweg eines Adligen war der Besuch einer solchen Schule nicht selbstverständlich. Hardenberg notiert lakonisch: *Frequentierung der Schule in Hannover bey dem Direktor Ballhorn.*[5]

Der Onkel und die Eltern versprachen sich vom Kontakt mit anderen Schülern einen zusätzlichen Bildungsgewinn, beließen dem jungen Hardenberg aber den Hofmeister als Garanten einer effektiven Ausbildung. Der Hofmeister beaufsichtigte die Hausaufgaben und vervollständigte das Programm außerhalb der Lehrpläne durch Besuche in Handwerksbetrieben und durch naturkundliche Exkursionen. In der Tradition der lateinischen Schule war diese Kombination von abstraktem Lernen und sinnlicher Anschauung sogar das Entscheidende[6] und wurde fortgesetzt mit der formellen Ausbildung in den überlieferten Künsten des freien Mannes: musizieren (Violine), tanzen, schießen, reiten und schauspielerisches Auftreten.

Hardenberg war also nicht einem anonymen und starren Lehrplan unterworfen, wie es später in öffentlichen Schulen üblich wurde. Der Onkel und der Vater scheinen unmittelbar Anteil und Einfluss genommen zu haben an der Auswahl des Lehrstoffes. Ein Brief Christian Ludwigs von Hardenberg an den Schuldirektor zeigt, dass der Vater großen Wert legte auf eine lebensnahe und verwendbare Bildung. Er betont ausdrücklich die Mathematik als Förderung logischen Denkens, die deutsche Sprache, Englisch und Französisch als Schule der Weltgewandtheit. Aber auch Latein und Griechisch werden unter dem Aspekt der Nützlichkeit einbezogen. Vom Lateinischen erwartete der Vater ein tieferes Verständnis der Dichtung, vom Griechischen das Verstehen und Entschlüsseln der wissenschaftlichen Begriffswelt. Keinen Wert legte er deshalb auf die Fähigkeit, Texte vom Deutschen ins Lateinische oder Griechische zu übersetzen oder diese Sprachen sprechen zu können.

Auch für das Studium der Geschichte entwarf der Vater in seinem Brief an den Schuldirektor Grundsätze, die manchen Lehrplan folgender Zeiten in den Schatten stellen und an Vernunft übertreffen: *Mit vielen historischen Factis, Chronologien und Genealogien sein Gedächtnis zu beschweren, Halte Ich nicht für ratsam. Was kann es einem jungen Menschen für Nutzen schaffen, die Namen der mehrsten Regenten der reihe nach hersagen zu können und ihre Stammfolgen auswendig zu wissen? Dies alles lernt er von selbst, wenn man gute synchronistische Tabellen zum Grunde legt und dem Lehrling die Fundamente der mathematischen Zeitrechnung und Geographie beibringt. An sich selbst ist die bloße Kenntnis der geschichtlichen Dinge trocken und mager; es entstehen Staaten und gehen wieder zugrunde; ihre Regenten werden geboren und sterben, nachdem sie während der Regierung glücklich oder unglücklich gewesen; überhaupt sehen sich alle vergangenen und jetzigen Handlungen einander gleich, und ihre Wissenschaft ist mehrenteils entbehrlich, alsdann aber von großem Nutzen, wenn man diese Gerippe mit dem gehörigen Fleische bekleidet und einem jungen Menschen in besonders ausgesuchten Fällen umständlich gezeigt wird, was zu den Hauptver-*

änderungen Anlaß gegeben und durch was für Ratschläge oder
Mittel dieser oder jener Endzweck erreicht worden, oder auf was
Art oder warum er fehlgeschlagen habe; auf solche Weise predigt
man dem Verstand mehr als dem Gedächtnis; die Geschichte
wird dem Lehrling angenehm und interessant und man unterrich-
tet ihn unvermerkt sowohl in der Privat- als Staatsklugheit und
bringt ihm auf die Art die artes belli et pacis bei; übrigens würde
es nicht undienlich sein, sich manchmal eine dergleichen um-
ständliche Begebenheit von demselben erzählen zu lassen, um ihn
zu gehörigen Ausdrücken und einer anständigen Fertigkeit im
Reden zu gewöhnen.[7]

Liest man Hardenbergs Aufzeichnungen für seine geplante Autobiografie, fällt schon für die Kinder- und Jugendjahre eine Kon-
stante auf, die ihn ein Leben lang begleiten wird: Immer wieder
notiert Hardenberg Beobachtungen und Gefühle, die sich auf die
Mädchen und Frauen seiner Umgebung beziehen. Er war ein
»Mädchengucker«. Es ist erstaunlich, welche Bedeutung schon
der junge Hardenberg dem Kosmos der Frauen beimisst. Der
kleine Charlot registriert genau, wann die Mutter zu ihrem Mann
in die Garnison fährt und wann sie zurückkommt. *Meine Mutter*
reiste wieder in die Winterquartiere nach Münster. Auch die
Schwester Annette findet sein besonderes Interesse: *Große Einig-*
keit (union) und Zärtlichkeit zwischen meiner Schwester Annette
und mir.

Die Frauen seiner Umgebung werden – offenbar, wann immer
es irgend möglich ist – als »sehr schöne Frau« oder »noch sehr
schöne Frau« erwähnt. Dazu passt auch, dass er von einer jungen
Frau festhält, sie sei »sehr schön, aber sehr schmuddelig«, und
dann hinzufügt: *Ich habe sie mit großem Vergnügen betrachtet.*
Auch wenn er mit mehreren Töchtern einer Familie zusammen-
trifft, vermerkt er, welche die schönste war und was später aus
der geworden ist. Die Hausmädchen werden ebenfalls einer
ästhetischen Beurteilung unterzogen, so die *hübsche, aber gute*
unschuldige Haushälterin Mayer, die er so gern hatte, dass er
Nachts aufstand, um beym Backen und Schlachten mit ihr zu
seyn. Sie heyrathete bald.

Für den Winter 1764/65 registriert er dann kurz und bündig:
Meine Jungfräulichkeit verloren mit einer häßlichen Küchen-
magd.

Karl August etwa 1766, am Beginn seines Studiums in Göttingen

Immer wieder sucht er die Gesellschaft von Mädchen. Er trifft die Töchter des ehemaligen Verwalters von Gut Hardenberg und notiert: *Ich gieng zuweilen Abends hin. Der Umgang war unschuldig.* Der Fünfzehnjährige fasst lakonisch zusammen: *Ich lernte bei Briegleb, ward aber sehr liederlich und gewaltig hinter den Mädchen her.* Dem eigenen Interesse am weiblichen Geschlecht entspricht die Aufmerksamkeit für das Interesse seiner Kameraden an den Mädchen, vor allem, wenn es um vertraute Personen wie seine Schwester Annette geht. Während er selbst gerade in Charlotte von Münchhausen verliebt ist, notiert er: *Berlepsch ist verliebt in meine Schwester Annette. Wir haben beide ernste Absichten, obgleich wir erst 17 Jahre sind.* Aus dieser Zeit müssen auch Gedichte stammen, die Hardenberg geschrieben oder abgeschrieben hat und die von schönen Frauen und der Liebe handeln.[8]
Für das Jahr 1766 notiert Hardenberg ein gesundheitliches

Problem, das ihn nicht mehr verlassen wird. Er berichtet von einem äußeren »*bösen Geschwür hinter dem linken Ohr am Halse, das geschnitten werden mußte und das vielleicht meinem Gehör schadete.* Später trägt er dann nach: *Ich erinnere mich, einige Taubheit gespürt zu haben, die mir Clärich mit dem Magneten curiren wollte.* Hier werden zwei Themen seines späteren Lebens präludiert: die Taubheit und die modische Idee seiner letzten Jahre, die Beschwerden durch Magnetismus heilen zu können – eine Idee, die ihn wahrscheinlich das Glück seiner dritten Ehe gekostet hat.

Karl August war 13 Jahre alt, als der Siebenjährige Krieg zu Ende ging. Im gleichen Jahr starb der Onkel, dem Karl August so viel verdankte und dem er sein Leben lang Liebe und Respekt entgegenbrachte. Karl August notiert: *Tod des seeligen Onkels den 24ten März 1763, wodurch mein Vater sein Erbe wurde.*

Der Vater kam jetzt nach Hause, zog mit der Familie auf den Hardenberg und kümmerte sich wieder selbst um die Ausbildung und Förderung seines ältesten Sohnes. Er führte ein weit strengeres Regiment als der Onkel. Aber größer als seine militärische Strenge war das Wohlwollen, mit dem auch er die Angelegenheiten des Sohnes förderte. Er sorgte für einen förmlichen Abschluss von Karl Augusts Schulzeit.

Studentenleben

Karl August wollte hoch hinaus. Sein Traum war eine glänzende Laufbahn im Staatsdienst. Da lag es nahe, Jura zu studieren. Also schrieb er sich – gerade sechzehnjährig – zum Wintersemester 1766/67 an der Universität in Göttingen ein. Ein Hofmeister, der ihn allerdings zur »Liederlichkeit« verleitete, ging mit. Karl August belegte neben Jura auch Mathematik und Naturwissenschaften, antike Geschichte und Urkundenlehre und rundete so die vorangegangenen Studien im Haus des Onkels und an der Ballhorn-Schule in Hannover ab.

Der Vater sparte auch dem Erstsemester gegenüber nicht mit Ratschlägen und Vorschriften. In 13 detaillierten Punkten gab er die »Vorschriften für die Lebensführung Karl Augusts an der Universität Göttingen« dem Hofmeister mit auf den Weg.

1. *Vor allen Dingen hat er die Religion und Tugend sich zum vornehmsten Augenmerk seiner Handlungen zu setzen, weil ihm bekannt ist, daß solche nicht allein eine wahre Glückseligkeit verschaffet, sondern auch für den Abwegen bewahret, auf welchen so viele jungen Leute auf Universitäten sowohl als in der großen Welt zu ihren Verderben eilen.*

2. *Hat er sich einer sittsamen und anständigen Aufführung zu befleißigen und sich nicht von dem ungereimten Vorurteil einnehmen lassen, als wann die akademische Freiheit in einer rohen und ungesitteten Aufführung bestünde ...*[1]

Der Vater stellt dem jungen Studiosus noch einmal vor Augen, dass er sich an der Universität in den Stand setzen solle, *als ein nützliches Mitglied der Republik Gott und dem Nächsten dienen zu können.* Der Sohn habe deshalb alle Wirtshäuser, *Cofféschenken und Billards* zu meiden, solle nie länger als bis neun Uhr abends außer Haus sein oder Gesellschaft bei sich halten, solle im Winter um sechs Uhr, höchstens um halb sieben und im Sommer noch früher aufstehen, solle nicht ohne den Hofmeister in der Stadt umhergehen, solle sich aller unnötigen Ausgaben enthalten, kein Geld verspielen und kein Geld leihen oder verleihen. Schließlich habe er dem Vater jedes Vierteljahr eine Aufstellung der Einnahmen und Ausgaben vorzulegen.

Der Hofmeister musste jede Woche eine Nachricht über *Ergehen und Aufführung* des Sohnes geben. Der General schließt im Punkt 13: *Ich habe übrigens besonders zu meinem ältesten Sohn das Vertrauen, daß er aus schuldiger Liebe zu seinen Eltern, die ihn nicht ohne Sorge aus dem Hause schicken und zu seinem eigenen Besten obige aus wahrer Zärtlichkeit herfließende Lehren genau beobachten und bedenken werde, daß von der guten Anwendung einiger Jahre das Glück seines ganzen Lebens abhange.*

Karl August nutzte die Nähe zwischen Göttingen und Hardenberg, um fast jedes Wochenende im Elternhaus zu verbringen. Bei diesen Besuchen erwachte auch die erste ernsthafte Zuneigung zu Charlotte von Münchhausen, der Tochter des hannoverschen Ministers und Kurators der Göttinger Universität, Gerlach Adolf von Münchhausen. Charlotte war oft auf dem Hardenberg zu Gast, und Karl August hatte sie schon in seinem Tagebuch erwähnt: *Amouröse Szenen zwischen Charlotte Munchhausen und mir, die aber schlecht ausgingen.*[2] Er richtete sich noch sehr nach der elterlichen Meinung und gab sein Interesse an Charlotte auf, als er spürte, dass seine Verliebtheit zu Hause nicht gebilligt wurde.

An der Universität in Göttingen hielt es Karl August vier Semester. 1768, als er achtzehn war, siedelte er in Begleitung eines neuen Hofmeisters mit Namen Gervinus nach Leipzig an die dortige Universität über, um neben Jura noch ein Jahr *belles lettres, Zeichnung und Musik zu studieren.* Johann Friedrich Gervinus wird auch über die Studienzeit hinaus eine Rolle in Hardenbergs Leben spielen.

Die Immatrikulationsurkunde vom 29. April 1768 vermerkt, dass *Carolus Augustus ab Hardenberg, Hannoveranus* sich in die juristische Fakultät der Universität einschreiben ließ.

Wie im akademischen Leben der Zeit üblich, kam er mit einer persönlichen Empfehlung eines seiner bisherigen Lehrer am neuen Studienort an. Das Schreiben von Christian Gottlob Heyne, dem Göttinger Professor für Altphilologie, Altertumskunde, »Gelehrtenhistorie« und »Beredsamkeit«, lässt den Stil und die Sorgfalt erkennen, mit der damals der Lebensweg und Studiengang eines adeligen Studenten begleitet wurden. Der Brief ist an den Leipziger Steuereinnehmer und Schriftsteller Christian Felix Weiße gerichtet, einen freundlichen und hilfsbereiten Autor von Kinder- und Jugendbüchern, Lustspielen und Tragödien. Der Text zeigt die pädagogische Sorgfalt, mit der Karl August gefördert und vermittelt wurde:

Teuerster Freund! Es wird mir zwar oft zugemutet, Ihnen junge Leute zu empfehlen, die von hier nach Leipzig gehen. Ich suche es aber immer, soviel möglich, von mir abzulehnen. Diesmal kann ich es nicht nur mit gutem Gewissen tun, sondern auch gern und mit Freuden. Der junge Herr von Hardenberg geht von hier nach Leipzig, um noch ein Jahr belles lettres, Zeichnung und Musik zu studieren; dann wird er wieder hierher kommen und Jura studieren. Sollten Sie den Plan auch ein wenig seltsam finden, so muß ich Ihnen doch sagen, daß ich ihn selbst mit befördert habe. Aber ein großer Teil der glücklichen Ausführung davon beruhet auf Ihrer Güte und Freundschaft, wenn Sie ihm teils zuweilen ohne Ihre geringste Beschwerde den Zutritt erlauben, ihm mit Ihrem guten Rat zustatten kommen und ihm eine gute Adresse an die Kunstliebhaber und Artisten, vor allem aber an den Herrn Prof. Oeser verschaffen wollen. Ich würde an letzteren selbst geschrieben haben, wenn ich ihm bekannt wäre und wenn ich nicht eine bessere Wirkung durch Ihre Vermittlung mir versprechen könnte. Der junge Mensch bringt sehr feine und zum Teil sehr gründliche Kenntnisse mit, sein Gesellschafter Herr Gervinus ist auch ein gesetzter, wißbegieriger Mann. Die Leute gehen mit einer großen Erwartung nach Leipzig; sie brennen vor Begierde, die Herren Weiße, Oeser, die Zeichnungsakademie, das Theater, das Konzert daselbst zu finden. In Göttingen wollen sie einmal Pandekten und Reichsprozess aufsuchen. Verzeihen Sie, bester Freund, meine belästigende Freundschaft. Ewig wird Ihnen verbunden und ergeben bleiben der Ihrige Heyne.[3]

Der im Brief erwähnte Adam Friedrich Oeser war seit vier Jahren Leiter der Leipziger Zeichenakademie auf der Pleißenburg.

Zu seinen Schülern gehörten auch die Studenten Winckelmann und Goethe. Hardenberg dürfte Goethe also wahrgenommen haben, als er im April 1768 in Leipzig ankam. Goethe studierte schon seit 1765 in Leipzig und wollte im August zurück nach Frankfurt gehen. Höchst flüchtig nur wird die Bekanntschaft gewesen sein, obgleich die beiden sich später einige Male begegneten und Geschichten aus der Leipziger Zeit austauschten.

Möglicherweise hat Hardenberg den hochfahrenden und zugleich orientierungslosen Kommilitonen nicht gemocht. Man weiß, dass Goethe in seiner Leipziger Studentenzeit nicht nur bewundert wurde. Aus dem Jahr 1766 berichtet ein Kommilitone von Goethe als einem zwischen Anpassung und Profilsucht hin und her gerissenen Siebzehnjährigen:

Von unserem Goethe zu reden! Der ist immer noch der stolze Phantast, der er war, als ich herkam. Wenn Du ihn nur sähest, Du würdest entweder vor Zorn rasend werden oder vor Lachen bersten müssen.

Ich kann gar nicht einsehen, wie ein Mensch sich so geschwind verändern kann ... Er ist bei seinem Stolze auch ein Stutzer, und alle seine Kleider, so schön sie auch sind, sind von einem närrischen Gout, der ihn auf der ganzen Akademie auszeichnet ... Er macht sich in allen Gesellschaften mehr lächerlich als angenehm ... Einen Gang hat er angenommen, der ganz unerträglich ist; wenn Du es nur sähest.[4]

Was der Kommilitone Johann Adam Horn wohl nicht sehen und verstehen konnte, war die *Geschmacks- und Urteilsungewißheit*, derer sich der junge Goethe selbst durchaus bewusst war. Er hatte in Leipzig bald erkennen müssen, dass er von zu Hause *freilich etwas wunderlich equipiert auf die Akademie gelangt war.* Goethe selbst erklärt dies mit einer Regelung des Vaters, wonach normale Bedienstete die Kleider des jungen Mannes zuschneiden und nähen mussten und trotz der guten Stoffe *die Form meist alles verdarb* und durch altmodische Reste der *Putz mitunter ein wunderliches Aussehen bekam.* Deshalb musste Goethe in Leipzig seine *sämtliche Garderobe gegen eine neumodische, dem Ort gemäße, auf einmal um[zu]tauschen.*[5]

Alles dies steht jedoch auf einem anderen Blatt. Die Lebensverhältnisse des jungen Hardenberg machten eine übereilte Anpassung überflüssig. Es erklärt sich also aus den unterschiedlichen Gewohnheiten und Voraussetzungen, dass Goethe und Hardenberg nicht in engere, freundschaftliche Berührung kamen.

Anders als der genialische Goethe gab Hardenberg sich nicht so exaltiert – trotzdem kam er mit dem Wechsel des Vaters nie aus. Die Eskapaden und erotischen Abenteuer beanspruchten seine finanziellen Reserven.

Das Leipziger Studentenleben Karl Augusts entsprach also nicht immer den Erwartungen des Hofmeisters, des Vaters und des Professors Heyne. Später jedenfalls, etwa 1787, wird der inzwischen zum Schreibtischmenschen gewandelte Minister seinen Ärzten zurückblickend mitteilen:

Ich glaube, mit einer ursprünglich sehr guten und starken Constitution von der Natur beschenkt zu sein, auch war meine erste Jugend nicht kränklich. Liederlich war ich nie, aber des Vergnügens der Liebe genoß ich in gewissen Epochen meines Lebens viel und zuweilen im Übermaß. So habe ich in meinen Jugendjahren, ohne ein Säufer und Schlemmer zu sein, oft in fröhlichen Zusammenkünften stark getrunken und mit großem Appetit vielleicht mehr gegessen, als mir heilsam war ... Die Lebensordnung, welche ich von Jugend auf beobachtet habe, ist nie ängstlich, nie pedantisch gewesen. Ich bin an allerlei Kost, an allerlei Luft, an Fatiguen gewöhnt und befinde mich nie besser als bei einer ständigen Bewegung, daran es mir aber leider sehr oft fehlt. Schädlich ist es mir zuverlässig sehr, bei gar zu guter Nahrung den größten Teil des Tages am Schreibtische zuzubringen, und doch ist dieses mehrenteils der Fall.[6]

Eine kleine Episode aus der Leipziger Zeit zeigt nicht nur vordergründig die ständigen Geldnöte des jungen Studenten, sondern auch und vor allem das tief sitzende Streben nach Selbstständigkeit. Der Hofmeister Gervinus ging dem Jungen zu dieser Zeit offenbar auf die Nerven. Unter dem Vorwand, sich bei einem Verwandten in Merseburg[7] Geld zu beschaffen, schlug Hardenberg sich ohne Wissen des Hofmeisters zu seinen Eltern durch und bat darum, von Gervinus befreit zu werden. Allerdings legte er Wert darauf, dass dessen Einkünfte nicht geschmälert würden.

In Leipzig wie in Göttingen scheint Karl August die allgemeinen Vorlesungen, in denen der Einzelne eher anonym blieb und keine persönliche Ansprache fand, nicht gemocht zu haben. Er zog den unmittelbaren Kontakt zu den Menschen vor, von denen er lernen wollte. Deshalb nahm er sich die Freiheit, die öffentlichen Vorlesungen hin und wieder zu schwänzen. Er selbst spricht davon, dass er *die Collegia, besonders was nicht privatissime war, nur nachlässig frequentierte.*

Zu den eher privaten Zirkeln gehörte auch der Lese- und Konversationsunterricht des akademischen Lehrers Michael Huber, in dessen Haus Hardenberg eine Wohnung gefunden hatte. Huber war aus Paris nach Leipzig gekommen und galt als ein ausgewiesener Kenner und Liebhaber der französischen Literatur.

Natürlich umfasste Hardenbergs Vorlesungsplan in Leipzig, außer der Literatur und den schönen Künsten, auch die juristischen Fächer. Offenbar fing er hier schon an, sich mehr als andere für Vorlesungen der Kameralwissenschaften und die Fragen der staatlichen Verwaltung zu interessieren, in denen es vor allem um die landesfürstliche Finanzwirtschaft, die Staatseinkünfte und Staatsausgaben ging.

Sein persönlicher Stundenplan vom Sommersemester 1768 vermerkt ein Kolleg über »Manufakturen und Fabriquen«, ein Kurs über Civil-Baukunst, Zeichnen bei Prof. Oeser »auf dem Schlosse« und Violin-Unterricht zweimal die Woche.

Zum akademischen Leben in Leipzig gehörten auch und vor allem die Vorlesungen von Christian Fürchtegott Gellert. Man studierte in Leipzig, um ihn zu hören. Goethe beschreibt Gellerts Rolle:

Die Verehrung und Liebe, welche Gellert von allen jungen
Leuten genoß, war außerordentlich. Ich hatte ihn schon besucht
und war freundlich aufgenommen worden. Nicht groß von Ge-
stalt, zierlich aber nicht hager, sanfte, eher traurige Augen, eine
sehr schöne Stirn, eine nicht übertriebene Habichtsnase, einen fei-
nen Mund, ein gefälliges Oval des Gesichts; alles machte seine
Gegenwart angenehm und wünschenswert. Es kostete einige
Mühe, zu ihm zu gelangen. Seine zwei Famuli schienen Priester,
die ein Heiligtum bewahren ...[8]

Gellert, Professor für Poesie, Beredsamkeit und Moral, hatte
selbst in Leipzig Theologie und Philosophie studiert und lehrte
dort seit 1745. Seine Vorlesungen in den fünfziger Jahren waren
Ereignisse für Hörer aller Fakultäten. Als Karl August nach Leipzig kam, war Gellert 52 Jahre alt, aber schon müde und krank. Er
sollte nur noch zwei Jahre zu leben haben.

Sein dichterischer Ruhm und seine humorvolle Denkweise, in
der sich aufklärerische Vernunft, pietistische Religiosität und
weltzugewandte Moral miteinander verbanden, sicherte ihm eine
ungewöhnliche Breitenwirkung. Siebenhundert bis achthundert
Studenten und viele Bürger der Stadt drängten sich in seine Vorlesungen.

Im Umkreis Gellerts traf Hardenberg auch mit Gotthold Eph-
raim Lessing zusammen. Lessing, zu der Zeit Dramaturg am
Hamburger Nationaltheater, war oft zu Besuch in Leipzig.

Während Goethe die Schriften Gellerts später als das Fundament der deutschen sittlichen Kultur bezeichnete, sind von Hardenberg keine Äußerungen über Gellert bekannt, obwohl er – anders als Goethe – Zutritt zu dessen Privatissimum hatte.
Hardenberg und Gellert waren aber so verschiedene Naturen,
dass sich der junge Student nicht wirklich zu dem müden, alten
Mann hingezogen fühlte, zumal der ihm sein lebhaftes Herz
und »feuriges Naturell« vorhielt.[9] Als Gellert dies in einem Brief
schrieb, war Hardenberg schon wieder in Göttingen.

Ein Glücksfall für den jungen Hardenberg war der Kontakt zu
seinem entfernten Verwandten Friedrich Anton von Heynitz, der
damals »Generalkommissarius« und Leiter der kursächsischen
Bergwerke war. Offenbar hatte Hardenberg die besondere Begabung, sich immer die richtigen Mentoren zu suchen und ihnen zu
vertrauen. Heynitz war 25 Jahre älter als Karl August. Er nahm

den Studenten mit auf seine Dienstreisen in die sächsischen Hüttenbetriebe, vor allem im Erzgebirge.

Diese Verbindung von Theorie und Praxis, wie sie sich in der Heynitzschen Kombination von Kameralwissenschaften und Bergwerkskunde verkörperte, war für Karl August eine einmalige Chance. Er konnte ein tragfähiges Fundament für seine spätere Tätigkeit im Staatsdienst aufbauen, denn was er hier lernte, bewegte sich auf der Höhe der Zeit. Die merkantilistische, von Adam Smith inspirierte Wirtschaftslehre wirkte sich auf Hardenbergs spätere Strategie aus, den Staat fast wie ein Unternehmen zu führen und die Staatsverwaltung mit dem Funktionieren von Finanzwirtschaft und Handel zu verknüpfen.

Durch die Vermittlung von Heynitz kam Hardenberg in Leipzig auch schon in Berührung mit der französischen Lehre vom idealen Staatshaushalt, der im Rahmen eines aufgeklärten Staatsabsolutismus alle Bereiche der Wirtschaft und des Handels lenkt.

Dass Hardenberg als junger Student mit den damals modernsten Staatstheorien bekannt wurde, gab ihm später einen entscheidenden Vorsprung gegenüber all denen, die schon lange in ihren Ämtern saßen und nur das exekutierten, was sie vor Jahrzehnten gelernt hatten. Hardenbergs Engagement für einen modernen Staat bekommt durch diesen Vorsprung sogar den Charakter einer Mission. Er war erfüllt von dem Gedanken, besser als viele andere zu wissen, was Staat und Gesellschaft brauchen.

In dieser Erkenntnis gründete auch die Motivation, immer wieder mit Reformen zu beginnen. An allen seinen Wirkungsstätten – Hannover, Braunschweig, Ansbach-Bayreuth und Berlin – hat er versucht, die staatliche Verwaltung neu zu organisieren und auf die Höhe der modernen Staatswissenschaften zu bringen – auch wenn er dabei ständig gegen die Kräfte der Beharrung angehen musste. Der Funke zu dieser reformerischen Energie wurde während der Studienzeit in Leipzig und Göttingen gezündet.

Der Zeitpunkt seines geistigen Aufbruchs war günstig. Hardenberg wuchs genau in jene Zwischenzeit hinein, die den monarchischen Staatsabsolutismus von der Idee eines aufgeklärten Staatsdenkens trennt. Aber der historische Kairos wäre ungenutzt vorübergegangen, hätte Hardenberg ihn nicht ergriffen. Und er konnte ihn ergreifen, weil er schon als junger Mann das besondere Talent hatte, die wichtigen Träger neuer Erkenntnisse, wie

Adam Smith, für sich zu erschließen oder sie gar, wie Heynitz oder Pütter, als Mentoren zu gewinnen.

Mit dem Sommersemester 1769 machte er, nach der lockeren Weltläufigkeit in Leipzig, nun richtig Ernst mit seinem Fachstudium. Der Funke, der in Leipzig gezündet worden war, führte jetzt zu einer wahren Explosion von Wissensdurst und Fleiß. Hardenberg ließ sich morgens um drei Uhr vom Nachtwächter wecken, *um fleißig zu sein*[10], und vertiefte sich dann den ganzen Tag intensiv in die Fächer Recht, Geschichte und Politik.

In Göttingen verbanden sich diese Fächer zu einer in sich zusammenhängenden Staatslehre, die den charakteristischen Merkmalen dieser Epoche in Deutschland entsprach. Diese Staatslehre bewegte sich zwischen dem gewachsenen Recht der kleinen und mittleren Staaten mit ihrem jeweiligen Landesherrn auf der einen, und der Tradition des Reiches mit dem Kaiser an der Spitze auf der anderen Seite. Noch war das Reichsrecht politische Wirklichkeit. Hardenbergs Lehrer Johann Stephan Pütter zum Beispiel sprach vom »Privatrecht der deutschen Fürsten«, wozu er auch die Rechtskonstruktion der mittelgroßen Staaten wie etwa Preußen zählte. Für Pütter waren die deutschen Staaten nur Teile des Heiligen Römischen Reiches Deutscher Nation, waren also Partikularstaaten mit partikularem Recht, neben und über dem die kaiserliche Gewalt stand.

Dieses Konzept einer »reich abgestuften Abhängigkeit« passte zum Selbstverständnis der deutschen Fürsten. Und jeder junge Mann, der einmal in den Dienst einer deutschen Herrschaft treten wollte, musste sich wegen dieser Interessenlage um das Reichsrecht kümmern, wollte und musste das Instrument beherrschen, auf dem er selbst spielen oder nach dessen Klängen er tanzen würde.[11]

Neben der dominierenden Professorengestalt Pütters spielten die anderen akademischen Lehrer Hardenbergs eine geringere Rolle. Das gilt für den Historiker Johann Christoph Gatterer, der mit den Hilfswissenschaften Heraldik, Genealogie, Diplomatik und Urkundenlehre, aber auch mit seiner ausufernden historischen Gelehrsamkeit zwar zum Ruhm der Göttinger Historischen Schule beitrug, nicht aber seine Studenten anzusprechen vermochte.

Auch der Statistiker Gottfried Achenwall blieb eher eine Nebenfigur, obgleich das, was dieser unter Statistik verstand, in der Sache durchaus Hardenbergs Interesse fand. Für Achenwall war »Statistik« – völlig anders als heute – *der Inbegriff alles Wissens, welches einem praktischen Staatsmann notwendig ist.* Dazu rechnete er alles, *was die Vorzüge und Mängel eines Staates darstellt, den Glanz einer Krone verherrlicht oder verdunkelt, den Untertan reich oder arm, vergnügt oder mißvergnügt, das Ansehen der Majestät in und außerhalb des Reichs furchtbar oder verächtlich macht, was einen Staat in die Höhe bringt, den anderen erschüttert, den dritten zu Grunde richtet, einem die Dauer, dem anderen den Umsturz prophezeit, kurz alles, was zu gründlicher Einsicht eines Reichs und zu vorteilhafter Anwendung im Dienste seines Landesherrn etwas beitragen kann.*[12]

Anders als zu Achenwall und Gatterer gewann Hardenberg zu Pütter einen persönlichen Kontakt und entschied sich für ihn als Mentor. Pütter wählte unter vielen den jungen Studiosus für sein Privatissimum aus, erkannte ihn als Schüler an und bezeichnete ihn als einen *der nobelsten und talentvollsten Jünglinge*, die er je kennen gelernt habe.[13]

Im Nachlass Hardenbergs finden sich noch die Vorlesungsmitschriften von eigener Hand: Tabellen, Stammtafeln und Auszüge aus Pütters Veröffentlichungen. Pütter hat die Hochschätzung honoriert, die aus diesen Aufzeichnungen spricht: *Fährt er so fort, als er rühmlich angefangen hat, so ahne ich für ihn eine glückliche Zukunft und ich wünsche dem Staat Glück, welchem er einst dienen wird.*[14]

Trotz der ausdrücklichen Ermahnungen des Vaters war Karl August nicht ganz ohne Schulden durchs Studium gekommen. Er suchte einen Retter in der Not und fand ihn in seinem Verwandten Gottlob Friedrich Wilhelm von Hardenberg, der damals 42 Jahre alt und Landkomtur des Deutschritterordens in Loclum war. Der Verwandte entlastete und unterstützte ihn nicht nur mit Geld, sondern verhalf ihm auch zu innerer Orientierung.

Jedenfalls hatte Karl August nun die besten Vorsätze. Ein gewisses Missverhältnis zwischen Einnahmen und Ausgaben sollte allerdings zu den ständigen Begleitumständen seiner Laufbahn gehören. Am Ende seiner Studienzeit schrieb er einen zuversichtlichen und vielleicht allzu beflissenen Brief an seinen Vater: *Ich werde gewiß den größten Fleiß anwenden, um die mir gegebenen*

guten Lehren zu befolgen und meine Aufführung so einzurichten,
dass sie meinen Eltern und Wohlthätern zur Freude und mir zur
eigenen Glückseligkeit gereiche. Freilich sehe ich selbst wohl ein,
daß es für einen jungen Menschen schwer hält, allen Verführun-
gen auszuweichen und nicht einmal zu stolpern, allein eben das
Bewußtsein meiner eigenen Schwäche wird und muß mich desto
behutsamer machen. Ich habe daher meine Freunde gebeten,
wohl auf mich Acht zu geben und es an Erinnerungen nicht feh-
len zu lassen. Die Frau Generalin von Reden, eine würdige Freun-
din meiner Mutter, hat dies Geschäft insonderheit übernommen
und ist also meine Hofmeisterin.[15]

Schon nach einem guten Jahr in Göttingen, also nach insgesamt acht Semestern, erklärte Hardenberg nach dem Sommersemester 1770 seine akademische Ausbildung für abgeschlossen.
Ein Schlussexamen benötigte er nicht. Der Status als Freiherr
machte dies möglich und war auch sonst wichtiger als ein akade-
mischer Abschluss oder ein Doktortitel.

Nur vor der Justizbehörde des Kurfürstentums legte er eine
Prüfung ab. Seine Anstellung war aber bereits gesichert: Der
Vater hatte für einen Posten als Auditor in der Justizkanzlei des
kurfürstlichen Landesherrn in Hannover gesorgt.

Auf verlorenem Posten

Es war ein unbesoldeter Posten: eine Auditorenstelle, die für den
Edelmann aus dem Lande, der ein bedeutendes Vermögen zu er-
warten habe, reserviert war. Auditor war der klingende Name für
eine Hilfskraft am Gericht, in etwa entsprechend dem heutigen
Referendar.

Der Kurfürst von Hannover, zugleich König Georg III. von
Großbritannien und Irland, hatte *höchstselbst* die Anstellung ge-
nehmigt. Und stand solch ein junger Auditor erst einmal in kurfürstlichen Diensten, konnte er daran arbeiten, den Weg zu der
Tätigkeit zu finden, die er sich erträumte.

In der Tat gelang es Hardenberg schon im Januar 1771, ein
halbes Jahr nach seinem Dienstantritt, die Versetzung in die Kam-

mer, also die Finanzverwaltung des Kurfürstentums, zu erreichen. Auch hier spielten die guten Verbindungen der Familie eine Rolle. Der Kammerpräsident Behr, Finanzminister des Kurfürstentums, übernahm ihn als unbesoldeten Auditor, obgleich die Kammer normalerweise keine Auditoren beschäftigte.

Die Auditorenstelle in der Finanzkammer war für den jungen Juristen die Chance, nach einer Bewährungszeit die Position eines Kammerrats zu übernehmen und damit ordentliches Mitglied der Kammer zu sein, was viele Tore öffnete. Aus dem Kreis der Kammerräte gingen die meisten Minister des Kurfürstentums hervor. Hardenbergs Karrierebeginn verlief also wie geplant. Dann aber warf ihn ein Schicksalsschlag aus der Bahn. Völlig unerwartet starb sein Förderer Behr. Dessen Nachfolger Bremer brachte seine eigenen Schützlinge mit, ließ den Protegé seines Vorgängers fallen und behinderte ihn sogar, indem er die eigenen Leute zu dessen Vorgesetzten machte.

Karl August von Hardenberg mochte sich diese Kränkung nicht gefallen lassen. Er beschwerte sich beim König in London – eine ungeduldige und heftige Reaktion, mit der er den König in erhebliche Verlegenheit brachte.

Georg III. löste das Problem mit kreativer Gelassenheit. Einerseits konnte er gar nicht anders, als seinen Finanzminister zu decken. Andererseits wollte er Hardenbergs Vater, den verdienten Feldmarschall Christian Ludwig von Hardenberg, und dessen Familie nicht kränken. Also ließ er durch die Deutsche Kanzlei in London, die für das Kurfürstentum Hannover zuständige Behörde am Hof, den jungen Hardenberg seines königlichen Wohlwollens versichern und ihm nahe legen, zunächst einmal auf Beförderungen zu verzichten und eine Reise durch Europa anzutreten, um seinen Horizont zu erweitern und sich im Verlauf dieser Reise am Hof in London vorzustellen. Danach sei man bereit, ihn weiter zu fördern.

So schloss denn Karl August von Hardenberg in Hannover seine Akten, ging nach Hause und bereitete sich auf die verordnete, aber doch willkommene und verlockende Reise vor. Kavaliersreise nannte man im 18. Jahrhundert derartige Unternehmungen. Und Karl August war nach den Enttäuschungen in Hannover durchaus in der Stimmung, die eingeschränkte Welt der Amtsstuben hinter sich zu lassen, sich als Kavalier zu fühlen und die Reise als Lebenschance zu verstehen und zu genießen.

Seine Eltern halfen ihm in gewohnter Weise. Sie stellten Pferd und Wagen bereit und kümmerten sich um eine Reisebegleitung. In vorausblickender Umsicht regelte der alte Feldmarschall von Hardenberg noch vor der Abreise des ältesten Sohnes seine Erbangelegenheiten, wobei ihm Karl August als gelernter Jurist zur Hand ging. Ein neues Testament sollte formuliert werden.

Christian Ludwig von Hardenberg war zu diesem Zeitpunkt 72 Jahre alt. Er musste damit rechnen, die lange Abwesenheit des Sohnes nicht zu überleben. Und als guter Hausvater wollte er für diesen Fall *zur Vermeidung aller zu befürchtenden Irrungen zwischen meinen Kindern und Nachkommen* alle Familienangelegenheiten geordnet haben.

Der Älteste wurde als Erbe von Stammgut und Stammschloss bestätigt. Die übrigen Güter der Familie wurden allen Brüdern gemeinsam überschrieben, wobei der Älteste die Verwaltung und alle *anklebenden Onera*, also alle Lasten, zu übernehmen hatte. Er musste alle Schulden und alle Versorgungsverpflichtungen übernehmen, aber auch für alle Unglücksfälle wie *Mäusefraß, Mißwuchs, Hagelschlag, Schneckenfraß und Brandschaden* aufkommen. Nur Kriegsverheerungen waren ausgenommen. Die Mutter und die Schwestern wurden mit finanzieller Versorgung auf Lebenszeit bedacht. Dies alles wurde *im Namen der heiligen Dreifaltigkeit. Amen* bestimmt und beurkundet.

Karl August ergriff die Reise als eine großartige Möglichkeit, die Regionen des Heiligen Römischen Reiches Deutscher Nation kennen zu lernen und den kleinlichen Ärger mit Bremer zu vergessen. Sein Reisebegleiter war ein hannoverscher Leutnant namens Freytag, der wie Hardenberg dem Abenteuer einer Kavaliersreise mit Spannung entgegensah und der eine solche Reise nur antreten konnte, weil die Familie Hardenberg die Kosten für die Pferde und den Reisewagen übernahm. Die beiden jungen Männer verstanden sich gut und sollten von ihren Reiseerlebnissen bald ganz in Anspruch genommen werden.

Die Kavaliersreise

Die Reisenotizen des 22- und 23-jährigen Hardenberg sind leider verschollen. Leopold von Ranke hat sie in Neuhardenberg noch einsehen können und 1877 in seinen »Denkwürdigkeiten des Staatskanzlers Fürsten von Hardenberg« veröffentlicht. Über den Verbleib der Handschriften ist nichts bekannt.

Am 15. Juli 1772, früh um fünf, brachen Hardenberg und Freytag auf. Die Reise der beiden Kavaliere wird sehr bald mehr als eine touristische Vergnügungsfahrt. Sie wird zu einer Tour, auf der die beiden jungen Leute den Niedergang des Heiligen Römischen Reiches Deutscher Nation besichtigen können. Alles, was Hardenberg bei Pütter über das Reich gelernt hat, kann er jetzt an der Wirklichkeit messen. Was er sieht, zeigt ihm sehr bald die Unregierbarkeit des Reiches: ein Staatensystem, das auf einem überalterten Rechtsgefüge ruht.

Der Weg führt zunächst über Minden nach Kassel. Die Ankömmlinge sind beeindruckt vom Aufbaurausch einer Stadt, die große Dinge plant. Hardenberg notiert in seinem Reisetagebuch, Kassel werde eine der schönsten Städte Deutschlands werden. Die Bürger planen und bauen, der Landgraf vergibt Bauprämien. Die Stadt blüht auf, seitdem die alten, inzwischen nutzlosen Festungsanlagen geschleift wurden. Wie Hardenberg notiert, bekommen die Bauherren *die Steine von den demolirten Festungswerken umsonst und 10 Jahre Freiheit von allen Abgaben.*[1] Hardenberg bewundert in Kassel die Prachtbauten des Landgrafen Friedrich II., merkt aber an: *zweckmäßiger würden gute Wege sein ...* Diese und ähnliche Beobachtungen legen den Grund für seine spätere Auffassung, *daß man sein Augenmerk mehr auf das Staatsvermögen richten müsse als auf die Casse des Fürsten.*[2]

Die Reise geht weiter nach Bad Ems, wo ihn die Anlage der Bäder und die Fabrikation von Pottasche faszinieren. Es folgt Neuwied, wo er die Gemeinde der Herrnhuter kennen lernt und mit einem Bienenkorb vergleicht, *weil alle zu einem gemeinschaftlichen Zweck arbeiten.* Die Hofhaltung des regierenden Grafen findet er bescheiden, und er durchschaut, dass *alles den Anschein eines großen Hauses haben* soll: Wenn die Gräfin mit ihren zwei Hofdamen ausfährt, wird die Kutsche von sechs Husaren mit gezogenen Säbeln begleitet.

In Nassau wird Station bei der Familie des Reichsfreiherrn vom Stein gemacht. Deren Sohn Karl, der spätere Freund und Weggefährte, Rivale und Kritiker Hardenbergs, der große Mitbetreiber der »Stein-Hardenbergschen Reformen«, studiert gerade in Göttingen und ist nicht im Lande.

Die drei Töchter des Hauses – Hardenberg nennt sie die drei *sentimental maids* – geben dem bescheidenen Familiensitz der Steins eine magische Anziehungskraft. Karl August verliebt sich auf der Stelle in Luise, *eine Brünette mit schönen dunklen Augen, lebhaft und sprechend, was sie denkt.* Für Karl August ist sie die Schönste unter den Schwestern und mit zwanzig Jahren zwei Jahre jünger als er. *Ich liebe sie unbeschreiblich,* vertraut er brieflich einem Vetter an. Luise selbst erfährt dies nicht. Karl August – hier zeigt sich die Abhängigkeit des Zweiundzwanzigjährigen von seinen Eltern – traut sich nicht, der aufflammenden Liebe nachzugeben, bevor nicht seine Eltern ihr Einverständnis gegeben haben. Er schreibt nach Hause und wartet auf Antwort. Der Mutter Luises jedoch erzählt er derweil von seiner Liebe. Sie erklärt ihm, er sei als Schwiegersohn durchaus willkommen, er solle jedoch nicht Luise, sondern Charlotte nehmen. Luise denke eher an den Mainzer Minister Groschlag, der ja schon ein gemachter Mann sei.

Dann kommt auch noch die Antwort der Eltern Hardenberg: Sie sind ganz und gar nicht einverstanden mit einer Verbindung zum Hause Stein. Sieben Kinder seien dort zu versorgen, das Erbe sei entsprechend klein. Man wolle grundsätzlich nur einer wohlhabenden Schwiegertochter zustimmen. 1772, schon vor Beginn der Kavaliersreise, hatten die Eltern längst eine wohlhabende junge Frau in Aussicht genommen: Sophie von Haßberg. Dazu aber wollte sich Karl August nicht verstehen. Er war befreundet mit Ernst Ludwig Julius von Lenthe, der an Sophie interessiert war und sie dann auch heiratete. Karl August verhielt sich zunächst *kalt und zurückhaltend*, kommentiert dies aber viele Jahre später, als er Sophie als geschiedene von Lenthe schließlich doch geheiratet hatte, als *einzigartige Verkettung.*[3]

Die Einmischung der Eltern war keineswegs ungewöhnlich, sie entsprach dem allgemeinen Brauch: Die Ehe war eher ein nüchternes Geschäft als eine Herzensangelegenheit. Und beides nicht miteinander zu verwechseln, gehörte für jeden jungen Kavalier zu den Spielregeln des Standes. Karl August würde sich erst sehr viel später über diese Regeln hinwegsetzen.

Die nächste Station ist Wetzlar, der Sitz des Reichskammergerichts. Als Hardenberg und Freytag dort ankommen und für einige Wochen bleiben wollen, hat gerade eine gehörige Unruhe das verschlafene Städtchen an der Lahn erfasst. Ihr Urheber ist Goethe, der soeben seine kurze juristische Laufbahn am Reichskammergericht begonnen hatte. Mit seiner Leidenschaft für Charlotte Buff war er für Wetzlars Bürgergesellschaft an die Grenze des Zumutbaren gegangen und hatte nach der Abfuhr durch Lotte, auf den Rat seines Freundes Merck hin, die Stadt verlassen.

Hardenberg will Goethe, seinem Leipziger Kommilitonen, am 16. August 1772 einen Besuch machen, trifft ihn aber nicht an. Goethe hält sich gerade in Gießen auf. Von dort aus macht er einen Gegenbesuch in Wetzlar. Karl August notiert am 18. August in sein Tagebuch: *Visite de M. Goede de Francford, ancienne connaissance de Leipzig – Besuch von Herrn Goethe aus Frankfurt, einem alten Bekannten aus Leipzig.*[4] Mehr wird nicht vermerkt. Das Interesse aneinander scheint sich in Grenzen zu halten.

Hardenberg war, ohne es zu wissen, in die Nähe der Ereignisse um Lotte Buff und Goethe geraten, als er gleich am Tag seiner Ankunft im »Goldenen Löwen« mit dem Legationssekretär Kestner bekannt wurde. Die Herren fanden sich offenbar sympathisch. Hardenberg ließ sich von Kestner begleiten, als er am 16. August bei Goethe vorsprechen wollte. Kestner war Legationssekretär für das Herzogtum Bremen und unterstand dem hannoverschen Visitationsdelegierten. Er hatte, sechs Jahre vor Hardenberg, ebenfalls bei Professor Pütter in Göttingen studiert.

Pikanterweise war Kestner der Verlobte von Charlotte Buff. Goethes unglückliche Liebe zu Lotte scheint zwischen Kestner und Hardenberg nicht zur Sprache gekommen zu sein. Beide bewegten sich durch ihren Beruf in ganz anderen Welten als Lotte, was sicher ein Vorteil war. Denn dem Reisenden fiel auf, dass die Damen der Stadt höchst indiskret waren und ganz offen von ihren Liebeshändeln sprachen, sogar in Gegenwart der Männer.

Die *zwar wohlgelegene, aber kleine und übel gebaute Stadt* (Goethe über Wetzlar) mit ihren *unschönen, koketten und zänki-*

schen Damen (Hardenberg) war seit 1693 Sitz des Reichskammergerichts, des Obersten Gerichts des Heiligen Römischen Reiches Deutscher Nation. Die Stadt hatte schon seit den siebziger Jahren des 12. Jahrhunderts, als Friedrich Barbarossa die Siedlung zur Reichsstadt erhob, eine besondere Beziehung zum Reich. Jetzt prallten die Interessen des Kaisers und des Reiches auf der einen, die Bedürfnisse der einzelnen Mitgliedstaaten und der Stände auf der anderen Seite bei Gericht aufeinander. Verschärft wurde das Interessenspiel noch durch eine vom Kaiser auf Grund von Unterschlagungen und Bestechungen angeordnete Visitation. Es gab in der Stadt also, außer Goethe, noch einen weiteren, gewichtigeren Grund zur Aufregung, durch den sich in der allgemeinen Kampfstimmung auch noch die traditionellen Konfessionsgegensätze wieder belebten.

Hardenberg wird von all diesen Händeln durch die Landstände ins Bild gesetzt. Auch der gelehrte Beisitzer beim Kammergericht, Freiherr von Harpprecht, bei dem Hardenberg sich als Praktikant hatte einschreiben lassen, macht ihn in fast täglichen Sitzungen mit der schwierigen Materie vertraut. Laut Ranke hielt Harpprecht die Visitation für notwendig, weil tatsächlich Bestechungsfälle vorgekommen seien. Ranke resümiert: *Aus der Ferne gesehen, machte das Kammergericht den Eindruck des Ehrwürdigen und Großartigen; in der Nähe betrachtet, bot es den Anblick von Menschlichkeiten und von Unordnung dar.*[5]

Hardenberg geht in seinem Urteil darüber hinaus: Er gewinnt den bleibenden Eindruck, das Reichskammergericht sei nicht mehr zu reformieren. Und das bedeutet aus Hardenbergs Sicht, dass das Reichskammergericht wie das Reich zum Untergang verurteilt sind.

Das Verlöschen der Reichsgewalt bedeutete für die kleineren Staaten, keinen Schutz mehr zu finden, wenn die größeren Staaten ihnen zu nahe traten. Die aufstrebenden Partikularstaaten des Reiches würden sich über kurz oder lang eigene Oberste Gerichte schaffen. Im Unterschied zu seinem Göttinger Lehrer Pütter sah Hardenberg darin das Ende der Reichsgewalt – ein Ende, das 1806 dann ja auch eintrat.[6]

An der Universität Göttingen war das Rechtskonstrukt des Römischen Reiches noch als lebendige Tradition vermittelt worden. Noch hatte das Reich etwas von einem Mythos. Der junge

Student der Rechtswissenschaften musste auf seiner Kavaliersreise jedoch mit eigenen Augen wahrnehmen, dass das alte Heilige Römische Reich Deutscher Nation zwar als Mythos oder wenigstens als Idee noch lebte, als politische Wirklichkeit aber längst am Ende war.

Der Mythos vom Reich sah, unter Berufung auf den Propheten Daniel, nach dem babylonischen, dem medisch-persischen und dem mazedonischen Reich eine durchgehende Traditionslinie bis zum Römischen Reich. Dieses »vierte Reich« würde, solange es besteht, den Antichristen daran hindern, die Weltherrschaft zu übernehmen. Deshalb musste das Deutsche Reich ein Römisches Reich sein. Deshalb musste ursprünglich der Kaiser die Krone des Reiches aus der Hand des Papstes empfangen. Deshalb war auch das weltliche Reich ein heiliges Reich, dessen zwei Schwerter jeweils von der weltlichen und der geistlichen Macht geführt wurden.[7]

Als der habsburgische Kaiser Franz II. im August 1804 ein österreichisches Kaisertum proklamierte und bald darauf, 1806, die Krone des Reiches niederlegte, war das im Grunde eine Ungeheuerlichkeit, die aber schon gar nicht mehr als solche empfunden wurde. Heinrich August Winkler schreibt: »Die Auflösung des Heiligen Reiches wirkte wie die notarielle Beurkundung eines Ablebens, das sich schon allzu lange hingezogen hatte.«[8] Peter G. Thielen spricht von der »Gebrechlichkeit des Reiches«.[9]

Hardenbergs Reise durch die deutschen Kleinstaaten, besonders zum Reichskammergericht in Wetzlar und zum Sitz des Reichstages in Regensburg, stellte dem Pütter-Schüler also nicht den mythischen Glanz eines heiligen Reiches vor Augen, sondern die Agonie einer Idee, deren Niedergang sich im Erstarken banaler Partikularinteressen zeigte: Bestechungsaffären, Unterschlagungen, konfessionelle Gegensätze, Streit zwischen den Ständen und der kaiserlichen Gewalt. Die Gebrechlichkeit des Reiches zeigte sich vor allem darin, dass der lockeren Rechtsgemeinschaft dieser Konföderation autonomer Gemeinwesen keine gemeinsame Kultur entsprach, welche alles zusammenband und die konfessionellen, ethnischen und politischen Unterschiede überbrückte.[10]

Die Weiterreise wird zu einem Anschauungsunterricht in Sachen deutsche Kleinstaaten. In Kärlich, nahe Koblenz, trifft Har denberg den Kurfürst-Erzbischof von Trier mit seinem Hof, zu dem auch Graf Metternich gehört, der Vater des späteren österreichischen Staatskanzlers. Hardenberg und Freytag empfinden die ganze Hofgesellschaft als grau, ungefällig und stumm. Hardenberg nennt sie kurzerhand *papistisch*. Umso überraschter ist er vom kurfürstlichen Hof des Bischofs in Mainz, vor allem von Friedrich Carl Baron von Groschlag, dem Minister des Kurfürsten, dem »gemachten Mann«, den die Familie vom Stein sich so gern als Ehemann ihrer Tochter Luise vorstellte. Hardenberg beobachtet, dass Groschlag – *er soll einer der größten Minister in Deutschland sein* – und auch der Kurfürst selbst beim Dom-Kapitel verhasst sind, weil beide die Vorrechte des Klerus einschränken wollen.

Im Oktober sind Hardenberg und Freytag bereits in Darmstadt, bei dessen Landgraf *nichts gilt als der blaue Rock* des Soldaten. Mit offensichtlicher Ironie notiert Hardenberg: *Er soll ein vortrefflicher Trommelschläger sein.* Obgleich die Militärpräsenz in einer Garnisonstadt für den Sohn eines Offiziers sicherlich zu den gewohnten Eindrücken gehören dürfte, scheint ihm der soldatische Betrieb in Darmstadt zu missfallen: *Man hört in Darmstadt nichts als Exerciren, Trommeln, Pfeifen und Werda rufen, sowohl Tag als Nacht.* Und als Kenner fügt er hinzu: *Die Garde du Corps ist schön, 67 Pferde stark und liegt in Casernen, ihre Pferde sind Rappen; sie geben sie für Hollsteiner aus und halten viel davon, es sind aber mehrenteils Frießländer. Der Landgraf liebt die Cavallerie nicht.* Der Landgraf liebt auch die Fremden nicht. Er lässt sich kaum blicken. Aber die Landgräfin, so Hardenberg, *ist eine respectable Frau, die viel Verstand und Welt zu haben scheinet, dabei ganz ungemein höflich.*

Natürlich erwähnt Hardenberg die drei Prinzessinnen des Hauses: Amelie, Louise und Wilhelmine. *Wie es scheint, gute Kinder. Sie gehen in Zitz (Kattun), man sollte sie nicht für Prinzessinnen ansehen.* Allzu groß scheint Hardenbergs Interesse an den Prinzessinnen jedoch nicht gewesen zu sein, denn er fährt in seinem Bericht so unvermittelt fort, als wolle er in seine Anmerkung zum Hof auch die Töchter einbeziehen: *Man ißt schlecht bei Hof und alles sieht sehr mustricht aus.*

Ganz anders erlebt er Mannheim: Ein Schloss mit einer bemerkenswerten Gemäldegalerie, vor allem mit »den Holländern«, besonders Rubens. Im Theater gibt es Ballett und Operetten, in der Kirche Gottesdienste und geistliche Musik. An der abendlichen Tafel erscheinen reich gekleidete Damen, mit Juwelen geschmückt. Den Fürsten trifft Karl August im Garten von Schwetzingen, wo man in Landhauskleidung ausgeht, lange bei Tisch sitzt, gut isst und trinkt und eher wenig spricht. Ranke erzählt von einer Passion des Fürsten, die offenbar in der Verpflichtung der Mütter des Landes bestand, ihm und den Hofleuten ihre Töchter zuzuführen. Ranke: *Die Debauche (Ausschweifung) schien Mittel, am Hofe emporzukommen.*[11] Hardenberg und Freytag jedenfalls sind sehr indigniert vom frivolen Umgangston und den anstößigen Geschichten, die sie hören: *Wir schworen uns, niemals Mädchen zu unterhalten und uns bedeckt zu halten mit Bemerkungen.*[12] Befremdet verlassen die Reisegefährten Mannheim und erreichen noch im Oktober Karlsruhe, dessen Markgraf sich mehr der Verwaltung des Landes als der höfischen Pracht- und Lustentfaltung widmet. *Der Markgraf und die Markgräfin sind respectable Leute ... Es geht am Hofe sehr häuslich und öconomisch her – zwei Tafeln – wenig Schüsseln, aber doch gut zugerichtete Hausmannskost.*[13]

Hardenberg wundert sich, dass der Markgraf sein Land regiert, ohne die Landstände einzubeziehen, dass dennoch alles zum Besten steht und der Landesherr *ungemein geliebt* wird. Man spürt, wie sich der Blick und die Analysefähigkeit des reisenden Beobachters immer mehr schärfen und seine Gedanken sich mit den Fragen der politischen Verwaltung beschäftigen. Vor allem die Markgräfin findet Gefallen am Gespräch mit dem in Wort und Benehmen gewandten Besucher. Hardenberg bewundert dafür ihr Maltalent: *Nach Tafel zeigte uns die Markgräfin ihre Malereien. Es ist unstrittig, dass sie den größten Meistern Ehre machen würden.*[14]

Die grauen Novembertage erlebt Karl August in Ludwigsburg. *Bei dem Herzog* [Carl Eugen von Württemberg] *kann es nicht extravagant und außerordentlich genug sein.* Hardenberg bewundert das Schloss Solitude bei Stuttgart, das – wie Monrepos in Ludwigsburg – von dem gerade (1773) gestorbenen Architekten Pierre Louis Philippe de la Guepière gebaut worden war und das dem Herzog großen Ruhm einbrachte.

Ruhm erntete Carl Eugen auch mit seiner »Militärpflanzschule«, die er selbst finanzierte. Er kleidete sogar die jungen Rekruten – was damals nicht selbstverständlich war – auf seine Kosten ein. Hardenberg merkt an: *In Ludwigsburg liegen alle seine Trouppen, ohngefähr 6000 Mann – gut dressiret, die Cavallerie unberitten.*[15]

Die Reise geht weiter nach Regensburg, der Stadt der Reichstage. Hier hat Hardenberg, wie schon in Wetzlar, noch einmal die Gelegenheit, sich die Realität des Reichsrechts, das er bei Pütter in Göttingen so intensiv studiert hatte, zu vergegenwärtigen und sich die Spannung zwischen den deutschen Einzelstaaten und dem Heiligen Römischen Reich Deutscher Nation vor Augen zu führen. In Regensburg verstärkt sich Hardenbergs Eindruck, dass die Agonie des Reiches längst begonnen hat und die Zukunft den größeren Einzelstaaten wie Österreich, Bayern oder Preußen gehören würde.

München. Bayerns Hauptstadt scheint Hardenberg nicht sonderlich beeindruckt zu haben. Vielleicht fand er nicht die richtigen Gesprächspartner. Jedenfalls bleibt es bei der kargen Bemerkung, weder die Finanzen noch das Militär seien in rechter Ordnung, und der französische Gesandte habe viel zu viel Einfluss.

Von München aus geht die Reise endlich nach Wien, das als Residenz des Kaisers eigentlich der richtige Beobachtungsplatz für die Angelegenheiten des Reiches wäre. Aber auch hier sind die Anzeichen des Verfalls nicht mehr zu übersehen.

Wien erscheint eher als Hauptstadt des österreichischen Partikularstaates und als Interessenmittelpunkt der Habsburger denn als lebendige Hüterin der Reichsidee. Ranke erzählt in den »Denkwürdigkeiten«: *In Wien begegnete ihm das Gefühl, als lebe man eigentlich zwischen zwei Regierungen. Die Kaiserin* [Maria Theresia] *erscheint wie eine gute Hausmutter, der Kaiser* [Joseph II., Mitregent] *wie ein Privatmann: er ist sehr ökonomisch und abhängig von untergeordneten Persönlichkeiten. Man erzählte sich, daß der Kaiser, um einen seiner Diener zu befördern, sich an ein Kammerfräulein seiner Mutter wenden mußte. Schon fürchtete aber Jedermann die Veränderungen, die er vornehmen werde, wenn er zur wirklichen Regierung kommen werde ...*[16]

Es ist erstaunlich, wie spärlich Hardenbergs Notizen über seinen Aufenthalt in Wien bleiben. Immerhin regiert dort noch

Maria Theresia, die 1768, also wenige Jahre vor Hardenbergs Besuch, die Schaffung eines neuen Strafgesetzbuches veranlasst hatte, die Abschaffung der Folter vorbereitete, die Steuerfreiheit des Adels und des Klerus abschaffte, die bäuerliche Leibeigenschaft samt Frondiensten lockerte und außerdem mit der Gründung von Volksschulen eine Bildungsreform einleitete und dem Einfluss der Kirche staatliche Grenzen setzte – lauter Reformvorhaben, die eigentlich das lebhafte Interesse Hardenbergs hätten finden müssen. Mit allen Vorbehalten darf man spekulieren: Hatte die lange Reihe der Erfahrungen die Aufmerksamkeit des Reisenden ermüdet? Oder war einfach keine Zeit geblieben für Tagebucheintragungen, weil es allzu viel zu sehen gab oder weil die Wienerinnen allzu viel Aufmerksamkeit verlangten?

Von Wien aus führt der Reiseweg zunächst nach Dresden, wo Hardenberg nur Verfall feststellt: *Man greife nichts auf die rechte Weise an; man entferne entweder talentvolle Leute, oder lasse sie doch nicht handeln wie sie möchten.*[17]

Dann, im Frühjahr 1773, kommt Hardenberg in Berlin an, *wo ich nicht ahnete, daß ich je in diesen Dienst treten würde.*[18]

Eine gewisse Enttäuschung liest man aus der folgenden Notiz, die ja auch zu den Elementen seiner für später geplanten Autobiografie gehört: *Friedrich sahe ich in Potsdam bey dem Manoevriren der Truppen und einmal bey Sanssouci reiten ... Der König ließ sich damals Niemand vorstellen.*[19]

Mit dem 29. April in Berlin brechen die Reisetagebücher abrupt ab. Hardenberg kehrt in sein Elternhaus zurück. Den letzten, von Georg III. verordneten Teil seiner Europatour hat er noch vor sich: London.

Erstes Eheglück

Konsequent, wie sie waren, hatten die Eltern Hardenberg schon während der Kavaliersreise, als der Sohn noch in die Stein-Tochter Luise verliebt war, ein reiches, sehr junges Mädchen für Karl August ausgeguckt: die gerade erst vierzehnjährige Christiane von Reventlow, Erbin großer Güter im dänischen Holstein. Verhandeln musste man, da Christianes Vater tot war, mit ihrem Vormund, dem dänischen Kammerherrn Wulf Hinrich von Thienen. Die Mutter, in zweiter Ehe mit Thienen verheiratet, litt an einer Nervenkrankheit und überließ es ihrem Mann, sich um die Familiengüter und die Zukunft der Tochter zu kümmern.

Für den jungen Karl August nahm sein Vater die Sache in die Hand. Und da sich Generalleutnant von Hardenberg und seine Frau im Sommer 1773 auf ihrem holsteinischen Gut in Löhrstorf bei Heiligenhafen aufhielten, lag es nahe, die benachbarten Reventlows auf deren Gut in Sierhagen zu besuchen und erste Kontakte zu knüpfen.

Vater und Sohn machten einen Antrittsbesuch. Dem von Kopf bis Fuß auf Liebe eingestellten Karl August gefiel das Mädchen auf den ersten Blick. Christiane war anmutig, der Zauber der Jugend machte sie attraktiver, als eine spätere Silhouette aus dem Jahr 1779 vermuten lässt.[1] Karl August erhielt die Erlaubnis zu weiteren Anstandsbesuchen im kleinen Kreis, jedoch nicht zu Treffen unter vier Augen.

Christiane war nicht nur sehr jung, sondern auch die Erbin eines großen Vermögens. Und Karl August von Hardenberg war für den Vormund der Vierzehnjährigen ein Ausländer, so dass besitzrechtliche Komplikationen zu erwarten waren. Karl August fand unbekümmert das Ergebnis des Besuchs bei den Reventlows vielversprechend und war entschlossen, die Sache weiter zu verfolgen. Er war zufrieden mit der blonden, lebhaften und sehr jungen Frau, zufrieden mit deren Vermögensverhältnissen und zufrieden mit dem aktiven Einverständnis seiner Eltern. Keiner der Beteiligten kam auf die Idee, die jungen Leute könnten vielleicht noch gar nicht reif sein für eine lebenslange Bindung, selbst wenn die Erwartungen nicht weiter reichten als bis zum Wendekreis einer Konventionsehe.

Zunächst einmal musste Karl August jedoch in beruflicher Hinsicht festen Boden unter die Füße bringen, auch wenn er als künftiger Erbherr von Hardenberg keine Sorge zu haben brauchte, eine standesgemäße Ehe etwa nicht finanzieren zu können. Er musste nur die Fäden wieder aufgreifen, die ihm – glücklicherweise, wie es jetzt aussah – in der hannoverschen Finanzkammer aus der Hand geglitten waren. Also schickte er sich an, nun den Teil seiner Kavaliersreise anzutreten, der ihn zur Vorstellung bei seinem Landesherrn, Georg III., nach London führen sollte.

Am 31. Juli 1773 machte er sich auf den Weg, zunächst nach Holland. Hardenberg lernte hier ein Land kennen, das bereits seit geraumer Zeit Europas Musterland war und aus dem schon der Preußenkönig Friedrich Wilhelm I. und andere Herrscher der Aufklärungszeit entscheidende Anregungen und Kenntnisse mitgenommen hatten. Hardenberg war beeindruckt von der Toleranz eines wohlhabenden Bürgertums, das ohne herrscherlichen Druck von oben Ordnung und Sauberkeit geschaffen und erhalten hatte – aus eigener Einsicht und Verantwortung.

Besonderen Eindruck machte auf ihn die Toleranz der Kirchen: *Alle diejenigen, welche nicht von der reformirten Religion sind, müssen sich hier einschreiben lassen und können nachher in einer gültigen Ehe leben ohne priesterliche Einsegnung, wenn sie noch drei Wochen gewartet und mittlerweile aufgeboten worden sind. Die Reformirten können sich auch einschreiben lassen, wenn sie wollen. Die priesterliche Einsegnung, welche eine Affaire de goût ist, fällt alsdann weg ...*[2]

Am 23. August betrat Hardenberg in Harwich zum ersten Mal den Boden der Britischen Inseln. Am 1. September wurde er zum Lever, der Morgenaudienz des Königs, gebeten. Er stand nun seinem Landesherrn gegenüber, der ihm die Europareise verordnet hatte und in dessen Dienst er nun ernsthaft und in angemessener Position eintreten wollte.

Es sollte nicht bei diesem ersten Auftritt vor dem König bleiben. Hardenberg wurde schon bald eingeladen, auf dem königlichen Landsitz Windsor, in der Nähe von London, an kleineren Gesellschaften teilzunehmen.

Wie schon als Kind und als Jugendlicher, beeindruckte Hardenberg besonders die Frauen. Königin Charlotte, eine mecklenburgische Prinzessin, war sehr angetan von dem hannoverschen Edelmann, der charmant und geistvoll, witzig und humorvoll die Gesellschaft bei Hofe unterhielt. Hardenberg gewann in Charlotte eine verlässliche Gönnerin und blieb mit ihr in Verbindung, als er auf kleineren Reisen durch England Land, Leute und einige Städte wie Portsmouth und Salisbury kennen lernte.

Man mag sich darüber wundern, dass Hardenberg auf dieser ersten Englandreise sich kaum auf die politische Lage des Landes einließ, obwohl die Situation alles andere als langweilig war. Der König hatte einen schweren Stand gegenüber dem britischen Parlament und auch bei seinen Untertanen. Hardenberg hat offenbar nicht einmal den Versuch gemacht, die Geheimnisse des Regierens in England zu verstehen. In der Tat war das Zusammenspiel und Gegeneinander von Monarchie und Parlament schwer zu durchschauen. Offen auf der Hand lagen nur die Schattenseiten des höfischen Lebens – Verschwendung, Ämterpatronage und Bestechung.

Das begrenzte Interesse des jungen Hardenberg an den politischen Verhältnissen in Großbritannien ist jedoch verständlich, wenn man sich Hardenbergs Karriereplanung im Ganzen und seine seelische Disposition zum Zeitpunkt seiner ersten England reise vergegenwärtigt. Es gehört eher zu den Vorzügen als zu den Defiziten seines Charakters, dass er sich jeweils auf das konzentriert hat, was gerade als dringlich anstand. Worauf anders also hätte sich der 23-Jährige einstellen sollen als auf das unmittelbare Ziel, in der hannoverschen Finanzkammer fest angestellt und damit in den Staatsdienst übernommen zu werden? Und das nach dem Fehlstart vor gut zwei Jahren in Hannover, dem unglücklichen Streit mit dem Finanzminister Bremer! Und das, während er frisch verliebt war, eine standesgemäße Stellung und die Heirat anstrebte!

Zumindest was die standesgemäße Stellung angeht, hat Hardenberg in London sein Ziel erreicht. Am 23. November 1773 – er war schon über Frankreich und Belgien, die damaligen österreichischen Niederlande, auf dem Rückweg – wurde seine Ernennung zum Kammerrat unterschrieben und ihm nachgeschickt.

Was aber würde aus seiner Zuneigung zu Christiane von Reventlow werden? Er hatte von England aus Briefe geschrieben und auch Antworten bekommen. Aber diese Antworten waren artig, höflich und nichts sagend. Der Winter verging, und Karl August ahnte nicht, welche Überraschung auf ihn wartete. Als Vater und Sohn von Hardenberg sich im Februar 1774 erneut auf den Weg nach Sierhagen machten, um Klarheit zu gewinnen, stellte sich heraus, dass die inzwischen 15-jährige Christiane die Zeit genutzt hatte, um ihre Großmutter und den Vormund zu bewegen, einer Verlobung mit Karl August von Hardenberg zuzustimmen. Sie hatte sich für ihn entschieden, obwohl – kein Wunder bei dem jungen und wohlhabenden Mädchen – auch andere Bewerber auf den Plan getreten waren. Karl August war von dieser Entwicklung begeistert und schrieb nach Hause: *Ich bin so vergnügt, so zufrieden und so verliebt wie möglich.*[3]

Nun musste der Heiratsvertrag für die Verlobten ausgehandelt werden. Das erwies sich als kompliziert. Es begann mit einer erstaunlich großzügigen Verhandlungsführung durch Christianes Vormund, den dänischen Kammerherrn von Thienen. Der Ehemann sollte die Verwaltung und Nutznießung des gesamten Reventlowschen Vermögens übernehmen und seiner jungen Frau, der eigentlichen Erbin, eine jährliche Apanage von 3 000 Talern auszahlen. Dieser Regelung mussten jedoch die anderen, für Christiane verantwortlichen Mitglieder der Familie zustimmen.

Da Karl August in Dänemark Ausländer war, mussten die Interessen der dänischen Krone berücksichtigt werden. Der Hof wollte nicht zulassen, dass die Erträge der Reventlowschen Güter ins Ausland transferiert und dort verbraucht würden. Also wurde dem jungen Hardenberg angeboten, in den dänischen Staatsdienst einzutreten – unter der Bedingung, dass er sich in Dänemark niederlasse. Dies konnte Hardenberg nicht wollen – zum einen wegen seiner Güter und Verpflichtungen im Hannoverschen, zum andern wegen der fatalen Implikation, dass er in der dänischen Gesellschaft für immer ein »Eingeheirateter« gewesen wäre, jemand, der nur durch den Besitz seiner Frau war, was er war. Hardenberg stimmte also dem Vorschlag der dänischen Seite nicht zu.

Der nächste Schritt im Poker um den Heiratsvertrag war der Vorschlag der dänischen Regierung, Hardenberg solle den zehnten Teil der Einkünfte aus den Reventlowschen Gütern an die dänische Krone abführen. Dann könne er frei über das Übrige verfügen. Auch dieser Regelung stimmte Karl August nicht zu, sprach von einer *unerhörten Dezimation* und wandte sich mit der Bitte um Vermittlung direkt an Georg III. Der Kurfürst und König erreichte, dass die »Dezimation« erlassen und die Nutznießung der Erträge im Ausland erlaubt wurde, allerdings nur zu Lebzeiten seines Vaters, also nur so lange, als Karl August nicht selbst der Erbherr des Hardenbergschen Besitzes war. Damit erklärte sich Karl August einverstanden. Er nahm auch die dänische Kammerherrenwürde an, vermied aber, sich eidlich zu irgendetwas zu verpflichten, wie etwa zum Eintritt in den dänischen Staatsdienst. Wie im Ehevertrag vorgesehen, fügte er seinem Namen den Namen seiner Frau hinzu und nannte sich Hardenberg-Reventlow.

Der junge Bräutigam war glücklich, verliebt und fühlte sich mit sich und seiner Braut einverstanden: *... was mich am innigsten bei der Sache freut, ist daß ich sicher bin, daß ich recht sehr und aufrichtig geliebt werde. Meine kleine Braut ist liebenswürdig, gut erzogen, es fehlt ihr gar nicht an Verstande und was alles dieses noch mehr erhebt, ist eine ungekünstelte Unschuld in ihrem ganzen Betragen, die mich ganz eingenommen hat und die ich nie vorher gekannt habe ...*[4]

Am 8. Juni 1774 wird geheiratet. 1775 wird dem Paar Hardenberg-Reventlow der Sohn Christian Heinrich August geboren, 1776 die Tochter Anna Lucie Christiane.

Karl August hatte inzwischen den Dienst im Kurfürstentum Hannover angetreten. Seine berufliche und private Zukunft schien gesichert. In Wahrheit jedoch waren sein privates Glück und sein beruflicher Erfolg unsicherer, als er selbst erkennen konnte.

Mikadospiele

Das Kurfürstentum Hannover 1774. Der Monarch war fern. Aber die Verwalter seiner Landesherrschaft in Hannover durften trotzdem nichts selber entscheiden. Sie hatten sich in allen Dingen an die Deutsche Kanzlei in London zu wenden. Und in den Zeiten vor Telefon, Fax und Internet war durch die Entfernung und die ausgedehnten Zeitabläufe eine Verwaltungspraxis und eine Arbeitsmentalität entstanden, in der – wie in einem Mikadospiel – jedes Handeln darauf abzielte, dass sich nur ja nichts bewegte. Alles sollte bleiben, wie es war. Deshalb konnten selbst Anordnungen und Einlassungen des eigenen Landesherrn den ruhigen Lauf der Dinge nicht stören.

Wie würde diese veraltete Staatsverwaltung auf einen jungen, ehrgeizigen und auf Effizienz versessenen Mann wie Karl August von Hardenberg wirken? Wie würde er, der gerade die modernen Staatstheorien und die Ideen einer modernen Staatsverwaltung gelernt hatte, auf das Kurfürstentum schauen?

Niemand in Hannover hatte die Auseinandersetzungen mit dem Kammerpräsidenten Bremer vergessen. Hardenberg agierte diesmal vorsichtiger als vor drei Jahren. Er griff in zwei verschiedenen Rollen in die Entwicklung ein: Als Erbherr von Hardenberg gehörte er der Körperschaft der Landstände an, die die Steuern festzusetzen hatte. Zugleich war er als Kammerrat Mitglied der zentralen Finanzverwaltung und für die staatlichen Domänen zuständig. Diese Staatsgüter waren oft noch immer eine Art Privatfinanzierung des Fürsten und die wichtigste Einnahmequelle des Landesherrn.

In beiden Rollen traf Hardenberg auf Verhältnisse, die er von seinem Wissensstand aus für veraltet und unzuträglich halten musste. Er sann auf Verbesserung. Die Staatsbeamten in Hannover wurden durch sehr niedrige Domänenpachten für ein ansonsten kärgliches Gehalt entschädigt. Diese Regelung hielt Hardenberg für kontraproduktiv und schlug vor, den Beamten höhere Gehälter zu zahlen, dafür aber die Domänen an Unternehmer zu verpachten und diese zu veranlassen, die Gebäude und das feste Inventar zu kaufen. Durch diese Trennung von Betriebsführung und Verwaltung würde der Staat klare Verträge, feste Einnahmen und übersichtliche Verhältnisse im Personalbereich, also eine bessere Verwaltung, gewinnen.

Verbesserung der Verwaltung – das war das Leitthema und das Ziel, das Hardenberg jetzt in Hannover mit Leidenschaft verfolgte. Seine Revisionsreisen, die so genannten »Landgerichtsreisen«, lieferten Anlass und Motivation für die Reformvorschläge. Hardenberg würde sein Ziel, die Staatsverwaltung zu verbessern, auch später in Braunschweig, Ansbach-Bayreuth und schließlich in Berlin mit Leidenschaft verfolgen.

Sein Konzept war klar und folgerichtig: Zentrum und Spitze aller öffentlichen Angelegenheiten ist die Staatsverwaltung. Zwischen dem Staat und dem Bürger soll nichts stehen, auch keine Privilegien. Der absolutistische Despot wird ersetzt durch die Herrschaft des versachlichten und entpersonalisierten Staates. Aufgeklärten Despotismus hat man dieses Konzept genannt. Dazu gehörte, dass Staatsbeamte in Zukunft nur von ihrem Gehalt leben, dass an die Mitarbeiter der Gerichte keine »Sporteln« mehr gezahlt werden müssen oder dürfen, also keine obligatorischen Geldgeschenke im symbolischen Körbchen (sportella) entrichtet werden. Alle Gebühren für öffentliche Leistungen sind an die Staatskasse abzuführen. Die Domänen und Bergwerke werden an private, nicht beamtete Landwirte verpachtet, die dann wie Unternehmer tätig werden können.

Was in dieses Konzept nicht hineinpasste, waren die traditionellen Privilegien des Adels. Adlige Grund- und Gerichtsherren sollten jetzt keine hoheitlichen Aufgaben mehr wahrnehmen und auch nicht mehr Einkünfte daraus ziehen. Hardenberg forderte die Aufhebung des so genannten Meierrechts, wonach der Grundherr das Obereigentum an dem von Bauern bewirtschafteten Land behält und der Bauer nicht frei über das Land verfügen kann. Ein Bauer durfte zum Beispiel den Besitz nicht kapitalisieren, also verschulden oder verkaufen. Er war außerdem zu Hand- und Spanndiensten, Sachleistungen und Geldabgaben verpflichtet. Hardenberg wollte – hier kündigt sich das Programm der Bauernbefreiung schon an – den selbstständig handelnden Bauern, der wie ein Unternehmer tätig wird und nur dem Staat gegenüber verantwortlich ist.

Mit derartigen Vorstellungen war Hardenberg nicht seiner Zeit, wohl aber seinen Landsleuten im Hannoverschen weit voraus. Sollte er wirklich erwartet haben, dass ihm der hannoversche Adel und die Ministerialbürokratie folgen würden? Die Realität sah anders aus: Alle Reformvorschläge Hardenbergs wurden von seinen Vorgesetzten rundweg abgelehnt. Die Fesseln des Althergebrachten erlaubten keine Lockerung oder gar grundlegende Veränderung. Hardenbergs Absicht, die Verwaltung seines Heimatlandes auf den Stand der Zeit und der umliegenden Staaten zu bringen, wurde von der Last des Bestehenden erdrückt. Hannover blieb Entwicklungsland.

Auch durch eine Reise nach London, zur Deutschen Kanzlei, konnte Hardenberg das Ruder nicht herumreißen. In Begleitung seines Vaters, der inzwischen Oberbefehlshaber der kurfürstlich-hannoverschen Truppen war, fuhr er nach London, um den König *höchstselbst* für seine Reformideen zu gewinnen. Aber auch das blieb ohne Erfolg. Georg III. war zu schwach, zu uninteressiert oder beides.

Allen Rückschlägen zum Trotz gab Hardenberg nicht auf. Vielmehr nutzte er ein anderes Feld der staatlichen Verwaltung, um seinen Handlungsspielraum auszuweiten und zu festigen. Er wandte sich der Außenpolitik zu und versuchte, mit diplomatischen Aktivitäten die Rolle Hannovers im Konzert der europäischen Mächte neu zu bestimmen und sich damit auch selbst einen Vorsprung vor den eigentlich zuständigen Ministern zu verschaffen. Anlass für seine Initiative war die Bemühung von Kaiser Joseph II., nach dem Verlust Schlesiens im Siebenjährigen Krieg das Gleichgewicht im Süden des Reiches zu Gunsten Habsburgs wieder zu verändern, weite Teile von Bayern an sich zu bringen und die Schwäche der durch ihre kolonialen Interessen in Nordamerika gebundenen Seemächte England und Frankreich auszunutzen.

Vater und Sohn Hardenberg gehörten zu denen, die sich einer Initiative Friedrichs II. von Preußen anschließen und ein gemeinsames Vorgehen der norddeutschen Staaten gegen die habsburgischen Übergriffe unterstützen wollten. Karl August von Hardenberg versprach sich davon, dass in Hannover endlich etwas in Bewegung kam, eine territoriale Ausweitung des Kurfürstentums in den Bereich des Möglichen rückte und damit auch seine eigene Stellung an Bedeutung gewinnen würde. Aber diese Aussicht verfinsterte sich, als Georg III., beraten von seinen Ministern, mit dem Hinweis auf die überseeischen Konflikte Englands jeden Eintritt Hannovers in das europäische Kräftespiel ablehnte.

Wieder schaltete Hardenberg um und widmete sich erneut den inneren Problemen Hannovers. Voller Schwung und Unruhe tat er, was er in Zukunft noch oft tun würde: Er verfasste eine Denkschrift. Auf dieses Instrument hat Hardenberg im Lauf seines politischen Wirkens immer wieder zurückgegriffen. Dies mag mehrere Gründe haben. In der Vorlage grundsätzlicher Überlegungen konnte Hardenberg seine große Begabung zu analytischem und systematischem Denken, vor allem aber seine intellektuelle Überlegenheit gegenüber Vorgesetzten und Konkurrenten, voll ausspielen. Die Klarheit seiner Einsichten und seine brillante Formulierungsgabe ließen ihn erwarten, dass er mit einer Denkschrift tatsächlich etwas bewirken könne. Für ihn war sie eine Waffe, die er in bewegungslosen Zeiten ergriff und nutzte.

Die Tatsache, dass er immer wieder versuchte, mit Denkschrif-

Hardenberg als Geheimer Kammerrat des Herzogtums Hannover.
Etwa 1780

ten Einfluss zu gewinnen, verdeutlicht aber auch die Abhängigkeit und die Eingeschränktheit seines politischen Handelns. Zeit seines Lebens war er abhängig von den Einsichten und Ansichten des jeweiligen Monarchen, der formell immer derjenige war, der letztendlich entschied. Nur in begrenztem Maß hat Hardenberg je selbst Entscheidungen treffen können. Vielmehr musste er immer, wenn er etwas als richtig oder notwendig erkannt hatte, schriftliche oder mündliche Überzeugungsarbeit leisten, damit der eigentlich Autorisierte handelte. Dabei wird ihn oft die Erfahrung beschwert haben, dass er, der »Subalterne«, die Lage schneller zu begreifen, besser zu beurteilen und wirksamer zu vertreten vermochte als der ihm vorgesetzte Monarch.

Im heimatlichen Kurfürstentum sollte Hardenbergs Denkschrift vom Januar 1780 seine vorangegangenen Reformvorschläge noch einmal systematisch zusammenfassen und eine vollständige Umorganisation der Verwaltung vorzeichnen: Zusammenlegung von Kammer und Kriegskanzlei, zwei rivalisierenden Behörden, die bisher beide für Finanzen und Steuern zuständig waren; Einführung des Ressortprinzips mit den Zuständigkeitsbereichen Finanzen, Inneres, Äußeres, Krieg und Justiz; Durchführung der schon früher vorgeschlagenen Reform der Domänen- und Bergwerksverwaltung einschließlich einer Neuordnung der Pachtverträge.

Aber wie zu erwarten, prallten diese Vorschläge ab an dem Beharrungswillen der alten Behördenhierarchie, die an ihrem Mikadospiel festhalten wollte – nach der Regel: Wer zuerst etwas bewegt, hat verloren. In dieser Situation hatte Hardenberg nur die Wahl, entweder den hannoverschen Staatsdienst zu verlassen oder über die Deutsche Kanzlei in London und unmittelbar über Georg III. seine Ideen zu verwirklichen. Er entschied sich zunächst dafür, in Hannover Urlaub zu nehmen und für längere Zeit nach London zu gehen. Hier wollte er gezielt den Posten des Ministers der Deutschen Kanzlei ansteuern.

Als er im Februar 1781 zusammen mit seiner Frau in London eintraf, konnte er nicht ahnen, wie anders sich die Dinge entwickeln würden.

Skandal in London

Das Segelschiff, das im Februar 1781 bei schwerer See Kurs auf Dover nahm, hatte ein ungewöhnliches Paar an Bord: einen jungen, dreißigjährigen Staatsbeamten aus der hannoverschen Provinz und seine in Dänemark aufgewachsene, zweiundzwanzigjährige Ehefrau. Das Ehepaar Hardenberg-Reventlow verband mit dieser Reise die Hoffnung auf eine Karriere am Hof des Königs von England und Irland, zu dessen Reich auch, als Enklave auf dem europäischen Festland, das Kurfürstentum Hannover gehörte.

Vom Hof in London aus hoffte Hardenberg, endlich die Reformpläne durchsetzen zu können, die er für Hannover entwickelt hatte, die in der Provinz aber auf Unverständnis und Widerstand stießen. Dem jungen Hardenberg war klar geworden, dass er seine Reformpläne für Hannover nur über London verwirklichen konnte. Sein Fernziel war, am Hof des Königs der für Hannover zuständige Minister zu sein.

Hardenberg ließ sich von seiner Frau begleiten, obgleich die beiden Kinder erst sechs und fünf Jahre alt waren und zu Hause in der Obhut von Verwandten zurückbleiben mussten. Von der Anwesenheit seiner attraktiven Frau versprach er sich Hilfe und Unterstützung. Er ahnte nicht, dass gerade sie es war, die seine Karrierepläne zunichte machen würde.

Karl August und Christiane hatten sich auf einen längeren Aufenthalt in der Nähe des Hofes eingerichtet. *Wir sind sehr gnädig aufgenommen worden und leben ganz vergnügt. Gegen den Sommer werden wir auf des Königs Befehl nach Windsor oder in die Nachbarschaft aufs Land ziehen. Jetzt gehe ich alle Montag mit den Majestäten mit hinaus, jage des Dienstags mit und komme Mittwochs wieder.*[1] Durch den gemeinsamen Auftritt mit seiner Frau glaubte Hardenberg, seine gesellschaftliche Präsenz in der Nähe des Königspaares besser zur Geltung bringen zu können. Sein Plan war, auf sich aufmerksam zu machen und sich dann im geeigneten Augenblick für die Nachfolge des Grafen Alvensleben zu empfehlen. Mit ihm war er in mütterlicher Linie verwandt, weshalb er auf dessen Wohlwollen hoffte.

Der siebenundsechzigjährige Alvensleben, am Londoner Hof der Minister für Hannover, dachte aber nicht daran, seinen Posten für einen Jüngeren freizugeben, und sei dies ein Verwandter. Zwar wusste Hardenberg, dass jeder Versuch, den Grafen aus dem Amt zu drängen, schädlich für seine Pläne sein würde. Doch wollte er keine Chance ungenützt lassen, seine Reformideen für Hannover beim König selbst und vor allem bei der Königin zu vertreten, die er ja schon zu seinen Gönnern zählen konnte.

Die Hardenberg-Reventlows hielten Hof, erregten durch aufwendigen Lebensstil und großzügige Einladungen die Aufmerksamkeit der Londoner Gesellschaft und folgten gern dem »Befehl« des Königs, im Sommer nach Windsor zu gehen. Dort bezogen sie ein repräsentatives Haus, das sie nach ihrem Geschmack einrichteten.

Niemals jedoch verlor Hardenberg seine Ideen für einen besseren Staat und seine beruflichen Pläne aus den Augen. Er war davon überzeugt, jeder Mensch guten Willens, und erst recht der König, müsse einsehen, dass Hannover diese Modernisierung dringend brauche, vom Sparprogramm bis zur Reorganisation der Verwaltungsorgane.

Georg III. hatte jedoch andere Sorgen. England kämpfte in Nordamerika gegen die Unabhängigkeitsbestrebungen seiner Kolonien und musste sich auf dem amerikanischen Kontinent und auf See gegen Frankreich behaupten.

Der König hatte also vor dem Horizont seiner globalen Probleme wenig Lust und Neigung, sich mit den Belangen des kleinen Kurfürstentums auf dem europäischen Festland zu befassen oder gar dort irgendein Engagement zu zeigen. Überdies musste er sich um den Machterhalt im Inneren kümmern. Die Opposition im Parlament forderte Neuerungen und meinte damit die Wiederherstellung ihres Einflusses in Parlament und Regierung. Schließlich hatte sie unter der Herrschaft des Hauses Hannover, seit 1714 also, über mehr als ein halbes Jahrhundert den Premierminister gestellt.

Vor diesem Hintergrund waren dem König, was Hardenberg nicht für möglich hielt, die Verhältnisse in Hannover ziemlich gleichgültig. Für seine Herrschaft dort hielt er jede Reform sogar für gefährlich. Die Anzeichen revolutionärer Ideen, wie sie in Frankreich zu spüren waren, machten die Konservativen in ganz Europa vorsichtig. Sie versuchten, jede Polarisierung beim Verlangen nach religiösen, industriellen und gesellschaftlichen Reformen zu umgehen. Hardenberg fand deshalb weder beim König noch beim Minister Alvensleben Interesse für seine Reformideen. An mehr Selbstständigkeit und Handlungsfreiheit für Hannover war nicht zu denken.

Trotzdem ließ Hardenberg nicht locker. Wieder verfasste er eine Denkschrift, eine außenpolitische Einlassung mit dem Titel: »Wegen der hannoverschen politischen Verbindungen«, die er im

Mai 1781 dem König übergab. Hardenberg legte diese Schrift ohne Auftrag vor, allein im Vertrauen auf die Qualität seiner Gedanken und die Überzeugungskraft seiner Sprache – sicherlich ein Zeichen der politischen Naivität des jungen Politiklehrlings. Er schlug dem englischen König vor, sich mit Hilfe Friedrichs II. von Preußen der russischen Zarin zu nähern, um sich mit dieser Rückendeckung – in Verbindung mit Sachsen, Hannover und den anderen norddeutschen Staaten – gegen Österreich und Frankreich stellen zu können.

Diese Rechnung konnte zu diesem Zeitpunkt jedoch schon allein deswegen nicht aufgehen, weil er über die neuesten Entwicklungen im europäischen Machtpoker nicht ausreichend informiert war. Er wusste nicht, dass Russland und Österreich sich gerade einander genähert hatten, um gemeinsam gegen die unmittelbar angrenzende Türkei vorzugehen. Hardenbergs außenpolitischer Ratschlag war damit bedeutungslos.

Es ist jedoch nicht diese Londoner Denkschrift, sondern ein ganz anderes Schriftstück, das die eigentlichen Probleme seines Lebens spiegelt: ein Brief Hardenbergs an seine Mutter vom Mai 1781. *Mein hiesiger Aufenthalt mag nun ausfallen wie er will, so hat er in allem Betracht den allergrößten Nutzen. Die besondere Gnade beider Majestäten werden wir uns gewiß zu erhalten suchen; und ich habe recht große Proben von dem Vertrauen des Königs. Der Herr von Alvensleben ist nicht communicativ, und ängstlich suche ich gewiß seine Freundschaft nicht, äußerlich sind wir recht gut. Ich würde alles verderben, wenn ich mich hier zu Arbeiten drängen wollte; die Zeit wird Manches zu Wege bringen, und wenn am Ende die Reise keinen anderen Nutzen gehabt, als dass sie mein häusliches Glück wiederhergestellt und meine Frau ordentlich ganz umgeschaffen hat, so bin ich zufrieden.*[2]

Der Brief offenbart den Abgrund, vor dem Hardenberg sich sah. Die Worte »ordentlich ganz umgeschaffen hat« sind von ihm unterstrichen. Was steht hinter diesem ungewöhnlichen Wunsch des einunddreißigjährigen Ehemannes nach einer »Umschaffung«, also einer grundlegenden Änderung, seiner Frau?

Schon die gemeinsame Zeit in Hannover muss für das Paar schwierig gewesen sein. Sonst hätte es von einem Aufenthalt in London keine Verbesserung erwarten müssen. Christiane von Reventlow war eine attraktive und kapriziöse, an Luxus und leichtes Leben gewöhnte Kind-Frau. Nachdem sie mit 16 und 17 Jahren ihre Kinder Christian und Lucie geboren hatte, begann sie sich in Hannover zu langweilen. Sie war zu jung und zu neugierig, um sich ein Leben ausschließlich als Ehefrau und Mutter vorstellen zu können. Ihr Mann, obwohl ein homme à femme, war hauptsächlich mit dem Ausbau seiner Karriere beschäftigt, und die adelige Gesellschaft Hannovers bot nichts als das Einerlei einer unbedeutenden Residenz. Christiane und Karl August hatten sich deshalb vom Aufenthalt in London erhofft, dass sich die Karriere des jungen Kammerrates beschleunigen und zugleich ihr gemeinsames Privatleben glanzvoller und intensiver werden würde.

In der Tat war Christiane vom üppigen Treiben und wohl auch von den lockeren Sitten am Londoner Hof fasziniert. Dabei hatte sie das Glück und das Pech, dass sich der gerade neunzehnjährige Thronfolger des englischen Königshauses, der Prince of Wales, in sie verliebte. Der Kronprinz fand nichts dabei, der verheirateten Frau den Hof zu machen, besuchte die Angebetete sogar in ihrem und Hardenbergs Haus – und fand seine Gefühle erwidert.

Die Zuneigung zwischen dem britischen Kronprinzen und der verheirateten deutschen Gräfin war natürlich ein Skandal. Da es sich um den offiziellen Thronfolger der britischen Krone handelte, wurde die Romanze zu einem Politikum. Nicht nur der Hof, auch die politischen Parteien im Parlament, die diplomatischen Vertretungen und – für damalige Verhältnisse ungewöhnlich – sogar die Londoner Presse nahmen sich der Sache an.

Gerade dieses Eingreifen der Zeitungen war für den Londoner Hof, wie bei der heutigen Yellow Press, eine lästige Begleiterscheinung der Macht. Die Presse multiplizierte die öffentliche Wirkung der Affäre, dieser Romanze zwischen einer jungen, verheirateten Ausländerin und dem englischen Thronfolger.

Es wurde berichtet, Hardenberg habe den Prinzen unangemeldet in der Wohnung seiner Frau angetroffen und mit dem Degen in der Hand zur Rede gestellt. Es ist heute nicht klar, ob dies eine typische Übertreibung oder Erfindung der Boulevardpresse war. Jedenfalls entschuldigte sich Prinz Georg sofort mündlich und schriftlich. An Karl August von Hardenberg schreibt er: *Als ich anfing, sie zu lieben, erkannte ich alsbald, dass es nicht von einer flüchtigen Leidenschaft oder einer Laune des Augenblicks her-*

rührte. *Es war nicht allein ihr entzückendes Antlitz, das mich zu ihr hintrieb, nicht ihr Geist, ihr Gebaren, ihre Heiterkeit, ihr Herz. Alles an ihr erschien mir von einer Vollkommenheit, der nicht einmal die Natur zu widerstehen vermochte, und die Freundschaft wich der Liebe. Tausende und abertausende Male ließ ich sie wissen, dass am meisten bei alledem mich betrübte, Sie hintergehen zu müssen, einen Mann, den ich nicht nur in höchstem Maße respektierte, sondern sogar liebte ...[3]*

Die uferlose Leidenschaft dieser *amour fou* drückt sich in den überschwänglichen Floskeln der Zeit aus: *Ich will meinen Vater bitten, mir zu erlauben, England zu verlassen und ein elendes Leben, das mir zur Last ist, in irgend einem Winkel der Welt, gleichgültig in welchem, zu fristen.*[4]

An Christiane selbst schreibt er: *Was Ihr Haus betrifft, so wird mein Herz mir niemals gestatten, es mit anderen als den Gefühlen zu betreten, die ich stets in Ehren hielt. Vergessen Sie, dass ich jemals die leiseste Liebe für Sie hegte; verzeihen Sie mir das Leid, das ich Ihnen zufügte, und sehen Sie in mir nichts als den zärtlichsten und aufrichtigsten aller Freunde. Leben Sie wohl, mögen Sie so glücklich sein wie ich unglücklich bin – dies ist der ehrliche Wunsch desjenigen, der Ihnen bis zum letzten Seufzer treu und auf ewig verbunden sein wird.*[5]

Die Entschuldigung kam zu spät. Der von Hardenberg in London sorgsam errichtete Rohbau seiner Karriereplanung brach in sich zusammen, bevor das Gebäude vollendet war. Die 30 000 Taler, die Hardenberg für die Zeit in London aufzuwenden hatte, waren dagegen ein vergleichsweise geringer Schaden.

Der Prince of Wales bot noch einmal – nüchterner und realistischer als in seinem Brief – an, England zu verlassen, bis Hardenberg seine beruflichen Ziele erreicht habe. Nach den Regeln der politischen und gesellschaftlichen Etikette aber war es Hardenberg, der den Ort des Skandals sofort verlassen musste. Sogar Christiane drängte jetzt von sich aus zur Abreise. Auch ihr war die Affäre zu kompliziert geworden.

Der König selbst übernahm die unerfreuliche Aufgabe, Karl Augusts Vater, den Feldmarschall von Hardenberg, von der Affäre zu unterrichten: *Mein Feldmarschall, die hiesigen Zeitungen, die leider Gottes von keinem anderen nutzen scheinen, als unwahrheiten auszustreuen, haben eure Schwieger Tochter sehr un-*

glücklich gemacht, sie hat dieses an Euren Sohn erkläret, der mit meiner Verwilligung darum die nachbarschafft Von Windsor Verlassen wollte, dadurch kam es heraus, dass mein Sohn gewis mit ihr Verliebt war; sie hat darum mit Viele Grossmuth ihren Mann gebeten, plötzlich aus diesem Lande zu gehen, um dahero mehrere unannehmlichkeiten zu Verhüten. Ich habe gleich euren Sohn gesaget, ich wollt dieses an Euch melden, dass von Eurer Seite keine Verwunderung wegen seiner plötztlichen Abreise oder Verdacht wegen die Aufführung Von Eure Kinder entstehen möge.[6]

Hardenberg und seine Frau blieben nach der Abreise aus England noch eine Weile in Brüssel, um nicht unmittelbar nach ihrem Scheitern unter die Augen der hannoverschen Gesellschaft treten zu müssen. Möglicherweise brauchte Hardenberg auch Zeit, um seinen Groll gegen die eigene Frau und die Enttäuschung über das Scheitern seiner Pläne zu überwinden. Möglicherweise hatten ihn auch Zweifel befallen, ob die Verbindung mit Christiane wohl ein Leben lang halten würde.

Trotzdem dachte Hardenberg zunächst daran, im hannoverschen Staatsdienst zu bleiben. Er machte sich Hoffnung, als Gesandter Hannovers zum Reichstag nach Regensburg gehen zu können. Aber Georg III. mochte sich nicht entschließen, diesen Posten gerade jetzt mit Hardenberg zu besetzen. Die negative Entscheidung des Königs erreichte Hardenberg noch in Brüssel. Auch Minister von Alvensleben nahm die Gelegenheit wahr, dem gescheiterten Usurpator seiner Position höflich und demütigend einen abschlägigen Bescheid zu geben. Damit war Hardenbergs Verbleiben im hannoverschen Staatsdienst unmöglich geworden. Am 28. September 1781 reichte er sein Abschiedsgesuch ein.

Der Ton und die Argumentation dieses Schreibens an Georg III. sind insofern erstaunlich, als der Anlass für seine Demission eine private, wenn auch von ihm selbst nicht verschuldete Affäre seiner Frau war. Trotzdem glaubte Hardenberg, sich etwas »verbitten« zu können, und schrieb: *Mein alter Vater, der über die ganze Sache empfindlich gerührt war, meine Freunde hofften, dass es Ew. Königl. Majestät möglich sein würde, meine Ehre bei dem Publikum durch ein öffentliches Gnadenzeichen zu retten, und mein rechtschaffener Freund, der General Freytag, hielt den Regensburger Posten vorzüglich dazu geschickt. Ich aber ging in der Hoffnung, dass er mir vor meiner Ankunft in Hannover er-*

theilt, mithin die Absicht dadurch erreichet werden würde, auf
diesen Vorschlag ein, so sehr er mir übrigens wegen der Art der
dortigen Geschäfte, wegen meiner Privat-Angelegenheiten, und
sonst in allem Betrachte zuwider war. Die Umstände haben es
Ew. Königl. Majestät nicht erlaubt, mir jenen Posten gleich zu
geben; der einzige Grund, warum ich solchen wünschen konnte,
fällt demnach weg und ich muß mir denselben itzt also alleruntert-
hänigst verbitten.

Mit der mir am allerangenehmsten gewesenen Hoffnung, dass
Ew. Königl. Majestät vielleicht dermaleinst geruhen würden,
mich bei dem Abgange des Herrn von Alvensleben an dessen
Stelle zu berufen, der einzigen, wo ich, insofern es meine Kräfte
verstatten, hätte recht nützlich sein können, darf ich mich nicht
mehr schmeicheln.

Meine weitläufigen Privat-Geschäfte erfordern die größte Auf-
merksamkeit. Ich würde solche gern Ew. Königl. Majestät Dienst
aufopfern, wenn ich hoffen könnte, in meiner jetzigen Lage so
viel Nutzen zu stiften, als ich es zu meiner Beruhigung für noth-
wendig und für meine Pflicht halte, wenn ich jene ferner hintan-
setzen soll. Das ist aber, wie ich Ew. Königl. Majestät freimüthig
zu sagen verbunden bin, bei den irrigen Grundsätzen, wonach Al-
lerhöchstdero Geschäfte großentheils behandelt werden, bei den
Fehlern in der Einrichtung und in der Verbindung, worin sie
unter einander, besonders aber mit dem englischen Minister ste-
hen, nicht möglich. Eine Aenderung aber läßt sich ohne Ew. Kö-
nigl. Majestät so lange gewünschte Anwesenheit oder ganz andere
Vorkehrungen nicht hoffen, da man jetzt nicht selten Allerhöchst-
dero vortreffliche und Landesväterliche Absichten, die ich so oft
mit innigster Rührung aus Höchstdero eigenem Munde zu hören
das Glück gehabt, weder erfüllen kann noch will. Traurige Um-
stände für mein armes Vaterland, die jeden rechtschaffenen und
einsichtsvollen Diener Ew. Königl. Majestät äußerst niederschla-
gen und deren Wahrheit von jedem Unpartheiischen bezeugt wer-
den muß.[7]

Mit seinem Abschied aus dem Staatsdienst stand Hardenberg
vor den Trümmern aller seiner Pläne. Er war gerade 31 Jahre alt,
seine Zukunft war ungewiss. Zweifellos könnte er sich um seine
»weitläufigen Privatgeschäfte« kümmern oder in den dänischen
Staatsdienst treten, wie ihm vor wenigen Jahren angeboten wor-

den war. Aber er musste sich fragen, wie es weitergehen würde mit der Beziehung zu seiner lebenshungrigen Frau, deren Vermögen zu seinen »Privatgeschäften« gehörte und mit der er zwei Kinder hatte. War es überhaupt denkbar, dass eine Frau wie Christiane von Reventlow »ordentlich ganz umgeschaffen« würde? Und er selbst, der ganz und gar auf den Dienst am Staat eingestellt war – würden Privatgeschäfte ihn je ausfüllen können?

Für den Augenblick bestanden die Privatgeschäfte erst einmal in einem enormen Schuldenberg. Seine Schulden begannen gerade in jenen Wochen offenbar zu werden, als sein Vater im November 1781 im Alter von 81 Jahren starb. Jetzt war Karl August der Erbherr auf Hardenberg und hatte für die Mutter und die Geschwister aufzukommen. Zugleich bedeutete der Tod des Vaters, dass er die Einkünfte aus den Reventlowschen Gütern nicht mehr außerhalb von Dänemark verbrauchen durfte.

Vergebliche Mühen

Karl August von Hardenberg kehrte aus London zurück wie von einer verlorenen Schlacht. Alle seine Pläne waren vernichtet, die Beziehung zu seiner Frau beschädigt, die Zukunft ungewiss. Hinzu kam der tiefe Schock darüber, dass seine private Existenz zum Gegenstand öffentlicher Berichte in der Presse geworden war – der Zugriff der Zeitungen in England übertraf die kontinentale Presse an Schamlosigkeit um ein Vielfaches.

Diese Erfahrung ist sicherlich einer der Gründe, warum Hardenberg in seinem späteren politischen Handeln die öffentliche und die veröffentlichte Meinung besonders wichtig genommen und kritisch beobachtet, aber auch für seine Zwecke eingesetzt hat. Er hat aus der Niederlage von London gelernt.

Natürlich empfand Karl August große Trauer über den Tod des Vaters, mehr noch aber über die Enttäuschung, die er dem Vater in dessen letzten Lebensmonaten zugemutet hatte. Dass sein Scheitern in London und Hannover mit jener Ehe zusammenhing, für die der Vater sich so intensiv eingesetzt hatte, machte die Sache für beide nicht erträglicher. Der Tod des Vaters bedeutete einen tiefen Einschnitt im Leben Hardenbergs, vor allem, weil er als Ältester der Erbe und der Hüter einer langen Familientradition war.

Und nun musste das Erbe verwaltet werden. Dass Karl August dafür den Ausdruck »Privatgeschäfte« gebrauchte, verdeutlicht, wie wenig ihn diese Beschäftigung reizte und wie wenig er sie als seine eigentliche Bestimmung auffasste.

Karl August war angetreten, im Dienst des Staates zu wirken und dafür ordentlich bezahlt zu werden. Der Familienbesitz war allenfalls dazu da, seine Unabhängigkeit zu vergrößern und einen Lebensstil zu garantieren, den er für sich als angemessen empfand, der aber den gewöhnlichen Lebenszuschnitt eines Staatsbeamten weit überstieg. Dieser Besitz sollte jedoch keine besondere Aufmerksamkeit beanspruchen und schon gar nicht Probleme verursachen, die sein Rollenverständnis veränderten und seine Aufmerksamkeit von dem ablenkten, was er lieber tat als alles andere: in öffentlichem Dienst und offiziellem Amt die Dinge des Staates betreiben.

Deshalb hat Karl August von Hardenberg wohl auch nie ernsthaft daran gedacht, sich nach dem Desaster von London und dem Scheitern in Hannover für den Rest seines Lebens auf seine Güter zurückzuziehen und als Gutsbesitzer zu leben.

Zwar drängten sich nach dem Abschied in Hannover die Probleme seiner wirtschaftlichen Existenz in den Vordergrund. Dennoch hielt er sofort wieder Ausschau nach einer ihn reizenden und herausfordernden Tätigkeit im Dienst eines Staates. Hannover konnte es nicht mehr sein, wenngleich er eine neue Anstellung im Dienst seines alten Landesherrn immer noch nicht ausschließen mochte.

Als dann, vermittelt durch seinen Verwandten Gottlob Friedrich von Hardenberg, der regierende Herzog von Braunschweig-Wolfenbüttel ihm eine verantwortliche Stellung anbot und ernsthaftes Interesse an ihm zu erkennen gab, war er hoch interessiert.

Der Herzog von Braunschweig-Wolfenbüttel, Karl II. Wilhelm Ferdinand, ein Neffe Friedrichs II. von Preußen und Schwager des Königs von England, hatte die außergewöhnlichen Fähigkeiten des hannoverschen Kammerrates erkannt und tat alles, um Hardenberg für sein Fürstentum zu gewinnen. Er ernannte den so erwünschten Staatsdiener bereits zum Geheimen Rat, bevor der seinen Dienst überhaupt angetreten hatte.

Hardenberg jedoch ließ sich Zeit. Er wollte seine Position genau umschrieben und seine Befugnisse genau geklärt wissen. Ein ganzes Jahr lang verhandelte er darüber, ob er mit Sitz und Stimme dem Geheimen Rat, dem zentralen Regierungsinstrument des Herzogs, angehören würde und ob er das Recht haben werde, dem Landesherrn unmittelbar vortragen zu dürfen. *Ich will nicht ein gemalter Minister (ministre en peinture) sein,* schrieb er in einem vertraulichen Brief. *Die ganze Welt würde mich verdammen, wenn ich unter diesen Auspicien in den Dienst des Herzogs von Braunschweig träte. Die schönen Worte, die man mir giebt, die unbestimmten Hoffnungen, die man mir macht, sind doch nicht geeignet, mich zufrieden zu stellen.*[1]

Hardenberg wollte also nicht nur Minister heißen, sondern auch sein, nicht nur einen Fachbereich wie die Großvogtei Wolfenbüttel oder die »Klosterratsstube« verwalten, sondern als deren Präsident und als Großvogt zugleich Mitglied des Geheimen Rates sein und auf diese Weise real und legal Einfluss nehmen können auf alle wichtigen Angelegenheiten des Herzogtums, insbesondere auf die Finanzkammer. Erst als der Herzog allen seinen Forderungen entsprochen hatte, nahm er die Tätigkeit in Braunschweig auf. Über mehr als sieben Jahre würde er sich nun um die Bewirtschaftung der Domänen und Kirchengüter, den Bau von Straßen und die staatliche Lotterie (die er abschaffte), aber auch um die Schul- und Bildungspolitik zu kümmern haben.

Jetzt, im Frühjahr 1782, war auch die Zeit gekommen, mit seiner Frau nach Braunschweig zu ziehen. Das Paar kaufte ein repräsentatives Haus, das zuvor Frau von Branconi, eine Mätresse des alten Herzogs Ferdinand, bewohnt hatte.

Der Lebensstil der neuen Besitzer des Palais war für die Adligen und Bürger der kleinen Residenz eine einzige Provokation. Wie ein Augenzeuge berichtete, erleuchteten allabendlich hunderte von Wachskerzen das Palais.[2] Die Hardenbergs führten ein gastfreundliches Haus und gaben rauschende Feste. Der Graf und die Gräfin fuhren getrennt in eigenen Kutschen, denen je ein Läufer vorauseilte und auf denen hinten drei livrierte Bedienstete standen. Die Maßstäbe der braunschweigischen Gesellschaft verrückten sich nach oben, was natürlich feindselige Gefühle der Alteingesessenen auslöste und am Ende nicht nur die Braunschweiger, sondern auch die Hardenbergs finanziell überforderte.

Karl August und Christiane lebten kräftig über ihre Verhältnisse, wobei die Ausgabenfreudigkeit der Gräfin die des Grafen noch überstieg. Die enorme Höhe der Verschuldung machte einen Zusammenbruch des Hauswesens immer wahrscheinlicher. Die braunschweigische Gesellschaft lag schadenfroh auf der Lauer und wartete lüstern auf den Moment der Implosion. Die sollte sich auch bald auf drei verschiedenen Schauplätzen ereignen: dem der ehelichen Gemeinschaft, dem der beruflichen Erfolge und dem der wirtschaftlichen Verhältnisse.

Hardenberg scheint in Braunschweig auch außerhalb seiner Ehe mit Christiane manche Gelegenheit wahrgenommen zu haben, seinen Liebeshunger zu stillen. Unter dem 17. Juli 1782 findet sich, mit anderer Tinte nachgetragen, die Bemerkung: *feste hübsche Jungfer.*[3] Die Ehe der Hardenbergs hatte sich nach den Erschütterungen in London zwar durch den Neuanfang in Braunschweig und die gemeinsame Sorge für die beiden Kinder noch einmal stabilisiert. Doch hinter der glanzvollen Fassade des fürstlichen Lebens in Braunschweig war der Prozess der Entfremdung zwischen den immer noch sehr jungen Eheleuten (23 und 32 Jahre zu Beginn der Braunschweiger Zeit) weiter fortgeschritten. Offenbar nahmen die Misshelligkeiten zwischen Christiane und Karl August so verheerende Formen an, dass Hardenberg sich schweren Herzens entschloss, die Kinder wieder außer Haus zu geben.

Die partnerschaftlichen Gefühle des Paares kühlten immer mehr aus, obgleich oder gar weil die Eheleute sich gegenseitig alle Freiheiten zugestanden. Karl August fand in einer leidenschaftlichen Liebe zu der sehr schönen und warmherzigen Sophie von Lenthe, geb. von Haßberg, Trost und neuen Lebensmut. Es war jene Sophie von Haßberg, die ihm seine Eltern vor Jahren als Ehefrau zugedacht hatten und die inzwischen eine verheiratete von Lenthe war und mehrere Kinder hatte. Hardenberg unterhielt nun schon seit 1777 eine Beziehung zu ihr. Jedoch erst am 26. Dezember 1787 taucht Sophie als »Mon Trésor« in den Tagebüchern auf.

Hardenberg wollte trotz der Beziehung zu Sophie offenbar die Ehe mit Christiane weiterführen, der gemeinsamen Kinder und des gemeinsamen Vermögens wegen und wohl auch, weil Sophie noch verheiratet war.

Christiane ihrerseits begann ein Liebesverhältnis mit einem Herrn von Münchhausen, einem Sohn des Oberhofmarschalls von Münchhausen, der mit Hardenberg zusammen im Geheimen Rat des Herzogtums saß.

Alle diese Eskapaden der Hardenbergs hätte der Hof und die Braunschweiger Gesellschaft wohl hingenommen und toleriert, solange der äußere Schein geordneter Verhältnisse aufrechterhalten worden wäre. Die Tabugrenze wurde jedoch überschritten, als die Eheleute in einem öffentlichen »Showdown« Ernst machten, Christiane die Scheidung einreichte und sogar bereit war, das Sorgerecht für die Kinder ihrem Mann zu überlassen.

Die Familie Reventlow in Dänemark, die zunächst – weil sie ihre Christiane kannte – auf Seiten Hardenbergs gestanden hatte, befürwortete jetzt auf einmal nur noch eine Trennung von Tisch und Bett, nicht aber eine Scheidung.

Als es so aussah, als würden beide Eheleute dieser Lösung zustimmen, griff Sophie von Lenthe in den Lauf der Dinge ein und gab bekannt, von Hardenberg schwanger zu sein. Mit ihrer Behauptung erreichte sie die Einwilligung ihres Mannes, sich scheiden zu lassen. Auch war sie bereit, auf ihre Kinder zu verzichten. In der Familie von Lenthe wird erzählt, dass Sophie Hals über Kopf das Haus verlassen und im Kinderzimmer einen Zettel hinterlassen habe, auf dem, gewissermaßen als Vermächtnis, zu lesen war: *Putzt die Zähne, haltet Euch gerade und versucht zu gefallen.*[4]

Offenbar war Sophie wirklich schwanger, erlitt aber eine Fehlgeburt. Hardenberg jedenfalls vermerkt in seinen Tagebüchern von Ende Oktober 1787 an die einzelnen Schwangerschaftswochen. Nach der zwanzigsten Woche, mit der Notiz vom 27. Februar 1788, hören diese Eintragungen dann auf.

Jetzt betrieb Hardenberg, auch ohne die Einwilligung der Familie Reventlow, die Scheidung von Christiane, obgleich er damit sämtliche Reventlowschen Güter zurückgeben und die Schulden übernehmen musste – bis auf 14 600 Reichstaler, für die Christiane mitgezeichnet hatte. Die Güter in Dänemark sollten während der Lebenszeit von Christiane von einem Treuhänder verwaltet werden und dann an den Sohn Christian fallen, der weiterhin den Namen Hardenberg-Reventlow führen durfte. Christiane verzichtete auf den Namen Hardenberg und Karl August auf die Führung des Namens Reventlow.

Jetzt war der Weg frei, ein gemeinsames Leben mit Sophie zu beginnen. Das Paar heiratete in Hamburg, während einer Reise. Es war der 9. Juni 1788. Hardenberg notierte: *Happy, most happy day.* In der Verbindung mit Sophie fand Hardenberg Respekt, Aufmerksamkeit und alle Wärme, nach der er sich gesehnt hatte.

Die innere Zufriedenheit musste er jedoch damit bezahlen, dass der Hof in Braunschweig und die Bürgergesellschaft die Vermählung nicht billigten. Es ist allerdings eine Legende, dass die neue Gräfin von Hardenberg oft nicht mit eingeladen wurde, wenn Hardenberg gebeten war, denn in den Aufzeichnungen Hardenbergs findet sich die Mitteilung, dass er mit seiner Frau bei Hofe zum Essen eingeladen war.[5]

Trotzdem entfremdete er sich von den Menschen, mit denen er zusammenarbeitete. Ein hoher Preis, der ihm für die Wiederherstellung häuslicher Harmonie abverlangt wurde. Der Preis war umso höher, als Hardenberg jetzt auch beruflich weitere Fehlschläge einstecken musste. Schläge, die den Lebensnerv seiner politischen Tätigkeit trafen.

Weder die Schwierigkeiten mit Christiane von Reventlow noch die enorme Schuldenlast dieser Jahre hatten Hardenberg davon abhalten können, die unübersichtlichen Verhältnisse in der staatlichen Verwaltung Braunschweigs zu ordnen. Verschiedene Behörden teilten sich die Zuständigkeiten für Finanzen, Inneres und Justiz – darin vermengt die Zuständigkeiten für Schule und Universität, Straßenbau und sogar auswärtige Angelegenheiten. Alles war so geblieben, wie es jeweils gewachsen war. Im Mai 1786 hatte Hardenberg deshalb eine Denkschrift vorgelegt, in der eine Neuordnung der gesamten Landesverwaltung empfohlen wurde. Jetzt zeigte sich jedoch, dass der Herzog ein Mann war, der zwar für das Notwendige eintrat, auch wenn es neu war – der dann aber auf halbem Wege stehen blieb. Am Ende blieb zumeist alles beim Alten.

Karl Wilhelm Ferdinand sah zwar ein, dass eine zentrale Verwaltung und eine Reorganisation der Aufsichts- und Weisungsorgane sinnvoll war. Aber er konnte sich nicht entschließen, die Allzuständigkeit des Geheimen Rates durch eine straffe Ministerialordnung zu ersetzen. Zwar ernannte der Herzog seinen Minister Hardenberg in Hochschätzung seiner Arbeit zum Kammerpräsidenten, die Vorschläge zur Reform jedoch verliefen sich in den Unentschiedenheiten des Landesherrn und dem Beharrungswillen der älteren Kollegen im Geheimen Rat. Das Ausmaß der Vergeblichkeiten wuchs von Monat zu Monat.

Als Kammerpräsident muss Hardenberg auch mit der unseligen Praxis des Soldatenhandels in Berührung gekommen sein. Denn die Erträge aus dem Verkauf von Soldaten waren in Braunschweig das Rückgrat des Staatshaushalts. Junge Männer, oft Kinder noch, hatte man in den Militärdienst genötigt und verkaufte sie nach kurzer Ausbildung an ausländische Mächte wie England oder Holland, die gerade Soldaten für ihre Kolonialkriege suchten.

Obschon die Verträge Braunschweigs über diesen Menschenhandel entweder vor Hardenbergs Zeit abgeschlossen worden waren oder nicht seine Unterschrift trugen, verwandte er die Gelder zur Haushaltsfinanzierung. Geäußert hat er sich, soweit bekannt, zu dieser Praxis des Verkaufs von Soldaten nicht, obgleich andere sensible und aufgeklärte Zeitgenossen sich davon distanzierten.

Kulturkampf an der Oker

Es gehörte zur allgemeinen Gedankenwelt der Aufklärung, dass die Schulen und Universitäten im Land verbessert werden müssten. Jeder, der sich überhaupt auf die Gedanken einer Erneuerung der Gesellschaft und des Staates einließ, wusste, dass die Nachhaltigkeit von Reformen aufs Engste verbunden war mit dem allgemeinen Bildungsstand der Bevölkerung: Würde man den Bildungsstand nicht anheben, könnte es keine Reformen von Dauer und keinen Wohlstand geben.

Die Frage bei Hardenbergs Tätigkeit in Braunschweig aber war, ob die Gedanken der Aufklärung und eine Reform der Bildung überhaupt gewünscht wurden. Mit anderen Worten: Die Frage war, wer in einem Kulturkampf um die Schulen des Landes gewinnen und wer verlieren würde.

Herzog Karl Wilhelm Ferdinand, 15 Jahre älter als Hardenberg, ließ sich gern in der Absicht bestärken, die Schulerziehung in seinem Land auf den Stand der Zeit zu bringen, obgleich er notgedrungen den Großteil seiner Bestrebungen darauf verwenden musste, die von seinem Vater zu Grunde gerichteten Finanzen des Landes zu ordnen.

Im Sommer 1785 bot sich nun überraschend eine Gelegenheit, den Gedanken einer bildungspolitischen Erneuerung in konkrete Formen zu gießen. Auf einer Reise kam der berühmte Pädagoge Johann Heinrich Campe durch Braunschweig. Berühmt war er vor allem dadurch, dass er Daniel Defoes »Robinson Crusoe« im deutschen Sprachraum als Kinderbuch eingeführt hatte. Campe hatte sich auch als Erzieher der Gebrüder Humboldt einen Namen gemacht und galt als deutscher Rousseau, der gegen die überfeinerte Rokokokultur eine pädagogische Entwicklungslehre setzte, die sich auf die natürliche Vernunft des Menschen berief. Auch die Religion wollte er mit dem Licht der natürlichen Vernunft durchleuchten.

In Braunschweig gelang es Campe, den Herzog für seine pädagogischen Gedanken zu gewinnen. Strategisch klug, fasste er seine Ideen zunächst in der Forderung nach besseren Lehrern und zeitgemäßen Schulbüchern zusammen. Er nahm den Herzog durch den Gedanken für sich ein, die neuen Schulbücher durch eine eigene Buchhandlung in ganz Deutschland zu verkaufen und dadurch die Kosten der Reform zu verringern.

Der Herzog forderte Hardenberg auf, in einem Gutachten die von Campe zu Papier gebrachten Vorschläge zu beurteilen. Für Hardenberg war die Aussicht auf eine Öffnung des Schulsystems in Braunschweig, vom Elementarbereich bis zur höheren Bildung, eine willkommene Gelegenheit, seine eigenen Reformvorstellungen zu beleben und zu präzisieren. Er hatte aus seinen Fehlern gelernt und ging Campes Vorlage pragmatisch an. Er befürwortete zwei Personalvorschläge (Professor Trapp sofort, Rektor Stuve zu einem späteren Zeitpunkt), lehnte aber eine Berufung des vom Reichshofrat wegen Ketzerei verurteilten Theologen und Philosophen Carl Friedrich Bahrdt ab. Der hatte in Leipzig, Erfurt und Gießen gelehrt und war mit seinen Schriften wie »Neueste Offenbarungen Gottes in Briefen und Erzählungen« auf so heftigen Widerstand der kirchlichen Theologen gestoßen, dass Hardenberg damit rechnen musste, die Schulreform als Ganzes zu gefährden, falls Bahrdt berufen würde.

Hardenberg schätzte die Rahmenbedingungen einer Schulreform nach den nüchternen Regeln der Machbarkeit ein und riet dem Herzog, die Reform auf keinen Fall dem Konsistorium zu überlassen – der kirchlichen Behörde, die für das staatliche Schulwesen zuständig, aber dem Landesherrn nur in seiner Funktion als Oberstem Bischof zugeordnet war und deshalb fast ausschließlich aus Geistlichen bestand. Hardenberg wusste, dass mit einem Gremium keine Reform zu machen war, dem die Kontrolle über die Schulen durch eben diese Reform entzogen werden sollte. Er machte sich aber Illusionen darüber, wie weit die Reform ohne dieses Konsistorium durchzusetzen war.

Rein verwaltungstechnisch konnten alle Maßnahmen in kürzester Zeit vollzogen werden, die Hardenberg in seiner Denkschrift vom Juni 1786 vorgeschlagen hatte – vor allem die Gründung eines Schuldirektoriums, dem das gesamte Schulwesen des Landes unterstellt werden sollte. So geschah es auch: Hardenberg wurde Vorsitzender des Gremiums, die Mitglieder erhielten ihre Bestallung, Campe wurde zum Schulrat ernannt. Damit waren die Schulen allein der staatlichen Behörde unterstellt, die traditionelle geistliche Schulaufsicht war praktisch aufgelöst. Dass sich die streng lutherische Kirche von Braunschweig damit nicht abfinden und auf ihrer Kirchenhoheit bestehen würde, hätten der Herzog und Hardenberg voraussehen können. In seltsamer Arglosigkeit jedoch fuhren beide, veranlasst durch den Tod Friedrichs des Großen, für einige Wochen nach Berlin.

Als sie zurückkamen und die erste Sitzung des Schuldirektoriums eröffneten, hatte sich der Widerstand der Kirche formiert. Der Kulturkampf war in vollem Gange. Die Mitglieder der Kirchenbehörde protestierten formell gegen den Eingriff in ihre Rechte und stellten zugleich die dogmatische Glaubensfrage. Bald war nicht mehr nur von Rechts- und Verfahrensfragen die Rede, sondern von den gottlosen Lehren der Aufklärer und dem wahren Glauben der reformatorischen Bekenntnisschriften. Die Auseinandersetzung der Kirche mit Lessing, der erst 1781 in Braunschweig gestorben war, hatte sich bei den geistlichen Herren als allgemeines Misstrauen und als Furcht vor aufklärerischen Umtrieben niedergeschlagen.

In der Tat war – aus der Sicht der Theologen und Kirchenmänner – die Sorge um die »rechte Lehre« durchaus angebracht.

Denn natürlich hatten die Reformpädagogen nicht nur organisatorische Absichten. Sie wollten durch die Trennung von Kirche und Staat in Schul- und Bildungsfragen jeden dogmatischen Fundamentalismus überwinden und den Weg freimachen für eine naturphilosophisch aufgeklärte Bildung.

Campe heizte die Stimmung im irrationalen Gefecht auch noch dadurch an, dass er eine Charakteristik der Landprediger veröffentlichte, die von den Geistlichen als Angriff auf ihre Würde und ihr Amt empfunden wurde. Man forderte ein Verfahren gegen Campe. Hardenberg lehnte dies ab und warf das Wort »Inquisition« in die Debatte. Die Landstände ihrerseits sahen das Reichsrecht tangiert.

Damit war aus der bildungspolitischen Diskussion ein Verfassungskonflikt geworden. Die Stände bildeten einen »Großen Ausschuss« und setzten durch, dass eine Kommission aus ihren eigenen Vertretern, dem Konsistorium und der Landesregierung die entstandenen Probleme diskutieren solle. Sie beriefen sogar eine Vollversammlung sämtlicher geistlichen, adligen und städtischen Stände ein, um ihrer Meinung Nachdruck zu verleihen. Schließlich verlangten sie, die Schulaufsicht wieder dem Konsistorium zu übergeben. Alles war unentschieden. Nur eines war klar: Die Schulreform war gescheitert. Das Schuldirektorium musste aufgelöst werden. Hardenberg selbt hatte den Text der herzoglichen Auflösungsverordnung zu entwerfen.

Seine Position im Land war dadurch empfindlich geschwächt, zumal der Herzog jetzt nicht mehr die Kraft hatte, den Konflikt mit der Kirche auszuhalten oder gar zu lösen. Ohne die Unterstützung durch den Herzog aber konnte Hardenberg überhaupt nichts ausrichten. Er musste sich eingestehen, dass er in dieser Sache am massiven Beharrungswillen der Konservativen gescheitert war.

Erfolg ohne Ergebnis

Hardenbergs Braunschweiger Bilanz war nicht erfreulich. Die Ehe mit Christiane von Reventlow war in einem wilden Furioso vor den Augen der Braunschweiger Öffentlichkeit gescheitert. Die neue Ehe mit Sophie von Lenthe wurde von der Hofgesellschaft nicht akzeptiert. Man gab sich schockiert darüber, dass der Minister glaubte, die Spielregeln einer Gesellschaftsschicht nicht beachten zu müssen, für die erotische Abenteuer gang und gäbe waren und auch geduldet wurden – aber nur, solange das Äußerste ein »Verhältnis« war. Mätressen wurden akzeptiert. Verehelichungen aber unterlagen den gesellschaftlichen Tabus, die den äußeren Schein der Ordnung wahren sollten.

So kam Hardenbergs Scheidung und Wiederverheiratung gerade recht, um auch seine unerwünschte Reformpolitik zu behindern. Alle seine Reforminitiativen – von der Verwaltungsreform bis zur Kulturpolitik – wurden zunichte gemacht.

Eine weitere Komplikation setzte Hardenberg unter Druck: Seine finanzielle Situation war desolat. Die Schere zwischen Ausgaben und Einnahmen war immer größer geworden. Da er im wahrsten Sinne des Wortes begütert war, hatte er selber seine Lage nie als wirklich bedrohlich eingeschätzt. Jetzt aber wurde es eng für ihn. Die Banken setzten in der Zeit der Scheidung von Christiane und der Trennung der Hardenbergschen und der Reventlowschen Güter den Kreditrahmen radikal herab.

Hardenberg stand vor dem Bankrott. Der aber hätte in Zukunft jede politische Tätigkeit unmöglich gemacht. 1798 wird er in einem Rechenschaftsbericht über seine finanziellen Verhältnisse unter dem Titel »Über meine Vermögensumstände« Folgendes schreiben: *Wer das Vorhergehende mit Aufmerksamkeit liest, wird leicht begreifen, wie meine Schulden bis auf die Summe von 561 000 Reichstaler anwachsen konnten.*

Wie jedoch immer in seinem bisherigen Leben, hatte Hardenberg auch in dieser Situation Glück. Er fand in dem »Hoffaktor und Kammeragenten« Herz Samson einen Retter. Samson, eine Art »Fugger von Braunschweig«, lieh ihm das Geld in Höhe seiner Schulden gegen Hypotheken auf den Hardenbergschen Familienbesitz. Diese Tat und die großzügigen Bedingungen des Kredits sollte Hardenberg Herz Samson und dessen Nachfolger Israel Jacobson nie vergessen.

In der Zwischenbilanz seines Lebens gab es für Hardenberg jedoch auch hellere Partien. Wenigstens seine außenpolitischen Aktivitäten im Dienste Braunschweigs hatten ihm Anerkennung gebracht, obgleich sie im Ergebnis nicht wirklich erfolgreich waren. Hardenbergs Bemühungen um einen Fürstenbund waren zwar ein Beweis für seine diplomatische Geschicklichkeit und außenpolitische Weitsicht, doch wurde die Idee eines norddeutschen Fürstenbundes schon bald – Hardenberg war gerade erst in Ansbach angekommen – von der Entwicklung überholt, weil Österreich und Preußen sich zu diesem Zeitpunkt einander näherten, um ein Übergreifen der Französischen Revolution zu verhindern.

Die Geschichte des Fürstenbundes ist dennoch aufschlussreich, zeigt sie doch noch einmal sehr deutlich die Agonie des Reiches.[1] Für die kleineren Staaten in Deutschland war die Idee vom Reich als einer übergeordneten Einheit, der sie gemeinsam angehören, immer attraktiver gewesen als für die größeren Staaten, die ihr Selbstbewusstsein auch aus der eigenen Macht und Größe nähren konnten. Für die kleineren war der Gedanke an einen Zusammenschluss mehrerer Staaten verlockend, denn gemeinsam ließ sich eher in die internationale Politik eingreifen. Und konnte man sich dabei auch noch auf die altehrwürdige Institution des Heiligen Römischen Reiches Deutscher Nation und ihr Rechtsgefüge berufen – umso besser für den eigenen Vorteil.

Als Hardenberg 1782 seinen Dienst in Braunschweig aufnahm, hatten die Landesherren von Braunschweig-Wolfenbüttel und Sachsen-Weimar, gemeinsam mit anderen Fürsten, schon seit geraumer Zeit überlegt, wie sie sich zu einem Bund zusammenschließen könnten – vor allem, um der Dominanz Österreichs im labilen Gleichgewicht der Kräfte in Europa entgegenzuwirken.[2]

Kaiser Joseph II. wollte, nahezu um jeden Preis, den Verlust Schlesiens ausgleichen. Er plante, durch Tausch mit den österreichischen Niederlanden, Bayern an die habsburgischen Kernlande anzuschließen. Zugleich wollte er die Bistümer nördlich des Mains mit einem Habsburger besetzen und dadurch die Kräfteverhältnisse zu seinen Gunsten verschieben. Das sah wie ein Bruch der Reichsverfassung durch den Kaiser des Reiches aus.

Hardenberg, dessen Spezialkenntnisse im Reichsrecht allgemein bekannt waren, wurde gebeten, in einer Denkschrift darzulegen, ob die Fürsten sich in eigener Vertragshoheit gegen den Kaiser zur Wehr setzen dürften. Hardenberg kam zu dem Ergebnis, dass die Fürsten dazu durchaus berechtigt seien.

Wie schon in seiner hannoverschen Zeit, sah Hardenberg die Sicherheit und den Reichsfrieden vor allem durch Österreich gefährdet, weshalb eine Defensiv-Allianz der norddeutschen Fürsten rechtens sei. Er rechtfertigte sogar den Gebrauch der Waffen, falls der Kaiser die Verfassung des Reiches tatsächlich verletze.[3] Gegenüber seinem Landesherrn legte er jedoch Wert darauf, dass nicht Braunschweig, sondern Preußen beim Aufbau der Allianz initiativ werden sollte. Er selbst erbot sich, eng mit dem preußischen Minister Hertzberg zusammenzuarbeiten und über den Herzog von York, den zweiten Sohn Georgs III. von England, der damals Fürstbischof von Osnabrück war, auch den britischen König und Kurfürsten von Hannover für den Fürstenbund zu gewinnen.

Ewald Friedrich Graf von Hertzberg leitete nach dem Tod Friedrichs des Großen die preußische Außenpolitik. Er förderte die Annäherung Preußens an England und Russland und verfolgte dabei einen eindeutig und einseitig anti-österreichischen Kurs.

Es stellte sich jedoch bald heraus, dass die kleinen Staaten des geplanten norddeutschen Fürstenbundes ihre Macht überschätzt hatten. Die großen Staaten handelten letztlich ihre Interessen unter sich aus und luden dann die kleineren zum Beitritt ein.

Die Verknüpfung von Fürstenbund und Reichsidee war damit gelockert. Für die Großen war nicht das Interesse des Reiches, sondern die eigene Machtstellung das Prinzip des Handelns. Hardenberg hatte das schon sehr früh erkannt, als zum Beispiel Friedrich der Große sich zwar als patriotischer Reichsfürst präsentierte, in Wahrheit aber die norddeutschen Staaten für die preußischen Interessen einspannen wollte. Hardenberg erwartete also, dass die Begeisterung für eine Erneuerung des Reiches abkühlen würde, und beurteilte die Situation eher nüchtern: *Die Geschichte beweist reichlich, daß es den Fürsten niemals an einleuchtenden Gründen aus dem einen oder dem anderen dieser Artikel gefehlt hat. Ihre Kundgebungen sind voll davon. Ihre Schritte sind stets mehr von den Umständen und von ihren Kräf-*

ten bestimmt worden als von ihren theoretischen Rechten und Pflichten gegenüber dem Reich. Doch sucht man sich immer auf diese zu stützen, wenn man zur Gewalt greift; das beweisen die Denkschriften, die während des letzten Krieges in Deutschland veröffentlicht worden sind.[4]

Hardenbergs distanzierte Skepsis sollte sich als begründet erweisen. Der preußische Minister Hertzberg setzte unter Friedrich Wilhelm II., dem Nachfolger Friedrichs des Großen, die politischen Bemühungen für einen norddeutschen Fürstenbund nicht mehr fort. Er sah Preußen als Großmacht und wollte sich, auf der Seite Englands, unmittelbar und ohne das Gefolge der stimmberechtigten Kleinstaaten eines Fürstenbundes, in den Konflikt zwischen Frankreich und England einmischen. Der Kolonialkonflikt mit Frankreich lenkte zudem die Aufmerksamkeit Georgs III. von der Politik auf dem Kontinent ab. Die Idee eines Fürstenbundes blieb gewissermaßen als Waise, Braunschweig als bedeutungsloser Kleinstaat und Hardenberg als erfolgloser Sieger in einem vergeblichen diplomatischen Spiel zurück.

Ein Minister wird gesucht, ein Vizekönig kommt

1791. Für Hardenberg war der Abschied von Braunschweig unausweichlich geworden. Das Scheitern seiner Ehe und seiner Integration in die höfische Gesellschaft des Herzogtums samt seiner Verschuldung, das Ende seiner Reformpläne und die Ergebnislosigkeit seiner Außenpolitik ließen Hardenberg und seiner Frau Sophie keine Möglichkeit, in Braunschweig zu bleiben, zumal der Herzog eine Gehaltserhöhung ablehnte und nur ein einmaliges Geldgeschenk bewilligte – was Hardenberg als Demütigung empfand.

Noch führte er die Routinegeschäfte weiter. Wie er jedoch selber seine Lage empfand, geht aus einem Schreiben an den Herzog von York hervor, den jüngeren Bruder des Prinzen von Wales. Hardenberg hatte ihn bei den Verhandlungen über einen Fürstenbund der norddeutschen Staaten kennen gelernt und hatte jetzt die Idee, über diese Verbindung vielleicht in den Dienst von Hannover zurückkehren zu können und doch noch das Amt des hannoverschen Ministers in London zu bekommen:

Vielleicht könnte ich durch Ew. Königliche Hoheit auch jetzt noch diesen Posten erlangen; die Umstände, die mich hindern könnten, der Gnade des Prinzen von Wales teilhaftig zu werden, existieren nicht mehr.[1]

Die Hoffnung, nach London gerufen zu werden, war verwegen, denn nichts ging ohne den Prinzen von Wales als den künftigen König. Der aber war ja gerade jener junge Draufgänger, der vor gar nicht langer Zeit den Skandal in London ausgelöst und Hardenberg zur Abreise und zur Aufgabe seiner Karrierepläne veranlasst hatte. Überdies trug Hardenberg seine Bitte um Vermittlung in einem Augenblick vor, in dem König Georg III. wegen einer »Geistesstörung« regierungsunfähig war. Bei Hofe stellte man sich bereits auf die Regentschaft des Prinzen von Wales ein. Es kam jedoch anders: Der König erholte sich und führte die Geschäfte wieder selbst, womit Hardenbergs Bitte um Wiedereintritt in den Dienst des Königs ohnehin erledigt war.

Resigniert arbeitete er in Braunschweig weiter und musste – wie zum Zeichen einer letzten Demütigung – im April 1790 ein Edikt gegenzeichnen, in dem Herzog Karl Wilhelm Ferdinand das Schuldirektorium für aufgelöst erklärte.

An diesem Tiefpunkt seiner Laufbahn nahm, für Hardenberg völlig unerwartet, sein Schicksal eine Wende. Er hielt sich wegen der Verhandlungen über die Postverbindungen Braunschweigs in Berlin auf, als er ohne erkennbaren Anlass gefragt wurde, ob er im Auftrag Preußens in die Dienste des Markgrafen von Ansbach-Bayreuth treten wolle. Vorgetragen wurde die Anfrage von Minister Hertzberg und Johann Rudolf von Bischoffwerder, dem Generaladjutanten des Königs von Preußen, einem einflussreichen, spiritistisch-mystisch und antiaufklärerisch eingestellten Mann im Hintergrund. Die beiden waren auf Hardenberg gestoßen, weil sie einen Minister für Ansbach-Bayreuth suchten und Hardenbergs alter Gönner und Verwandter, Minister von Heynitz, den unglücklich in Braunschweig sitzenden Verwaltungsfachmann empfahl.

Hardenberg war so überrascht, dass er sich Bedenkzeit ausbat. Er wollte sich erst einmal ein Bild von der Situation in Franken machen. Was er dabei erfuhr, hat Hans Haussherr »die Handlung einer Operette« genannt.[2] In der Tat gehorcht die Geschichte, die Hardenberg jetzt in Erfahrung brachte, dem dramaturgischen Gesetz der Operette.

Sogar seine eigene Rolle scheint zunächst ins Bild zu passen: Die Rolle des hochtalentierten Höflings, der in seiner sentimentalen Ergebenheit an den angestammten Fürsten nicht glauben kann, dass der längst das Interesse an ihm verloren hat. Auch jetzt, nach der Anfrage aus Berlin, wendet Hardenberg sich noch einmal in einem Brief unmittelbar an König Georg III.: *Nur mit dem größten Schmerze denke ich an die traurigen Begebenheiten, die mir das Glück entrissen haben, Ihnen anzugehören, mich Ihnen zu nähern. Ich überließ mich damals allzu sehr der Hoffnung, eine Person zu retten, von der ich mein häusliches Glück erwartete. Aber diese selbe Person, die dergestalt mich dem Dienst E.M. und meines Vaterlandes entrissen, hörte nicht auf, mich zu verrathen und nöthigte mich endlich zu einer Trennung zu schreiten. Den Wunsch, eines Tages in den Dienst E.M. zurückzukehren, hegte ich selbst in dem Augenblick, wo ich denselben verließ; ich hege ihn noch. Die würdigen Eigenschaften des Herzogs von Braunschweig verhindern mich doch nicht an dem Wunsch, meinem alten Souverän aufs neue zu dienen.[3]*

Erst als Georg III. auch dieses Gesuch nicht einmal beantwortete, schloss sich der Vorhang endgültig vor der Operette von der unglücklichen Liebe des Karl August von Hardenberg zu seinem Heimatland Hannover und dessen Landesfürsten. Leopold von Ranke schließt seine Darstellung dieses Aktes mit einer grundsätzlichen, melancholischen Reflexion: *Denn die Fürsten mißkennen oft um momentaner Eindrücke willen den unermeßlichen Werth, den die Vereinigung von Hingebung und Talent für sie haben sollte. Was könnte ihnen Besseres widerfahren, als sich der Männer zu bedienen, in denen sich die Fähigkeit, ihnen Dienste zu leisten, mit dem Wunsche dazu verbindet?[4]*

Die eigentliche Handlung der Operette aber erfuhr Hardenberg, als er die Vorgeschichte des Angebots recherchierte. In Franken regierte als Markgraf Karl Alexander aus der jüngeren Linie des Hauses Brandenburg. Der Vierundfünfzigjährige verspürte nach 34 Jahren aufgeklärter und erfolgreicher Regentschaft keine Lust mehr, die Unbequemlichkeiten des Regierens und Verwaltens weiterhin auf sich zu nehmen. Da er keine Kinder hatte, brauchte er sich keine Gedanken über die Zukunftssicherung von Nachkommen zu machen. Deshalb wollte er vertraglich, gegen eine jährliche Apanage von 300 000 Gulden, alle herrscherlichen Rechte an die ältere Brandenburgische Linie in Berlin übertragen.

Dieser Vertrag war noch nicht in Kraft getreten. Offiziell regierte Karl Alexander noch, überließ aber die laufenden Amtsgeschäfte weitgehend seinen Beamten. Er selbst ging am liebsten auf Reisen und widmete sich ausgiebig seinen Mätressen. Zunächst war seine Favoritin eine aus Paris stammende Schauspielerin, die Mademoiselle Clairon genannt wurde, aber eigentlich Claire Josephe de la Tude hieß. Sie gewann einen so großen Einfluss auf den Markgrafen, dass ihre »Nachfolgerin«, die spätere Markgräfin, in ihren »Denkwürdigkeiten der Markgräfin von Ansbach« voller beißendem Sarkasmus notiert: *Durch die Überlegenheit ihrer Talente, und durch fortgesetzte Aufmerksamkeit schlich sie sich so weit in die Achtung dieses Fürsten, dass er sie nur seine Mama nannte.*[5]

Diese Nachfolgerin, Lady Craven, geborene Elizabeth Berkeley, war eine ungewöhnliche Frau. Sie war mit Lord Craven verheiratet, lebte aber, nachdem sie sieben Kinder geboren hatte, von ihm getrennt in Paris. Hier hatte der Markgraf sie öfter besucht, bis er sie, 1784, nach Ansbach mitnahm. 1791, nach dem Tod seiner Frau, der Markgräfin Friederike Caroline, heiratete er sie. Vorher jedoch gab es einigen Ärger. Elizabeth und Clairon lieferten sich heftige Streitereien um die Gunst des Markgrafen. Elizabeth war strategisch überlegen: sie verbündete sich mit der Markgräfin. Vereint gelang es der Ehefrau und der neuen Mätresse, Mademoiselle Clairon aus dem Feld zu schlagen.

Trotzdem war auch Lady Craven in Ansbach nicht willkommen. Ihre von allen Konventionen abgehobene Lebensart stieß bei den Bürgern, aber auch bei Hofe auf wenig Verständnis. Man fühlte sich von der extravaganten Fremden behelligt. Nur die Gunst des Markgrafen schützte sie vor übler Nachrede und Feindseligkeiten.

Der Regierungspräsident, der Kabinettssekretär und zwei markgräfliche Minister stellten sich offen gegen sie. Die Lady kümmerte das wenig. Sie brachte die verschlafene Verwaltung der Markgrafschaften in Bewegung und ging hemmungslos ihrer Bauleidenschaft und ihrer Liebe zum Theater nach.

Auf einer Italienreise brachte sie ihren Souverän und Liebhaber schließlich dazu, die gesamte Reisebegleitung in Florenz abzuschütteln und allein mit ihr nach Berlin zu reisen. Bei Hofe wollte sie – in Vorwegnahme der vereinbarten Übergabe an Preußen – eine radikale Umorganisation der fränkischen Verwaltung durchsetzen. Sie verlangte, dass der preußische König den Markgrafen gegen die frondierende Beamtenschaft in Schutz nehme, preußische Beamte nach Franken schicke und preußische Verwaltungsstrukturen einführe, wovon sie sich einen weltläufigen Zuschnitt des Lebens in der Provinz versprach.

Und sie hatte Erfolg. Als sie und der Markgraf Berlin verließen, hatten Friedrich Wilhelm II. und Minister Hertzberg ihren Plänen zugestimmt. Der König ließ das Paar sogleich von dem preußischen General Tresckow begleiten und schickte etwas später auch den Domänenrat Bärensprung nach Ansbach.

An dieser Stelle gerät die Operette zum Krimi. Gestärkt durch die hilflose Zustimmung aus Berlin, kamen der Markgraf, die Lady und der General abends um 11 Uhr auf Schloss Diersdorf an, der Sommerresidenz des Markgrafen, etwa 12 Kilometer südlich von Ansbach gelegen.

Schon am nächsten Morgen um 7 Uhr begab sich der Markgraf mit dem General als Zeugen nach Ansbach, holte den kranken Kabinettssekretär Schmidt aus dem Bett und forderte ihn auf, das Büro zu öffnen. Ranke bemerkt: Der Markgraf *hielt es nicht unter seiner Würde, sich den Schlüssel des Schreibtisches von Schmidt geben zu lassen und ihn zu durchsuchen.*[6]

In der Schublade fand sich ein Brief des Ministers Seckendorff, in dem von der *englischen Rekrutin* die Rede ist und in dunklen Andeutungen von Maßnahmen gesprochen wird, die *unserem System schaden können*. Ein Finanzplan wird erwähnt und die Tatsache, dass man sich nicht zu weit vorwagen dürfe, *damit unsere schönen Gebäude nicht ins Nichts zurückfallen.*[7]

Der Markgraf sah in diesem Brief das Dokument einer Verschwörung, kündigte dem Kabinettssekretär auf der Stelle die Entlassung an, wenn auch mit weiter laufender Besoldung, und verlangte danach die Einwilligung des Königs, auch gegen die höheren Beamten vorgehen zu können.

Friedrich Wilhelm II. versuchte zu schlichten. Er sah in den Formulierungen des Seckendorff-Briefes keine Grundlage für ein Verfahren gegen den verdienten Minister, konnte aber nicht verhindern, dass der Markgraf mit erbitterter Wut reagierte. Er entließ den Minister Gemmingen, der in Seckendorffs Schreiben erwähnt wurde, desgleichen den Regierungspräsidenten und gab erst Ruhe, als auch Seckendorff gegangen war.

Die Provinztragödie fand auch noch ihr Satyrspiel in Form eines Bühnenstücks aus der Feder der Lady Craven. Unter dem Titel »Le philosophe moderne« war die makabre Posse in geschmackloser Direktheit dargestellt - als Überraschung und Huldigung für Alexander. In dem Stück wurden die Gegner des Markgrafen des »Patriotisme moderne«, des Revolutionsgeistes, bezichtigt.[8]

Es ist heute nichts mehr darüber in Erfahrung zu bringen, wie sich diese Vorgänge in Ansbach ausgewirkt haben. In Berlin jedenfalls kam dem Minister Hertzberg die Idee des Ministers Heynitz gerade recht, den hochbegabten braunschweigischen Verwaltungsfachmann Hardenberg nach Bayreuth zu schicken und ihn auf diese Weise an Preußen zu binden. Heynitz war jener Verwandte Hardenbergs, der ihn schon während der Studienjahre und auf der Kavaliersreise gefördert hatte.

Hardenberg gab sich in Berlin keineswegs als gescheiterter oder bedrängter Mann. Er sagte auch jetzt, nach einer ersten Recherche über die Verhältnisse und seine Wirkungsmöglichkeiten in Franken, nicht sofort zu. Er stellte erst einmal die Bedingung, der König von Preußen möge ihn so diskret wie möglich aus den Diensten des braunschweigischen Herzogs herauslösen. Hardenberg ging davon aus, dass es für Braunschweig ein Verlust sei, wenn er das Land verließe. Das stimmte zwar, aber der Herzog sah es anders und gab seinen besten Mann ohne Umstände frei.

Natürlich kränkte dies den ehrgeizigen Hardenberg, erleichterte ihm aber den Neuanfang. Er kümmerte sich um die Rahmenbedingungen seines Engagements in Ansbach und forderte Sicherheiten – ähnlich wie vor dem Eintritt in die braunschweigischen Dienste – in dem Wissen, dass man alles, was man nicht zu Beginn aushandelt, später nur sehr schwer bekommt.

Bei den heiklen Verhandlungen hatte Hardenberg Gelegenheit, seine Bereitschaft und Fähigkeit zu einsichtiger Kooperation deutlich zu machen: Er verlangte, ihm schon bei seinem Eintritt in die ansbachischen Dienste den Rang und Titel eines preußischen Ministers zuzubilligen. Berlin wollte dieser Forderung jedoch nicht zustimmen – mit der Begründung, dies sei im deutschen Staatengefüge ein falsches Signal. Die Ernennung eines ansbachischen Ministers zum preußischen Minister müsse den Eindruck hervorrufen, Preußen wolle die vertragliche Vereinbarung mit dem Markgrafen vorzeitig in die Tat umsetzen. Dieses Argument sah Hardenberg sofort ein und begnügte sich mit der schriftlichen Zusage, man werde ihn als preußischen Minister in Dienst nehmen, falls er gezwungen sein würde, seine Tätigkeit in Franken aufzugeben. Mit dieser Formel konnten sowohl Hardenberg als auch der König und Markgraf Karl Alexander leben. Alexander gewährte dem neuen Mann, ohne ihn persönlich kennen gelernt zu haben, ein Gehalt, das beide angemessen fanden, und ernannte ihn zum markgräflichen Minister.

Im September 1790 machte Hardenberg in Diersdorf seinen Antrittsbesuch beim Markgrafen. Für ihn begann ein neuer Lebensabschnitt. Er war vierzig Jahre alt, bezog ein jährliches Gehalt von 6 200 Talern, zu denen 5 000 Taler Tafelgeld, Naturalbezüge, freie Wohnung im Schloss und in der Eremitage, einem Lustschlösschen des Markgrafen, hinzukamen.

Alexander schien erleichtert zu sein, endlich und mit Zustimmung Preußens, die Last der Regierung in guten Händen zu wissen. In der Tat begann der neue Minister sogleich damit, die Markgrafschaft neu zu organisieren – und das offenbar nicht nur administrativ. Wie ein Zeitgenosse schreibt, bemühte er sich sofort, *stolze Einbildung und falsche Vorurteile auszurotten.*[9]

Um sich ein Bild zu machen von den Bedingungen, die Hardenberg in der Markgrafschaft vorfand, ist eine soziographische Zusammenstellung aufschlussreich, die ein gewisser Justizrat Johann Sebastian König erarbeitet hat und die der fränkische Heimatforscher Karl Müssel zitiert.[10] Danach gab es 1792 in Bayreuth 7 844 Zivilbürger und 1 359 Militärpersonen, die bis auf 389 Juden, neun Franzosen, vier Italiener und drei Tiroler evangelisch-lutherischen Bekenntnisses waren. In der überschaubaren Welt des kleinen Landes gab es 68 Kaufleute, 17 Fuhrleute und sieben Holzhändler, elf Chirurgen und Bader, einen Bildhauer, einen Mechanikus und einen französischen Sprachmeister. In vier

Apotheken und 14 Gastwirtschaften konnten die Bewohner ihr leibliches Wohl besorgen. In 460 Handwerksbetrieben arbeiteten 56 Bäckermeister samt Gesellen, zehn Müller, 39 Metzger, acht Brauer, drei Köche, drei Zuckerbäcker, 65 Schneider, 52 Schuhmacher, neun Hutmacher, elf Perückenmacher, acht Goldschmiede, acht Tanzmeister, ein Pfeifenmacher, ein Orgelbauer, ein Instrumentenmacher, zwei Buchdrucker mit zehn Gesellen, 16 Gerber, sechs Sattler, sieben Maurer mit 63 Gesellen, acht Zimmermeister mit 51 Gesellen, sechs Glaser, zwei Ziegler, sieben Maler und Tapezierer, elf Schlosser und zusätzlich: Kesselschmiede, Kupferschmiede, Lichterzieher, Bürstenbinder, Kannenmacher, Korbmacher, Nagelschmiede, Wagner, Büchsenmacher, Seiler, Gärtner, Flaschner, Schleifer und Glockengießer.

Die ansässige »Bayreuther Zeitung« hatte einen Redakteur, der zugleich Kanzleisekretär war und dafür sorgte, dass die Regierung auch die öffentliche Meinung steuern konnte. Das Blatt war umstritten: 1794 schlug ein Unbekannter öffentlich einen *Aufruf an Bayreuths Sklaven* an, in dem er den Lesern vorwarf, *sich von einer partheiischen, verabscheuungswürdigen Zeitung zudem noch mit albernen, geschmacklosen und sinnlosen Unwahrheiten* betrügen und verdummen zu lassen.

Die Französische Revolution wirkte sich allmählich also auch auf die kleinen Staaten am Rande des politischen Geschehens aus. Hardenberg lavierte zwischen all den zentrifugalen Elementen, setzte einerseits die preußischen Rechtsansprüche durch, sogar mit Hilfe von Dragonern, also mit Gewalt, und versuchte auf der anderen Seite, die überkommenen Missstände durch Reformen zu beseitigen und zugleich die »Opinion«, die öffentliche Meinung, auf seine Seite zu bringen.

Alles in allem darf man sagen: Hardenberg brachte in den Jahren seiner Regentschaft das Land zu hoher Blüte. Er handelte so selbstständig, dass er bald der »Vizekönig von Franken« genannt wurde. Hardenbergs Regierung war erfolgreich, obgleich Europa, nach dem Sturm auf die Bastille, in einem Umbruch stand, dessen Ausmaße sich die wenigsten Zeitgenossen vorstellen konnten.[11]

Schon Markgraf Alexander hatte die Markgrafschaften Ansbach und Bayreuth – Kernlande des Reiches und Kernlande der Hohenzollern – ein gutes Stück vorangebracht, nachdem er Ansbach 1757 von seinem Vater, Bayreuth 1769 von seinem Großonkel übernommen hatte. Durch kluges Regieren hatte er manchem revolutionären Gedanken das Wasser abgegraben. Aber das Land war strukturschwach. Das Territorium war nicht nur durch das Fürstbistum Bamberg und das Gebiet der Freien Reichsstadt Nürnberg in zwei Teile geteilt. Mit seinen ungefähr 400 000 Einwohnern war es auch noch durch Enklaven anderer Herrschaften zerteilt und durch eigene Exklaven in den benachbarten Ländern zerstreut, so dass klare Grenzziehungen unmöglich waren. Die Grundrechte und Gerichtsbefugnisse überlagerten sich. Die Einwohner mancher Dörfer gehörten, wie Hardenberg berichtet, drei oder mehr Souveränen an. Steuereinnehmer unterschiedlicher Herren traktierten die Bauern und Handwerker. Auch die Militärhoheit wurde von verschiedenen Herren wahrgenommen. Diesem Durcheinander entsprach eine wirre Vielfalt von Behörden und Zuständigkeiten.

Wer hier eine systematische Ordnung schaffen wollte, brauchte rechtliche Kenntnisse, Ausdauer und Unterstützung. Hardenberg hatte zwar von den konkreten Verhältnissen in Ansbach und Bayreuth, nach eigenem Zeugnis, keine Ahnung. Aber die grundsätzlichen Kenntnisse über das Funktionieren einer Verwaltung und die Ausdauer brachte er mit, die Unterstützung fand er durch den Markgrafen, der ein Übergreifen der Französischen Revolution auf die deutschen Staaten fürchtete und Ansbach-Bayreuth auch deshalb so geordnet und so schnell wie möglich an Preußen übergeben wollte. 1791 unterstellte er sein Land dem Weisungsrecht des preußischen Königs. Gleichzeitig übertrug er seinem »Dirigierenden Minister« Hardenberg die Ausübung der vollen landesherrlichen Gewalt, *cum libera facultate et potestate agendi*.

Zu dieser Handlungsgewalt gehörte auch das Recht, Gesetze zu erlassen und neue Behörden einzurichten. Hardenberg verlangte diese Regelung in der Form einer öffentlichen Erklärung, ohne die er nicht in Ansbach erscheinen wollte. Da der Markgraf aber schon wieder auf Reisen war, schickte Hardenberg seinen Sekretär und *Mach alles*, Jakob Ernst Koch, hinter ihm her, während er selbst einige Zeit auf seinem Stammgut Hardenberg verbrachte.

Koch erreichte den Markgrafen am 9. Juni in Ostende. Dort unterzeichnete Karl Alexander das vorgelegte Papier ohne jede

Änderung. Zwischen die Erklärung des Markgrafen und ihre Verwirklichung hatten die Götter jedoch noch einige Hindernisse gelegt.

In Berlin war der Nachfolger des Ministers Hertzberg als Kabinettsminister Friedrich Wilhelm Graf von der Schulenburg, ein missgünstiger Mann, dessen *verfluchte Nase* Hardenberg nicht gefiel.[12] Schulenburg wollte von Anfang an verhindern, dass aus den Markgrafschaften ein Staat im Staate wurde, und suchte den Dirigierenden Minister des Markgrafen so klein zu halten wie nur möglich. Dazu bediente er sich vor allem des 50-jährigen Domänenrates Georg Wilhelm Bärensprung, den er nach Ansbach schickte, um den Dirigierenden Minister zu kontrollieren und seinem Protegé eine große Zukunft in Ansbach und Preußen zu sichern.

Diese Zukunft sollte mit der Revision des Rechnungs- und Kassenwesens der Markgrafschaften beginnen. Schulenburg sorgte dafür, dass Bärensprung geadelt wurde und einen angemessenen Stand in den neuen Landen hatte. Dadurch aber wurde Bärensprung ein ernst zu nehmender Konkurrent für Hardenberg.

Als Anfang 1791 in Berlin der Vertrag über die Erblande des Markgrafen, den Zeitpunkt der Übergabe an Preußen und die Leibrente des Markgrafen verhandelt wurde, blieb Hardenberg in Ansbach. Bärensprung begleitete, auf Veranlassung Schulenburgs, den Markgrafen und Lady Craven. Der von Schulenburg so favorisierte Domänenrat würde den neuen Minister in Bayreuth noch häufig und heftig beschäftigen. Zunächst aber war man sich bald einig – mit einer Ausnahme.

Im Kabinettsministerium, also im preußischen Außenministerium, wurden unter Schulenburg auf einmal Einwände erhoben: Man dürfe nicht zum falschen Zeitpunkt die Markgrafschaften vereinnahmen – aus Rücksicht auf Österreich, das eine Stärkung Preußens in Süddeutschland nicht tolerieren könne.

Jetzt sah Bärensprung seine Chance. Er nutzte die außenpolitischen Bedenken, um die Einrichtung eines Kommissars durchzusetzen, der die Regierungsgewalt nur im Namen des Markgrafen ausüben dürfe, während der Markgraf selbst weiterhin nach außen als Landesherr erscheinen solle. Natürlich sollte dieser Kommissar Bärensprung heißen. Ihm sollten alle Landesbehörden unterstellt werden, also auch Hardenberg. Genau damit aber hatte er sich verkalkuliert.

Eine Unterordnung kam für Hardenberg überhaupt nicht in Frage. Mit souveräner Geschicklichkeit machte er sich daran, Schulenburgs und Bärensprungs Pläne zu durchkreuzen. Er hatte begriffen, dass der Markgraf nicht einen Kommissar wollte, der in seinem Namen die Regierungsgeschäfte führte, sich also ständig mit ihm selbst ins Benehmen setzen müsste. Karl Alexander wollte vielmehr die gesamte Verantwortung abgeben, um endlich so leben zu können, wie er sich das immer gewünscht hatte. Die Markgräfin, seine erste Gattin, war gerade gestorben. Jetzt wollte er mit Lady Craven auf Reisen gehen und sie wohl auch heiraten. Also war nicht Bärensprung, sondern Hardenberg sein natürlicher Verbündeter.

Um einen preußischen Kommissar für Ansbach-Bayreuth zu verhindern, reiste Hardenberg nach Berlin. Er wollte der Regierung vor Augen führen, wie unglücklich das Nebeneinander und Gegeneinander eines preußischen Kommissars und eines markgräflichen Ministers sein müsse.

Das sah auch Schulenburg ein und stimmte der Ernennung Hardenbergs zum alleinigen Vertreter Preußens in Ansbach-Bayreuth zu. Hardenberg sollte zum preußischen Staats- und Kriegsminister ernannt werden. Damit hatte Bärensprung verloren. Er ging nach Berlin zurück.

Da unterlief Hardenberg als dem kommenden Statthalter Preußens in Ansbach-Bayreuth jedoch ein folgenschwerer Fehler. Am 18. Januar 1792 fand im Arbeitszimmer des Königs eine Konferenz statt, an der außer Hardenberg und Schulenburg auch Bärensprung teilnahm. Der inzwischen zum Oberfinanzrat ernannte Bärensprung war von Schulenburg zugezogen worden, obgleich seine Anwesenheit gar nicht erforderlich war. Hardenberg, der wenige Tage zuvor zwei Denkschriften über die Lage der Markgrafschaften vorgelegt hatte, ließ sich in Gegenwart der Herren aus dem Kabinettsministerium vom König bestätigen, dass er ihm unmittelbar unterstellt sei und dem König direkt vorzutragen habe. Schulenburg bemerkte nebenbei, in Reichsangelegenheiten werde er doch wohl die Direktiven des Kabinettsministeriums entgegennehmen. Hardenberg verstand dies als Zustimmung zu allen übrigen Punkten.

Nach der Konferenz hatten sich Hardenberg und Schulenburg noch darauf zu verständigen, wer das Protokoll der Besprechung niederschreiben solle. Hier nun machte Hardenberg – aus Vertrauensseligkeit oder Unachtsamkeit – den Fehler, die Niederschrift dem Dienstälteren zu überlassen. Schulenburg, den der britische Gesandte Lord Malmesbury »a disappointed, bilious man« nannte und für den Hardenberg immer der Fremde aus Hannover blieb, nutzte jetzt die Gelegenheit, das Protokoll für den König, entgegen der Absprache, so abzufassen, dass Hardenberg dem Kabinettsministerium unterstellt wurde und Bärensprung derjenige war, der die Berichte aus Ansbach im Kabinettsministerium vorzutragen hatte. Schulenburg wollte auf diese Weise in Franken einen Staat im Staate verhindern. Er glaubte, früher oder später werde es dazu kommen – wenn Hardenbergs Intentionen keine Grenzen gesetzt würden.

Hardenberg bereute es später, das Protokoll dem Grafen Schulenburg überlassen zun haben: *Hätte ich die Ausfertigung gefaßt, alles wäre anders gewesen.*[13] Schulenburgs Protokoll aber ging so in die Kabinettsordre vom 19. Januar 1792 ein. Hardenberg musste die Ordre hinnehmen und verzichtete, bis auf weiteres, auf eine Beschwerde beim König. Doch in seiner Denkschrift für Friedrich Wilhelm III. vom 24. März 1799 brachte er die Sache noch einmal auf: *... aus Liebe zum Frieden , um den König nicht gleich bei meinem Eintritt in den Dienst mit unangenehmen Ressortstreitigkeiten zu behelligen ... und meine eigene Beruhigung finden zu können, ließ ich die Sache vorerst gehen, jedoch erkannte ich keineswegs die Prätentionen des Kabinettsministeriums an.*[14]

Bärensprung fühlte sich von Schulenburg ermutigt, in Zukunft bei jeder Gelegenheit zu versuchen, sich an Hardenberg für die Verdrängung aus Ansbach zu rächen. Er kostete seine Stellung im Kabinettsministerium aus und forderte ständig unwichtige Berichte an. Hardenberg jedoch ließ ihn auflaufen. Er ignorierte die Anforderungen oder entschuldigte sich mit dem Hinweis auf seine dringenden Amtsgeschäfte. Auch Schulenburg verzichtete bis zu seiner Entmachtung nicht darauf, Hardenberg Steine in den Weg zu legen. Den Antrag Hardenbergs, anstelle einer ständigen Oberrechenkammer in Ansbach, den Präsidenten dorthin zu schicken und mit der Prüfung zu befassen, lehnte er ebenso ab wie Hardenbergs Anträge auf Uniformierung der fränkischen Truppen und eine Verbesserung ihrer Ausrüstung.

Hardenberg aber ergriff mit großem Überschwang die Zügel der Regierung in Ansbach und Bayreuth.

Er schwang den Hut: Es lebe Friedrich Wilhelm

Im Januar 1792 zogen Hardenberg und seine Frau Sophie nach Ansbach. Am 28. Januar nahm er als preußischer Minister die Markgrafschaften für Preußen in Besitz. Der rote Adler Brandenburgs, Wappentier des Markgrafen, wich dem schwarzen Adler. Preußens.

Mit seinem sicheren Gespür für Wirkung und Atmosphäre begann Hardenberg seine Regentschaft, indem er symbolische Handlungen setzte und für festliches Auftreten sorgte. Er ließ Verlautbarungen mit dem schwarzen Adler anschlagen, auch dort, wo nicht ganz klar war, ob der Ort wirklich zur preußischen Herrschaft gehörte. Und er veranlasste, dass die Honoratioren von Ansbach ihm entgegenritten und ihn in das von Fackeln erleuchtete Schloss geleiteten.

Vor dem Schloss wurde das Militär vereidigt. Die Beamten leisteten den Eid auf den König von Preußen. An die Armen wurden zum Einstand 2 000 Gulden verteilt.

Hardenberg und seine Frau zeigten sich dem Volk im Theater und vor ihrer Wohnung im Schloss. Als Statthalter Preußens veranstaltete er einen Maskenball für 800 Personen, den er aus privaten Mitteln finanzierte. Die »Zeitung für Städte, Flecken und Dörfer« vom 22. Februar 1792 berichtet: *Der Herr Baron begab sich auf den Schloßplatz, wo das Militär einen Kreis schloß. Er trat hinein, hielt eine kurze Rede im Namen des Königs, las den Eid ab, schwang den Hut, und die Luft ertönte: Es lebe Friedrich Wilhelm. Hierauf begab sich der Herr von Hardenberg in den großen Schloßsaal, wo alle Kavaliere, Kollegien und Geistlichen versammelt waren, und verrichtete gleichen Actum. Der ganze Tag ward mit Fröhlichkeit zugebracht ...*[1]

Hardenberg wusste also einen Einstand zu geben, der den markgräflichen Hof und die Bürger der Stadt beeindruckte und für ihn einnahm. Allein dadurch schon festigte er seine Stellung und vergrößerte seinen Handlungsspielraum gegenüber Berlin.

Der Schriftsteller Heinrich Zschokke sprach 1796 von Hardenberg als vom *angebeteten Liebling des Landes*.[2]

Die Hochschätzung Hardenbergs hatte auch einen wirtschaftlichen Grund: Die großzügige Hofhaltung im Ansbacher Schloss und in der Eremitage von Bayreuth musste die Einnahmeverluste in der Bevölkerung wettmachen, die das Ende der markgräflichen Hofhaltung mit sich gebracht hatte. Dass der preußische Minister diesen Aufwand zum großen Teil aus seinem Privatvermögen finanzierte, vergrößerte sein Ansehen in Ansbach-Bayreuth, aber auch das Misstrauen der Hofbeamten in Berlin.

Man merkt den Berichten über Hardenbergs Auftreten, aber auch seinen eigenen Äußerungen aus dieser Zeit an, wie sehr er in Ansbach auflebte und mit neuem Schwung und offen gezeigtem Selbstvertrauen sein Charisma genoss. Hardenberg 1793 über sich selbst:

Von der Natur mit einem gesunden Körperbau, mit einer nicht unangenehmen Bildung und mit Talenten ausgerüstet, begabt mit einem sehr lebhaften Temperament, das den Leidenschaften oft leichtes Spiel ließ, und im Besitze aller Mittel zu ihrer Befriedigung, aber beglückt zugleich mit einem natürlich guten, äußerst wohlwollenden, menschenfreundlichen und mit einem, wie man mir Schuld gibt, zu gutmütigen Herzen, von Kindheit an mit der Begierde erfüllt, etwas Großes und Gutes für die Welt sein zu wollen, früh genährt durch die Ideen vom Reichtum meines Vaters und von dem, welcher mir bevorsteht, nach der alten Art sorgfältig erzogen für Rechtschaffenheit und Wissenschaften – so betrat ich den großen Schauplatz der Welt.[3]

Der Schauplatz der Welt, soweit er in Ansbach lag, erwies sich bei aller optimistischen Energie, mit der Hardenberg ans Werk ging, als holpriges Pflaster. Der Auftrag und die Absicht, in Franken preußische Verhältnisse einzuführen, stießen trotz des gelungenen Einstands und trotz der Hochschätzung durch die Intellektuellen und die Presse[4] bald auf Schwierigkeiten über Schwierigkeiten. Noch heute steht in einer Broschüre des Tourismusverbandes Franken zu lesen, dem Minister Hardenberg habe

*Der Preußische Minister Hardenberg 1795, nach den Friedens-
verhandlungen in Basel. Gemälde von F. G. Weitsch*

es an *Sinn für die historische Dimension der fränkischen Verhält-nisse* gefehlt.[5]

Auch die Namensgebung der Straßen gibt bis heute das Bewusstsein der Ansbacher Bürger wieder, dass Hardenbergs Zeit nur eine Episode war. Zwar hat Ansbach eine Hardenbergstraße, aber im Plan der Altstadt ist sie nicht zu finden. Erst jenseits der Bahnlinie wurde eine Straße nach Hardenberg benannt. Der Weg dorthin geht am öden Bahndamm entlang, unwirtliches Gelände rechts und links, dann eine triste Straße mit älteren Reihenhäusern, zum Teil in abenteuerlichen Farben, ohne erkennbares ästhetisches Konzept bemalt. Garagenblöcke zwischen Häusern und Straße, Salatbeete vor dem Haus.

Dieser Straße hätte es nicht bedurft, um zu dokumentieren, wie marginal die Jahre Hardenbergs und Preußens (1791 bis 1806) für die Geschichte Frankens und Bayerns waren. Knapp anderthalb Jahrzehnte, nachdem der Markgraf die Region an Preußen verkauft hatte, gab Napoleon sie an Bayern, um Preußen zu bestrafen und Bayern zu entschädigen.

Die Geschichte des Landes und die Gewohnheiten der markgräflichen Herrschaft hatten die Menschen geprägt. Die anfängliche Sympathie für den Minister aus Berlin wich auf die Dauer doch einer skeptischen Zurückhaltung. Die Gründe dafür waren vielfältig. In Franken gab es nicht den scharfen Unterschied zwischen Stadt und Land wie in den meisten Regionen Preußens. Deshalb konnte das System einer Grundertragssteuer (Kontribution) für das Land und einer Gewerbe- und Umsatzsteuer (Akzise) für die Städte auf Ansbach-Bayreuth nicht einfach übertragen werden.

Auch die Präsenz des Staates in den Organen des öffentlichen Lebens war anders als in Preußen geregelt. Der Adel hielt sich nicht für verpflichtet, Führungsfunktionen in Militär und Beamtenschaft wahrzunehmen und damit staatliche Aufgaben zu erfüllen, wie etwa ein preußischer Landrat oder Gutsherr sich als Organ des Staates verstand. Der Adel beharrte vielmehr auf seinen angestammten Rechten neben der staatlichen Hoheit. Die Reichsritter hatten zwar die Lehnshoheit des Markgrafen anerkannt, stellten aber keine Rekruten und zahlten ihre Steuerbeiträge überwiegend in die eigene »Rittertruhe« und nur zu einem geringen Teil in die Staatskasse.

Territorialrechtlich gesehen, boten die fränkischen Fürstentümer immer noch, wie zu Zeiten des Markgrafen, ein großes Durcheinander. Die Landesteile waren so zerstreut und auseinander gerissen wie Preußen im Ganzen. Weder die Gebiete noch die Zuordnung der Einwohner waren klar abgegrenzt. Wie Hardenberg in seinem ersten Bericht an den König betont, lagen auf ein und demselben Einwohner unterschiedliche Rechte verschiedener Herren. Grund-, Leib- und Gerichtsherrschaften forderten Steuern und Dienstleistungen. Er kenne kein Land, schrieb Hardenberg im Mai 1791 in einem Gutachten, das *so viele Nachbarn und compossesseurs* habe.

Die Landeshoheit konnte sich zwar auf die hohe Gerichtsbarkeit stützen, aber die niedere Gerichtsbarkeit mit dem Besteuerungsrecht wurde zum Beispiel durch den Bischof von Bamberg oder die Stadt Nürnberg beansprucht. In Streitfällen durfte der Reichshofrat angerufen werden, der natürlich vor allem die Reichsritter und die kleineren Fürsten unterstützte.

Das Geflecht der Rechte und Ansprüche konnte deshalb nur entwirrt werden, wenn die Territorialrechte mit den Personalrechten zur Deckung gebracht wurden: Es musste geklärt werden, auf welchem Stück Land die Landeshoheit von Ansbach-Bayreuth und damit von Preußen galt. Mit anderen Worten: Es musste geklärt werden, was an Land und Leuten zu Preußen gehörte und wer der preußischen Militär- und Steuerhoheit unterstand. Das aber konnte nur gelingen, wenn die Enklaven benachbarter Territorien ebenso »arrondiert« wurden wie die eigenen Exklaven in der Nachbarschaft.

Hardenberg hätte dieses Ziel wohl am liebsten durch schnelle militärische Eroberungen erreicht. Er schreckte nicht vor dem Einsatz staatlicher Gewalt zurück. Das Außenministerium in Berlin scheute jedoch die Konfrontation mit dem Reich, den Reichsständen und den benachbarten Landesherren.

Als Hardenberg die Zahl der Soldaten erhöhen wollte, machten sich die traditionellen Schwierigkeiten sofort bemerkbar. Es war unklar, wo die preußische Militärhoheit geltend gemacht werden, wo also Soldaten ausgehoben werden konnten. In den Besitzungen der Reichsritter zum Beispiel hatten österreichische Werber den Vorrang. Ganze Regimenter wurden vermietet, und fast jeder zweite markgräfliche Soldat war in holländische

Dienste verkauft – was den Steuerzahler entlastete, aber für den aufgeklärten Staatsdiener Hardenberg untragbar war. Er verbot deshalb ausländischen Werbern ihr makabres Handwerk und ließ die Verträge mit Holland auslaufen, ohne sie zu erneuern.

Die außenpolitischen Bedingungen, unter denen Hardenberg die inneren Angelegenheiten des Landes voranbringen wollte, waren also ungeklärt. Trotzdem nahm er die unmittelbar anstehenden Aufgaben in Angriff: Die bäuerliche Produktion sollte durch eine Verbesserung der Dreifelderwirtschaft gesteigert werden – später würde Hardenberg den Fruchtwechsel propagieren, die Korn- und Fleischpreise steuern, den Bergbau im Fichtelgebirge fördern (wofür Hardenberg den jungen Alexander von Humboldt als Fachkraft gewann), die Tuchherstellung mit Kapital unterfüttern und, nicht zuletzt, das Militärsystem ordnen.

Es gelang ihm, die Staatseinnahmen ohne Steuererhöhungen von 1 323 000 auf 1 800 000 Taler zu erhöhen und die Schulden um 240 000 Taler zu vermindern.

Ein kurioses Problem ist unter dem Namen »Hirschensteuer« in die Annalen eingegangen: Die Bauern litten seit je unter den Jagdrechten des Adels. Sie durften den Wildfraß nicht durch eigenes Jagen bekämpfen und konnten allenfalls Zäune bauen, die sie aber selber zu bezahlen hatten. Dabei mussten sie sich noch vom Jagdpersonal drangsalieren lassen.

Hardenberg wollte nun die gesamte Forstwirtschaft auf eine neue Basis stellen: Nicht mehr im Wild, sondern im Holz sollte der Wert des Waldes gesehen werden. Hardenberg ließ also den Wildbestand durch Abschussquoten reduzieren.

Ein öffentlicher Aushang feierte dies als eine Großtat König Friedrich Wilhelms II., der »mit dem Allmachtswort des Schöpfers: Es werde!« die Verminderung des Wildes beschlossen habe. Dieser Aushang von 1795 ist ein Dokument der Regierungspropaganda Hardenbergs. Er nutzte die Freude der Bauern über die Verminderung des Wildes, um ihnen als den *dankbaren Untertanen von Ansbach und Baireuth* die allgemeine Freude darüber in den Mund zu legen, von der Glorie des Königs beleuchtet zu sein: *Es jauchze hoch auf, wer das Glück hat, in Franken Fridrich Wilhelms Untertan zu heisen.*[6]

Um den Wegfall der Jagdgebühren auszugleichen, erhob der Minister von den Bauern eine Steuer, eben die »Hirschensteuer«.

Obgleich die Bauern jetzt die Aufwendungen für Zäune und Feldhüter sparen konnten, waren sie über die Steuererhöhung als »preußische Neuerung« empört. Die Hirschensteuer führte vorübergehend zu Missstimmungen gegen Hardenberg, bis man sich an die Regelung gewöhnt hatte. Die grundsätzlich positive Einstellung zu ihm blieb aber bestehen.

Neues Glück und Ohrensausen

Höchst unangenehm auf dem fränkischen »Schauplatz der Welt« war für den 42-Jährigen eine Krankheit, die sich in diesen Jahren wieder bemerkbar machte: Ein »Ohrensausen« führte bei Erkältungen zu fast vollständiger Taubheit im linken Ohr, zu allgemeiner Schwerhörigkeit und damit auch zu Reizbarkeit und Misstrauen. Es war vorauszusehen, dass beides sich im Alter verstärken würde. Eine Behinderung der Hörfähigkeit war ja schon in jungen Jahren aufgetreten. In nahezu tragischer Weise sollte sie auch die Ereignisse in den letzten Lebensmonaten Hardenbergs bestimmen.

Zunächst aber stand, trotz der gesundheitlichen Sorge, im Vordergrund die Erfahrung des Glücks mit Sophie. Dieses Glücksgefühl gab ihm in der Öffentlichkeit die Ausstrahlung des zuverlässigen und gelassenen Gewinners. Die Menschen spürten trotz des Unmutes über preußische Eigentümlichkeiten und neue Steuern, dass dieser Mann dem Land von großem Nutzen sein würde.

Über den Jahren in Ansbach und Bayreuth lag ein Glanz, der früher oder später die Neider anziehen musste. Hardenbergs Archivar und erster Biograf, Karl Heinrich Lang, schildert die Besonderheit im Auftreten des Freiherrn, der als Stellvertreter des preußischen Königs gekommen war: *Überhaupt ist demjenigen, der nur kleine deutsche, steife, schulmeisterliche, hinter einem halbdutzend Vorzimmern verschlossene und von Bettelvolk belagerte Minister kennt, von der Leutseligkeit, Liebenswürdigkeit und Zugänglichkeit Hardenbergs kein Begriff zu geben.*[1]

Hardenberg wusste jedoch nicht nur zu repräsentieren, sondern arbeitete auch hart. Schon zu Beginn seiner Zeit in Bayreuth hatte er zwei Denkschriften vorgelegt, die den Stand der Dinge in Ansbach-Bayreuth zusammenfassten und die auch heute noch einen aufschlussreichen Einblick in die Einzelheiten einer Landesverwaltung geben.

Allerhöchstdieselben geruhen nachstehend kurze Rechenschaft von meinen bisherigen Ausrichtungen in den meiner Verwaltung anvertrauten fränkischen Ländern sich alleruntertänigst vortragen zu lassen.[2]

Die Vorlage ist eine Bestandsaufnahme aller Besitz- und Finanzverhältnisse in Ansbach-Bayreuth zum Zeitpunkt der Übernahme der Markgrafschaften durch Preußen, also zum Januar 1792. Der Zweikampf mit Bärensprung wirkt bis in das Anschreiben nach, mit dem Hardenberg dem König die Denkschrift übermittelt:

... haben Allerhöchstdieselben den Geheimen Oberfinanzrat von Bärensprung bevollmächtigt, ich aber habe mit Eurer p. Bewilligung die Vollmacht des Herrn Markgrafen übernommen. Der Geh. Ob.-Fin.-Rat v. Bärensprung wird daher von diesem Gegenstande umständlich an Allerhöchstdieselben berichten, indes will ich doch der Vollständigkeit wegen die Hauptsachen zu bemerken mir die Erlaubnis nehmen.[3]

Es folgt eine Aufstellung der Kassenbestände, der Außenstände, der Gelder, die dem Markgrafen zustehen, des Inventars der Schlösser, Festungen und Rüstkammern, des Silbers, der Wein- und Getreidevorräte, der Bett- und Tafelwäsche. Hardenberg berichtet über den Wildbestand und die Verpachtung der Jagden und erweist sich bei alledem keineswegs als Buchhalter, der nur zusammenzählt, was vorhanden ist. Er legt vielmehr auseinander, was dem Markgrafen und dem Land selbst als »Fideikommiss«, also als unveräußerliches und unteilbares Vermögen, verbleiben muss, und macht Vorschläge zu den verschiedenen Etatposten: Besoldungen, *menschenfreundliche Institute* wie Krankenhäuser, Hebammenanstalten und Schulen. Schließlich spricht er auch die sozialen Probleme des Landes an und setzt sich für großzügige Geschenke an die Armen ein: *Ich wage daher den Antrag: dass Euer p. allergnädigst geruhen mögen, mir die Erlaubnis zu erteilen, aus den Beständen bei dem bevorstehenden Antritt der allerhöchsten Regierung eine Summe von 3000 fl.[4] in Ansbach und 2000 fl. in Bayreuth unter die wahren Armen in Allerhöchstdero Namen verteilen zu lassen.*[5]

Mit diesen Zuwendungen ist Hardenberg der Wohltäter, aber auch der schlaue Fuchs, der weiß, wie man für gute Stimmung sorgt: *Euer p. werden dadurch gleich anfangs sich tausend Segenswünsche und die Liebe und das Vertrauen erwerben, welches ich in den Herzen Ihrer neuen Untertanen so gern recht fest gegründet sehen möchte.*[6]

Hardenberg fügte seiner Denkschrift die Karten des Landes und Tabellen des Militärs bei, so dass bei Hofe rundum der Eindruck entstehen musste, in Hardenberg habe man den ebenso versierten wie korrekten Verwalter der neuen Länder gefunden. In der Tat machte Hardenberg aus den fränkischen Provinzen ein »Laboratorium des bürokratischen Reformabsolutismus« (Stamm-Kuhlmann). Der außerordentlich weite Handlungsspielraum, der Hardenberg in den nächsten Jahren zugestanden wurde, nahm seine Berechtigung auch aus diesem überzeugenden Anfang. Aus seiner ungewöhnlichen Selbstständigkeit erwuchsen ihm zugleich jedoch Misstrauen und Vorwürfe. Doch das ist eher eine Aussage über die preußischen Behörden als über Hardenbergs Charakter oder Fähigkeiten.

Trotz des Misstrauens, das Hardenberg erfuhr – vor allem aus den Kreisen des Kabinettsministeriums in Berlin –, waren sich Friedrich Wilhelm II. und einige weitblickende Geister am Hof darüber im Klaren, dass Preußen in Hardenberg eine überragende Persönlichkeit gewonnen hatte. Auf Grund dieser Einschätzung wurde er, der ja eigentlich nur die fränkischen Provinzen verwalten sollte, gleichzeitig und gewissermaßen neben seiner Zuständigkeit auch mit anderen, weiter reichenden Aufgaben betraut. Es gehört zu den Privilegien des absoluten Herrschers, herausragende Talente auch außerhalb ihrer »Schublade« wirksam werden zu lassen, wenn dies im Interesse des Staates liegt.

II.

Wetterleuchten
der großen Politik

Im Schatten der Revolution

Juli 1792. Der König von Preußen kommt zur Visite nach Ansbach. Hardenberg ist stolz auf den hohen Besuch und auf »sein« Land. *Le Roi le soir chez Nous* – der König abends bei uns zu Hause – vermelden die Aufzeichnungen für den 17. Juli.

Aber ein Anlass zu bleibender Genugtuung war dies nicht. Friedrich Wilhelm II. war nur auf der Durchreise. Er folgte seinen Truppen, die unter dem Oberbefehl des Herzogs Karl Wilhelm Ferdinand von Braunschweig nach Westen zogen. Nach Westen, wo in Paris die Revolution ihren Lauf nahm, wo die Nationalversammlung am 21. September 1792 Frankreich zur Republik erklärte, wo die neuen Machthaber ihre politische Gewalt auf eine brutale und zynische Schreckensherrschaft gründeten und wo auch sie, die neuen Herren, die Macht Frankreichs bis zum Rhein ausdehnen wollten.

Die Koalition gegen das revolutionäre Frankreich wollte ursprünglich nur das Rad der Geschichte zurückdrehen. Doch schon bald stellte sich heraus, dass die Herausforderung viel weiter reichte. Das Feuer der Revolution bedrohte ganz Europa. Und dieses Europa musste reagieren. Einer der ersten, die dies begriffen, war Hardenberg.

Die Politik der Alliierten nach der Kriegserklärung der französischen Republik an Kaiser Franz II. war rückwärts gewandt, solange ihr einziges Ziel der Wiederherstellung der Monarchie in Frankreich galt. Hardenberg, der kleine Provinzminister, blickte dagegen weiter voraus als die, deren Metier die Außenpolitik war: *Die Vorfälle in Frankreich und die Machinationen gegen Frankreich beunruhigen mich nicht wenig, da ich sehr fürchte, unser gutes Deutschland auch noch in Flammen zu sehen.*[1] Hardenberg schaute also besorgt auf beide Seiten des Rheins, als hätte er geahnt, dass bald ganz Europa über mehr als zwei Jahrzehnte von Kriegen und durchziehenden Truppen verheert werden würde.

Realistischer als mancher Souverän und klarer als mancher General erkannte er, dass die Verbündeten an ihrem Kriegsziel, die Monarchie in Frankreich wieder einzusetzen, nicht würden festhalten können. Das revolutionäre Frankreich, so wusste er, würde zur Realität Europas gehören. Doch hoffte er, die Französische Republik würde zu Mäßigung und Berechenbarkeit finden. Und er sah voraus, dass es keine europäische Ausgleichspolitik geben könne, wenn nicht Frankreich darin eine Rolle übernähme. Aber noch hörte am preußischen Hof niemand auf ihn, denn noch war Hardenberg nur der Verwalter der fränkischen Fürstentümer. Die Außenpolitik hatte ihn nichts anzugehen.

In Europa wurde der Kampf gegen das revolutionäre Frankreich nicht so sehr ideologisch geführt als eher pragmatisch und nahezu wertfrei. Die Staatsführungen waren, wie im Ancien Régime, vor allem auf ein Gleichgewicht der Kräfte bedacht. Der Gegensatz zwischen absolutistischer Monarchie und Republik war kaum bewusst und wurde auch in Preußen nicht durchdacht. Da Preußen aber geprägt war von den Gedanken der französischen Aufklärung, war es eher bereit als die anderen Staaten, mit den neuen Kräften in Frankreich zusammenzuarbeiten.

Zunächst aber war Krieg. Und das erklärte Kriegsziel war, die Monarchie in Frankreich wiederherzustellen. Die antirevolutionären Heere, 42 000 Preußen, 29 000 Österreicher, 5 500 Hessen und 4 500 französische Emigranten, zusammen 81 000 Mann unter dem Befehl des Herzogs von Braunschweig, zogen in Richtung Paris. Bei Longwy und Verdun errangen sie kleine Siege, aber vor Valmy, einem Dorf zwischen Verdun und Reims, mussten sie umkehren, nachdem sie die französischen Stellungen mehrere Stunden lang unter Artilleriefeuer genommen hatten.

Durch den Augenzeugen Goethe ist die Kanonade von Valmy in das Gedächtnis der Welt geschrieben: *... und nun begann die Kanonade, von der man viel erzählt, deren augenblickliche Gewaltsamkeit jedoch man nicht beschreiben, nicht einmal in die Einbildungskraft zurückrufen kann.*[2] Drei Tage später, am 22. September, notiert Goethe: *An den Stellen, wo die Kanonade hingewirkt, erblickte man großen Kummer: die Menschen lagen unbegraben, und die schwer verwundeten Tiere konnten nicht sterben. Ich sah ein Pferd, das sich in seinen eigenen, aus dem verwundeten Leib herausgefallenen Eingeweiden mit den Vorderfüßen verfangen hatte und so unselig dahinhinkte.*

Goethe hat in der gescheiterten Kanonade von Valmy den Beginn *einer neuen Epoche der Weltgeschichte* gesehen. Vielleicht hat er übertrieben, aber auch Hardenberg erkannte an der Wende von Valmy, dass die Kräfte des Ancien Régime nicht ausreichen würden, alle jene Entwicklungen aufzuhalten oder gar rückgängig zu machen, die mit der Französischen Revolution ihren Anfang genommen hatten.

Unter denen, die als Augenzeugen die Auswirkungen der Artillerieschlacht miterlebten, befand sich auch der preußische Kronprinz, der spätere König Friedrich Wilhelm III. Was er zu sehen und zu hören bekam – Verwundete, Sterbende, Hungernde, ruhrkranke und verlauste Menschen – hat ihm eine tiefe Abscheu vor der Brutalität des Krieges eingepflanzt. Wahrscheinlich gehört die Erfahrung von Valmy zu den Gründen für seine spätere Neutralitätspolitik. In seinen »Reminiszenzen aus der Kampagne in Frankreich« berichtet der Prinz: *Da lagen drei Musquetiere und ein Tambour mit zerschmetterten Schenkeln und Beinen und wimmerten jämmerlich. Ich leugne nicht, dass mich der Anblick heftig erschütterte und dass mir anfing, etwas wunderlich ums Herz zu werden. Höchst traurig war der Anblick der zurückgehenden Blessierten, die nachher alle aus Mangel an Anstalten und Pflege gestorben sind.*[3]

Der unerfahrene Kronprinz wusste nicht, dass auch die Neutralität furchtbare Folgen haben kann. Was ihn vorerst erstaunte, war die aktive Anteilnahme der französischen Bevölkerung am Kriegsgeschehen und ihr Bewusstsein, für alles, was geschieht, mitverantwortlich zu sein. Für ihn charakterisierte das *den Geist dieser sonderbaren Nation.*[4]

Bald nach der Wende von Valmy standen französische Truppen in Worms, Speyer und Mainz. Der preußische König schlug sein Hauptquartier in Frankfurt am Main auf.

Hardenberg, der den Auftrag hatte, für die Rheinarmee den Nachschub aus Franken zu organisieren, hielt sich mit Bedacht in der Nähe des Königs. Auch in den Wirren des Krieges vergaß er nicht, seine ureigenen Ziele weiterzuverfolgen und vor allem seine Unmittelbarkeit zum König, die Immediatstellung, zu betreiben. Der Augenblick erschien ihm günstig: Graf Schulenburg, der Hauptgegner seiner Immediatstellung, war gerade vom König entmachtet worden, an seine Stelle Graf Haugwitz getreten.

Christian August Heinrich von Haugwitz war für kurze Zeit

preußischer Gesandter in Wien gewesen und trat jetzt, wie Hardenberg, für eine Distanz der preußischen Politik zu Österreich ein. Ins Kabinettsministerium war er durch die Vermittlung von Bischoffwerder und dem mystischen Orden der Rosenkreuzer gekommen. Goethe, den er auf der Schweizer Reise von 1775 begleitet hatte, beschreibt ihn als *wohlgestaltet, von zartem edlen Aussehn, weichen und freundlichen Zügen, sich immer gleich.*[5]

Haugwitz – zwei Jahre jünger als Hardenberg – war am Gedankenaustausch mit dem intelligenten und umgänglichen »Vizekönig von Franken« interessiert. Hardenberg befreundete sich mit ihm, er sah in Haugwitz einen weltgewandten und gebildeten, allerdings etwas frömmelnden Gesprächspartner. Später wird Hardenberg ihn als »Betbruder« empfinden und sich auch sonst von ihm distanzieren. Zunächst aber: *Mein ganz für Freundschaft geschaffenes Herz fühlt den Werth, in Ihnen einen Mann gefunden zu haben, mit dem es sich ganz versteht.*[6] In der Angelegenheit der Immediatstellung konnte oder wollte Haugwitz jedoch nichts unternehmen.

Auch später blieb die Freundschaft nicht ohne Enttäuschungen. Hardenberg konnte den Freund nicht als redlichen und verlässlichen Verbündeten gewinnen. Der Ritter von Lang, selber gegen Haugwitz eingenommen, schreibt in seinen Memoiren: *Der Minister von Haugwitz nämlich, mehr in mystische Träumereien und in Wohlgenüsse als in die Geschäfte vertieft, überall unschlüssig, zaghaft und zögernd ... hatte schon längst gegen den Minister von Hardenberg eine sehr natürliche Abneigung und Eifersucht gefaßt, womit er allen seinen politischen Maßregeln in Franken, meistens wenn es auf den letzten Vollzug ankam, in den Weg trat.*[7] Dass Haugwitz sich später, in den Napoleonischen Kriegen, in den Fallstricken der Außenpolitik verfangen wird, ist eine andere Geschichte.

März 1793. Hardenberg hatte gerade die Rückeroberung von Mainz durch die Alliierten miterlebt, als die politische Lage sich von einem auf den anderen Tag veränderte. Völlig unerwartet verließ Friedrich Wilhelm II. die Rheinarmee und begab sich nach Polen. Für Hardenberg war das befremdlich: *Der König wurde leider vermogt, dahin zu gehen, statt bey der Armee zu bleiben.*[8]

Was Hardenberg nicht wusste: Der König von Preußen wollte zur Stelle sein, wenn es an die nächste Teilung Polens ging. Um der zu erwartenden polnischen Gegenwehr zuvorzukommen, führte Friedrich Wilhelm II. ein preußisches Heer bis an die Befestigungsanlagen vor Warschau. Zur Vermeidung eines Zweifrontenkriegs musste die Lage im Westen geklärt und das militärische Engagement gelockert werden.

Hardenberg erhielt jetzt den Auftrag, die Fürsten der Reichskreise zusammenzurufen und die Forderung Preußens vorzubringen, das Reich solle sich an den Verpflegungskosten für die preußische Rheinarmee beteiligen. Er bekam die Vollmacht, mit dem Abzug der preußischen Truppen zu drohen, falls eine Vereinbarung im Sinne Preußens nicht zu stande käme.

Beobachter werteten dies und die Abreise des Königs sofort als Zeichen für eine tief greifende Krise der Koalition zwischen Österreich und Preußen und generell als Richtungswechsel der preußischen Politik.

Hardenberg begriff augenblicklich, in welchem Dilemma Preußen sich jetzt zwischen der Westfront und dem Koalitionspartner Österreich auf der einen und seinen Interessen in Osteuropa auf der anderen Seite befand. Zugleich wurde er sich der Tatsache bewusst, dass der Verhandlungsauftrag gegenüber dem Reich für ihn das Eintrittsbillett in die preußische Außenpolitik und damit in die Verwicklungen des internationalen Ränkespiels war.

Preußen und Russland waren schon im Januar 1793 in Petersburg übereingekommen, Polen noch einmal zu teilen. Die für Preußen unwiderstehliche Versuchung bestand im Gewinn von Posen und Thorn, dem Wartheland und Danzig. Dass der polnische Reichstag damit nicht einverstanden war und sich weigerte, die Beschlüsse der Zarin Katharina und des Königs Friedrich Wilhelm anzuerkennen und zu ratifizieren, war selbstverständlich und kümmerte zunächst niemanden.

Hardenberg jedoch empfand Preußens Situation als explosiv: Im Osten trotz der Teilungsbeschlüsse rechtlich völlig ungeklärte Verhältnisse und der Vorwurf, Preußen nutze die allgemeine Lage, sich weite Teile Polens einzuverleiben. Im Westen das revolutionäre Zündfeuer, das jeden Tag auf die deutschen Länder übergreifen konnte. Im Süden die labile Kriegspartnerschaft mit Österreich.

Wenn er hier entspannen und stabilisieren wollte, musste er sich mit der komplexen Raffinesse eines Schachspielers zunächst einmal für Preußens Militärpräsenz an der Rheinfront einsetzen, um jederzeit Übergriffe der Revolutionstruppen abwehren zu können. Gleichzeitig mussten die Sympathisanten der Revolution im eigenen Land daran gehindert werden, das Volk aufzuwiegeln oder gar zu bewaffnen. Die Idee einer »Revolution von oben« sollte dazu dienen, Umsturzversuche von unten präventiv abzufangen.

Weitreichende Reformen erschienen Hardenberg als der beste Weg, der Revolution zuvorzukommen. Aber er verfügte über keinerlei Auftrag oder politische Zuständigkeit, die von ihm als notwendig erkannten Reformen auch wirklich einzuleiten. Was er tun konnte, war, die Reformen zu propagieren. Dazu musste er integrativ vorgehen und alle Extreme vermeiden, um weder die zum großen Teil recht bornierten Vertreter des Ancien Régime aufzuschrecken noch die Vertreter aufklärerischer und revolutionärer Gedanken zu frustrieren. Seine Lagebeurteilung war differenziert und klar:

Man würde sich täuschen, wenn man nicht in Deutschland eine Klasse von Bösewichtern oder Schwindelköpfen sähe, die, itzt noch von den französischen Grundsätzen angesteckt, die ganze Anwendung derselben wünschen ...

Eine zweite Klasse verabscheut zwar die französischen Grundsätze und die dortige Zügellosigkeit, wünschte aber doch eine Revolution in Deutschland ...

Eine dritte Gattung sieht zwar manche Mängel in unseren Verfassungen, hält aber dafür, es sei besser, solche nach und nach unvermerkt abzustellen, Mäßigung, Gerechtigkeit und die Gesetze, welche allmählich den Zeitumständen nach zu formiren, herrschen zu lassen, dem Talent und dem Verdienst aus allen Ständen eine freie Concurrenz zu eröffnen, darin und in unparteiischer gleicher Anwendung der Gesetze, in möglichst gleicher Verteilung der Lasten, völliger Sicherheit des Eigenthums und der Person, wahre Freiheit zu setzen und solche mit Religion und bürgerlicher Ordnung, ohne welche sie nicht bestehen können, zu verbinden ... Eine vierte, geschreckt durch den Gedanken, irgend ein Vorrecht zu verlieren, fällt in das Extrem: Alles aufs Äußerste treiben zu wollen ...[9]

Um seine eigene Position zu kennzeichnen, verwendete Hardenberg aktuelle Begriffe der Aufklärung und der Revolution.

Dabei versuchte er, sich aus dem Streit der Extreme herauszuhalten. Er sprach von freier Konkurrenz, unparteiischer und gleicher Anwendung der Gesetze, aber auch von Sicherheit des Eigentums und Freiheit der Person. Er war entschlossen, behutsam vorzugehen und in konservativer Grundhaltung revolutionäre Ideen durch evolutionäre Reformen zu unterlaufen.

Hardenberg spürte die Umbrüche in der europäischen Politik, erkannte die Bruchstellen im Denken der Gesellschaft und fühlte, dass auch in seinem privaten Leben der Zeitpunkt gekommen war, abermals neue Entwicklungen freizusetzen.

Mon Trésor

Der stürmischen Trennung von Christiane von Reventlow war die stürmische Annäherung an Sophie von Lenthe gefolgt.

Sophie war jetzt schon seit 1788 Hardenbergs Ehefrau. Christiane wird noch eine Weile als »la Reventlow« in den Tagebuchnotizen erwähnt, vorwiegend im Zusammenhang mit Christian und Lucie, den beiden Kindern. Die Begegnungen scheinen, ebenso wie die Verhandlungen über die Vermögensfragen mit den Vertretern der Reventlow-Familie, freundlich und respektvoll verlaufen zu sein. Später, als Christiane mit 34 Jahren stirbt, notiert Hardenberg: *Madame de Reventlow Ende 1793 gestorben. Christian war bei mir und hat seine Mutter in Regensburg gesehen.*[1]

Hardenberg bezieht die Kinder ganz selbstverständlich in sein neues Leben ein. Auch die Verbindung zu seiner Mutter und zu seinen Geschwistern bleibt lebendig. Im Mittelpunkt seines Lebens aber steht jetzt die große und erfüllende Leidenschaft zu Sophie, verbunden mit der kindlichen Vorstellung des bald Vierzigjährigen, nun die wahre Liebe und bedingungslose Geborgenheit gefunden zu haben.

Was die kargen Tagebuchnotizen der Zeit mit Sophie spiegeln, ist zunächst eine große Nähe der Eheleute zueinander. Die häufigen Dienstreisen Hardenbergs gaben Anlass, viele Briefe zu schreiben. Die Briefe selbst sind nicht erhalten. Aber wenn ein

Brief abgeschickt war oder ankam, wurde das im Tagebuch mit dem Kürzel *M.T.* , *à M.T.* oder *de M.T.* vermerkt: Mon Trésor, mein Schatz oder mein sehr sehr teurer teurer Schatz. Zuzeiten gingen fast täglich Liebesbriefe hin und her. Weder die Staatsgeschäfte noch die Unbequemlichkeiten des Reisens hinderten Hardenberg daran, seinem »Schatz« zu schreiben. Dann aber spiegelt sich in den Notizen etwas Merkwürdiges.

Der Historiker Thomas Stamm-Kuhlmann stellt in seiner Edition der Tagebücher und autobiografischen Aufzeichnungen Hardenbergs fest, dass in den Handschriften, mit einigen Ausnahmen, von einem bestimmten Zeitpunkt an, aus dem Kürzel M.T. durch einen kleinen Strich mit anderer Tinte aus dem T ein F wurde und nun für »Ma femme« steht. Aus dem »Schatz« ist die Ehefrau geworden. Die erste dieser nachträglichen Änderungen findet sich unter dem 19. März 1794. Hardenberg hat zu einem späteren Zeitpunkt die Tagebuchnotizen rückwirkend geändert.[2] Wann er diese eigenhändigen Änderungen vorgenommen hat, ist nicht mehr festzustellen. Aber der Zeitpunkt, ab wann die veränderte Fassung – *Ma Femme* anstatt *Mon Trésor* – gelten soll, fällt ungefähr zusammen mit dem Beginn einer neuen Liebe, der Beziehung zu Charlotte Schönemann, die seine dritte Ehefrau werden wird.

Hardenberg hatte Charlotte 1794 in Frankfurt kennen gelernt. Die Schönemann war dort Schauspielerin, meist in Soubrettenrollen. Das Hotel, in dem der Minister während seiner Verhandlungen über Kriegsanleihen und über die Neutralitätslinie für die norddeutschen Staaten wohnte, lag der Wohnung Charlotte Schönemanns gegenüber. Offenbar von Fenster zu Fenster knüpfte sich *ein Liebesverständnis an, das sich alsbald mit beiderseitiger Erfüllung aller Wünsche gekrönt sah.*[3]

Jetzt ist also die zweiundzwanzigjährige Schauspielerin Charlotte Schönemann der neue »Schatz«. Sophie aber, inzwischen 37 Jahre alt, wird als *ma femme* noch etliche Jahre mit dem Minister zusammenleben.

Hardenberg ist nicht pedantisch mit seinen Änderungen des Tagebuchs, auch wenn er sonst sehr genau ist und die Briefe an *M.T.* oder *M.F.* sogar nummeriert. Ab und zu bleibt *M.T.* unverändert, auch wenn von Sophie die Rede ist.

Ein Mann zwischen »zwei Frauen. Das Tagebuch erwähnt für

den 10. Oktober 1794 ein »vertrautes Gespräch« mit Sophie, in dem er ihr – wenn das nicht längst geschehen war – möglicherweise die Liebe zu Charlotte gestanden hat. Zu diesem Zeitpunkt hatte er mit Charlotte schon über eine »Pension« gesprochen. Die Bemerkung über die Versorgung Charlottes, am 26. September festgehalten, könnte ein Hinweis darauf sein, dass Hardenberg trotz der Leidenschaft für die Geliebte an der Ehe mit Sophie festhalten wollte und für Charlotte eher den Status einer Mätresse vorgesehen hatte. Für diese Absicht spricht auch, dass Hardenberg immer wieder die Unternehmungen mit seiner Ehefrau im Einzelnen festhält: die öffentlichen Auftritte, die Essen bei Hofe, die Treffen mit ihr auf seinen Dienstreisen und nicht zuletzt die gemeinsamen Reisen, vor allem der Aufenthalt in Basel während der Friedensverhandlungen. Der französische Verhandlungsführer Barthélemy meldet: *Mit ihm hierher ist seine Frau und seine ganze Familie gekommen, was noch ein Indiz dafür ist, dass seine Instruktionen nicht vorsehen, dass die Verhandlungen scheitern könnten.*[4]

Hardenberg scheint auch noch um die Ehe zu kämpfen, als Sophie schon längst resigniert hat. So notiert er am 27. Oktober 1794: *Kein Brief von ihr.* Am gleichen Tag hatte er ihr den 47. Brief dieser Reise geschrieben. Unter dem 22. Februar 1796 vermerkt er dann einen tröstenden Brief von Sophie, das Wort *consolante* ist unterstrichen. Immer wieder und in schneller Folge hatte er ihr Briefe geschickt, die aber offenbar zumeist unbeantwortet blieben. Entweder hat Sophie seine Post unbeantwortet gelassen, oder Hardenberg hat ihre Briefe nicht mehr in seinen Tagebuchnotizen vermerkt.

Die Mitteilungen über die privaten Wege und Umwege sind, wie bei Hardenberg üblich, äußerst spärlich. Spekulationen über die tieferen Gründe seiner immer wieder neu aufflammenden und die bewährten Beziehungen aufs Spiel setzenden Liebesaffären sind schwierig. Ist es die kindliche oder kindische Sehnsucht nach bedingungsloser Liebe, die ihn in immer neue Abenteuer treibt?

Hardenberg jedenfalls hat die Suche nach der heilenden Geborgenheit in der Nähe einer Frau bis zu seiner Sterbestunde nicht aufgegeben. Das, wonach er sich ein Leben lang gesehnt hat, fand er immer nur für einige Zeit. Aber er fand es. Der selbstbewusste Staatsmann und weltgewandte Diplomat, der aufgeklärte Reformer hat nie aufgehört, der verwundbare und liebeshungrige Mann zu sein. Trotzdem wäre es abwegig, Hardenberg vom Charaktertyp her als draufgängerischen Herzensbrecher zu sehen. Er war kein Eroberer. Er wurde erobert. Und er ließ es zu.

Doch hat er – anders als ihm oft verleumderisch nachgesagt wurde – die Turbulenzen seiner »regen Sinnlichkeit«, wie sein Biograf Carl-Ludwig Klose sich ausdrückt, immer von seinen Amtsgeschäften fern gehalten. Bei seinen historischen Forschungen ist Klose nirgends auf Spuren gestoßen, die auf einen Einfluss von Frauen auf die Staatsgeschäfte hingewiesen hätten.

Dies bestätigt in einer Nebensache auch eine von Klose mitgeteilte Anekdote aus dem Jahr 1813. In Peggau habe Amalie von Beguelin, die zeitweilig Hardenbergs Geliebte und immer eine gute Freundin war, einmal allein den Wagen des Staatskanzlers bestiegen und dem Begleitoffizier, einem jungen Mann namens Johannes Neumann, befohlen loszufahren. Der jedoch habe erklärt, er habe den Auftrag, dem Kanzler vorauszureiten, nicht seinem Wagen, also werde er nicht abfahren lassen. Hardenberg habe ihn später beiseite genommen und gesagt: *Das haben Sie richtig eingesehen, mein Söhnchen.*

Lässt man die knappen, aber vielfältigen Aufzeichnungen Hardenbergs um das Jahr 1800 insgesamt auf sich wirken und blickt wie durch ein umgekehrtes Fernglas, dann entstehen – im sehr begrenzten Ausschnitt, aber scharf – die Bilder einer lebensfrohen und sensiblen, manchmal eitlen, immer aber redlichen, manchmal autoritären, immer aber wohlwollenden Persönlichkeit, für die der Dienst am Staat die selbstverständliche Dominante aller, auch der privaten Dinge des Lebens ist.

Die vielen Reisen mit der Pferdekutsche kreuz und quer durch Europa, die Schwerhörigkeit, der ständige Kampf gegen Neider und politische Gegner, die finanziellen Nöte, die Last der unlösbaren Probleme des Staates, die Kriegsstürme über Europa – alle diese Umstände seiner privaten und politischen Existenz beleuchten oder verdunkeln einen Lebensweg, der so leicht begonnen hatte und dann doch durch höchst unwegsames Gelände führte.

Daneben der Glanz des diplomatischen Geschehens, die Empfänge, die Bälle, die Essensverabredungen mit vielen Mitgliedern der gesellschaftlichen und politischen Elite Europas – und auch die häufigen Treffen mit dem Sohn, das Werben um dessen Anerkennung und Liebe, die Sorge um die wirtschaftlichen Grundlagen der Familie, die Zusammentreffen mit der Mutter und den Geschwistern – das alles zeigt die Signatur eines verantwortlichen Lebens, in das Hardenbergs Vitalität, seine Lebensfreude und seine vorurteilsfreie Bildung immer eingebunden blieben, auch wenn das Haus im Verlauf des »stürmischen Lebens« gelegentlich aus den Fugen zu geraten schien und das gesellschaftliche Umfeld mit seiner üblichen Doppelmoral dies immer wieder als Skandal empfand.

Hohe Diplomatie – hohes Risiko

Der Alltag des preußischen Ministers in Bayreuth verlangte, eigentlich nur nebenher, dann aber immer fordernder die Aufmerksamkeit für die politischen und militärischen Vorgänge in Europa. Durch die Koalitionskriege gerieten die Beziehungen zwischen dem revolutionären Frankreich und den Alliierten in ein kritisches Stadium. Hardenberg bemühte sich, die militärische und damit die außenpolitische Lage zu stabilisieren. Er führte dem Außenminister Haugwitz vor Augen, wie gefährlich es sei, die preußische Militärpräsenz am Rhein aufzugeben: *Die Folgen werden die allerschrecklichsten sein, wenn der königliche Entschluß, die Truppen hier wegzuziehen, ausgeführt würde. Nicht nur die ganze Rheingegend, das mit so vielem Blut und Geld teuer erkaufte Mainz, die für ganz Deutschland wichtige, wohlhabende und dem König ergebene Stadt Frankfurt, sondern auch die weiter zurückliegenden Staaten und darunter die schönen und treuen fränkischen Fürstentümer würden den Verheerungen eines wütenden Feindes bloßgestellt sein.*[1]

Was Hardenberg nicht wusste: Die Kreise um Feldmarschall Möllendorf, den Oberbefehlshaber der preußischen Rheinarmee, hatten bereits Abgesandte nach Basel geschickt, um auf neutralem Boden die Möglichkeiten eines separaten Waffenstillstandes zwischen Preußen und Frankreich zu sondieren. Dem entsprach der Umstand, dass sich in Berlin verstärkt anti-österreichische

Gedanken und Ressentiments ausgebreitet hatten, vor allem in der Umgebung des Prinzen Heinrich, des Bruders Friedrichs des Großen. Man wollte die Koalition mit Österreich aufkündigen und einen Sonderfrieden mit Frankreich anstreben.

Das war ein gewagtes Spiel, weil der Eindruck entstand, Preußen sei ein unzuverlässiger Bündnispartner. England nahm diesen Eindruck zum Anlass, seine Hilfszahlungen für die preußische Armee einzustellen. Dies wiederum brachte Friedrich Wilhelm dazu, seine Drohung wahr zu machen, die preußischen Truppen auf das rechte Rheinufer zurückzuziehen und offizielle Kontakte zu Frankreich aufzunehmen.

Für Hardenberg war die Zeit der Koalitionskriege eine heikle Phase in seiner Laufbahn: auf der einen Seite die diplomatische Gleichgewichtsakrobatik zwischen Österreich, England und Frankreich, auf der anderen Seite seine innerpreußische Position, die sich von der des Königs und des Kabinettsministeriums unterschied. Dieser Unterschied trat am deutlichsten zu Tage, wenn es um Preußens Rolle im Reich und um die Erhaltung der linksrheinischen Gebiete ging.

Je schneller die preußische Außenpolitik unter Graf Haugwitz zu einem Frieden mit dem revolutionären Frankreich kommen wollte, desto eher war sie auch bereit, auf die linksrheinischen Gebiete des Reiches zu verzichten. Und je klarer die französische Regierung dies erkannte, desto kompromissloser forderte sie die Abtretung der Rheinlande.

Hardenberg widersetzte sich dem mit allen Mitteln, die ihm zu Gebote standen. Er wollte den Krieg so lange weiterführen, wie die Franzosen gegen das Reich kämpften. Ein Separatfrieden zwischen Preußen und Frankreich schien ihm undenkbar, weil dadurch Preußens Verhältnis zu Österreich und England unkalkulierbar würde und Preußen seine gerade erst erworbene Stellung im europäischen Kräftefeld gefährdete. Außerdem: Wenn Frankreich sich bis zum Rhein ausweiten würde, könnten die preußischen Provinzen Westfalen und Franken jederzeit weiteren Übergriffen ausgesetzt sein – eine Sorge, die sich schon ein knappes Jahrzehnt später als berechtigt erweisen sollte. Hardenberg schrieb am 27. März 1794 an Haugwitz: *Das gegenwärtige politische System Frankreichs schwankt immer noch und gründet sich auf gefährliche, unsittliche und extravagante Prinzipien; wenn die augenblickliche Not keine Schranken setzte, so würde Frankreich ganz Europa revolutionieren.*[2]

Hardenberg hatte sich immer für einen Gesamtfrieden eingesetzt, an dem alle Beteiligten des Krieges teilhaben sollten. Nur von den Regelungen, an deren Entstehung alle europäischen Mächte beteiligt waren, versprach er sich dauerhafte Vorteile für Preußen. Je weiter sich aber eine solche Gesamtlösung ins Unerreichbare verflüchtigte, desto stärker suchte Hardenberg eine schnelle Beendigung des Krieges, ohne damit einen Separatfrieden schließen zu wollen.

Interessant ist, dass er sich – wie später in wachsendem Maße – auf die öffentliche Meinung beruft und diesen modern anmutenden Begriff auch benutzt. Er lieferte Haugwitz die folgende Analyse: *Unsere Kräfte sind erschöpft, ein baldiger Friede ist für uns unentbehrlich. Der Krieg wird im Widerspruch mit der öffentlichen Meinung geführt, besonders ist auch die Armee demselben entgegen. Sie ist von oben bis unten vom Geiste des Widerspruchs, des Frondierens erfüllt. Die Armee schlägt sich nur noch der Ehre wegen ... Das einzige Heil, die einzige Rettung von Europa liegt in einem baldigen Frieden. Dabei muß man aber mit den Verbündeten zusammenwirken.*[3]

Ein Zusammenwirken mit den Verbündeten aber war längst unmöglich geworden. Hardenbergs Bemühung, die Reichsfürsten zu einer Anleihe zu bewegen, um die ausbleibenden Subsidien aus England auszugleichen, wurde in Berlin sogar als Verrat denunziert: Der Hannoveraner Hardenberg wolle offenbar für die Verteidigung des Reiches die Verletzung preußischer Interessen in Kauf nehmen. Er scheue sich nicht, Preußen zu ruinieren.

Die Kabinettsminister schienen sich denn auch von Hardenberg distanzieren zu wollen, als sie den König baten, sie von der Aufsicht über den fränkischen Minister zu entbinden. Ohnehin hatten ihn die Kabinettskollegen immer schon als fremd und »anders« empfunden, und es passte ihnen nicht, dass Hardenberg zusätzlich zu seiner relativen Unabhängigkeit in der fränkischen Politik auch noch auf internationalem Parkett agierte. Den Gegnern Hardenbergs gelang es aber auch jetzt nicht, ihn matt zu setzen. Am 11. November 1794 unterstellte Friedrich Wilhelm Hardenberg direkt seinen Weisungen und gab ihm das direkte Vortragsrecht in allen fränkischen Angelegenheiten.

König Friedrich Wilhelm II., der »Vielgeliebte«, 1744-1797

Damit hatte Hardenberg erreicht, was er immer angestrebt hatte: die Immediatstellung zum König. Das vergrößerte sein Ansehen, verstärkte aber auch seine Isolierung. Hardenbergs außenpolitischer Spagat zwischen Friedenswillen und Bündnistreue schien das Misstrauen der Hofbeamten zu bestätigen.

Hardenberg versuchte ja, die Reichsfürsten und deren Gesandte in Regensburg dazu zu bringen, sich für Friedensverhandlungen mit Frankreich einzusetzen, auch beim preußischen König. Dies wendete sich implizit gegen Österreich, das den Fortgang des Krieges wünschte und auf keinen Fall die eigene Stellung im Reich gefährdet sehen wollte. Wenn Hardenberg trotz dieser gegenläufigen Interessen einen Gesamtfrieden zwischen Frankreich und dem Reich anstrebte, war das ein diplomatisches Spiel mit hohem Risiko.

Frieden mit den Königsmördern

Die Rechnung mit dem Risiko ging auf. Der Vorstoß Hardenbergs schien erfolgreich zu verlaufen. Der frühere preußische Gesandte in Paris, Graf Goltz, wurde als Bevollmächtigter nach Basel geschickt, um Friedensverhandlungen vorzubereiten. Man wollte im Baseler Rathaus zusammenkommen. Er übernahm die Leitung der Delegation, am 22. Januar 1795 wurde das Treffen im Baseler Rathaus offiziell eröffnet.

Wenige Tage später jedoch stand die preußische Delegation vor einer neuen Lage: Unerwartet war Graf Goltz gestorben. Vor allem für Hardenberg bedeutete dies eine Wende in seiner Arbeit. Denn obgleich zunächst der Gesandtschaftssekretär Harnier beauftragt wurde, die preußische Delegation zu leiten, rief der König schon im Februar seinen Minister Hardenberg nach Potsdam und bat ihn, die Leitung der preußischen Delegation zu übernehmen, die Friedensverhandlungen in Basel weiterzuführen und zum Abschluss zu bringen.

Das war in dreifacher Hinsicht eine heikle Mission. Zunächst musste Hardenberg in Basel eine Position vertreten, die seiner eigenen Auffassung zuwiderlief. Das preußische Kabinettsministerium wollte in Basel vor allem einen Sonderfrieden erzielen und sich gleichzeitig aus der Koalition mit Österreich lösen. Hardenberg dagegen strebte einen Gesamtfrieden des Reiches mit Frankreich an und sah Preußen in der zentralen Vermittlerrolle.

Der zweite Gegensatz, mit dem Hardenberg sich konfrontiert sah, war die Tatsache, dass das Ministerium die Abtretung des linken Rheinufers für endgültig hielt. Hardenberg dagegen wollte dem Reich und Preußen die Rheinlande erhalten und versuchte, dies durch die Schaffung einer Neutralitätszone und einer Demarkationslinie zu erreichen.

Der dritte erschwerende Umstand war die Hoffnung des mit der kommissarischen Delegationsleitung beauftragten Gesandtschaftssekretärs Harnier, zum Nachfolger des Grafen Goltz ernannt zu werden. Nun erreichte ihn die Nachricht aus Berlin, Hardenberg solle – ohne dass er eine institutionelle Zuständigkeit für diese außenpolitische Mission besaß – die Verhandlungen führen.

Die Voraussetzungen für vernünftige Abkommen in Basel waren also ungünstig. Überdies wurde die Lage in Frankreich immer explosiver. Hardenberg beurteilte die Situation kurz und bündig: *Niemals hat sich Europa in einer ähnlichen Krise befunden.*[1] Mit der Hinrichtung Robespierres am 28. Juli 1794 war zwar die »Schreckensherrschaft« am Ende, doch trat die neue Regierung – unter dem Namen »Wohlfahrtsausschuss« – außenpolitisch sehr arrogant auf. Französische Truppen besetzten Holland. Die Revolutionsregierung forderte für Frankreich die gesamten linksrheinischen Territorien des Reiches samt Kurmainz und verwies die zu enteignenden Fürsten kurzerhand auf eine Entschädigung durch Umverteilungen im Reich, vor allem zu Lasten der kirchlichen Territorien.

Dem schroffen und anmaßenden Auftreten der Revolutionsregierung entsprach im Innern Frankreichs jedoch eine ungefestigte Lage: Geldentwertung, Hungersnöte, Seuchen, Aufstände der Royalisten und anarchische Ausschweifungen des Proletariats. Hardenberg war über dies alles unterrichtet durch die Verbindungen, die Graf Goltz als früherer Gesandter in Paris bis zu seinem Tode unterhalten hatte.

Was Hardenberg nicht durchschauen konnte – niemand in Berlin konnte es –, war das zwar übliche, jetzt aber doch überraschende Ränkespiel: Österreich und Russland hatten sich insgeheim über eine neuerliche Teilung Polens verständigt und waren sogar bereit, mit Waffengewalt gegen Preußen vorzugehen, falls die Berliner Regierung versuchen sollte, diese Teilung zu vereiteln.

Ohne über diese Situation informiert zu sein, machte sich Hardenberg, begleitet von seiner Frau Sophie, auf den Weg nach Basel. Er ließ sich Zeit, sechzehn Tage lang. Er schob Umwege und Zwischenaufenthalte in Braunschweig und Frankfurt ein, weil er auf eine positive Nachricht aus London über die Zahlung von Hilfsgeldern wartete. Wäre diese Nachricht gekommen, hätte es eine letzte Möglichkeit gegeben, Friedrich Wilhelm zum Verbleiben in der Koalition zu bewegen.[2]

Am 16. März traf Hardenberg in Kenzingen, kurz vor Basel, auf einen preußischen Kurier, den der derzeitige Verhandlungsführer Harnier nach Berlin geschickt hatte, um die neuesten Berichte vorzulegen und weitere Instruktionen einzuholen. Hardenberg sah die Depeschen durch und schrieb noch in der Nacht eine Analyse der Situation nieder, die der Kurier am anderen Morgen mit nach Berlin nehmen sollte.

Da die französische Regierung, so Hardenbergs Gedankengang, auf der Besetzung der linksrheinischen Territorien beharre und in den rechtsrheinischen Gebieten eine Reduzierung der preußischen Truppen auf Vorkriegsstärke fordere, sei eine Zustimmung unmöglich. Trotzdem empfahl Hardenberg eine Doppelstrategie. Er entwickelte in seiner Vorlage für den König eine Strategie der *deux cordes à mon arc* – der »zwei Sehnen auf einem Bogen«.

Das Konzept der Doppelstrategie ist einer der Schlüssel zum Verständnis der diplomatischen Theorie und Praxis Hardenbergs. In diesem Fall bedeutete es: Die Forderungen der Gegenseite ablehnen und zugleich mit der Wiederaufnahme kriegerischer Maßnahmen drohen – diese Drohung aber absichern durch Kontakte zu England, dem Erzfeind Frankreichs. Mit diesem Lagebericht und Verfahrensvorschlag schickte Hardenberg den Kurier nach Berlin und fuhr weiter nach Basel.

Dort angekommen, verstand er es sofort, die diplomatische Szene zu beeindrucken. Ein Augenzeuge berichtet: *Er war in großer Aufmachung mit allem Ordensstaat; er ist noch ein junger Mann und tritt als eleganter Herr auf, halb englisch, halb preußisch.*[3] Zum Auftritt in Basel gehörte auch, dass Sophie von Hardenberg einen Salon eröffnete und zum Zentrum des gesellschaftlichen Lebens in der Konferenzstadt machte.

Am Verhandlungstisch nahm Hardenberg die Zügel in die Hand. Die Empfindungen Harniers werden zwar nirgends erwähnt, aber man kann sie sich vorstellen, zumal Hardenberg den Gesandtschaftssekretär zusätzlich brüskierte und ihn nicht einmal zum ersten Treffen mit dem französischen Verhandlungsführer hinzuzog. Auch informierte er ihn, der immerhin die Verhandlungen bis jetzt geführt hatte, nicht über den Inhalt der Instruktionen aus Berlin. Für dieses Verhalten hat Hardenberg sich später entschuldigt, und Harnier arbeitete – in guter preußischer Tradition – trotz der Demütigung loyal an der Seite des Delegationschefs.

Hardenberg wollte zunächst Zeit gewinnen, da er die Reaktion Berlins auf seine Analyse und seinen Verfahrensvorschlag abwarten wollte. Beim ersten Treffen erklärte er, die eigentlichen Verhandlungen würden erst jetzt beginnen, alle bisherigen mündlichen Absprachen seien hinfällig.

Dadurch wurde das Verhandlungsklima in Basel eisig und nur durch hitzige Vorwürfe der Franzosen erwärmt. Der Marquis de Barthélemy – eigentlich ein Vertreter des Ancien Régime, in Basel aber als Vertreter der Revolutionsregierung für die europäische Geltung Frankreichs kämpfend – bezeichnete Hardenbergs Auftreten als hochfahrend, eingebildet und arrogant. Trotzdem wurde weiter verhandelt, trotzdem traf man sich zu gemeinsamen Diners.

Hardenberg selbst entwarf von seinem Gegenüber ein viel freundlicheres Bild. Nach den »Denkwürdigkeiten« beschreibt er den Franzosen so: *Franz Barthélemy, Neffe des Autors des in aller Welt gelesenen Anacharsis, gehörte noch der alten europäischen Gesellschaft an; seine diplomatische Ausbildung fällt noch in die Zeiten Ludwigs XVI. Jetzt hatte er sich in Baden einen den früheren Gewohnheiten analogen comfortablen Zustand eingerichtet. Er arbeitete den ganzen Tag bis in die Nacht; aber er hatte einen Garten, eine angenehme Gesellschaft von jüngeren Freunden – er selbst war nie verheirathet –, eine gute Küche, einen wohlversehenen Weinkeller. Er war von natürlicher Sanftmuth und angeborener Mäßigung. Er verabscheute das System des Schreckens und der Jakobiner mit ganzer Seele, wie er sich denn um einige Flüchtlinge, die der Gewalt der damaligen Herrscher entrannen, Verdienste erworben hatte. Den preußischen Besuch, der ihm jetzt zu Theil wurde, empfing er mit behaglicher Liebenswürdigkeit und dem Ausdruck entgegenkommender Gesinnung.*[4] Hardenberg, der gelungene Formulierungen zu schätzen wusste, wird auch gemocht haben, dass Barthélemy die Jakobiner kurz und bündig als »Kannibalen« bezeichnete.

Trotz der vielleicht einseitigen Sympathie Hardenbergs für Barthélemy wurde hart verhandelt. Zwar konnte Hardenberg die Besetzung der Rheinlande nicht aus dem Vertragstext heraushalten, sorgte aber für so unscharfe Formulierungen, dass nicht mehr von Verzicht und Abtretung durch das Reich die Rede war, sondern nur von Besetzung durch Frankreich. Er erreichte auch, dass die endgültige Regelung für die Rheinlande einem Friedensvertrag mit dem Reich vorbehalten blieb. Nach zähem Hin und

Her erwirkte er sogar die Zustimmung der französischen Seite zu einer Neutralitätszone unter preußischem Schutz. In geheimen Zusatzprotokollen wurde auch eine Entschädigung Preußens angesprochen und eine Demarkationslinie festgelegt, die von der Ems über Münster nach Kleve verlief, von dort über Duisburg, Limburg, Darmstadt und Wimpfen zum Neckar führte, an der Grenze zwischen Ansbach-Bayreuth und Bayern und dann an der sächsisch-böhmischen Grenze entlang bis nach Schlesien ging. Die französische Regierung verpflichtete sich, die Territorien hinter dieser Linie nicht anzugreifen. Preußen garantierte deren Neutralität. Auch in einigen Nebenfragen einigte man sich rasch: Die Franzosen zogen die Forderung nach einer Verminderung der rechtsrheinischen Streitkräfte zurück, die Preußen verzichteten auf die Erwähnung der Besetzung Hollands und auf eine offizielle Vermittlerrolle im Reich.

So weit die Geheimartikel. Der Öffentlichkeit gegenüber wurde nur von dem Willen Frankreichs und Preußens gesprochen, zu Gunsten des Handels in Norddeutschland, jede Kriegshandlung von den nördlichen Regionen fern zu halten.

Hardenberg hatte im Baseler Rathaus sehr selbstständig, um nicht zu sagen eigenmächtig verhandelt, während er auf neue Instruktionen aus Berlin wartete. Deshalb konnte er eigentlich nicht verwundert sein, als die Antwort aus Berlin eintraf. In auffällig barschem Ton wurde ihm untersagt, mit England auch nur Fühlung aufzunehmen. Stattdessen wurde ihm die sofortige Unterzeichnung des Vertrages in der von Frankreich verlangten Form befohlen, sofern die Frage der Entschädigung und der Demarkationslinie im Sinne Preußens geklärt sei.

Am 5. April 1795, es war der Ostersonntag, setzten Hardenberg und Barthélemy ihre Unterschriften unter das Vertragswerk. Hardenberg nannte das Ergebnis in seinem Bericht an den König *sûre, profitable et honorable* – sicher, gewinnbringend und ehrenhaft.

Unter den Anhängern der alten Ordnung war der Vertrag eines Königs mit den »Königsmördern« von vornherein umstritten, ja indiskutabel. Freiherr vom Stein, damals noch Kammerpräsident in Hamm und Kleve, nannte den Vertrag eine »treulose Preisgabe Deutschlands« und lastete ihn Hardenberg an. Allgemein wurde in der Folgezeit alles, was auf die ausdrückliche Weisung des

Königs und des Außenministeriums ausgehandelt worden war, Hardenberg zur Last gelegt. In grober Vereinfachung und Verfälschung wurde ihm unterstellt, er habe in Basel das linke Rheinufer aufgegeben und seine Bundesgenossen im Stich gelassen.[5] Am Hof in Berlin jedoch wurde Hardenberg gelobt, ja gefeiert. Der König verlieh ihm vor versammeltem Hofstaat den Orden vom Schwarzen Adler.

Mit seiner Weitsicht und seiner Hartnäckigkeit hatte Hardenberg, gegen den Widerstand des Königs und des Außenministeriums, sogar mehr für Preußen und für das Reich erreicht, als die Regierung in Berlin überhaupt angestrebt hatte. Hardenbergs Gegner in der Regierung fürchteten aber gerade deshalb, der Vertragsabschluss über die Demarkationslinie würde die Grenzen der Verantwortung allzu sehr ausweiten, so dass Preußen im Westen und im Osten in Schwierigkeiten hineingezogen werden könnte. Die Kabinettsminister wollten sich, nahezu isolationistisch, auf den Schutz Preußens beschränken. Hardenberg aber wollte Preußen als aktive Schutz- und Ordnungsmacht in Europa etablieren: *Dann wird Preußen außer Gefahr sein und zugleich Deutschland retten.*[6]

In der Geschichtsschreibung ist die Demarkationslinie in ihrer Auswirkung gewürdigt worden. Thomas Stamm-Kuhlmann schreibt: *Im Schutz dieser Demarkationslinie entfaltete sich das Wirtschaftsleben und konnte sich die Blüte der deutschen Klassik ungehindert von den Kriegswirren entfalten.*[7]

Hardenberg selbst sah die Tatsache, dass er am Hofe gefeiert wurde, eher nüchtern. Seine Vorstellung von einem Frieden zwischen dem Reich und Frankreich war keineswegs verwirklicht, und eine neue, überaus komplizierte Verhandlungsrunde stand noch aus.

Kühl verfolgte Hardenberg in Berlin gerade in der Stunde des Erfolgs seine beruflichen Pläne: Er, der auf völlige Selbstständigkeit versessene »Vizekönig von Franken«, nutzte die Stunde des diplomatischen Ruhms, um sein Immediatverhältnis zum König nun auch endgültig bestätigen zu lassen. Friedrich Wilhelm II. stellte am 3. Juli 1795 das entsprechende Patent aus und genehmigte, dass Hardenberg die Organisation der fränkischen Fürstentümer vollständig auf seine Person hin ausrichten konnte, wodurch ihm eine in Preußen einmalige Machtfülle zuwuchs. Was ihm jetzt noch fehlte, war der Rang eines »Wirklichen Kabinetts-ministers«.

Hardenberg fuhr – über Bayreuth, Ansbach, Mergentheim, Aschaffenburg, Frankfurt, Darmstadt und Baden – wieder nach Basel, um jetzt die Friedensverhandlungen zwischen dem Reich und Frankreich vorzubereiten. Schon auf den Stationen seiner Route hatte er Gespräche mit den Kurfürsten von Köln und Mainz geführt und auch mit den Beauftragten der Seemächte und Österreichs sowie mit dem preußischen General Hohenlohe und dem österreichischen General Clerfait Unterredungen gehabt. Aber seine Mission war wie ein ungedeckter Scheck, da das Kabinettsministerium mit dem separaten Frieden zwischen Preußen und Frankreich – für Hardenberg nur eine Zwischenstation – zufrieden war und auch den Gedanken einer preußischen Vermittlung innerhalb des Reiches längst aufgegeben hatte – obzwar der Reichstag in Regensburg den Kaiser gerade eben förmlich aufforderte, Friedensverhandlungen zu beginnen.

Hardenberg saß also in Basel wie bestellt und nicht abgeholt. Seine Regierung hatte kein Interesse an weiteren Verhandlungen. Die Franzosen erwiesen sich als verhandlungsunfähig, weil die Mehrheitsverhältnisse im Wohlfahrtsausschuss ständig wechselten. Der als Botschafter nach Paris entsandte Johann Friedrich Gervinus, einer der früheren Hofmeister Hardenbergs, meldete überdies, die französische Regierung bestehe nach wie vor auf »den natürlichen Grenzen«, worunter sie den Rhein verstand. Darüber hinaus, so berichtete Gervinus, fordere Frankreich ein Bündnis mit Preußen, ohne Rücksicht auf die Interessen der früheren Koalitionspartner. Ranke referiert: *Alles liegt in dem Anspruch der Franzosen auf die Rheingrenze, welcher, da er ohne Entschädigung nicht durchgeführt werden konnte, zu einer Umgestaltung des inneren Deutschland führen mußte.*[8]

Als dann der Kaiser den Reichstagsbeschluss, Verhandlungen aufzunehmen, zwar ratifizierte, zugleich aber erklärte, im Augenblick seien Friedensverhandlungen wenig sinnvoll, sah Hardenberg keinen Sinn mehr in seiner Baseler Mission.

In dieser Situation wurden dann auch noch die Geheimvereinbarungen zwischen Österreich und Russland bekannt, in denen die beiden Mächte, über den Kopf der preußischen Regierung hinweg, schon vor einem halben Jahr die dritte Teilung Polens be-

schlossen hatten. Die Stellung Preußens als potenzieller Friedens-
vermittler zu Gunsten des Reiches wurde dadurch noch weiter
geschwächt.

Dass Österreich und Russland auch für Preußen einen Anteil
vorgesehen hatten, machte die Sache noch schlimmer, zumal
Friedrich Wilhelm II. inzwischen auch Interesse zeigte, einen Teil
vom Kuchen abzubekommen. Weite Teile Polens einschließlich
Warschau sollten an Preußen fallen. Aber wie stand Preußen da
vor der europäischen Öffentlichkeit? Wie einem hungrigen Hund
war ihm ein Brocken vorgeworfen worden, gleichzeitig aber richtete sich ein Militärbündnis der beiden Großmächte gegen Preußen, falls es mit diesem Brocken nicht zufrieden sein sollte.

Hardenbergs Bitte um Entbindung von seiner Baseler Mission
blieb ohne Angabe von Gründen unbeantwortet. Seine Frau Sophie führte in Basel noch immer ihren Salon, aber die aussichts-
lose Lage – beargwöhnt von den französischen Unterhändlern
und allein gelassen vom Reich und seiner eigenen Regierung –
sprach sich herum und entzog dem Aufenthalt des Paares in Basel
jeden Sinn und jeden Glanz.

Endlich, im Dezember 1795, kam der Befehl zur Abreise. Hardenberg und seine Frau lösten den Haushalt samt Marstall auf
und reisten nach Ansbach ab. Zufälligerweise hatte sich dorthin
gerade auch die preußische Garnison von Frankfurt am Main aus
zurückgezogen.

Hardenbergs Ausflug in die große Politik war vorerst beendet.
Auch in Berlin hatte er trotz Orden und profitablem Verhand-
lungsergebnis an Boden verloren. Er galt als Vertreter einer überholten Politik. Der französische Gesandte Barthélemy hatte das
längst begriffen und genutzt: Er empfahl seiner Regierung, über
den Kopf Hardenbergs hinweg zu verhandeln. Die Regierung in
Berlin komme den französischen Interessen sicher mehr entgegen
als der hartnäckige Hardenberg.

Der aber griff wieder zum Mittel der Denkschrift, um seine
Vorstellungen geltend zu machen. Er erläuterte noch einmal
grundsätzlich sein Konzept der bewaffneten Neutralität und trat
für ständige diplomatische Kontakte mit Österreich und England
ein. Niemand aus der preußischen Hofbürokratie aber reagierte
auf seine Einlassung.

In dieser perspektivlosen, für Hardenberg zutiefst demütigenden Situation unterlief ihm auch noch ein Fehler, der ihn die Sympathie des Königs kosten sollte. Hardenberg legte dem König Dokumente vor, aus denen hervorging, dass Feldmarschall Möllendorf, der Oberbefehlshaber der preußischen Truppen, in einer Art von Hochverrat Fühlung mit Frankreich aufgenommen hatte, als der Subsidienvertrag mit England noch in Kraft war.

In der Tat hatte sich Möllendorf mehr oder weniger deutlich gegen kriegerische Auseinandersetzungen mit dem revolutionären Frankreich ausgesprochen und sich damit gegen die politische Linie Hardenbergs gestellt. Warum aber Hardenberg zwei Jahre danach die Dokumente ins Spiel brachte, ist schwer verständlich, zumal das Mittel der Denunziation nicht zu seinem Repertoire gehörte. Man muss deshalb vermuten, dass es Hardenberg nicht darum ging, Möllendorf ins Zwielicht zu setzen oder ihn auszuschalten. Nicht die Handlungen oder Meinungen des Feldmarschalls waren das Motiv für den Vorstoß beim König. Vielmehr schien es Hardenberg darum zu gehen, sich selbst wieder in die Meinungsbildung bei Hofe einzufädeln. In der Umgebung des Königs wurde das auch sofort durchschaut. Man unterstellte, Hardenberg wolle den Kabinettsminister Haugwitz ausbooten und dessen Stelle als Chef der Außenpolitik einnehmen.

Möglicherweise war aber ein anderes, völlig irrationales Motiv der Grund für den falschen Schritt: Hardenberg suchte die Nähe des Monarchen, wollte sich als den denkbar loyalsten und in der Sache kompetentesten Diener seines Herrn empfehlen. Der König aber ließ ihn sofort und nachhaltig spüren, dass er sich dabei verkalkuliert hatte.

Friedrich Wilhelm II. vernichtete das Belastungsmaterial gegen Möllendorf. Er wollte sich weder in ein Intrigenspiel verwickeln noch durch ein solches Dossier zum Handeln zwingen lassen. Er fühlte sich auch dem verdienten General gegenüber verpflichtet. Nach der Konferenz von Kirchheim-Bolanden hatte er ihm geschrieben: *Ich danke Ihnen noch herzlichst für alle Mühen und Eifer, die Sie für das Beste der Armee, meines Hauses, und für den Ruhm des Staates anwenden, und ich kann Ihnen nie genug meine Dankbarkeit zu erkennen geben.*[9]

Vielleicht verabscheute der König auch grundsätzlich den Stil des denunziatorischen und wichtigtuerischen Vorgehens. Er reagierte, indem er nicht reagierte und Hardenberg nicht mehr zu sich einlud. Möglicherweise nahm er auch die Gelegenheit wahr, sich des unbequemen Hardenberg, der so gar nicht an den Hof passte, zu entledigen. Er hatte, wie Mirabeau der Jüngere berichtet, ohnehin einen Widerwillen gegen »Leute, die Geist haben«.

Das Ergebnis jedenfalls war eindeutig: Hardenberg hatte sich in Berlin vorerst endgültig isoliert und konnte nichts Besseres tun, als schleunigst nach Ansbach zurückzukehren und dort seine Amtsgeschäfte wieder aufzunehmen.

Am Todestag Friedrich Wilhelms II., am 16. November 1797, notiert Hardenberg als eine Rückblende auf den Juli in Pyrmont »letzte Verhältnisse unter F.W.II.«: *Haugwitz intrigiert seinerseits, Rietz amüsiert sich und trinkt, Bischofwerder macht seine Winkelzüge. Der König ist zu mir höflich, aber kalt, ich habe nicht ein einziges Mal mit ihm gegessen.*[10]

Das Verhältnis zwischen ihm und dem König von Preußen hat sich also bis zum Tod des Monarchen nicht wieder verbessert. So sehr Hardenberg, etwa in Verhandlungen, der listenreiche Fuchs sein konnte, so wenig war er der richtige Mann für Hofintrigen – selbst dann nicht, wenn er sie selbst in Szene gesetzt hatte.

Zurück in Ansbach, hoffte er, dass Gras wachsen würde über seine Misserfolge und seine tiefe Enttäuschung. Es gehörte nicht zu seinem Naturell, diesen Gemütszustand lange zu pflegen.

»Die Details aber gehören für die Räthe«

Im August 1796 ließ Hardenberg preußische Truppen vor den Toren der Freien Reichsstadt Nürnberg aufmarschieren. Die Nürnberger, deren Gebiet sich wie ein Keil zwischen das Territorium von Ansbach und das von Bayreuth schob, waren unzufrieden: Der legendäre Wohlstand der Stadt war zusammengeschmolzen, die Stadtregierung aus Mitgliedern einiger Patrizierfamilien war unfähig, ihre rückwärts gewandte Handelspolitik durch moderne Methoden zu ersetzen, der Kaiser hatte seine Reichsstadt nicht vor den Franzosen und deren Geldforderungen schützen können. Hardenberg hatte es also leicht, den Bevollmächtigten der Stadt zu überzeugen, dass eine Annexion durch Preußen im Interesse der Stadt läge.

Der Stadtrat ließ sich umso schneller überzeugen, als Hardenberg im Rufe stand, nicht zimperlich zu sein, wenn es um Preußens Interessen ging. Er hatte das schon am Beginn seiner Amtszeit in Franken gezeigt. Der unter Württembergischer Landeshoheit stehende Ort Weiltingen, zwischen Ansbach und Oettingen gelegen, hatte sich 1792 geweigert, das markgräfliche Entsagungspatent und das königlich-preußische Antrittsdokument öffentlich auszuhängen. Hardenberg hatte daraufhin die Sache mit der Besetzung durch eine preußische Truppe von zweihundert Mann geregelt.[1]

In Nürnberg kam zur Furcht vor einem Handstreich Hardenbergs noch der Druck durch die Nähe französischer Besatzungstruppen hinzu. Die Franzosen verlangten von der Stadt immerhin 2,5 Millionen Livres als Kontribution. Da begab man sich doch besser unter die preußischen Fittiche. Am 2. September schloss Hardenberg, ohne Rücksprache mit seiner Regierung, ein Abkommen mit der Stadt. Preußische Truppen rückten ein. Dadurch setzte Hardenberg nicht nur die Reichsöffentlichkeit, sondern auch den König und die Regierung in Berlin vor vollendete Tatsachen. Ehe sich dort der Unmut jedoch voll entfalten konnte, besiegte Erzherzog Karl am 3. September die französischen Truppen bei Würzburg. Das französische Heer wich über den Rhein zurück. Der Druck auf Nürnberg ließ nach.

Inzwischen hatte das Kabinettsministerium in Berlin Zeit gefunden, sich vom Alleingang des »Vizekönigs von Franken« überrumpelt zu fühlen. Der König weigerte sich, das Abkommen zwischen Hardenberg und der Stadt Nürnberg zu ratifizieren. Der Chef des Auswärtigen machte erneut geltend, dass eine Stärkung Preußens in Süddeutschland gegen die Vereinbarungen mit Österreich verstoße und feindselige Reaktionen in Wien hervorrufen würde. Hardenberg musste klein beigeben und den Nürnbergern erklären, Preußen würde mit der Annexion der Stadt doch lieber noch warten. Ein peinlicher Gang für Hardenberg, ein Verlust für Preußen. Nürnberg wurde niemals preußisch.

Unverdrossen begann Hardenberg jedoch, seine Reformideen in die Tat umzusetzen, was er weder in Hannover noch in Braunschweig erreicht hatte. Aber hier, in »seinem« Ansbach, sollte es gelingen, eine Organisationsreform der Staatsverwaltung zu schaffen, die – mit ihm selbst an der Spitze – wie eine moderne Regierung funktionierte und Ansbach-Bayreuth zu einem Musterstaat machte. Er selbst vertrat gegenüber dem König alle Entscheidungen, ließ sie sich aber vorbereiten durch die Geheimen Räte. Die *Übersicht und Direktion des Ganzen* behielt er nahezu eifersüchtig sich selbst vor, aber, wie er später, 1807, erklären würde, *die Details gehören für die Räthe.*[2]

Deren Aufgaben waren nach dem Ressortprinzip aufgeteilt: Finanzen, Justiz, Militär, Bergwerks- und Handelsangelegenheiten. Nur wenn der Minister außer Landes war, traten die Räte als Kollegium in Erscheinung – auch gegenüber dem Kabinettsministerium in Berlin. Diese Neuordnung sollte aber nicht offen zu Tage treten. Deshalb ließ Hardenberg seine Ressortleiter nicht einzeln mit ihren Ressorts, sondern nur als Kollegium in das offizielle Behördenhandbuch, den »Preußischen Hof- und Staatskalender«, eintragen.

Die Einteilung der staatlichen Verwaltung in Sachressorts hatte Hardenberg schon in Hannover vorgeschlagen, konnte sie damals aber nicht durchsetzen. Jetzt machte er sich die Schubkraft der Französischen Revolution zu Nutze. 1791 hatte die französische Nationalversammlung eine Aufteilung in Sachressorts eingeführt – eine Errungenschaft, die seither auch international üblich wurde und bis heute das Grundmodell moderner Staatsverwaltung geblieben ist. Die Neuordnung der Zuständigkeiten setzte sich von den Ressortleitungen aus nach unten fort.

Hardenberg teilte die beiden Fürstentümer Ansbach und Bayreuth in je sechs Kreise ein und bildete Kreisdirektorien, die als Bindeglied zwischen der Zentralverwaltung und den örtlichen Behörden funktionieren sollten.

Was wie das Sandkastenspiel eines Verwaltungsfetischisten aussehen mochte, war in Wirklichkeit – staatstheoretisch gesehen – eine folgenschwere Neuerung: die Trennung von Verwaltung und Justiz. Sie brachte die Unabhängigkeit der Rechtsprechung von der staatlichen Verwaltung mit sich. Dies war für den einzelnen Untertan von größter Bedeutung: Das Individuum fand Rechtsschutz gegenüber dem Staat.

Diese Entwicklung hatte schon Friedrich II. eingeleitet. Hardenberg verwirklichte diesen Ansatz jetzt in Franken und trug ihn bis in die Organisation der örtlichen Behörden. Daraus ergab sich als Nebeneffekt eine starke Zentralisierung. Friedrich Wilhelm II. genehmigte die Reformen noch kurz vor seinem Tod, nachdem Hardenberg noch einmal bei ihm vorgesprochen hatte.

Hardenbergs Reformen in Ansbach-Bayreuth wirken wie die Generalprobe zu den Reformen, die er wenige Jahre später, zusammen mit Stein, für ganz Preußen in Gang setzte. Was zunächst nur wie eine bürokratische Umorganisation aussah, war mehr als eine Verwaltungsreform. Es war eine Gesellschaftsreform.

Hardenbergs Gegner haben das sofort erkannt. Also nannten sie ihn einen Jakobiner und denunzierten seine Gedankenwelt des aufgeklärten Absolutismus als revolutionär. Dies war ungenau, aber nicht unrichtig. Wenn zum Beispiel der Gedanke von der Gleichheit aller Menschen bei Hardenberg dazu führte, alle ständischen Privilegien infrage zu stellen, dann war das in der Tat eine weitreichende Veränderung für alle diejenigen, die bislang diese Privilegien in Anspruch nehmen konnten. Oder: Wenn Hardenberg die Stellung des Herrschers von Gottes Gnaden so verstand, dass der Fürst nicht Eigentümer, sondern Treuhänder und Sachwalter der staatlichen Gewalt ist, dann ist dies eine Sicht, die seit Friedrich II. zwar für den König als Diener des Staates bekannt war, für die niederen Teilhaber der Macht aber zu einschneidenden Konsequenzen führen musste. Zu diesen Konsequenzen gehörte die Abschaffung des Steuerprivilegs für den Adel und die Unterstellung des gesamten Adels unter die Polizeiaufsicht der Kreisdirektoren.

Um seine Reformvorstellungen zu realisieren – größere Freiheiten für die Landwirtschaft, Aufhebung der Leibeigenschaft, Neuordnung der Jagdrechte, Förderung der Holzwirtschaft, der Textilmanufakturen und der Bergwerke –, musste Hardenberg auch die Landstände entmachten, denn sie hatten immer noch das Recht, Steuern zu bewilligen und deren Verwendung zu kontrollieren – was nach Hardenbergs Auffassung jedoch die alleinige Aufgabe des Staates war. Auch die Rechte und Pflichten der Ritterschaft, also des reichsfreien Adels, mussten neu festgeschrieben werden. Hardenberg zählte auch die bürgerlichen Rittergutsbesitzer zur Ritterschaft und ergänzte dadurch die alte Herkunftselite durch eine neue Funktionselite. Dort, wo sich die

Ritterschaft auf ihre alten Reichsrechte und die traditionelle Reichsgerichtsbarkeit berief, blockierte Hardenberg kurzerhand die Rechtsprechung, indem er die Reichsgerichtsbarkeit als Eingriff in die preußische Souveränität zurückwies.

Für ihn hatte die Landeshoheit Preußens den absoluten Vorrang, weil hier die zentrale Durchsetzungsmöglichkeit für alle Reformen verankert war. Alle preußischen Untertanen in den Fürstentümern sollten nur noch der preußischen Landeshoheit unterstehen. Fremde Rechtsansprüche aus den benachbarten Territorien wurden aufgehoben, die Ländereien arrondiert und mit neuen Grenzen versehen. Wie entschlossen Hardenberg dabei vorging, hatte man vor den Toren Nürnbergs ja gesehen.

Unverdrossen nahm Hardenberg auch seine in Braunschweig gescheiterten Pläne zur Neuordnung des Schulwesens wieder auf. Seine Erfahrungen hatten ihn nur darin bestätigt, wie wichtig die Hoheit des Staates gegenüber der Kirche und die Befreiung von der geistlichen Schulaufsicht war.

Dabei war Hardenberg keineswegs von antikirchlichen Beweggründen und schon gar nicht von antireligiösen Affekten geleitet. Sein Zugang zum Problem war verwaltungstechnischer und staatsphilosophischer Natur. In absolutistischen Herrschaftsformen aufgewachsen, hatte er früh gelernt, dass staatliche Gewalt sich am wirksamsten entfaltet, wenn sie auf eine Zentrale hin organisiert ist. Für Hardenberg verkörpert diese Zentrale der Monarch. Er ist die Spitze der Staatspyramide und zugleich der Inhaber der Kirchenhoheit. Vereinfacht gesagt, untersteht die Landeskirche dem Staat, dessen Monarch auch oberster Kirchenherr ist und die Hoheitsfunktionen der Kirche wahrnimmt.

Das Modell einer Staatspyramide, in die das gesamte Leben der Staatsbürger integriert ist, beschreibt aber nicht nur das Verhältnis von Staat und Kirche, sondern auch die Beziehung des Staates zur Wirtschaft. Der absolutistische Staat braucht viel Geld, muss Militär, Beamtenschaft und Hofhaltung bezahlen. Er deckt seinen Finanzbedarf, indem er wie ein Unternehmen seine Einnahmen und Ausgaben organisiert und aktiv in das Wirtschaftsgeschehen eingreift. Das Konzept, wie Adam Smith es entwickelt hatte, setzt einen wirtschaftlich handlungsfähigen Staat sogar voraus, weil zur staatlichen Lenkung auch die konkreten Import- und Exportbestimmungen, die Beseitigung von Handelshindernissen wie zum Beispiel Binnenzölle, und schließlich die Steuerung des Geldflusses gehören. Der Staat erscheint also als Pyramide mit dem Monarchen an der Spitze einer funktionierenden Verwaltung.

Diese Verwaltung profitiert sogar selber, wenn sie von sich aus tätig wird, um die Einkommen der Bürger und damit die Steuereinnahmen des Staates zu erhöhen. Und sie profitiert auch, wenn sie dabei den Steuerzahler begünstigt. Dazu aber ist eine starke Zentralgewalt unerlässlich, um den Durchblick im komplexen System der staatlichen Verwaltung zu behalten.

Für Hardenberg war eines der großen Probleme der Regierung, *daß gegenwärtig weder der König noch irgend jemand eine vollständige Übersicht von der ganzen Verwaltung hat, noch haben kann. Die Folge ist, daß wenn auch einzelne Zweige aufs beste verwaltet werden, dennoch das Ganze es keineswegs ist, daß die Kräfte der Monarchie weder in politischer noch in Finanzrücksicht so benutzt werden, als sie sollen.*[3]

An dieser monarchischen Engführung der Verwaltungsprobleme wird deutlich, wie wichtig für den Staatsdiener Hardenberg das Verhältnis zum Monarchen war. Dieses Verhältnis konnte bei einem König wie Friedrich Wilhelm II. auch höchst problematisch sein, was sich besonders in der Endphase des königlichen Regiments Friedrich Wilhelms II. zeigte.

Der König stirbt

Ein trüber Herbsttag in Brandenburg, dieser 16. November 1797. Im Marmorpalais zu Potsdam stirbt der König. Es ist neun Uhr morgens. Am Vorabend hatte – von den Ärzten informiert – der Kronprinz das Palais von Truppen umstellen lassen. Die Nacht- und Nebelaktion richtet sich jedoch nicht gegen den Vater und König. Auch im Berliner Tiergarten wird ein kleines Palais von Truppen abgeriegelt: das Haus der Gräfin Lichtenau. Sie ist das Ziel der Militäraktion.

Auf Befehl des Kronprinzen und neuen Königs wird sie unter Arrest gestellt, kaum dass Friedrich Wilhelm II. gestorben ist. Mit der verhassten Mätresse werden ihre Mutter, ein Sohn und der Hofmeister festgenommen.

Gräfin Lichtenau hieß Wilhelmine Encke, als sie die Mätresse des Königs wurde. Friedrich Wilhelm war 22 Jahre alt, als er auf die vierzehnjährige Tochter eines Trompeters im Hoforchester aufmerksam wurde. Wilhelmine lebte bei ihrer Schwester und wurde dort, wie Friedrich Wilhelm glaubte, misshandelt. Der Prinz sorgte dafür, dass das Mädchen eine ordentliche Erziehung bekam. Irgendwann wurde sie seine Geliebte. Fünf Kinder hat sie mit ihm bekommen. Sie war die Frau seines Lebens.

Als der alte Fritz von der Sache hörte, bestand er darauf, die Mätresse seines Nachfolgers gesetzlich zu verheiraten. Der Geheime Kämmerer Johann Friedrich Ritz (oder Rietz) stellte sich zur Verfügung. Später, 1796, gerade noch rechtzeitig vor dem Tod ihres Geliebten und Gönners, wurde Wilhelmine Ritz geadelt und war nun die Gräfin Lichtenau.

An jenem grauen Novembertag des Jahres 1797 um neun Uhr schlägt der Kronprinz und Nachfolger zu. Unter dem Verdacht, sie habe Kronjuwelen beiseite geschafft und geheime Staatspapiere an sich gebracht, wird die Geliebte des toten Vaters unter Anklage gestellt.[1]

Der neue König lässt ihren Besitz konfiszieren, verbietet ihr die Teilnahme am Begräbnis des Königs und weist an, sie in die Festung Glogau in Schlesien zu bringen. Die Informationen des strafenden Sohnes sind jedoch falsch oder vorgeschoben: Die Juwelen befinden sich in einem Tresor, die Staatspapiere entpuppen sich als frühe Liebesbriefe des Vaters. Ungelesen lässt der neue Machthaber sie verbrennen.

Aber dann nimmt preußische Gerechtigkeit ihren Lauf. Gräfin Lichtenau klagt von Glogau aus gegen den König und erreicht einen Freispruch. Sie erhält ihren Besitz zurück und eine Jahrespension von 4 000 Talern. Ihre Ehre ist wiederhergestellt, ihr Ansehen nicht. Am Berliner Hof war man froh, sie mit ihren intimen Kenntnissen weit weg zu wissen.

Auch Hardenberg hatte seine Geschichte mit der Gräfin Lichtenau. In der Rückschau seiner »Denkwürdigkeiten« findet sich in den Tagebuchnotizen für den 5. August 1795 die Eintragung, dass *Madame Ritz* zum Essen *chez nous* war und dass er mit ihr am 8. August zum Diner *beim Botschafter* war.[2]

Wilhelmine Enke, verh. Ritz, die spätere Gräfin Lichtenau,
Mätresse Friedrich Wilhelms II.

Es gab Gerüchte, Madame Ritz sei der Mittelpunkt einer Intrigantenclique gewesen, die Hardenbergs Karriere mehrfach hintertrieb. Jedenfalls war er ihr offensichtlich nicht wohlgesonnen. Nach der letzten Begegnung mit Friedrich Wilhelm II. in Bad Pyrmont ist in seinem Tagebuch von *Arroganz und Betragen der Gräfin Lichtenau* die Rede. Und unter dem 3. Juli 1798 mokiert er sich über den Freund und Rivalen Graf Haugwitz, dass der in den letzten Lebenstagen des Königs den Orden vom Schwarzen Adler *durch die Lichtenau* erhalten habe. Sein Kommentar: *Der Gipfel der Falschheit.*

Bei den dramatischen Ereignissen nach dem Tod des Königs hat Hardenberg sich offenbar mit Kommentaren zurückgehalten. Kein öffentliches Wort wird überliefert. Sehr viel später noch, im Juni 1821, kann deshalb die Gräfin Lichtenau unbefangen beim Staatskanzler Hardenberg vorsprechen und um Hilfe bitten.

Offenbar brauchte sie Geld. Denn Hardenberg kaufte ihr für 200 Reichstaler eine Büste ab, die Friedrich Wilhelm III. als

Kronprinzen zeigt. Zu diesem Zeitpunkt war Hardenberg schon sieben Jahre lang Staatskanzler und näherte sich dem Ende seines Lebens. Und der Kronprinz, dessen Büste er der Gräfin Lichtenau abkaufte, war nun schon fast ein Vierteljahrhundert König von Preußen.

Für Hardenberg war unter dem früheren König vieles anders gewesen. Natürlich. Der leutselige Friedrich Wilhelm II., der sich »der Vielgeliebte« nennen ließ und auch tatsächlich vom Volk geliebt wurde, war zum Regieren und Verwalten völlig ungeeignet. Er war verschwenderisch und ruinierte die Staatsfinanzen, vor allem durch seine Kriege. Außerdem war er zweimal ebenbürtig verheiratet und gleichzeitig mit zwei Frauen »zur linken Hand« getraut. Alle Frauen mitsamt den Kindern mussten versorgt werden.

Der König ließ sich – mit dem ewig schlechten Gewissen des frömmelnden Sünders – von Kirchenvertretern und Freimaurern in mystischen und spiritistischen Sitzungen manipulieren. Er ließ sich magnetisieren und vertraute damit einer Mode der Zeit, auf die später, gegen Ende seines Lebens, auch Hardenberg Hoffnungen setzen würde.

Wie der König, stand auch die Gräfin Lichtenau im Kontakt mit den Spiritisten: Sie stellte für Friedrich Wilhelm den übersinnlichen Kontakt her zu Alexander, dem gemeinsamen Sohn, der im Alter von neun Jahren gestorben war. Den Geist des Sohnes befasste der König sogar mit politischen Fragen.

Trotz seiner spiritistisch-mystischen Neigung ließ Friedrich Wilhelm es zu, dass im Namen des »wahren Christentums«, also im Namen dogmatischer Rechtgläubigkeit, Philosophie und Theologie staatlich überwacht wurden. Immanuel Kant in Königsberg wurde mit dem Verbot belegt, sich zu theologischen Sachverhalten zu äußern. Überall wurde die Aufklärung als »Aufklär
icht« diffamiert und zurückgedrängt.

Auf der anderen Seite aber förderte Friedrich Wilhelm II. Theater, Musik und Architektur. Er ließ – wohl auf Betreiben der Gräfin Lichtenau – das Brandenburger Tor bauen, förderte die Architekten Karl Gotthard Langhans, Karl von Gontard und David und Friedrich Gilly, den Bildhauer Gottfried Schadow und den Theatermann Wilhelm Iffland. In seine Regierungszeit gehören die literarischen Salons der Henriette Herz und Rahel von

Friedrich Wilhelm III., preußischer König von 1797-1840.
Gemälde von F. Gérard

Varnhagen-Ense, die ersten Erfolge der Gebrüder Alexander und Wilhelm von Humboldt und des Mediziners Christoph Wilhelm von Hufeland.

Diese Widersprüche erklären sich aus dem Umstand, dass die Französische Revolution natürlich auch in Preußen Aufbrüche und Entwicklungen auslöste, in denen sich die Künste und Wissenschaften unabhängig von der Figur des Monarchen entfalteten. Vielleicht aber liegt der Widerspruch zwischen den persönlichen Qualitäten des Königs und der kulturellen Entwicklung in seinem Land auch einfach darin begründet, dass Friedrich Wilhelm das Regieren im Grunde anderen überließ und damit gleichzeitig unfähige, aber eben auch tüchtige Beamte, borniere, aber eben auch aufgeklärte Minister, inquisitorische, aber auch liberale Theologen und Professoren die Entscheidungen treffen ließ.

Für Hardenberg ging mit dem Tod Friedrich Wilhelms II., wenigstens vorläufig, eine Zeit voller Ambivalenzen zu Ende. Er hatte allen Grund, den Regierungsantritt Friedrich Wilhelms III. mit großer Spannung zu erwarten.

Der fieberhafte Friede

Der Regierungswechsel von 1797 brachte für Hardenberg, wie für jeden Höheren Beamten in Preußen, große Veränderungen mit sich: Der junge König war scheu und gehemmt, er spürte die Provinzialität seines Lebenszuschnitts. Seine verkürzte Infinitiv-Sprache mit Formulierungen wie *Schon hundertmal gesagt, will's nicht haben* oder *Bleiben mir vom Halse. Gar nicht mehr von reden hören* oder *Mir fatal. Nichts mehr davon hören wollen*[1], die später den abgehackten Sprechstil preußischer Offiziere begründete, offenbart, wie sehr der neue König den redegewandten Staatsdiener Hardenberg unglücklich bewundert haben musste.

Friedrich Wilhelm III. meidet öffentliche Auftritte. Hätte er nicht in Luise von Mecklenburg-Strelitz eine lebhafte, anmutige und aufgeschlossene Ehefrau an seiner Seite, der Nachfolger des verschwenderischen Weiberhelden Friedrich Wilhelm II. wäre vom Volk kaum so geliebt und geachtet worden, wie es tatsächlich der Fall war. Der Historiker Heinrich von Treitschke wird in seiner Rede zum 100. Geburtstag der Königin Luise festhalten: *Für den edlen, doch früh verschüchterten und zum Trübsinn geneigten Geist Friedrich Wilhelms ward es ein unschätzbares Glück, daß er einmal doch herzhaft mit vollen Zügen aus dem Becher der Freude trinken, die schönste und liebevollste Frau in seinen Armen halten, an ihrer wolkenlosen Heiterkeit sich sonnen durfte.*[2]

Das Königspaar ist ein willkommenes Vorbild für die bürgerliche Gesellschaft des Landes. Das Volk hat endlich wieder Anlass zur Identifikation mit dem Herrscherhaus. Luise und Friedrich Wilhelm sind in Liebe miteinander verbunden. Sie leben sparsam, haushälterisch und gemütlich – das sich ankündigende Biedermeier löst allmählich das leichtlebige, verschwenderische Rokoko ab.[3]

Königin Luise, 1776-1810

Wie die meisten Hohenzollernherrscher, wird auch Friedrich
Wilhelm III. als ambivalente Figur in die Geschichte eingehen. Er
ist der Monarch der Befreiungskriege und der großen preußischen Reformen, der Universitätsgründung in Berlin und des
künstlerischen Ausbaus der Hauptstadt. Aber er ist auch, wie
seine wechselvolle Geschichte mit Hardenberg zeigen wird, der
unentschiedene, unsichere und deshalb misstrauische Monarch,
der die großen Reformen Preußens nur halbherzig auf den Weg
bringt und dann kleinmütig und mit klammheimlicher Zustimmung zusieht, wie sie wieder rückgängig gemacht werden.

Als Friedrich Wilhelm III. 1797 im Alter von 27 Jahren den
Thron besteigt, steckt Preußen innen- und außenpolitisch tief in
einer existenzgefährdenden Krise. Die alles bewegende Frage ist:
Wird die Französische Revolution auch auf Preußen übergreifen?
Die Angst, der revolutionäre Funke könne überspringen, war in

der Sache unbegründet: Der Feudalismus funktionierte noch ungebrochen. Von einer revolutionären Situation wie im Frankreich der achtziger Jahre konnte keine Rede sein. Der König hatte sogar Reformideen. Doch stärker war sein Wunsch, alles beim Alten zu lassen und nichts zu bewegen.

Goethe zum Beispiel hatte dies frühzeitig erkannt und scharfsichtig formuliert: *Zwar brannte die Welt an allen Ecken und Enden, Europa hatte eine andere Gestalt genommen, zu Lande und zur See gingen Städte und Flotten zu Trümmern, aber das mittlere, das nördliche Deutschland genoß noch eines gewissen fieberhaften Friedens, in welchem wir uns einer problematischen Sicherheit hingaben. Das große Reich im Westen war gegründet, es trieb Wurzeln und Zweige nach allen Seiten hin. Indessen schien Preußen das Vorrecht gegönnt, sich im Norden zu befestigen.*

Gab es dieses Vorrecht wirklich? Konnte Preußen sich trotz der Französischen Revolution festigen, solange nicht neue Leute die neue Situation in Europa durchdachten und neue Erkenntnisse in eine neue Politik umsetzten?

Wenige hatten wie Hardenberg erkannt, dass eine Revolution von unten nur durch eine Revolution von oben zu verhindern war, was in Hardenbergs Logik eine grundlegende Reform des Staates, vor allem seiner Verwaltungsorganisation, bedeutete.

Was würde die Regentschaft Friedrich Wilhelms III. in dieser Hinsicht bringen? Natürlich fragte sich Hardenberg auch, was der Regierungswechsel für ihn persönlich mit sich bringen könnte. Würde der neue König ihn besser zu schätzen wissen als der alte? Dies lief auf die Frage hinaus, ob der junge König sich eine neue Umgebung und neue Ratgeber schaffte. Würde er es nicht tun, hätte Hardenberg mit den altbekannten Gegnern zu rechnen.

Gesandtschaftspuppenspiele

Die Aussichten zu Beginn der neuen Regentschaft waren für Hardenberg alles andere als freundlich: Vom außenpolitischen Geschehen war er ausgeschlossen. Die für Preußen handelnden Personen schienen den Ernst der Lage im Europa nach der Französischen Revolution nicht begreifen zu wollen. Sie machten Politik wie eh und je.

Auf dem Rastatter Friedenskongress, der im Dezember 1797 in Anwesenheit des Generals Bonaparte eröffnet wurde, gehörte Hardenberg, der immerhin den Frieden von Basel ausgehandelt hatte, nicht zur preußischen Delegation. Er konnte sich nur auf dem Laufenden halten, weil sein Sekretär Bever und der Archivar Lang in der preußischen Kongresskanzlei beschäftigt waren und ihrem Chef berichteten.

Über Bever und Lang nahm Hardenberg aus der Ferne, gelegentlich und in Details, sogar Einfluss auf die preußischen Gesandten der Delegation. Das aber änderte nichts daran, dass zu diesem Zeitpunkt, Anfang 1798, die preußische Politik darauf festgelegt war, den Schulterschluss mit Österreich zu suchen und nicht, wie Hardenberg es vertrat, im Westen Zugeständnisse an Frankreich zu machen und dafür sogar den Bruch mit Wien zu riskieren. Das Einvernehmen mit Österreich, so fürchtete Hardenberg, würde es unmöglich machen, Preußens Position in Franken, also in Österreichs Interessensphäre, auszubauen. Das Interesse an einem preußischen Franken war also, zumindest in dieser Phase, Hardenbergs Hauptmotiv, zu Österreich auf Distanz zu gehen. Der junge König, beeinflusst von seinem Kabinettsministerium, sah darin jedoch vor allem ein Partikularinteresse Hardenbergs. Es sollte auch nur bis zum März 1798 dauern, bis der König alle Maßnahmen zur Durchsetzung der Landeshoheit in Franken untersagte. Hardenberg musste von jetzt an damit rechnen, dass die fränkischen Fürstentümer für Preußen verloren gingen – dann nämlich, wenn Österreich sich auf Kosten von Bayern vergrößerte, Bayern mit Franken entschädigt und die preußische Regierung dies hinnehmen würde.

Über den Kongress in Rastatt berichtet Lang in seinen Memoiren sehr ausführlich. Sein Bericht wirft ein unbarmherzig grelles

Licht auf das politisch handelnde Personal jener Jahre. Lang schildert das Kongressgeschehen mit scharfem, nahezu satirischem Blick und ironischem Humor. Seine Beobachtungen vermitteln ein lebhaftes Zeitkolorit, auch wenn der Rastätter Kongress selbst im Grunde nichts entschieden hat und nach der Ermordung der französischen Delegation durch österreichische Husaren nicht einmal eine Schlussakte zu Stande kam.

Folgt man dem Blick des Legationssekretärs, so wimmelt es in Rastatt von *meist kleinlichen, eitlen, herz- und kopfleeren Visitenfahrern und Silbenstechern, Paradierern, Tafelhaltern und Fensterilluminierern, hochmütigen, sprutzigen, unansehnlichen und altklugen Knaben,* die den *mehr in den Zeitungsblättern und Nachtzetteln als in der Wirklichkeit figurierenden Gesandtschaftshäuptern* zur Hand gehen.

Lang schildert das Kongresspersonal ohne jeden Respekt: Da ist der Graf Görtz, das Haupt der preußischen Gesandtschaft, dem Bever und er *kein erfreulicher Einschub* sind, der die beiden aber dennoch an seine Tafel bittet und im Übrigen *ein Mann von gefälligem Benehmen* ist: *sein Haar silberweiß, sein Mund immer lächelnd und noch die wohlerhaltenen Reihen weißer schöner Zähne zeigend, mit der rechten Hand immer in der Westentasche spielend, seine Sprache leise, sein Gang sacht, jede Bewegung diplomatisch abgemessen.* Ein anderer Akteur ist *ein langes hektisches Männlein, das unter beständigen Leiden eines schwächlichen Körpers lebenslustig und nicht selten sich in freisinnige und launige Bemerkungen ergießend, sich vom Lehrstand aus in das Feld der Diplomatie geworfen (hatte), wozu es ihm gleichwohl an den hohlen Tanzmeister- und Plapperkünsten ermangelte.*

Von unerfahrenen Männern *ohne Blüte und Leben* ist die Rede, von einem windigen Studiosus, der sich *jahrelang lustig und wohlgemut zu Frankfurt am Main herumtrieb, während der pommersche Herr Papa nicht anders wußte, als dieses Frankfurt sei derselbe Ort mit der Universität Frankfurt an der Oder.*

Niemand in dem ganzen *Gesandtschaftspuppenspiel* findet Gnade vor dem Auge Langs: weder der Gesandte, der sich Notizen auf den Papierwickeln der Frau Gemahlin macht, noch der österreichische Außenminister, der *ein schwammiges, in Lebens- und Liebesgenuß wie von Blut abgezapftes kreideweißes, kleinäugiges, blinzelndes und zuckendes Männlein* ist; weder der Graf, der eine *Karikatur in Gesicht, Kleidung und Bewegung ist, den Kopf oben chinesisch, unten afrikanisch, das Kolorit zigeunerisch,* noch der Millionär aus Lübeck, der alte Gemahl einer jungen Doktorin, *dem auf allen Falten o tempora! o mores!* geschrieben stand. Auch den geistlichen Herren, die der Säkularisation entgegenzitterten, ging es nicht besser: *den hochwürdigsten, respektiven Erz- und Domstifter Salz-, Würz-, Augs- und Regensburg höchst beklagenswerten, bedauerlichen, lamentablen und jammervollen Erleidenheiten.*

Das Leben während des Rastatter Kongresses muss recht vergnüglich gewesen sein. Wenn man nicht gerade Ausflüge nach Straßburg oder ins Murgtal unternahm, machte man sich von elf Uhr morgens bis drei Uhr am Nachmittag gegenseitig Visiten, um die großen Dinge der Weltpolitik zu bereden, von drei bis sechs Uhr tafelte man und verhandelte weiter, dann folgte Ausruhen, Zeitung lesen und unterschreiben. Ab acht Uhr abends unterhielt man sich mit Konzerten und Schauspielen. Lang berichtet von seinem »Schlaraffenleben«: *Kam ich endlich gegen Tagesanbruch nach Hause, so klopfte ich vorher noch mit einem Stäbchen die Mäuse aus meinem Bett heraus, wo es selten fehlte, dass nicht ein halbes Dutzend mir entgegensprangen, den Ratten stellte ich zu einem Sühnopfer die Lichtkerze auf die Erde; denn so wie die Franzosen den Deutschen den Rhein, so machten die Ratten und Mäuse den Bürgern von Rastatt ihre Häuser streitig ...*[1]

Natürlich gab es trotz allem Ergebnisse des Rastatter Kongresses. Harter Kern aller Vereinbarungen und Erklärungen war das Weitertreiben der Säkularisation kirchlicher Besitzungen. Das Karussell der Begehrlichkeit drehte sich immer schneller, die Entwicklung war nicht aufzuhalten. Auch Hardenberg hatte schon in einem Immediatbericht vom 16. Juli 1797 geschrieben: *Säkularisationen sind unvermeidlich. Ich wünschte mir eine Vereinbarung, die sich auf alle geistlichen Besitzungen erstreckt und die Geistlichen zu ihrer wahren Bestimmung zurückführt.*[2]

Hardenberg hatte diesen Bericht aus Bad Pyrmont geschrieben, als Friedrich Wilhelm II. noch lebte. Er witterte die großen Veränderungen, die sich in der Folgezeit auch für »seine« Provinz ergeben könnten. Durch das Säkularisationskarussell war vieles, im Grunde genommen alles, in Bewegung geraten. Umso mehr hatte er auf eine Arrondierung der preußischen Besitzungen in Franken gedrängt. Aber der Außenminister Haugwitz hatte genau dies lange hinausgezögert. Jetzt war es zu spät.

Beobachtungen eines Zeitgenossen

Wie es sich für den Spötter Karl Heinrich Lang gehörte, fanden auf dem Rastatter Kongress auch die großen Gegenstände der politischen Gespräche seinen spitzen Kommentar. Die Gespräche über Entschädigungen und über die Säkularisation der geistlichen Besitztümer sind für ihn das »Signal zur Plünderung«: *Hatte man übrigens vorher in jungfräulicher Sprödigkeit den Becher der Entschädigung durch geistliche Güter gar nicht zur Lippe bringen wollen, so konnte man ihn jetzt nicht genug vollschenken.*[1]

Dabei kam den begierigen Plünderern besonders zugute, dass die geistlichen Herren *unter sich selbst voneinander abfielen,* und die Bischöfe die Klöster und die Erzbischöfe die Bischöfe preisgaben.

Auch das Verhältnis zwischen Deutschen und Franzosen spiegelt sich in Langs Beobachtungen: die tiefe Verachtung der Franzosen für das deutsche Wesen, die Bezeichnung von deutschen Kutschern und Portiers als *bêtes allemandes.* Die *querelles allemandes* und überhaupt die Einteilung derMenschen in *hommes de lettres* und *bêtes.*[2]

Der desillusionierende Blick Langs macht auch nicht vor dem nur scheinbar geheimnisvollen Geschäft der Diplomaten Halt: *Diese Herren geben gewöhnlich Dialoge zwischen sich und den fremden Ministern, die in ihrem Leben nicht so gehalten worden; sie selbst geben dabei immer solche scharfsinnige Antworten, die vielleicht recht zweckmäßig gewesen wären, dem Gesandten aber in der Tat einen Tag nachher einfallen. Sie tragen überall ihre Einbildungen, Grillen, Kleinlichkeiten oder eigennützigen Persönlichkeiten hierin und pflegen alles so zu deuten, anzustreichen und zu illuminieren, wie sie meinen, daß es der allgewaltige Premierminister gern sehen werde, so daß am Ende ein solcher Gesandtschaftsbericht ein Roman, aber ein schlechter ist.*[3]

Auf Hardenberg hat Lang offenbar nicht in dieser Weise ge-

schaut. Vielmehr war er gegenüber seinem Förderer und Auftraggeber loyal. Das zeigt sich darin, dass er für Hardenberg und
gegen Haugwitz Partei ergriffen hat, wie auch in seiner unbefan-
genen, Kritik einschließenden Anerkennung und Bewunderung,
die bisweilen sogar überschwänglich werden konnte. Seiner Meinung nach müssen am glänzenden Bild eines großen Mannes
die *schwachen Schatten* nicht verborgen werden. Er schildert die
fürsorgliche und zugleich immer auch auf Autorität bedachte
Großzügigkeit Hardenbergs. Eine am 1. Januar 1795 erhaltene
Nachzahlung und zugleich eine Vorauszahlung nahm er als neu-
erlichen Beweis für Hardenbergs wohlwollende Fürsorge.

Von Lang erfahren wir auch, dass Hardenberg ein gewandter
Reiter war. Hardenbergs Tagebuchnotizen erwähnen immer wie
der weite Ritte anstelle von Kutschfahrten, Ausritte und – in der
Jugendzeit vor der Kavaliersreise – wilde Reiterjagden und Jagd-
gesellschaften. Hinter der glatten Erscheinung des Diplomaten
lässt sich auch ein gelegentlich derbes, bäuerliches Auftreten vermuten, und man glaubt dem Chronisten Lang, dass Hardenberg
in lautes Gelächter ausbrechen konnte, wenn ihm jemand eine
lustige Geschichte erzählte.

Trotz des freundschaftlichen Verhältnisses zu Hardenberg entschied sich Lang nicht, dem Minister nach Berlin zu folgen, als
die Markgrafschaften 1805 an Bayern fielen. Er blieb und begann
eine neue Laufbahn im bayerischen Staatsdienst. Wie zum Lohn
dafür wurde er im Mai 1808 in den Ritterstand erhoben. 1817
schied er aus allen Ämtern aus und verbrachte seinen Lebensabend in Ansbach, von wo aus er immer wieder Reisen unternahm. 1826 führte ihn eine dieser Touren, die er meistens zu Fuß
unternahm, auch nach Weimar, *wo ich mich vom Teufel verblen-
den ließ, mich bei seinem alten Faust, dem Herrn von Goethe, in
einem mit untertänigen Kratzfüßen nicht sparsamen Brieflein an-
zumelden.*

Die Memoiren zeigen, wie nüchtern er auch vor dem Thron
des Dichterfürsten beobachtet: *Ein langer, alter, eiskalter, steifer
Reichsstadtsyndikus trat mir eintgegen, in einem Schlafrock,
winkte mir, wie der steinerne Gast, mich niederzusetzen, blieb
tonlos an allen Saiten, die ich bei ihm anschlagen wollte ...*[4]

Es ist natürlich kein Wunder, dass Langs Beobachtungen und
Schilderungen gefürchtet waren und nicht jeder über den Humor

verfügte, den Kakao, durch den Lang ihn zog, auch noch zu goutieren.

Die Opinion

Während Hardenberg von den außenpolitischen Entwicklungen in der preußischen Regierung immer noch ausgeschlossen blieb, versah er umso energischer seinen Dienst in Ansbach. Schon unter Friedrich Wilhelm II. hatte er als Dirigierender Minister für die fränkischen Fürstentümer eine für Preußen beispiellose Selbstständigkeit und Machtfülle erreicht.

Er zog begabte Mitarbeiter heran und förderte sie so nachhaltig, dass sie später hohe Posten in der preußischen Regierung übernehmen konnten: den späteren Justizminister Kircheisen, die späteren Minister Bülow und Altenstein, den späteren Generalpostmeister Nagler, den Jenaer Professor Kretschmann und eben auch den Archivar Lang, dessen Memoiren bis heute das Verständnis der Epoche beleben.

Hardenberg schaltete und waltete erfolgreich und gut. Aber er tat dies mit einer Selbstständigkeit, die in Berlin als Eigenmächtigkeit aufgefasst wurde und entsprechendes Misstrauen hervorrief.

Wie seine Annexionspolitik im Fall der Stadt Nürnberg, so war den Regierungsbeamten in Berlin auch seine selbstständige Pressepolitik ein Dorn im Auge. Hardenberg war einer der ersten Staatsmänner, die eine bewusste Öffentlichkeitspolitik betrieben.[1] Auch in dieser Hinsicht war er, was sein Gespür für öffentliche Kommunikation anging, ein moderner Politiker – in Preußen sicher der erste. Seine frühen Erfahrungen mit den Zeitungen in London, aber auch seine Kenntnis der napoleonischen Pressepolitik hatten ihn sensibel gemacht. Er hatte – früher als andere – gelernt, dass publizistische Kampagnen die eigenen politischen Entscheidungen vorbereiten und unterstützen konnten.

Hardenberg berief sich oft auf die »Opinion« – allzu oft, wie seine konservativen Gegner fanden. In seiner Vorstellung von einer erfolgreichen Verwaltung gehörte die öffentliche Meinung zu den Bedingungen, unter denen das Handeln der Staatsdiener wirksam zu werden hatte. Die staatliche Zensur lehnte er ab, zumindest prinzipiell. In der Praxis wies er allerdings seine Behörden an, radikale Schriftsteller scharf im Auge zu behalten.

Zugleich suchte er seine Politik zu »verkaufen«. Er ließ die offiziöse »Volkszeitung« seine Schritte erläutern, besoldete den Redakteur der »Ansbachischen Blätter« und sorgte mit dem »Staatsarchiv für die königlich-preußischen Fürstentümer« auch auf wissenschaftlicher Ebene dafür, dass selbst juristisch schwierige Operationen wie die »Revindikationen«, also die Rückführung von preußischen Hoheitsrechten in den territorialen Exklaven, eine breitere Öffentlichkeit erreichten, obgleich es sich hierbei um eine komplizierte Materie handelte.

Natürlich geriet Hardenberg damit auch in das Auf und Nieder der Presseorgane. Die »Volkszeitung« verschwand nach kurzer Zeit wieder von der Bildfläche. Auch das »Staatsarchiv« konnte sich nur halten, solange die Revindikationen noch nicht durchgeführt waren. Und als er in Alexander Daveson, der von Lessing und Moses Mendelssohn gefördert worden war, einen begabten Redakteur für die »Deutsche Reichs- und Staatszeitung« fand, dauerte es nicht lange, bis das Blatt auf Veranlassung des kaiserlichen Gesandten verboten wurde.

Der Vorgang zeigt, wie wichtig Hardenberg die Pressepolitik nahm. Er rief Daveson, der unter dem Pseudonym Karl Julius Lange schrieb, nach Bayreuth. Daveson bekam ein angemessenes Gehalt und schrieb fortan im Sinne von Hardenbergs Politik. Der überaus kritische Kopf schrieb mit spitzer Feder und kritisierte Hardenbergs Gegner so gnadenlos, dass die Betroffenen sich in Berlin beschwerten.

Daraufhin machten die Feinde Hardenbergs im Kabinettsministerium und in Wien mobil. Sie nahmen die Gelegenheit wahr, gegen die selbstständige Pressepolitik in Franken vorzugehen, und verlangten die Abberufung Langes. Als Österreich dann sogar die Bestrafung Langes verlangte, konnte Hardenberg ihn nicht mehr halten. Lange musste auf die Förderung durch den Minister, Hardenberg in Zukunft auf die Unterstützung durch die Presse verzichten.

Dies bedeutete eine empfindliche Schwächung für Hardenbergs politisches Handeln, zumal die Gegenseite, in diesem Fall der Kaiser, das Instrument der Presse gerade jetzt entdeckte und für sich selber nutzte.

Hardenberg versuchte deshalb umso energischer, die Zeitungen im Sinne seines Staatverständnisses für sich zu instrumentalisieren. Zwar war die Presse damals noch nicht die »fünfte Gewalt«, die aus eigenem demokratischem Recht als Widerpart des Staates die Ausübung der Macht kontrollierte. Hardenbergs Pressepolitik ging noch von der uneingeschränkten »Pressehoheit« des Staates aus. Dennoch zeigen sich bei ihm erste Elemente eines modernen Verständnisses des Zusammenwirkens von Presse und Politik.

Seine Pressepolitik der gesteuerten Liberalität war so gekonnt, dass die Regierung in Berlin, allen voran Haugwitz, Goldberg und Schulenburg, Hardenbergs Stil bald generell als selbstherrlich, ja sogar als subversiv empfand. Sie führte über Hardenbergs Kopf hinweg in den fränkischen Fürstentümern die allgemeine Zensur ein und schlug ihm dadurch eines der wichtigsten Instrumente der Politik aus der Hand.

Neider und Intriganten

Es ging zu wie auf einer Fuchsjagd, nur sollte der Fuchs nicht erlegt, sondern eingefangen werden. Die unabhängige Stellung in Ansbach-Bayreuth, die Hardenberg sich erarbeitet und ertrotzt hatte, war im Grunde von Anfang an Gegenstand von Besorgnis und Argwohn gewesen. Kaum ein Mitglied des Kabinettsministeriums, das Hardenbergs Stellung in Franken nicht misstrauisch und feindselig beobachtet hätte. Kaum ein Ratgeber des alten Königs, der Hardenbergs Loyalität nicht in Frage gestellt hätte. Und kaum ein Informant des neuen Königs, der die Unsicherheit Friedrich Wilhelms III. nicht benutzt hätte, übel wollendes Misstrauen und hämische Reserve gegen den »Hannoveraner« zu säen.

Die Jagd auf den allzu selbstständigen Minister in Franken wurde von Heinrich Julius Goldbeck eröffnet. Goldbeck, seit 1778 geadelt, seit 1789 Staatsminister, seit 1795 »Großkanzler«, also Chefpräsident der Gesetzeskommission und der Justiz, sah in Hardenbergs Machtbündelung nicht weniger als eine Gefahr für die bürgerliche Freiheit. Sie sei eine *Anhäufung unabhängiger Gewalt in einer Hand ohne die geringste Kontrolle und kollegialische Mitwirkung* und fördere *die totale Abscheidung der Fürstentümer aus dem ganzen übrigen Staatskörper.*[1]

Goldbeck zog – wie es für einen modernen Staat angebracht war und wie Hardenberg später ebenso handelte – alle Justizangelegenheiten an sich, stellte die fränkischen Fürstentümer den anderen Provinzen gleich und beendete mit dem plausiblen Argument der Gleichstellung endgültig Hardenbergs Sonderrolle.

Auch der alte Feind Graf Schulenburg-Kehnert war wieder zur Stelle. Er war vom neuen König zum Chef der Generalfinanzkontrolle und der Oberrechenkammer ernannt worden. Als solcher war er zuständig für sämtliche Umbildungen der Verwaltung. Er forderte alle Leitungskräfte auf, eine Übersicht über die Beamtenbesoldung vorzulegen. Als Hardenberg dieser Aufforderung schnell und als Erster nachkam, ließ Schulenburg die Falle zuschnappen.

Er stellte die Beamtenbesoldung in Franken als fürchterliche Verschwendung hin und veranlasste den ahnungslosen König zu einer scharfen Mahnung. Hardenberg, der die Gefahr erkannte, forderte sofort einen unparteiischen Ausschuss, der sein Geschäftsgebaren überprüfen sollte. Er verwies auf seine Erfolge bei der schnellen Beseitigung der administrativen Mängel in den Markgrafschaften sowie auf das günstige Verhältnis von Personalaufwand und Ergebnis und listete die schon jetzt erwirtschafteten Überschüsse auf.

Der König konnte nicht anders, als diese Erfolge anzuerkennen. Er verzichtete darauf, einen Untersuchungsausschuss einzuberufen, und erklärte, er habe die Kosten nicht dem Minister persönlich zur Last legen wollen.

Um nachzustoßen, beantragte Schulenburg jetzt von sich aus eine Prüfung der Finanzverhältnisse in Franken, fuhr sogar selbst nach Ansbach und beauftragte zwei Oberrechnungsräte damit, die gesamte Finanzverwaltung so umzustellen, dass sie den althergebrachten preußischen Usancen entsprach.

Die glanzvolle Figur des »Vizekönigs von Franken« war für die gesamte Hofkamarilla ein ständiges Ärgernis. Der Horizont seines Denkens, die Brillanz seiner Sprache, die Schlüssigkeit seiner Argumente machten das allgemeine Mittelmaß schmerzlich spürbar. So einer musste auf das Maß der Übrigen geschrumpft werden. Wenn man denn den Fuchs nicht zur Strecke bringen konnte, sollte man ihn wenigstens in einen Käfig sperren. Man musste den Hannoveraner nach Berlin holen und ihn zwingen, seine Provinz von Berlin aus zu besorgen. Nur so könnte man ihn besser im Auge behalten und rechtzeitig zurückstutzen.

Der König ließ sich dafür gewinnen, den Dirigierenden Minister der fränkischen Provinzen in das Generaldirektorium einzugliedern und seinen Amtssitz nach Berlin zu verlegen. Eine Eingabe der Bayreuther Stände, Hardenberg weiterhin in Franken zu belassen, wurde abgelehnt, ebenso Hardenbergs Bitte um eine Audienz beim König. Das von den Gegnern geweckte Misstrauen gegen Hardenberg war so schnell nicht abzubauen.

Am 10. Dezember 1798 war es dann so weit. Schulenburg veröffentlichte ein »Reglement wegen einer neuen Verteilung der Geschäfte zwischen den ansbach-bayreuthischen Landeskollgiis«. Damit wurden die von Hardenberg verwalteten Markgrafschaften den übrigen preußischen Provinzen gleichgeordnet. Hardenbergs Kleider waren, wenigstens scheinbar, nicht mehr bunter als die der anderen.

Er begann, sich auf die Verlegung seines Amtssitzes nach Berlin einzurichten, blieb aber noch eine ganze Weile in Ansbach. Als Demonstration des guten Willens mietete er in der Nähe des Berliner Stadtschlosses ein Haus, das für ihn, wie damals üblich, Wohnung, Kanzlei und Registratur umfassen sollte.

Im Frühjahr 1799 stattete Friedrich Wilhelm III. den fränkischen Provinzen einen Besuch ab. Hardenberg hatte endlich Gelegenheit, sich dem König persönlich zu präsentieren, und nutzte – im Vertrauen auf seine Ausstrahlung, seinen Witz und sein elegantes Auftreten – die Gelegenheit, den zwanzig Jahre jüngeren, gerade erst neunundzwanzigjährigen König für sich einzunehmen. Friedrich Wilhelm konnte sich von den Leistungen seines Ministers überzeugen und sah auch, wie beliebt Hardenberg war und wie sehr durch ihn eine Bindung der Bevölkerung an die preußische Krone zu Stande gekommen war. Das Klima zwischen Friedrich Wilhelm und Hardenberg verbesserte sich, blieb aber – wie sich in den folgenden Jahren zeigen sollte – jederzeit anfällig für Störungen.

Diese Störungen erwuchsen nicht nur aus den Hofintrigen, sondern auch und vor allem aus den so unterschiedlichen Charakteren der beiden Männer. Als Friedrich Wilhelm im Alter von 27 Jahren den Thron bestieg, war er nur äußerlich aufs Regieren vorbereitet. Sein Charakter hingegen war den enormen Anforderungen nicht gewachsen.

Nach den elf Jahren der Regierungszeit seines Vaters setzte die Öffentlichkeit große Hoffnungen in den neuen König. Intellektuelle und Künstler wie Schlegel und Novalis (Friedrich von Hardenberg, ein Verwandter von Karl August), aber auch die Presse begrüßten ihn mit hohen Erwartungen, die niemand hätte erfüllen können.[2]

Aber jetzt war dieser Friedrich Wilhelm der König. Für Hardenbergs monarchistische Gesinnung war es selbstverständlich, jedem König loyal zu dienen, auch wenn er dafür einen hohen Preis zahlen musste.

Hardenbergs Format und Lebenszuschnitt fanden natürlich auch in der Bayreuther Zeit Neider und Intriganten, wie sie sein Leben immer begleiteten. Denunzianten am Berliner Hof hatten auch jetzt wieder versucht, den König gegen seinen Minister aufzubringen, indem sie behaupteten – so berichtet Karl Heinrich Lang –, Hardenberg benehme sich in Ansbach als verschwenderischer Nabob und habe das markgräfliche Schloss auf Kosten des preußischen Staates zu einem Feenpalast ausgebaut.

Erst 1803, als das Königspaar sich zu einer Heerschau wieder in Ansbach aufhielt, konnte sich der König ein Bild von den wirklichen Umständen machen. Lang berichtet in seinen Memoiren: *Da sich nun der König persönlich von diesen boshaften Lügen und von den zu seiner Verwunderung bescheidenen häuslichen Einrichtungen des Ministers überzeugte, der seinem Hange zur Großmut und Gastfreiheit durch Zubuße seiner eigenen Renten von 30 000 Gulden jährlich Genüge leistete, so war er wie ganz umgewandelt ...*[3]

Das Königspaar stellte nicht nur fest, dass alles mit rechten Dingen zuging, sondern vor allem, welche Entwicklungen und Fortschritte die Provinz unter Hardenbergs Führung gemacht hatte. Was Königin Luise längst wusste, begann jetzt auch dem König zu dämmern: Hardenberg beschenkte ihn mit einem blühenden Musterland.

Wieder verbesserte sich das Verhältnis Friedrich Wilhelms III. zu seinem Minister, wieder blieb es labil. Das ängstliche Misstrauen des Königs gegen Hardenbergs souveräne Selbstständigkeit konnte jederzeit wieder geweckt werden. Und es wurde wieder geweckt, als Hardenberg sich anschickte, in die preußische Außenpolitik hineinzuwachsen und seinen Wirkungsgrad, gemessen an der Funktion in Ansbach-Bayreuth, noch einmal erheblich vergrößerte.

In der Beziehung zwischen Friedrich Wilhelm und Hardenberg wiederholte sich ständig dasselbe Muster. Die Klischees stammten aus den Abläufen des ersten Regierungsjahres: Der König kommt nicht umhin, die Eigenschaften und Fähigkeiten Hardenbergs anzuerkennen, ja zu bewundern. Dennoch genügen die geringste Einflüsterung, die absurdeste üble Nachrede oder das leiseste Gerücht, etwa über Hardenbergs Privatleben, um das Misstrauen des Herrschers, seine Vorbehalte und seine Rivalitätsängste von neuem zu wecken.

Wenn der König zum Beispiel Hardenbergs übersichtlich angelegte Etatverwaltung an sich durchaus zu schätzen weiß, genügt schon die unsinnige Behauptung eines Schulenburg, die Unübersichtlichkeit der alten Etatverwaltung sei eigentlich viel besser als Hardenbergs Übersichtlichkeit, weil das alte System von Unberufenen nicht durchschaut werden könne, um den fachlich überforderten Monarchen vollends zu verunsichern und das Misstrauen gegen Hardenberg wieder zu schüren. Schlägt der wortgewaltige Minister dann auch noch mit der treffenden Bemerkung »Etatverwirrungskommission« zurück, wächst beim König das Unbehagen an der Überlegenheit seines Dieners nur noch mehr.

Die Unsicherheit Friedrich Wilhelms führt oft auch dazu, dass eine Maßnahme zurückgenommen, eine Absicht fallen gelassen, ein Plan auf die lange Bank geschoben wird. Dabei wirkt die Flexibilität Hardenbergs, die sich – je nach Fall und Situation – mal für, mal gegen die herrschende Meinung ausspricht, noch zusätzlich beunruhigend.

Die Regierungsunfähigkeit des Königs wird sehr anschaulich durch einen Reformversuch aus dem Jahr 1800: Der junge König hatte die Idee, den königlichen Titel und die entsprechenden Floskeln nur noch den obersten Staatsinstanzen zuzugestehen – üblich war, dass jede untergeordnete Behörde mit einer Formel wie

Das preußische Königspaar Friedrich Wilhelm und Luise.
Gemälde von F. C. Weitsch, 1799

»Wir, König von Gottes Gnaden, haben geruht ...« auftreten und sich selbst die Autorität des Königs anmaßen konnte. Dies wollte Friedrich Wilhelm III. nun abschaffen. Was geschah daraufhin?

Mit einer einzigen Ausnahme waren sämtliche Minister gegen die Modernisierung, verfassten mit einem an Komik grenzenden argumentativen Aufwand eine Art Denkschrift gegen die Abschaffung des Kanzleistils und äußerten ihre Besorgnis, die Änderung könne den »Geist frecher Auflehnung« fördern und mithin die Grundlagen des Obrigkeitsstaates aufs Spiel setzen.[4]

Nun formulierte Hardenberg in einem Sondervotum seine abweichende Meinung: *Der Stilus curiae, dessen man sich bedient, war der des gemeinen Lebens voriger Zeit; dieser hat sich längst verändert, jener ist geblieben. Ich sehe aber nicht ein, was man für einen Wert darauf setzen kann, daß die oberen Behörden im Staat die barbarische Schreibart ungebildeter Zeiten beibehalten, da man doch in Absicht auf alle andern mit der Staatsgewalt verknüpften Gebräuche fortgeschritten ist. Daß der alte Kurialstil zur Autorität beitrage und imponiere, läßt sich wohl nicht behaupten.*[5]

Der König war von der geschlossenen Phalanx der Minister ebenso beeindruckt wie von Hardenbergs Argumenten – und tat gar nichts. Noch zehn Jahre lang änderte sich nichts. Erst als Hardenberg Staatskanzler war, räumte mit dem Kurialstil auf.

Viele andere Reformvorhaben stellte Hardenberg von vornherein zurück. Er war inzwischen erfahren genug, nur noch solche Vorschläge zur Debatte zu stellen, die Aussicht auf Verwirklichung hatten. 1801 traf er mit dem bayerischen Minister Maximilian Montgelas zusammen und legte den Grund für einen Grenzvertrag zwischen Preußen und Bayern. Hardenberg und Montgelas verstanden sich gut, und Bayern übernahm aus der Hardenbergschen Verwaltungspraxis in Ansbach-Bayreuth wichtige Impulse für ganz Bayern.

Zwar hatte Hardenberg in seinem Generalbericht vom Mai 1801 noch einmal alle Missstände und Defizite aufgeführt, die nach seiner Meinung behoben werden müssten. Aber er machte sich längst keine Illusionen mehr darüber, welche Verbesserungen er zu dieser Zeit durchsetzen konnte und welche nicht. Nur für verwaltungstechnische Überlegungen sah er eine Chance:

Die Schreiberei verfielfältigt und vermehrt sich ins Unendliche,

weil die Ressorts zu sehr multipliziert und die Details nicht gehö-
rig nach den Stufen der Behörden verteilt sind. Einseitigkeit, Kol-
lisionen, Verschiedenheit der Grundsätze können nicht aufhören,
solange jedes Department für sich wirkt und von dem andern bei-
nahe weniger Kenntnis nimmt als von der Verwaltung eines ganz
fremden Staates.[6]

Was tiefer greifende Reformen angeht, war der schlaue Fuchs
geduldig und zäh genug, sie zu einem späteren Zeitpunkt wieder
aufzugreifen.

Der »kleine Roman«

Bevor Hardenberg seine politischen Pläne wieder aufgreifen
konnte, musste er sich um neue Verwerfungen in seinem Privatleben kümmern. Ehefrau Sophie war zermürbt von den wechseln-
den Affären ihres Mannes. Sie, die Gefährtin stürmischer Jahre,
bekam ein uneheliches Kind. Es ist nicht bekannt, wer der Vater
ist. Der Gentleman Karl August von Hardenberg übernahm die
Versorgung des Kindes – und ließ sich scheiden. Sein ehemaliger
»Schatz« erhielt eine ordentliche Rente. Der kleine Roman, wie
der Archivar Lang die Affäre nennt, ist damit jedoch nicht annähernd erzählt.

Lang hat die Ereignisse aus unmittelbarer Nähe miterlebt.
Etwas hilflos erklärt er die Vorgänge als »Charakterzug der
Zeit«. Die wahren Hintergründe aber erzählt er nicht: das Scheitern einer Ehe, das Scheitern einer Liebe. Es war Liebe, als zwölf
Jahre zuvor die unreife Ehe zwischen der 31-jährigen Christiane
von Reventlow und dem 38-jährigen Karl August von Hardenberg zu Ende ging und Sophie von Lenthe und Karl August ein
Paar wurden. Es folgten erfüllte Jahre voller Glück und Zufriedenheit, die der Karriere des Staatsmannes Basis und Rahmen
gaben. Und dann?

Karl August hörte nicht auf, nach Liebe zu suchen, und nahm
dafür manches Abenteuer in Kauf. Immer wieder munkelte man
von Liebesaffären des Ministers – seine vielen Reisen, die Konferenzen, die Kongresse ... Und offenbar war es Hardenbergs Cha-

rakter, die sexuellen Abenteuer nicht – wie die meisten Männer – als vorübergehende Frühlingsstürme zu nehmen, unpersönlich und folgenlos. Für ihn waren sie vielmehr höchstpersönliche Affären, aus denen neue Verantwortung resultierte. Also wurde aus der Affäre in aller Unschuld und Selbstverständlichkeit der nächste Versuch, das Glück beim Rocksaum zu fassen.

Als Sophie das uneheliche Kind erwartete, hatte Hardenberg schon seit Jahren einen neuen »Tresor«, den er sogar mit nach Ansbach brachte. Aber für den Archivar Lang ist sie, Sophie, die *weit schönere und angenehmere Gattin, die ihren Gemahl romantisch liebte und jetzt nun eine allzu bittere Wiedervergeltung dafür erfahren mußte, daß auch sie ihren ersten Mann ... verlassen hatte.*[1]

Am Ende der Affäre verschwindet Sophie aus Ansbach, geht mit ihrem Kind nach Sachsen und blieb so gut wie verschollen. Sie verschwand aus Hardenbergs Leben. Die Tagebuchnotizen sind, wie immer, äußerst karg. Wie ein entferntes Wetterleuchten muten die Bemerkungen an über Briefe an Sophie oder die wenigen Treffen mit ihr. Aber die eigentlichen Gewitter der Trennung finden sich in den Notizen nicht wieder. Nur zwei Mal blitzen Schwierigkeiten auf: In den Aufzeichnungen taucht die Formulierung *meine böse Frau* auf und das Wort »böse« ist unterstrichen (22. und 25. Oktober 1799). Im Dezember werden dann noch Sophies Abreise, ein Brief an sie und ein Brief von ihr aus Prag erwähnt.

Am 24. Februar 1800 schickte Hardenberg ihr einen Kreditbrief über 300 Dukaten – überhaupt scheint er sich noch einige Male um Sophies finanzielle Ausstattung zu kümmern. Er trifft sie auch noch einmal in Leipzig und schreibt ihr mehrmals. Unter dem 13. August 1802 verzeichnet er in seinem Tagebuch: *Sophie in Jena gesehen. Zum letzten Mal.* Dann folgt Schweigen. Kein Wort über das, worüber korrespondiert wurde. Von Verletzungen oder Trauer, Schuld oder Scham wird nicht gesprochen. Der großen Leidenschaft ist große Entfremdung gefolgt.

Der kleine Roman ist zu Ende. Sophie wird Karl August überleben und 1835 mit 78 Jahren in Palermo sterben.

Ein neuer Roman beginnt. Charlotte Schönemann, Geliebte seit sechs Jahren, ist die neue Gefährtin. Als Schauspielerin ist sie alles andere als standesgemäß. Sie ist jetzt 28 Jahre alt.

Sie geht mit dem Minister nach Berlin und Tempelberg, vor den Toren Berlins, auf dem Weg nach Frankfurt an der Oder. Tempelberg wird das Refugium der nächsten Jahre. Das Gut war damals ein stattlicher Hof im märkischen Oderland und ein Schloss. Mit ausgeruhten Pferden brauchte der Wagen des Staatskanzlers etwa vier Stunden für die Fahrten zwischen Berlin und dem Herrensitz im Bauernland.

In Tempelberg wurde Geschichte gemacht. Von hier aus zog Hardenberg, als er auf Verlangen Napoleons »quieszierender Minister«, also Minister im Ruhestand, war, die Fäden für ein Geheimabkommen mit Russland. Hier gaben sich, zunächst unbemerkt von den französischen Spionen, europäische Diplomaten die Klinke in die Hand. Trotzdem blieb Tempelberg ein Ort, an den sich Hardenberg zurückziehen konnte, um ruhige Zeiten mit seiner dritten Ehefrau zu verbringen.

Heute ist das Gutshaus nur noch ein Trümmerhaufen aus Erde und Schutt. Im Zweiten Weltkrieg wurde das Anwesen bis auf ein paar Wirtschaftsgebäude zerstört. Im kleinen Bauerndorf mit Kirche und Dorfteich wohnen Arbeiter und Bauern, die Zeit haben, vom Schloss und seiner Zerstörung zu berichten.

Zur Zeit Hardenbergs lag Tempelberg in der Mitte des alten Preußen. War man vom westlichen Rand des Territoriums, von Aachen aus, bis hierher gefahren, musste man noch einmal die gleiche Strecke zurücklegen, um in Tilsit die östliche Grenze Preußens zu erreichen.

Der Anfang des gemeinsamen Lebens mit Charlotte Schönemann war anders, als man es sich gemeinhin für eine neue Bindung vorstellt. Wie mag es der an ein großes Publikum gewöhnten Schauspielerin in der bäuerlichen Einöde des Oderlandes ergangen sein? Auch hier geben die autobiografischen Aufzeichnungen wenig von dem zu erkennen, was Hardenberg in diesen Jahren dachte, was er fühlte, und noch weniger, was Charlotte dachte und fühlte. Charlotte lebte mit ihm zunächst als »Freundin und Ehrendame des Hauses«, später als »erklärte Geliebte« und schließlich als »wahre Gemahlin und Fürstin« zusammen.[2]

So jung sie auch war – in Hardenbergs Tagebuchnotizen tauchen sehr bald besorgte Bemerkungen über eine Krankheit Charlottes auf. Hardenberg engagierte den Bamberger Arzt Adalbert Marcus, um die Krankeit zu behandeln. Um welche Krankheit es sich handelte, erfährt man nicht.

Der Minister muss trotz der Krankheit seiner Frau die Dienstgeschäfte wahrnehmen und auch auf Reisen gehen. Er schreibt ihr oft und in schneller Folge. Die Nummerierungen gehen, auf einer einzigen Reise, bis zur Ziffer 36. Manchmal antwortet Charlotte, aber einige ihrer Briefe empfindet er als »zweideutig« und »fatal«, was sich wohl auf Charlottes Aussagen über ihr Befinden bezieht.

Hardenberg selbst leidet immer wieder an Zahnschmerzen, manchmal auch an Halsweh. Es ist also eine harte Zeit für beide, in der eigentlich die Staatsgeschäfte, die Dienstreisen, die Familienangelegenheiten volle Aufmerksamkeit fordern. Eine private Bemerkung, wie die vom 19. Juli 1803, ist selten: *Abends spät nach Tempelberg mit Lotte.*

Wir erfahren, dass zwei Tage später auch Hardenbergs Brüder dort ankommen. Es folgen stille Tage auf dem Gut. Die notwendigen Reisen des Ministers zum Amtssitz in Berlin sind kurz.

Im Tagebuch finden sich für diese Zeit rätselhafte Hinweise auf den Mondzyklus: *Zunehmender* oder *abnehmender Mond, Neu- oder Vollmond* ist ihm über Jahre wert, in den Unterlagen für seine Autobiografie festgehalten und dadurch mit den übrigen Abläufen seines Lebens verknüpft zu werden. Es mag zu weit gehen, diese immer wiederkehrende Bemerkung in den Notizen Hardenbergs in esoterische Zusammenhänge einzuordnen oder mit seinem Leben als Freimaurer in Zusammenhang zu bringen. Die Frage aber, wie man jenseits dessen die Ausdauer verstehen soll, mit der Hardenberg in seinen Aufzeichnungen die jeweilige Phase des Mondzyklus festhält, bedarf noch der Aufklärung.

Dass Hardenberg in dieser Zeit des Neubeginns seiner privaten Verhältnisse das Gut Tempelberg zu seinem Lebensmittelpunkt machte, war durch eine schwer wiegende Entscheidung vorbereitet. Hardenberg hatte sich im Jahr 1800 von seinem Stammgut bei Göttingen, dem Hauptsitz seiner Familie, getrennt. Er verkaufte Gut Hardenberg für 280 000 Taler an seinen Vetter, den Grafen August Wilhelm Karl von Hardenberg, der aus der jüngeren Linie, dem »Hinterhaus«, stammte.

Für die Transaktion bedurfte es der Zustimmung der gesamten Familie. Die bekam Karl August im März 1801 bei einem Familientag in Leipzig, auf dem es offenbar recht fidel zuging. Karl Heinrich Lang berichtet: *Die angekommenen Herren Vettern*

schwärmten auch in den Pferdeställen, die Frauen in den Galan-
terieläden herum; endlich spannten sich Gegenvisiten, Aufwar-
tungen, Sollizitationen und Handelschaften an, es gelang kaum,
sich bei der Tafel vereint zu finden; nachts wurde gespielt bis
nach Mitternacht.[3]

Trotzdem wurde am Ende auch ernsthaft verhandelt. Karl August bekam die Zustimmung der Familie zur Überschreibung des
Gutes Hardenberg. Karl August konnte damit seine Schulden gegenüber dem Familienbesitz ausgleichen und darüber hinaus das
Gut Satjewitz in Holstein erwerben, allerdings mit der Auflage,
diese Güter als Familienbesitz zu führen.[4]

Die damalige Entscheidung wog schwer, weil Karl August, der
älteste Sohn des Christian Ludwig von Hardenberg und Erbherr
des Hardenbergs bei Göttingen seine Heimat aufgab und damit
seine Vergangenheit hinter sich ließ, um in Preußen, seiner Wahl-
heimat, Wurzeln zu schlagen und ein neues Leben zu beginnen. In
Tempelberg, in optimaler Distanz zu Berlin, hielt Hardenberg
jetzt Hof, wie er es liebte. Hier konnte er Empfänge und Feste
geben, hier zog er Künstler und Professoren, Diplomaten und Politiker in seine Nähe. Hierher konnte er sich zurückziehen, wann
immer er wollte. Er war jetzt fünfzig Jahre alt, Provinzialminister
für die fränkischen Fürstentümer und zugleich einflussreicher Kabinettsminister im Auswärtigen Amt. Schon bald würden die außenpolitischen Entwicklungen seine volle Aufmerksamkeit beanspruchen.

Coup de Théâtre
mit Kaiser, Zar und König

Sankt Petersburg. Die Mörder kamen in der Nacht und erdrossel-
ten den Zaren in seinem Bett. Es war die Nacht vom 23. auf den
24. März 1801. Zar Paul I. Petrowitsch war 46 Jahre alt und erst
seit gut vier Jahren Kaiser von Russland. Seine Mutter, Katharina
II., hatte ihn von allen Staatsgeschäften fern gehalten. Als er
schließlich den Thron bestieg, wollte er alles ganz anders machen
als die verhasste Mutter und ergriff ohne eigenes Konzept bald

diese, bald jene Maßnahme. 1798 schloss er sich der Zweiten Koalition gegen die französische Revolutionsregierung an, weil der Erste Konsul, Napoleon, auf dem Weg nach Ägypten nebenbei die Insel Malta besetzt hatte und er, der Zar, Großmeister des Malteser-Ordens war.

Ein gutes Jahr später verließ er die Koalition wieder, weil er sich von Österreich und England übervorteilt fühlte. Mit dem Mord machte eine Verschwörung von Offizieren dem unzuverlässigen und unwürdigen Hin und Her ein Ende.

Hardenberg nennt in einem Brief an seinen Sohn Christian den *schnellen, wahrscheinlich nicht natürlichen Tod* des Zaren einen *wahren coup de théâtre, der aber vielleicht zum Frieden führen kann.*[1] Mit Frieden meinte Hardenberg zu diesem Zeitpunkt des unentwegten Spiels um die Macht, dass weder der neue Zar noch Napoleon, Österreich oder Bayern etwas gegen Preußens Zugriff auf die Bistümer Bamberg und Würzburg einwenden würden.

Die beiden Bistümer waren für Hardenberg wichtig, weil sie – sollten sie an Bayern fallen – das preußische Franken endgültig zerteilen würden und die Provinzen dann so von Bayern eingekreist wären, dass Handel und Wirtschaft jederzeit lahm gelegt werden könnten.

Schon sehr bald nach dem »coup de théâtre« erwies sich Hardenbergs Optimismus jedoch als haltlos. Das Theater von Sankt Petersburg hatte höchst reale Auswirkungen auf das Geschehen in Wien, Berlin und Paris.

Niemand wollte einer Stärkung Preußens in Süddeutschland zustimmen, auch nicht der Nachfolger des ermordeten Zaren, der dreiundzwanzigjährige Alexander. Das Kabinettsministerium in Berlin musste seinen Verzicht auf Bamberg und Würzburg bekannt geben. Die beiden Bistümer sollten an den Kurfürsten Maximilian von Bayern fallen, der schon bereit stand, auch die fränkischen Provinzen – Hardenbergs Domäne also – für Bayern zu fordern.

Realistischer als der Traum, Bamberg und Würzburg zu erwerben und Franken zu behalten, war Hardenbergs Hoffnung, das Kurfürstentum Hannover für Preußen zu gewinnen. Das Territorium war ein natürliches Objekt preußischer Begierde, weil sein Besitz die Arrondierung der Kernlande mit dem Streubesitz im Westen ermöglicht hätte.

Aber auch für die übrigen europäischen Mächte war Hannover ein willkommener Zankapfel: Wer seine Hand nach Hannover ausstreckte, griff England an. Wer England angriff, stellte sich auf die Seite Frankreichs. Und wer beide gegeneinander ausspielen wollte – mal tat dies Russland, mal Österreich –, brauchte nur Preußen zu ermuntern, in Hannover einzurücken.

Der hannoversche Gesandte in Berlin, Franz von Reeden, rechnete bereits mit dem Coup, als er von *Graf Haugwitz, Minister Hardenberg und Konsorten* sprach und besonders gegen die *verräterische Einstellung Hardenbergs gegenüber seinem Vaterland* wütete, obgleich Hardenberg zu diesem Zeitpunkt, im März 1801, gar nicht an der preußischen Politik in Sachen Hannover beteiligt war.

Preußens Politik unter dem Außenminister Haugwitz verfing sich im Dilemma zwischen der natürlichen Begehrlichkeit nach territorialer Vergrößerung und der ideologischen Entschlossenheit zur Neutralität. Bald zeigte sich die ganze Hilflosigkeit des Königs gegenüber diesem Dilemma. Friedrich Wilhelm III. ließ im März 1801 preußische Truppen in Hannover einmarschieren, musste sie aber schon im Oktober wieder zurückziehen.

Denn auf einmal sah es so aus, als ob sich die Großmächte im Osten und Westen, Russland und Frankreich, über den Kopf Preußens hinweg verständigen konnten. Preußische Truppen in Hannover hätten dann nicht mehr in die Landschaft gepasst.

In dieser Situation wurde der neue Zar, Alexander, auf dem europäischen Parkett aktiv. Er beeilte sich, als Nachfolger Pauls I. schnell klare Verhältnisse zu schaffen und Russlands Beziehungen zu England, Österreich und Preußen zu bereinigen.

Es gelang jedoch weder ihm noch einem der anderen Herrscher, den brodelnden Kessel der europäischen Politik zu beruhigen. In den Köpfen der Beteiligten wurde unentwegt kombiniert, getauscht, geteilt und entschädigt. Dabei war Preußen viel zu klein und viel zu schwach, um eine wirklich aktive Rolle in diesem Theaterstück der europäischen Mächte zu übernehmen. Die nahezu pathologische Neutralitätsversessenheit Friedrich Wilhelms III. verhinderte ein schnelles Entkommen aus der Koalitions- und Bündnisfalle. Indessen stieg die kritische Temperatur der Konflikte.

Napoleon besetzte überraschend Hannover und blockierte

die Weser- und Elbmündungen. Der preußische Außenminister Haugwitz hatte zwar dem französischen Einmarsch in Hannover, das ja zur englischen Krone gehörte, noch einmal zuvorkommen wollen. Aber Friedrich Wilhelm konnte sich nicht zum Handeln entschließen. Er verpflichtete das Kabinettsministerium, die Neutralität gegenüber Frankreich strikt einzuhalten. Haugwitz war dadurch völlig überfordert und bat erst einmal um einen sechswöchigen Urlaub.

Die Leitung der preußischen Außenpolitik sollte für diesen Zeitraum, unter Beibehaltung seiner Zuständigkeit für die fränkischen Fürstentümer, Hardenberg übernehmen. Für den aber war der Auftrag ein riskantes Unternehmen, vor allem als Vertreter des eigentlichen Außenministers. Er war ja in Bezug auf die Neutralitätspolitik vollkommen anderer Meinung als der König.

Im Grunde hätte er die Urlaubsvertretung für Haugwitz also nicht übernehmen dürfen. Wenn er es doch tat, so mag für ihn die Chance im Vordergrund gestanden haben, mit der Stellvertretung des amtierenden Kabinettsministers in die Leitung der preußischen Außenpolitik einzutreten. Diese Überlegung war sicher richtig, denn die Übernahme der Haugwitz-Vertretung sollte sich als entscheidender Markstein in seiner künftigen politischen Karriere herausstellen. Er selbst jedenfalls sah es so: *Ich komme jetzt zu einer der wichtigsten Epochen meines Geschäfts Lebens, zu der, wo mir die Leitung der auswärtigen Angelegenheiten anvertrauet war.*[2]

Hardenberg kam schnell zur Sache: *Der Graf von Haugwitz war der Geschäfte für den Augenblick überdrüssig und wünschte, gedrängt durch die Zerrüttung seiner vernachlässigten Privatangelegenheiten, auf einige Zeit seine Güter in Schlesien besuchen zu dürfen. Er leitete es daher dahin ein, daß ich im August und September 1803 die Geschäfte des auswärtigen Departements für ihn übernahm ...*[3]

Als Hardenberg sich später, nach den Niederlagen gegen Napoleon, die Zeit nahm, die Denkwürdigkeiten seiner auswärtigen Politik niederzuschreiben, lag ihm natürlich daran, seine damalige Einflusslosigkeit und Ohnmacht herauszustellen. Nie habe er an den außenpolitischen Entscheidungen Anteil gehabt, nie sei er zu Rate gezogen worden. Und in einer sechswöchigen Urlaubsvertretung habe er auch gar keine Gelegenheit gehabt, eigene Vorstellungen zu verwirklichen. In der Tat war sein Dilemma zwischen den eigenen Auffassungen und den offiziellen Richtlinien der Außenpolitik so groß, dass er den Grafen Haugwitz bat, früher als geplant auf seinen Posten zurückzukehren. *Ich sah die Verlegenheit immer näher kommen, wo Preußen eine entschiedene Partei würde ergreifen müssen.*[4]

Haugwitz kam Anfang Oktober 1803 zwar zurück, war jedoch so unlustig, die Zügel wieder in die Hand zu nehmen, dass er Hardenberg erneut bat, die Vertretung zu übernehmen. Diesmal, wie nicht anders zu erwarten, wollte Hardenberg die Bedingungen seiner Stellvertretung genauer geklärt wissen, und zwar auf eine Weise, die eine dauerhafte Verantwortung herbeiführen müsste.

Nachdem er eine keineswegs eindeutige Kabinettsordre des Königs vom 2. April in der Hand hatte, lud er den Grafen Haugwitz nach Tempelberg ein, um einige Tage in ruhiger Atmosphäre die Übernahme der Amtsgeschäfte zu besprechen. Die Herren redeten offen: Ob nicht Schulenburg den Posten beanspruche, ob nicht der General Köckritz sich viel zu sehr einmische und ob der Geheime Kabinettssekretär Lombard sich nicht viel zu viel herausnehme und den Kontakt zwischen dem Kabinettsminister und dem König dominiere. *Seine Beschwerden über den General Köckeritz und über Lombard waren begründet, aber er war selbst Schuld daran.*[5]

Hardenberg zeigt in seinen Aufzeichnungen eine beträchtliche Distanz zu Haugwitz, der doch einmal sein Freund gewesen war. Seiner Meinung nach ist Haugwitz *unglaublich nachlässig in allen Arbeiten.* Hardenberg erwähnt auch die finanziellen Schwierigkeiten, in die sich Haugwitz hineinmanövriert habe, weil er dem König zunächst ohne Besoldung gedient habe. *Geldgeizig war er nicht; und reich genug, um seinen Aufwand bestreiten zu können ...*

Schließlich lockte Hardenberg aus seinem Gast die Erklärung heraus, er, Haugwitz, habe die Absicht, sich endgültig vom Amt des Kabinettsministers zu verabschieden: *... sagte mir der Graf endlich: sein unwandelbarer Entschluß sei, den Dienst ganz zu verlassen, ich möchte also die Sache nicht als ein Vicariat, sondern als eine völlige Übernahme seiner Stelle betrachten.*[6] Dem König schrieb er diplomatisch verklausuliert so, dass offensichtlich wurde, wie sehr er die Übernahme des erneuten Vikariats mit dem Verlangen nach Unmittelbarkeit zum König verband: *Aus diesem Grunde mußte ich die Beruhigung sehnlich wünschen, jenen wichtigen Austrag nur Ew. K. M. eigenem huldreichen Zutrauen und der Höchsteigenen Überzeugung zu verdanken, daß ich ihn zweckmäßig ausführen würde, und bat selbst den Grafen von Haugwitz, mich zu seinem Stellvertreter nicht vorzuschlagen ... Gleich darauf werde ich die Geschäfte mit Mut antreten, wenn ich hoffen darf, daß Ew. Majestät mir, wo ich Zweifel habe, gnädigst gestatten, mich über Höchstdero eigene Ansichten zu belehren und Ihre Befehle zu erfragen.*[7]

Am 14. April 1804 übernahm Karl August von Hardenberg die Leitung des Kabinettsministeriums, wenn auch immer noch als Abwesenheitsvertreter des Grafen Haugwitz. De facto war jetzt er der Leiter der preußischen Außenpolitik. Er notiert: *Man kann mir den Einwurf machen, warum ich unter solchen Umständen die auswärtigen Geschäfte übernahm, und freilich, blos nach dem Erfolg geurtheilt, hätte ich besser gethan, sie abzulehnen; Aber damals konnten mich doch gute Gründe bestimmen, dieses nicht zu thun ...* Hardenberg übernahm die Geschäfte auch in der Überzeugung, niemand sei besser für diese Aufgabe geeignet als er: *Ohne mir einen zu hohen Wert beizulegen, mußte ich einsehen, daß unter allen, auf die die Wahl fallen konnte, ich noch am ersten hoffen dürfe, dem Staat in dieser Stelle mit Nutzen zu dienen, daß ich, wo nicht viel Gutes und Großes leisten, doch viel Nachteiliges abwenden könne ...*[8]

Die Lage Preußens zu diesem Zeitpunkt umschreibt Hardenberg mit knappen Worten: *Ungewißheit und Mißtrauen von allen Seiten, Mangel an Ansehen und Achtung allenthalben, an unseren östlichen Grenzen russische Armeen, an den westlichen, ja im Herzen unseres Staats französische, bei uns der feste Wille des Königs, ruhig und neutral zu bleiben, aber nicht die mindeste Anstalt, diesen geltend zu machen, nicht einmal in der Sprache – so war unser Zustand.*[9]

Je düsterer ihm aber die Lage erschien, desto klarer sah er – zumindest in seiner nachträglichen Stilisierung – die Schwierigkeiten der vor ihm liegenden Aufgaben.

Kombinieren, teilen, tauschen

Als Hardenberg 1804 die Zügel der Außenpolitik in die Hand nahm, musste er erfahren, dass längst ein anderer das Gesetz des Handelns an sich gerissen hatte: Napoleon Bonaparte. Die Macht des Ersten Konsuls war so gewachsen, dass er sich zum erblichen Kaiser der Franzosen ausrufen ließ.

Was können in einer solchen Lage die Vertreter einer ausländischen Macht anderes tun, als dem neuen Machthaber zu gratulieren und, mehr oder weniger diplomatisch verbrämt, die Hoffnung auszudrücken, dass er seine Macht maßvoll und international verträglich zum Wohl aller nutzen werde?

Napoleon dachte jedoch gar nicht daran, seine Ziele anders zu verfolgen als bisher. So ließ er Louis de Bourbon, den Herzog von Enghien, in Ettenheim, also auf deutschem Boden, entführen und nach einem Kriegsgerichtsverfahren erschießen, um seinen Anspruch auf die Krone abzusichern. In dem zweiunddreißigjährigen Bourbonen sah er eine Gefahr, da die Monarchisten in Frankreich ihn zu ihrer Galionsfigur hätten machen können. Der Bourbone musste verschwinden, auch wenn Napoleon sich damit über das Völkerrecht hinwegsetzte.

Europa stand Kopf. Aber nur Zar Alexander unternahm ernsthafte Schritte, den politischen Mord zu ahnden. Er befasste den Reichstag mit der Sache und verlangte vom preußischen König, sich der russischen Initiative anzuschließen. Der König aber nahm nur die Gelegenheit wahr, sein eigenes »System«, wie Hardenberg es nannte, herauszustellen: jede Parteinahme zu umgehen und Preußen eher zu isolieren als in politische oder militärische Verwicklungen geraten zu lassen.

Hardenberg wollte auf keinen Fall den mächtigen Nachbarn im Westen provozieren und ließ die schon angeordnete Hoftrauer für den Bourbonen absagen.

Zar Alexander aber ließ nicht locker. Scharfe Noten gingen zwischen Sankt Petersburg und Paris hin und her. Der Zar warf dem Kaiser den Bruch des Völkerrechts vor. Bonaparte antwortete, es handele sich um eine innere Angelegenheit Frankreichs. *Notwendigkeit und Wichtigkeit* hätten die französische Regierung ermächtigt, *zwei Meilen von ihrer Grenze französische*

Rebellen aufheben zu lassen, die sich selbst außerhalb des Völker-
rechts versetzt hätten. In seinen »Denkwürdigkeiten« nennt Hardenberg diese Argumentation Napoleons *voll von Anzüglichkei-*
ten, Unwahrheiten und Sophistereien.[1]

Napoleon rief den französischen Geschäftsträger aus Sankt Petersburg zurück und stellte die ultimative Frage an Friedrich Wilhelm III., ob Preußen russischen Truppen den Durchmarsch nach
Westen erlauben werde oder nicht. Hardenberg moderierte die Situation in Gesprächen mit dem französischen und dem russischen
Gesandten und analysierte in einer Denkschrift (vom 6. Juni
1804) noch einmal die Lage in Europa. In der Antwort des Königs an Napoleon formulierte Hardenberg vorsichtig: Preußen
werde seine strikte Neutralität fortführen, rechne umgekehrt aber
auch damit, dass Frankreich seine Truppen in Hannover nicht
verstärke und in Norddeutschland jede Aggression vermeide.

Die Lage hatte sich also eher beruhigt, als Graf Haugwitz seine
Rückkehr in die Hauptstadt ankündigte. Es schien, als solle die
Vikariatszeit Hardenbergs jetzt vorüber sein, was auch die An-
hänger des Grafen Haugwitz so sahen.

Friedrich Wilhelm empfing beide Minister zu einer gemeinsamen Audienz – mit dem unerwarteten Ergebnis, dass Hardenberg
beauftragt wurde, nun die Führung des Außenministeriums endgültig zu übernehmen. Der Hardenberg-Biograf Thielen hält
Haugwitz selbst für den Initiator dieser Entwicklung. Auch denkbar ist ein Wunsch des Königs nach klaren Perspektiven für die
auswärtige Politik.

Der Vermutung, der König wolle Klarheit schaffen, wider-
spricht allerdings die zweideutige Formulierung in der anschließenden Kabinettsordre vom 14. Juli 1804: Mit Haugwitz und
Hardenberg seien nun zwei hervorragende Minister für die Führung des Auswärtigen Departements gewonnen worden. Haugwitz werde zwar von der Leitung der Geschäfte entbunden, solle
sich aber doch bereithalten, bei Krankheit oder Abwesenheit
Hardenbergs die Geschäfte zu übernehmen. Dafür solle er *von*
allen Sachen Kenntnis nehmen und den Konferenzen beiwohnen
und sich besonders im Winter ständig in Berlin aufhalten. Die
wirkliche Leitung der Geschäfte des Auswärtigen Departments
sei aber nun dem Freiherrn von Hardenberg übertragen. Er, der
König, halte eine *gemeinschaftliche Geschäftsführung* für nach-

teilig, so dass Haugwitz sich aller Aktivitäten enthalten solle, die nach einer solchen Doppelspitze aussehen könnten.

Im Grunde wurde nur das bisherige Verhältnis umgekehrt: Haugwitz sollte als Berater und Stellvertreter Hardenbergs tätig werden. ... *bis dahin vicariirte also der Graf von Haugwitz nun für mich.*

Die ganze Kabinettsordre war so unklar und widersprüchlich formuliert, dass die Haugwitz-Anhänger am Hof in der »Hamburger Presse« von einem befristeten Urlaub sprachen. Hardenberg sah darin eine »Kabale«, folgte aber *um desto lieber der mir eigenen Neigung, meinen Weg fortzuwandeln, ohne auf die Kabale zu achten.*

Die unklare und widersprüchliche Scheinregelung, die Friedrich Wilhelm getroffen hatte, spiegelt sehr deutlich die Entscheidungsneurose des Königs. Um klare Entschlüsse zu vermeiden, delegierte er immer wieder seine Unentschiedenheit an zwei Personen und hoffte, dass auf diese Weise alles so bleiben könne, wie es war.

Hardenberg versuchte trotzdem, eine Entscheidung herbeizuführen. Wieder setzte er die Presse ein, begnügte sich aber damit, in der »Berliner Zeitung« den vollen Wortlaut der Kabinettsordre zu veröffentlichen.

Dadurch, aber wohl auch durch seinen persönlichen Führungsstil gelang es Hardenberg, die Umgebung des Vorgängers bald für eine loyale Zusammenarbeit zu gewinnen.

Auch im Kontakt mit den ausländischen Diplomaten konnte Hardenberg Vertrauen finden. Metternich berichtete nach Wien, die Politik Preußens werde in Zukunft *ganz gewiß weniger würdelos sein und mehr Sicherheit haben.*[2] Der bayerische Gesandte meldete nach München, ein neuer Zug von Energie, Konsequenz und Einheitlichkeit mache sich in Berlin bemerkbar.[3] Die Gesandten Großbritanniens, Russlands und Frankreichs zeigten sich über den Personalwechsel befriedigt, weil Hardenberg ihnen versicherte, die Kontinuität der preußischen Politik werde durch den König garantiert. Die Diplomaten der europäischen Staaten hatten offensichtlich das Gefühl, endlich einen ebenbürtigen und verlässlichen Gesprächspartner zu haben.

Diplomatisches Prestige ist jedoch die eine Sache. Die andere sind die realen Machtverhältnisse, in diesem Fall die Spannung zwischen Russland und Frankreich. Zwar versuchte der Zar, den König von Preußen für eine Koalition gegen Frankreich zu gewinnen. Doch Hardenberg konnte Preußen dem Ansinnen entziehen und gewann dafür das Entgegenkommen Napoleons im besetzten Hannover: Der französische Kaiser erklärte erneut, seine Truppen in Hannover hätten ausschließlich friedliche Absichten.

Der Augenblick relativer Entspannung sollte jedoch nicht lange andauern. Napoleon nutzte prompt einen Schritt des habsburgischen Kaisers Franz II. aus, um das Römische Reich Deutscher Nation zu schwächen und damit die Instabilität Europas zu vergrößern. Franz II. hatte gerade den Titel eines Kaisers von Österreich angenommen, als Napoleon dem preußischen König anbot, sich ebenfalls Kaiser nennen zu können. Friedrich Wilhelm winkte sofort ab, obgleich das Militär und sogar Hardenberg der Rangerhöhung etwas abgewinnen konnten. Hardenberg begrüßte jede Steigerung der preußischen Dominanz in Norddeutschland, auch wenn es nur um einen Titel ging.

Obgleich das Spiel mit dem Kaisertitel unentschieden ausging, wurde noch einmal deutlich, wie zielstrebig Napoleon in die gesamteuropäischen Angelegenheiten einzugreifen gedachte und wie konsequent er die ohnehin wackeligen Grundlagen des Römischen Reiches zersetzen wollte.

Zwischenfall vor Hamburg

In der Nacht zum 25. Oktober 1804 setzte ein Trupp von 250 französischen Soldaten in der Nähe von Hamburg über die Elbe, brach in das Landhaus des britischen Geschäftsträgers Ritter von Rumbold ein, entführte ihn und beschlagnahmte sämtliche Geschäftspapiere des Diplomaten. Rumbold wurde nach Paris gebracht. Napoleon vermutete, bei ihm Beweise dafür zu finden, dass England an der Vorbereitung eines Mordkomplotts gegen ihn beteiligt sei.

Es war also wieder ein Handstreich, der den europäischen Regierungen klar machte, wie wenig Napoleon daran dachte, seine enorm angewachsene Macht zum Anlass für persönliche Mäßigung und einvernehmliche Friedenspolitik zu nehmen.

Konnte der Mord am Herzog von Enghien, wenn man die Argumente Napoleons gelten ließ, noch als innerfranzösische Angelegenheit mit dynastischem Hintergrund betrachtet werden, so war der neue Gewaltakt eine internationale Herausforderung. Hardenberg notiert: *Der Kaiser Napoleon machte seit dem Anfange des Jahres 1804 Jagd auf die englischen Gesandten.*[1] In der Tat hatte Napoleon schon die Abberufung der englischen Gesandten in München und Kassel durchgesetzt und sollte wenig später, wie Hardenberg schreibt, auch einen englischen Kurier von fünf vermummten Männern überfallen lassen, um Depeschen in seine Hand zu bringen, die für Berlin, Sankt Petersburg und Wien bestimmt waren. *So wurden alle Mittel gebraucht, sie mochten noch so schändlich sein, um die Zwecke Napoleons zu erleichtern. Da die Ausflucht, daß es Räuber und keine französischen Soldaten gewesen, schwer zu beseitigen war, so konnte in dieser Sache nichts weiter geschehen.*[2]

Anders in der Rumbold-Affäre. Sie war eine öffentliche Angelegenheit und betraf in besonderer Weise auch den König von Preußen, der sich als Herzog von Magdeburg für die Ruhe und Sicherheit in Norddeutschland verantwortlich fühlte. Da der russische Zar mit Blick auf England in der Hamburger Entführung einen »casus foederis«, einen Bündnisfall, sah, forderten der englische und der russische Gesandte unmittelbar nach dem Zwischenfall den preußischen König auf, für die Befreiung von Rumbold tätig zu werden und Genugtuung für die erneute Verletzung des Völkerrechts zu verlangen.

Hardenberg begab sich sofort nach Potsdam und trug dem König einen Schriftsatz vor, in dem er erklärte, es sei jetzt notwendig und unvermeidlich, gegenüber Napoleon Entschlossenheit und Festigkeit zu zeigen.

Er nutzte die Gelegenheit, seine Vorstellung von Neutralität zu präzisieren: Das Konzept einer bewaffneten Neutralität, das zwar einen Krieg nicht ausschließen, möglicherweise aber den Frieden herbeiführen und Sicherheit und Würde erhalten könne – wohingegen eine Neutralität, die nur der passiven Konfliktvermeidung dient, gerade das Gegenteil von dem bewirke, was man erreichen wolle. Die Alternative zwischen diesen beiden Neutralitätskonzepten war die Alternative zwischen der Vorstellung Hardenbergs und der des Königs.

Folgerichtig drängte Hardenberg den König zu einer scharfen Reaktion auf den französischen Übergriff in Hamburg. Friedrich Wilhelm dagegen wollte nicht einsehen, was das Vorgehen Napoleons mit Preußen zu tun habe. Es sei doch nur eine Beleidigung Englands, nicht aber eine Kränkung des preußischen Systems.

Hardenberg dazu: *Ich sage, er w o l l t e nicht, denn es war kein Zweifel, daß er das Alles vollkommen begriff; aber er konnte unerschöpflich in Scheingründen sein, wenn es darauf ankam, einen einmal angenommenen falschen Gesichtspunkt zu behaupten, und die Abneigung gegen eine entscheidende Maßregel überwog alsdann die bessere Einsicht.*[3]

Dieses Urteil Hardenbergs zeigt, wie schnell das Verhältnis zu seinem König immer wieder schwierig werden konnte. Der beharrende König und der stets sprungbereite Minister waren zwei völlig unterschiedliche Naturen, die sich vor allem in Krisenzeiten kaum verständigen konnten.

Hardenberg blieb über den Vorgang bei Hamburg hinaus tief besorgt. Nach einem Bericht Metternichs vom 28. Oktober 1804 hat Hardenberg sehr erregt ausgerufen: *Es ist klar, der Narr, der sich an der Spitze des mächtigsten Reiches auf dem Festlande befindet, geht auf die Weltherrschaft los; er will uns alle daran gewöhnen, uns als Angehörige seiner Domäne zu betrachten, die sich jedem seiner tollen Einfälle zu beugen haben.*[4]

Hardenberg bewies mit diesem Satz große Weitsicht. Friedrich Wilhelm bewunderte ihn dafür, war jedoch nicht in der Lage, seinen Kleinmut zu überwinden. Was Hardenberg aber trotz allem erreichen konnte, war ein Schreiben an Napoleon, in dem der König die sofortige Freilassung des Diplomaten Rumbold forderte. Was Hardenberg ebenfalls erreichte, war die Einbestellung des Oberbefehlshabers der preußischen Truppen, des Herzogs von Braunschweig, nach Berlin. Dieser demonstrative Schritt sollte den Anschein militärischer Vorbereitungen erwecken, von denen in Wirklichkeit aber keine Rede sein konnte.

Immerhin bewirkte der geharnischte Brief an Napoleon, dass Rumbold augenblicklich freigelassen wurde und auf die Insel Jersey ausreisen konnte. Die Regierung in Berlin war überrascht. *Der König ist auf den Wolken,* schrieb der Geheime Kabinettsrat Lombard an Hardenberg. Der führte das Einlenken Napoleons auf die Mischung von Festigkeit und Mäßigung zurück, wie sie Napoleon von Friedrich Wilhelm III. nicht erwartet hatte.

Napoleon ließ in den Zeitungen veröffentlichen, Rumbolds Freilassung geschehe durch die Protektion des Königs von Preußen. Diese Verbeugung vor der Rolle Preußens in Norddeutschland hinderte Napoleon allerdings nicht daran, die geraubten Papiere des britischen Gesandten zu behalten.

Trotzdem wollte Friedrich Wilhelm sich bei Napoleon für die schnelle Freilassung Rumbolds bedanken. Die Entstehungsgeschichte des Dankschreibens wirft ein scharfes Licht auf die Hilflosigkeit des Königs und die entsprechenden Verhältnisse am Hof.

Offenbar hatten der König und sein ständiger Berater, der Geheime Kabinettsrat Lombard, gar nicht mit einem Erfolg der Bitte um Freilassung des Gesandten gerechnet. Umso euphorischer reagierten sie nun auf das Einlenken Napoleons. Lombard entwarf einen schwülstigen Dankesbrief, der von überschwänglicher Emotionalität nur so troff: *Monsieur mon frère, Es ist mir nicht möglich, meine vollkommene Ergriffenheit bei der Lektüre Ihres Briefes wiederzugeben ...*[5]

Hardenberg, dem der Entwurf vorgelegt wurde, sah sofort, dass dieser Brief ohne Würde und Wahrheit abgefasst war und auf keinen Fall abgeschickt werden durfte. Er erkannte *knechtische Dankbarkeit* in den Formulierungen und bewertete den Ton des Briefes als völlig unangemessen, da Napoleon schließlich nichts anderes getan habe, als ein Unrecht wieder gutzumachen – und das auch noch höchst unvollständig, da er die Papiere nicht herausgab.

Diese Einwände trug Hardenberg dem König vor. Diesmal fand er die Zustimmung Friedrich Wilhelms. Für diesen Fall hatte Hardenberg schon einen eigenen Briefentwurf vorbereitet, dessen Formulierungen sehr viel nüchterner ausfielen, obwohl die diplomatischen Gepflogenheiten auch in Hardenbergs Entwurf überschwängliche Floskeln nicht ausschlossen. In dieser Form ging das Dankesschreiben schließlich an Napoleon ab. Bemerkenswert war, dass Lombard, dem der Text zur Kenntnis gegeben wurde, Hardenberg mitteilte, er finde den Brief jetzt *unendlich viel besser als den, den ich zuvor angelegt hatte.*[6]

Der Vorgang kennzeichnet die Arbeitsweise Hardenbergs. Seine Umsicht bügelte immer wieder die Fehler seiner Umgebung aus. Und seine eigene Effizienz – zum Beispiel für den Fall der

Zustimmung des Königs gleich einen eigenen Entwurf parat zu haben – ermöglichte schnelle Korrekturen.

So gern der König jedoch im Einzelfall den Verfahrensvorschlägen Hardenbergs folgte, so misstrauisch blieb er generell gegen die Politik seines Außenministers.

Friedrich Wilhelm schrieb, ohne Hardenberg zu informieren, dem Grafen Haugwitz nach Schlesien, schilderte ihm den Übergriff Napoleons vor Hamburgs Toren und bat ihn um Rat. Der Brief enthielt einen Satz, der sich offensichtlich gegen Hardenberg richtete: *Es gibt mehrere Personen, die für einen Krieg sind. Ich nicht.* Das »*moi pas*« ist von der Hand des Königs unterstrichen.

In seiner Antwort an Friedrich Wilhelm beschwert sich Haugwitz zunächst darüber, dass er in der letzten Zeit, entgegen dem Befehl des Königs, nicht hinreichend informiert worden sei. Das Gleiche äußert er auch in einem Brief an Hardenberg und behauptet in anmaßendem Ton, der Direktor des Büros habe es sträflich unterlassen, ihn auf dem Laufenden zu halten. Er möge bitte in Zukunft, auch während seiner Abwesenheit in Schlesien, *ohne mindesten Zeitverlust und selbst durch Staffette* von allem unterrichtet werden.

Hardenberg musste dies als Affront empfinden und als Bruch der Vereinbarungen über die Geschäftsführung des Kabinettsministeriums. Er fühlte sich getäuscht und interpretierte das Verhalten des Grafen Haugwitz als Versuch, ihm die ganze Verantwortung und Mühe des täglichen Dienstes zuzuschieben, sich selbst aber *ein weites Feld zu Einmischungen und Intrigen aller Art* zu eröffnen.

Hardenberg war sehr aufgebracht und wandte sich ratsuchend an den Geheimen Kabinettsrat Beyme, der die Abmachungen zwischen Hardenberg und Haugwitz genau kannte. In einem Brief vom 12. November 1804 formulierte Hardenberg klipp und klar, er müsse sich entweder auf das Vertrauen des Königs verlassen können oder aber sich *mit ehrerbietigster Resignation zurückziehen.* Hardenberg schrieb, er wolle gegen die Einmischungen seines Vorgängers *gesichert und geschützt* werden. Er selbst müsse bestimmen, welche Informationen er weitergeben wolle und welche nicht. Und er verbitte sich, dass Untergeordnete seines Departements ohne sein Vorwissen und ohne seine Genehmigung mit jemandem über Geschäftsangelegenheiten korrespondierten.

Natürlich war Beyme alarmiert. Er lud Hardenberg auf sein Gut Steglitz, um die Angelegenheit in Ruhe zu besprechen. Hardenberg hatte zwar versichert, er werde die Antwort auf den merkwürdigen Brief des Grafen Haugwitz *bestimmt und offen, aber glimpflich einrichten ..., um keine unangenehme Fehde hervorzubringen, die ich hasse.*[7]

Beymes Rat zielte aber vor allem darauf, auf keinen Fall den König mit der Angelegenheit zu befassen. Dieser Rat war nicht in Hardenbergs Sinn, trotzdem befolgte er ihn. Später in seinen »Denkwürdigkeiten« wurden die Zweifel jedoch wieder wach, ob es nicht doch besser gewesen wäre, *alles Zweideutige aus meinen Verhältnissen zu verbannen* oder eben doch den Abschied zu nehmen.

Zunächst aber ging das Leben weiter. In der Rumbold-Affäre hatte Preußen eine gute Figur gemacht, und Haugwitz antwortete auf Hardenbergs Brief (*mon très cher ami*), ohne die Hauptsache zu erwähnen. Auch Haugwitz wollte also den Konflikt nicht eskalieren lassen. *... das übrige handelte von Landwirthschaft, von englischen Pflügern und Wallachischen Schafen*, fügte Hardenberg ironisch hinzu.[8]

Preußens Politik bewegte sich – der Zwischenfall vor Hamburg hatte es überdeutlich gezeigt – immer noch unentschieden zwischen den Nachbarn im Osten und Westen. Aber das System der Neutralität war immer schwerer durchzuhalten. Hardenberg war sich der Gefahren bewusst und warnte: *... so nöthigte uns das mißliche Neutralitätssystem gegen unsere mächtigen Nachbarn zu festeren Schritten, die immer entscheidender werden mußten, wenn wir nicht beiden verächtlich und das Opfer einer unwürdigen und für die Selbständigkeit des Staats tödtlichen Nachgiebigkeit werden wollten.*[9]

Die Wände kommen näher

1805. Preußens Spielraum zwischen Frankreich und den übrigen europäischen Mächten, insbesondere Österreich und Russland, wurde immer enger. Wie in der Erzählung »Grube und Pendel« von Edgar Allan Poe bewegten sich stählerne Wände unaufhaltsam auf den Gefesselten zu. Es war nur noch eine Frage des Zeitpunkts, wann die Bedrohung zur tödlichen Katastrophe würde.

Wie sehr Politik in ihren Symbolen erkennbar und begreifbar wird, zeigt das folgende Szenario: Dem König von Preußen, dem Herzog von Braunschweig und den Ministern Schulenburg, Haugwitz und Hardenberg wurde durch Napoleon in einer schlichten Zeremonie die neu gestiftete Offizierswürde der Légion d'Honneur verliehen. Als Gegengabe verlieh Friedrich Wilhelm III. den Orden vom Schwarzen Adler, den höchsten Orden der preußischen Monarchie, an Napoleon, die Minister Talleyrand und Murat sowie an die Generäle der Revolutionsarmee.

Dieser befremdliche Vorgang führte zu heftigen Reaktionen an den europäischen Höfen, die ja immer noch hofften, dass die Französische Revolution annulliert und die alten Verhältnisse wiederhergestellt werden würden. Der König von Schweden schickte die Insignien des Ordens vom Schwarzen Adler, den auch er bekommen hatte, mit einem indignierten Schreiben nach Berlin zurück und brach die diplomatischen Beziehungen zu Preußen ab. England und Russland schlossen einen geheimen Koalitionsvertrag, in dem sie sich darauf einigten, Napoleon – fern aller realpolitischen Möglichkeiten – aufzufordern, seine Truppen aus Hannover zurückzuziehen, die Unabhängigkeit Hollands, der Schweiz und Sardiniens wiederherzustellen und die Integrität Italiens und Neapels zu respektieren.

Außerdem beschlossen die Koalitionspartner, auf jeden Staat Druck auszuüben, der sich zu sehr auf Frankreich einließ, was man jedoch geheim hielt. Auch Hardenberg wurde über den Vertrag erst informiert, als Preußen bereits völlig isoliert war.

Es war genau das eingetreten, was Hardenberg immer befürchtet und wogegen er innerhalb der preußischen Regierung vergeblich gefochten hatte. Seine Vorstellung von einer verlässlichen Politik, ohne unentschiedene Schaukeltricks und ohne Winkelzüge, war immer wieder von der Neutralitätsversessenheit des Königs und seinem tiefen Misstrauen gegen Hardenbergs Außenpolitik matt gesetzt worden. Auch jetzt noch, in der Stunde wirklicher Gefahr, musste Hardenberg zur Kenntnis nehmen: *Der König ist unerschütterlich in seinem System.* Was Hardenberg in unverwüstlicher Loyalität »System« nannte, war in Wahrheit die psychische Unfähigkeit, eine Entscheidung zu treffen.

Selbst als Napoleon Genua annektierte und seine Macht in Italien weiter ausbaute, blieb Friedrich Wilhelm bei seiner passiven Neutralitätspolitik. Auch das Drängen Zar Alexanders, sein Freund Friedrich Wilhelm möge endlich dem Bündnis gegen Napoleon beitreten, konnte ihn nicht für die Koalition gewinnen.

Metternich beurteilt das Stagnieren der Politik so: *Das Jahr 1804 verlief in jenem kläglichen Zustande, der weder Krieg noch Frieden ist.*[1]

Selbst Hardenberg lavierte orientierungslos und uninformiert zwischen Russland und Österreich auf der einen und Frankreich auf der anderen Seite. Er ließ den französischen Gesandten Laforest wissen, Preußen fühle sich nicht länger verpflichtet, einen russischen oder österreichischen Angriff auf das von Frankreich besetzte Hannover zu verhindern. Falls die französischen Truppen Hannover jedoch räumten – Hardenberg spekulierte darauf, dass Napoleon die in Hannover stationierten Truppen anderswo gebrauchen würde –, könne Preußen das zu England gehörende Fürstentum *vorläufig in Verwahrung nehmen.* Hardenberg war nahezu besessen von der Aussicht, die allgemeine Situation ausnutzen und Hannover für Preußen gewinnen zu können.

Wer hier wem einen Köder hinhielt, ist schwer zu sagen. Die Idee von einer vorläufigen Verwahrung Hannovers durch Preußen war für den französischen Außenminister Talleyrand hochinteressant: Er konnte die Besatzungstruppen von der Weser und Leine abziehen und zugleich Preußen an Frankreich binden. Botschafter Laforest erklärte den europäischen Höfen, Frankreich mache von seinen Rechten als Eroberer Gebrauch und übergebe Hannover an Preußen. Es sei bereit, bei zukünftigen Friedensverhandlungen den Besitz Hannovers zu verbürgen und England zu entschädigen. Als Gegenleistung forderte er von Preußen, den Status quo in Italien zu garantieren. Damit wäre unmittelbar das vitale Interesse Österreichs berührt, und Preußen würde auf die Seite der Gegner Österreichs manövriert. Aber so weit war es noch nicht.

Hardenberg glaubte – die Abmachungen zwischen Österreich und Russland waren noch immer unbekannt –, den schwierigen Balance-Akt unter Kontrolle zu haben. Da traf, gerade in einer Phase der Annäherung an Frankreich – ein Brief des Zaren Alexander ein. In hochfahrendem Ton forderte er Preußen erneut auf, nun endlich das russische Vorgehen gegen Frankreich zu unterstützen und die Operationen der russischen Armee nicht zu behindern. Der Brief wurde in Berlin, wie es der Geheime Kabinettsrat Beyme formulierte, als *eine Marschordre an den König von Preußen* charakterisiert.

Als Hardenberg am Morgen des 1. September 1805 von Tempelberg aus in Berlin eintraf, warteten die Botschafter beider Kontrahenten schon auf ihn. Napoleons Botschafter Duroc und Alexanders Gesandter Alopaeus trugen jeweils ihre Forderungen und Angebote vor. Hardenberg, der die Herren nacheinander empfing, sollte entscheiden.

Russland wollte die Teilnahme Preußens an einem Waffengang gegen Frankreich erreichen und bot dafür das Fürstbistum Fulda, große Gebiete auf dem linken Rheinufer und britische Hilfszahlungen für die Dauer des Krieges an. Frankreich dagegen forderte von Preußen den Beitritt zu einem Militärbündnis, Mobilmachung gegen Österreich, die Abtretung des rechtsrheinischen Teils von Kleve und eine Garantie aller Besitzstände Frankreichs in Europa. Dafür bot Frankreich Hannover an, also die Arrondierung zwischen dem preußischen Kernland und seinem westlichen Streubesitz.

Das Dilemma war perfekt. Die diplomatischen Aktivitäten in Berlin wurden so hektisch, dass Beobachter darin die ersten Anzeichen eines bevorstehenden Krieges sehen wollten. Schon waren französische Truppen auf dem Weg nach Bayern. Österreichische Verbände beteiligten sich am russischen Aufmarsch.

Würde Preußen an die Seite Frankreichs treten, wäre der Bruch mit Russland und Österreich vollzogen. Würde Preußen aber der Koalition beitreten, wäre die Hoffnung auf den Besitz von Hannover gegenstandslos.

Also musste Hardenberg Zeit gewinnen. Während er den Ausbruch aus dem Dilemma durch eine aktive preußische Politik versuchte, entschied sich der König wieder einmal für Friedensbeteuerungen nach allen Seiten: Die Verhandlungen der Diplomaten in Berlin wurden unterbrochen, zugleich aber eine Teilmobilmachung verfügt. Zu diesem Zeitpunkt waren französische Truppen schon bis an die Donau vorgerückt und griffen das österreichische Heer an. Der dritte Koalitionskrieg hatte begonnen.

Hardenberg drängte jetzt zum Handeln. Da Napoleon die in Hannover stationierten Truppen nach Süden abzog, wollte der Minister sofort nachrücken. Sein Kalkül war, dass Napoleon einen preußischen Einmarsch in Hannover hinnehmen würde, um Preußen nicht endgültig auf die Seite der Koalition zu treiben.

Am 10. September schrieb Hardenberg: *Die Besetzung des Hannöverschen ist ... meines Erachtens die Hauptsache und kann nicht schleunig genug ... bewerkstelligt werden.*[2]

Am 18. September aber erfuhr er, dass Russland sich vorbereite, in Preußen einzumarschieren, falls Friedrich Wilhelm nicht unverzüglich der Koalition gegen Frankreich beitrete und der russischen Armee den Durchmarsch durch preußisches Territorium gestatte. Diese Information war hochbrisant.

Sofort wurden die wichtigsten Minister und Militärs zum Staatsrat einberufen. Das Gremium beschloss, Preußens Neutralität auch gegenüber Russland zu verteidigen, notfalls mit der Waffe in der Hand. Der König befahl die Generalmobilmachung bis zum 1. Oktober. Hardenbergs Konzept der bewaffneten Neutralität hatte sich durchgesetzt.

Jetzt lenkte Zar Alexander ein und nahm den Einmarschbefehl zurück – mit dem Hinweis auf das bevorstehende Treffen der Monarchen, das Hardenberg schon seit einiger Zeit vorbereitete.

Das Stichwort vom Monarchentreffen stellte sich jedoch bald als Reizwort heraus. Der König fühlte sich von Hardenberg unter Druck gesetzt und reagierte irrational. Er zog sich auf sein Schlösschen in Paretz zurück und suchte nach einem Vorwand, das Treffen abzusagen. Weil er den freundschaftlichen Charme und die Durchsetzungskraft des Zaren fürchtete, wollte er einer Begegnung mit Alexander aus dem Wege gehen. Friedrich Wilhelm fühlte sich allein durch die Vorstellung eines Treffens und den drohenden Entscheidungszwang so in Schrecken versetzt und in die Enge getrieben, dass er von einem *terreur de l'entrevue* sprach. Bei einer Audienz am 1. Oktober 1805 griff er, wie in Panik, Hardenberg sogar persönlich an und gab anschließend die Ordre, in Zukunft solle der Minister nur noch die Kabinettsräte informieren, damit die vortragen und er, der König, mit den Räten beschließen könne.

Dieses Benehmen des Königs mußte mich kränken, indessen war es nicht die rechte Zeit, darüber Empfindlichkeit zu zeigen, erinnert sich Hardenberg.[3] *Der König war bei dieser Conferenz wider seine Gewohnheit ungeduldig und heftig. Er hatte schon längst fest beschlossen, nicht zu der Zusammenkunft mit dem russischen Kaiser zu gehen, sondern im letzten Augenblick einen Vorwand zu nehmen und den Herzog von Braunschweig statt seiner hinzuschicken. Die Erwähnung jener Zusammenkunft und die Möglichkeit, daß Russland und Österreich ihm nicht gestatten möchten, neutral zu bleiben, brachte ihn auf. Überhaupt hielt er es für ganz zweckwidrig, sich mit den Fällen zu beschäftigen, wo es zum Kriege, es sei mit oder gegen Frankreich, kommen könne. Blos dabei beharrend, daß er neutral bleiben wolle, ließ er mich über die mögliche Zukunft nicht zu Worte kommen, und machte mir darüber Vorwürfe ...*[4]

Ungeachtet der eigenen Regelung befahl Friedrich Wilhelm Hardenberg jedoch am 6. Oktober zum Vortrag nach Potsdam. Hardenberg war diesmal besonders vorsichtig und empfahl für die Verhandlung mit dem Zaren, die Erlaubnis für den gewünschten Durchmarsch russischer Truppen durch Preußen zwar weiterhin zu verweigern, aber noch einmal eine Vermittlung zwischen Russland und Frankreich anzubieten. Erst bei einem Fehlschlag der Vermittlung werde Preußen *nach den Umständen* Partei ergreifen und sich darüber mit Russland verständigen.[5]

Dieser Verfahrensweise stimmte Friedrich Wilhelm überraschenderweise zu, bestand aber darauf, dass nur der Herzog von Braunschweig an seiner statt mit dem Zaren verhandeln dürfe. Er selbst werde wegen seiner Beschwerden am Fuß nicht teilnehmen. Hardenberg versuchte noch, den König vom Fernbleiben, von der Vertretung durch den Herzog von Braunschweig und erst recht von der unglaubwürdigen Begründung mit einem kranken Fuß abzubringen. Aber schließlich resignierte er vor der *Verblendung* durch die absolute *Liebe zur Ruhe*, die über den König gekommen war. *Ich fühlte im Weggehen aus den Zimmern, die einst*

Friedrich der Große bewohnte, im Herabsteigen von der schönen Säulen-Treppe, die sein Fuß so oft betreten hatte, mit verdoppeltem Schmerz alles Nachtheilige der Lage, in die wir uns durch unsere Schuld versetzten, und hieng dem Gedanken nach, sobald der Graf Haugwitz von Wien zurückkommen würde, mich aus den politischen Geschäften herauszuziehen, als ich unerwartet wieder zum König hereingerufen wurde.[6]

Was war in diesen Minuten im Audienzzimmer des Königs geschehen? Eine Staffette war angekommen und hatte die Nachricht gebracht, die mit einem Schlag die Wende in der Politik des Königs herbeiführen sollte: Marschall Bernadotte war mit einer starken französischen Truppeneinheit in Ansbach eingerückt. Französische Truppen standen in Preußen.

Das Ende der Neutralität

1805. Napoleon dachte nicht daran, Preußens Neutralität zu respektieren. Er gab seinen Truppen den Befehl zum Einmarsch in Ansbach-Bayreuth, also in preußisches Staatsgebiet. Damit wirbelte er die Rollen im Berliner Regierungsszenario völlig durcheinander. Jetzt war es auf einmal der König, der empört und entschlossen an eine scharfe Reaktion dachte. Er wollte sofort den französischen Geschäftsträger ausweisen und den russischen Truppen den Durchmarsch durch das preußische Territorium gestatten.

Aber nun war es Hardenberg, der zu vorsichtiger Zurückhaltung mahnte und das Konzept der bewaffneten Neutralität nicht durch eine Überreaktion aufs Spiel setzen wollte. Er erhob Bedenken gegen die Ausweisung des französischen Gesandten, weil dies einer Kriegserklärung gleichkäme. Überdies traute er der spontanen Aufgeregtheit des Königs nicht zu, dass sie sich bei nüchterner Überlegung in politisches Handeln umsetzen würde. Auch schätzte er, übereinstimmend mit dem König, die Flexibilität und Schlagkraft der preußischen Armee nicht so hoch ein, dass eine aggressive Diplomatie hätte gerechtfertigt sein können.

Trotzdem ließen die von Hardenberg inspirierten Beschlüsse

im Staatsrat nichts an Klarheit zu wünschen übrig: Preußen habe auf Grund der Verletzung seiner Neutralität und Souveränität keinerlei Verpflichtungen mehr gegenüber Frankreich. Hannover, Bremen und Hamburg würden – so der Beschluss – besetzt, die Heerstraßen nach Böhmen und Westfalen stünden ab sofort den russischen Truppen offen.

Nach dieser eindeutigen Willensbekundung entstand eine für Preußen vollkommen ungewöhnliche Situation: Während der König sich wieder auf seinen Landsitz Paretz zurückzog, waren es auf einmal die Generäle, die, überrascht von der plötzlichen Entschiedenheit ihres Oberbefehlshabers, den Marschbefehl für die Besetzung Hannovers verzögerten und sich gegen die Besetzung Hamburgs und Bremens sperrten. Mit dieser Schwerfälligkeit der preußischen Militärmaschinerie hatte niemand gerechnet.

Gleichzeitig verschlechterten sich die Beziehungen zwischen Preußen und Bayern, als bekannt wurde, dass bayerische Truppen an der Militäraktion des französischen Generals Bernadotte gegen Ansbach beteiligt waren und sich sogar besonders hervorgetan hatten, indem sie in die preußischen Speicher einbrachen, um sich zu verpflegen.

Hardenberg drängte sofort auf Ausweisung des bayerischen Geschäftsträgers de Bray, beobachtete aber mit Erstaunen und Sorge, dass immer mehr süddeutsche Staaten den französischen Bemühungen um die Gründung eines Rheinbundes wohlwollend gegenüberstanden.

In dieser Phase besorgter Beobachtung der kommenden Entwicklungen begann Hardenberg wieder, auf dem Instrument der Pressepolitik zu spielen, zumal er selbst in Flugschriften angegriffen wurde.[1] Er lockerte die Zensur für antifranzösische Veröffentlichungen, unterdrückte Pressemeldungen über Erfolge Napoleons und ließ in den Berliner Zeitungen den Text der Beschlüsse gegen die französische Neutralitätsverletzung abdrucken. Hardenberg setzte sogar das Theater für seine Öffentlichkeitsarbeit ein, indem er den Theaterintendanten Iffland veranlasste, Schillers »Wallensteins Lager« aufzuführen. Er versprach sich davon eine Schärfung des Bewusstseins dafür, dass es Situationen gibt, in denen der Kampf unvermeidlich ist.

Jetzt folgten die Ereignisse schnell aufeinander. Wie Wallenstein in Schillers Drama lange auf sich warten lässt, um dann mit seiner Ankunft die Szene zu beherrschen, so näherte sich Zar Alexander mit Heeresgefolge der preußischen Hauptstadt. In Berlin war man sich darüber im Klaren, dass mit seinem Erscheinen für Preußen die Zeit der Neutralität endgültig vorbei sein würde. 21. Oktober 1805. Admiral Nelson vernichtete an diesem Tag die französische Flotte bei Trafalgar, was niemand in Berlin wissen konnte. An diesem Tag kam Hardenberg, nach einem Wochenende in Tempelberg, in seine Kanzlei zurück und fand auf seinem Schreibtisch eine Kabinettsordre des Königs, die an ihn und zugleich an den Grafen Haugwitz gerichtet war: *Meine lieben Staatsminister Freiherr von Hardenberg und Graf von Haugwitz! In dieser wichtigen Periode, wo von Verhandlungen des Kabinettsministerii, besonders mit den Gesandten alles abhängt, will ich, daß alle Geschäfte des auswärtigen Departements von Euch beiden gemeinsam geleitet werden sollen ... und ertheile Euch daher den Befehl, Euch über die zweckmäßigste Ausführung dieser gemeinschaftlichen Geschäftsführung unverzüglich zu einigen. Potsdam, den 19. Oktober 1805. Friedrich Wilhelm.*[2]

Noch einmal also verfingen sich die Akteure in Berlin, ungeachtet der politischen Großwetterlage, in den engen Gespinsten ihrer Kompetenzintrigen. Hardenberg dürfte seinen Augen nicht getraut haben, als er die Ordre des Königs in Händen hielt. Denn am 14. Juli 1804 hatte Friedrich Wilhelm ausdrücklich erklärt, er wünsche keine gemeinschaftliche Geschäftsführung des Auswärtigen Amtes, weil er sie für nachteilig halte. Auch Haugwitz hatte damals im Beisein von Hardenberg argumentiert, besonders im Blick auf die Kontakte zu den verschiedenen Gesandten der ausländischen Staaten halte er eine gemeinschaftliche Leitung für unangebracht. Für die Gesandten müsse eindeutig klar sein, an wen sie sich zu wenden hätten.

Wenn dies alles jetzt nicht mehr gelten sollte, musste Hardenberg, der nichts mehr verabscheute, als ein »ministre en peinture« zu sein, den Eindruck gewinnen, es sei inzwischen das Ziel des Grafen Haugwitz, zunächst in eine gemeinschaftliche Leitung einbezogen zu werden, um dann Hardenberg ganz zu verdrängen und wieder allein zuständig zu sein.[3]

Hardenbergs Verständnis der Situation wies sogar ins Grundsätzliche: *Der Genius der Schwäche und Charakterlosigkeit, der so lange über der preußischen Politik gewaltet hatte, fürchtet jetzt das Ende seiner Herrschaft. Um sie zu erhalten, setzte man mir den Grafen von Haugwitz entgegen.*[4]

Überdies wusste Hardenberg, wie sehr das politische Geschäft seit eh und je auf die Inhaber auch nur eines Zipfels der Macht wie eine Droge wirkt. Der Entzug ist schmerzlich, und dies umso mehr, wenn er nicht radikal und endgültig ist, sondern – wie bei Haugwitz – immer wieder ausgesetzt wird. Haugwitz würde also womöglich, nachdem Überdruss und Amtsmüdigkeit verflogen waren, in das Amt zurückdrängen, das ihm die eigene Wichtigkeit bestätigte und das gehobene Sozialprestige des Amtsträgers garantierte.

Auch der König hatte ein Motiv, die Rückkehr des Grafen Haugwitz zu betreiben. Offenbar bedurfte er der Nähe seines vertrauten Außenministers. Haugwitz stand dem König in Habitus und Temperament, aber auch in den Grundauffassungen zu allen Fragen des Neutralitätssystems näher als Hardenberg. Und gerade in den zu befürchtenden Entscheidungssituationen wollte Friedrich Wilhelm von einem Berater hören, was er eben hören wollte. Er erwartete, mit Haugwitz seine Strategie der Konfliktvermeidung im Verhältnis zu Frankreich besser durchhalten zu können als mit Hardenberg, den man längst als englisch oder russisch, auf jeden Fall als frankreichfeindlich etikettiert hatte.

Trotz allem versuchte Hardenberg, der heiklen Situation gerecht zu werden, die Querelen mit Haugwitz wieder einmal zurückzustellen und sachlich zu arbeiten. Die preußische Verhandlungsposition für die Gespräche mit dem Zaren musste noch vor dessen Ankunft formuliert werden. Um das zu ermöglichen, kooperierte auch Haugwitz, indem er die Alleinkompetenz Hardenbergs anerkannte und bestätigte. In einem gemeinsamen Schreiben teilten beide dem König ihre Übereinkunft mit.

Friedrich Wilhelm – offenbar von Beyme, den Hardenberg ins Vertrauen gezogen hatte, informiert – lenkte wieder ein und erklärte vor versammeltem Hofstaat: *Ich hoffe nicht, daß Sie die von mir getroffene Anordnung wegen Zuziehung des Grafen von Haugwitz übel genommen haben. Sie ist keineswegs ein Beweis irgend eines Mißtrauens oder einer Unzufriedenheit, aber die jetzige Periode ist so wichtig, daß Sie mir nicht verdenken können, daß ich den Rath mehrerer geprüfter Männer zu benutzen wünsche.*[5]

Der König wollte also zwei Außenminister haben. Hardenberg notiert später, er habe nur kurz erwidert und erklärt, er wolle nicht weitläufig auf die Sache eingehen. Er käme sich sonst vor wie ein General, der *im Augenblick vor der Schlacht die Zeit mit Discussionen über Nebendinge verschwende, statt sich zu schlagen.*

Zu schlagen war zunächst einmal die Schlacht der Argumente mit dem Zaren, der am 25. Oktober 1805 seinen Einzug in Berlin hielt, umjubelt von der Berliner Bevölkerung, deren antifranzösische Einstellung immer deutlicher erkennbar wurde.

Die Ereignisse spitzten sich zu. Napoleon hielt sich seit dem 24. Oktober in München auf. Die preußischen Truppen, seit Anfang Oktober »auf Kriegsfuß gesetzt«, bereiteten sich darauf vor, das Kurfürstentum Hannover zu besetzen.

Um die Gespräche mit Alexander vorzubereiten, war die Regierungsmaschinerie in den letzten Tagen auf Hochtouren gelaufen. Da Hardenberg an einer Grippe erkrankt war, empfing er seine Mitarbeiter sogar am Krankenbett.

Dann trafen sich in Potsdam Friedrich Wilhelm III., Zar Alexander und Erzherzog Anton als Vertreter seines Bruders, des österreichischen Kaisers Franz. Die preußische Delegation erhielt jetzt endlich Einblick in die Koalitionsverträge und das Geheimabkommen zwischen Russland und Österreich vom November 1804.

Während der Verhandlungen in Potsdam wohnten Haugwitz und Hardenberg Zimmer an Zimmer. Hardenberg notiert, dass Haugwitz nur dem Anschein nach mit ihm einig war, in Wahrheit aber der Kabinettsrat Lombard an zwei Memoires für den König schrieb, die als Leitfaden für die Gespräche mit dem Zaren gedacht waren. Sie enthielten lauter Stellungnahmen, die den Absichten Hardenbergs zuwiderliefen.

Immer deutlicher erkannte Hardenberg, wie weit Haugwitz von ihm entfernt war: *Graf Haugwitz, anstatt sich mit mir redlich zu vereinigen, überhäufte mich zwar mit äußeren Beweisen von Freundschaft und Zutraulichkeit, aber er mischte die Karten zugleich nach seinen Planen. Wie viel besser und rechtlicher wäre es gewesen, gegen mich eine gerade Sprache zu führen. Des Königs Willen war ja auch für mich Gesetz, ich mußte ihn befolgen oder vom Schauplatz abtreten.*[6]

Am 3. November 1805 wurde das Abkommen zwischen Russland, Österreich und Preußen über eine »bewaffnete Vermittlung« in Potsdam ratifiziert. Die beiden Monarchen sanktionierten die Abmachung durch Handschlag und Umarmung, Österreich ließ seinen Beitritt durch Metternich erklären. Die Ära der preußischen Neutralität war zu Ende.

Aus Hardenbergs Sicht war dieses Abkommen besonders interessant, da in einem Geheimartikel versprochen wurde, dass Russland und Österreich den König von England dazu bringen würden, Hannover an Preußen abzutreten – eine Rechnung, die allerdings ohne den britischen Gesandten Lord Harrowby gemacht war. Der erklärte in seinen späteren Verhandlungen mit Hardenberg nämlich, er sei nur als Vertreter des Königs von England da, nicht aber des Kurfürsten von Hannover.

Durch das Monarchentreffen in Potsdam war Preußen jedoch fest in die Koalition eingebunden, ganz gleich, wie die Verständigung mit England ausgehen würde. Jeder wusste, wo jetzt der Platz Preußens war, nicht aber, von welch kurzer Dauer der augenblickliche Stand der Dinge sein würde.

Zar Alexander konnte zunächst einmal befriedigt an seine Abreise denken. Bevor er aufbrach, sollte ihm ein frommer Wunsch erfüllt werden. Er wollte das Grab Friedrichs des Großen in der Potsdamer Garnisonkirche besuchen.

Der Besuch wurde offenbar als historisches Ereignis empfunden. Es war Nacht, als die Monarchen eintrafen. Und kaum hatten sie die Kirche wieder verlassen, setzte die Legendenbildung ein. Legenden neigen zur Üppigkeit. Die Legende von Zar und Königspaar in Potsdam stilisierte gleich drei symbolische Handlungen zur »Jahrhunderterinnerung«. Drei Handlungen, die sich nicht einmal ausschließen.

Die erste: Alexander von Russland küsst den Sarkophag des großen Friedrich und verabschiedet sich dann in aller Stille vom preußischen Königspaar.

Die zweite: Alexander und Königin Luise stehen Hand in Hand vor dem Grab, Friedrich Wilhelm ein paar Schritte entfernt.

Die dritte: Alexander und Friedrich Wilhelm schwören sich am Grab Friedrichs des Großen ewige Freundschaft und Treue ...

Welche Version auch immer der Wirklichkeit am nächsten

kommt: In dieser Nacht blieb ein König zurück, der den Frieden um nahezu jeden Preis wollte – und der nun den Krieg vorbereiten musste.

Der »Feind Frankreichs«

Noch wurden die Waffen angehalten. Ein preußischer Sonderbotschafter sollte zunächst ein weiteres Mal die Bedingungen der Alliierten überbringen: Frankreich würde die Territorien behalten, die ihm im Friedensvertrag von Lunéville zugesprochen wurden – dort hatte Frankreich im Februar 1801 unter anderen die linksrheinischen Territorien erhalten. Im Gegenzug sollte es den König von Sardinien entschädigen und die Unabhängigkeit des deutschen Reiches, der Schweiz, Hollands und Neapels gewährleisten, die italienische Krone von der französischen trennen und die Grenzen zu Österreich respektieren.

Niemand konnte voraussagen, ob diese Bedingungen der Alliierten überhaupt jemals eine Chance hatten, von Napoleon akzeptiert zu werden. Allenthalben wurde spekuliert, wie Napoleon nach der Niederlage von Trafalgar handeln werde. Rund um die preußische Regierung bildete sich jeder seine eigene Meinung, wie zu verfahren sei, und suchte sich die entsprechenden Bundesgenossen.

Im Zentrum der Diskussionen stand Hardenbergs Kurs einer gegenüber Napoleon klar und selbstbewusst auftretenden Politik. Wieder setzte Hardenberg die Presse ein und ließ den Aufruf des Kaisers Franz veröffentlichen, der die Fortsetzung des Koalitionskrieges forderte. Gerade waren französische Truppen in Wien einmarschiert. Napoleon selbst kam dort am 13. November an. Einen Tag später brach Haugwitz von Berlin aus auf, um Napoleon in seinem Feldlager aufzusuchen und ihn mit den Vermittlungsbedingungen zu konfrontieren. Eines war klar: Würde der Vermittlungsversuch Preußens scheitern, wäre Hardenberg der politische Sieger. Würde Napoleon jedoch auf die Bedingungen des Potsdamer Abkommens der Alliierten eingehen, würde das den Sturz Hardenbergs zur Folge haben, und Haugwitz würde wieder die Leitung der Außenpolitik übernehmen.

Haugwitz hatte schon vorgesorgt und sich vor seiner Abreise vom Konfrontationskurs Hardenbergs distanziert. Geduldig ließ er sich in Brünn und Wien von Napoleon hinhalten. Hardenberg standen schwere Tage bevor. Obgleich er nichts anderes vertrat als die Potsdamer Position der Koalition, begann die schon lange stagnierende Politik des Königs und seiner Umgebung ihn immer mehr ins Abseits zu drängen. Der König wollte zunächst das Ergebnis der Haugwitzschen Vermittlung abwarten, bevor er etwas anderes auf den Weg brachte.

Auch das Militär spielte jetzt, wie schon beim Plan der Besetzung von Hannover, Bremen und Hamburg, seine Rolle in eigener Regie. Bewusst schwerfällig bereitete es sich auf eine kriegerische Auseinandersetzung vor. Der Oberbefehlshaber des preußischen Heeres, der talentierte Zauderer Herzog Karl Wilhelm Ferdinand von Braunschweig, erklärte ungefragt, seine Verbände könnten frühestens in vier Wochen zu den Alliierten stoßen.

Der König wartete also auf Haugwitz. Er wartete auch noch am 5. Dezember – nicht ahnend, dass Napoleon soeben, am 2. Dezember, die alliierten Truppen bei Austerlitz schwer geschlagen hatte und damit die Entscheidung über die *querelles prussiennes* ebenso wie über die Durchsetzung der Beschlüsse von Potsdam längst gefallen war.

Was war geschehen? Die russischen und österreichischen Heere hatten die Ankunft der Preußen nicht abwarten wollen. Sie griffen am 2. Dezember die Franzosen bei Austerlitz in Mähren an – in jeder Hinsicht zur Unzeit. Der Rest ist bekannt: Vermeintliche strategische Vorteile veranlassten die alliierten Generäle, ihre Stellungen zu verlassen und trotz dichten Nebels im Morgengrauen anzugreifen. Erst als gegen acht Uhr die Sonne von Austerlitz den Nebel lichtete, war die Gefechtslage wirklich zu überblicken. Napoleon erkannte sofort seine Chance und spielte seine Erfahrung sowie seine strategische Überlegenheit voll aus. Seine Truppen durchbrachen die alliierten Linien in der Mitte und teilten die gegnerische Streitmacht so, dass der eine Flügel noch am Vormittag kapitulierte und der andere bis zum Abend aufgerieben war. Die Bilanz des Tages: 10 000 Tote auf der französischen, 16 000 Tote auf der alliierten Seite, 20 000 Mann in französischer Gefangenschaft.

Wieder einmal hatte Napoleon die anstehenden politischen Fragen auf dem Schlachtfeld entschieden. Wieder war er der Verwirklichung seiner Pläne für eine Neuordnung Europas einschließlich des russischen und des osmanischen Reiches näher gekommen.

Die Nachricht von der Niederlage der Verbündeten kam am 7. Dezember 1805 in Berlin an. Bald folgte der Bericht des Grafen Haugwitz über seine Verhandlung mit Napoleon. Hardenberg notiert: *Der König befahl, wie es leider Sitte geworden war, eine Conferenz. Diese buntscheckigen Versammlungen hatten unter andern auch die schlimme Folge, daß das Geheimniß über nichts bewahrt wurde. Der französische Gesandte wußte ein Paar Stunden nachher, was berathschlagt worden war ...*[1]

Ein Protokoll vom 9. Dezember bestätigt das Festhalten des Königs an den Abmachungen der drei Monarchen vom 3. November 1805.[2] Durch die *vorgefallenen bedeutenden Gefechte* - gemeint ist die Schlacht bei Austerlitz – sei eine Lage entstanden, über die man noch keine ausreichenden Informationen habe. Auf jeden Fall aber müsse vor einem preußischen Eingreifen ein Operationsplan erstellt werden, nach dem die Verbündeten einheitlich vorgehen könnten.

Haugwitz hielt sich zu diesem Zeitpunkt noch immer in Wien auf. In einer Kabinettsordre, die Hardenberg formuliert und Friedrich Wilhelm am 12. Dezember unterzeichnet hatte, wird Haugwitz mehr oder weniger anheim gestellt, nach eigenem Ermessen zu handeln, da man in Berlin ohne Informationen von Seiten der russischen und der österreichischen Führung sei. Diese Gelegenheit nutzte Haugwitz, sich ganz und gar auf die Vorstellungen Napoleons einzulassen. Als er am 15. Dezember in Schönbrunn empfangen wurde, diktierte ihm Napoleon als Sieger den Text in den Block. Anstatt die alliierten Bedingungen auch nur anzuhören, legte Napoleon einen eigenen Vertragstext vor, der unter anderem Preußen zur Abtretung von Ansbach, Kleve und Neuchâtel zwang.

Jetzt ging alles sehr schnell: Am 16. Dezember kündigte Haugwitz an, er werde sofort nach Berlin eilen. Sein Bericht sei von solcher Bedeutung, dass er ihn unmöglich einem Schriftstück anvertrauen könne. Als er am ersten Weihnachtstag 1805 in Berlin ankam, packte er wie ein Weihnachtsmann das Paket seiner Abmachungen mit Napoleon aus: Er hatte eine Allianz zwischen Preußen und Frankreich abgeschlossen.

In seinem Bericht über die Verhandlungen[3] stellte er die Alternative heraus, vor die er sich gestellt gesehen hatte: entweder Bündnis oder Krieg. Haugwitz hatte sich in Wien, im Bewusstsein der Übereinstimmung mit seinem König, gegen den Krieg und für ein Bündnis entschieden, wobei er sich glauben machte, man werde später noch über Modifikationen des Diktats von Schönbrunn verhandeln können.

Hardenberg notiert in den »Denkwürdigkeiten«, der König sei jedoch mit dieser Entwicklung *äußerst unzufrieden*.[4] So gern er mit Frankreich im Frieden geblieben wäre, so sei er *doch zu rechtlich* für die neue Wendung der Dinge.

Hardenberg selber ist über die Verhandlungsführung seines Kabinettskollegen empört und spricht von einem treulosen Verfahren, zu dem es durchaus Alternativen gegeben hätte, wenn Graf Haugwitz *sich weniger knechtisch und edler benommen* hätte.[5]

Er vergaß auch nicht festzuhalten, dass die Herren Kabinettsräte Beyme und Lombard den Grafen Haugwitz *mit den größten Lobsprüchen* empfangen hätten, *als ob er der Retter der Monarchie und ihrer Ehre gewesen wäre*.[6]

Natürlich war Napoleons Sieg für Hardenberg in jeder Hinsicht eine Katastrophe. Der König, dessen Misstrauen neue Nahrung bekam, aber auch die Ministerkollegen sahen sich in ihrer Frankreich-Politik bestätigt. Es kam noch schlimmer: Napoleon und Österreich schlossen einen Waffenstillstand, Russland und Österreich kündigten die Koalition, für die Hardenberg sich bis zuletzt eingesetzt hatte. Der Schwur von Potsdam gehörte der Vergangenheit an.

Sofort bildete sich am preußischen Hof eine pro-französische Gruppe, die in Graf Haugwitz endgültig den zukünftigen Lenker der Außenpolitik sah und glaubte, nun über Hardenberg hinweggehen zu können.

Auch Napoleon, der wie Hardenberg ein geschickter Pressepolitiker war, schoss sich auf den verhassten Preußen ein. Er ließ den Außenminister in seinem Presseorgan »Moniteur« zum »Feind Frankreichs« erklären, wohingegen Haugwitz für seine Verhandlungsführung gerühmt wurde. Talleyrand erklärte gegenüber Haugwitz, Napoleon ginge davon aus, dass Hardenberg sich von den Geschäften zurückziehen werde. Allen Angehörigen der französischen Gesandtschaft wurde untersagt, Verbindungen zu Hardenberg zu unterhalten.

In dieser Lage schlug Hardenberg dem König vor, sich tatsächlich zurückzuziehen und einen unbefristeten Urlaub anzutreten, um die Handlungsfähigkeit der Regierung nicht einzuschränken. Napoleon werde nicht ruhen, bis er, Hardenberg, sein Amt zur Verfügung gestellt habe. *Bald nach geschlossener Allianz wird Napoleon meine Entfernung verlangen. Ew. Königliche Majestät werden dadurch in Verlegenheit kommen … Ich wünsche aber sehnlich, daß Höchstdieselben nicht durch ein solches Ansinnen compromittirt werden mögen, und glaube also, daß ich meine Pflicht der treuesten Anhänglichkeit an Ew. Königliche Majestät nicht besser erfüllen kann, als wenn ich diesem gleich zuvorkomme.*[7]

Es ist erstaunlich, dass Friedrich Wilhelm dieses Rücktrittsangebot nicht annahm. Er wolle *keine Einseitigkeit,* wollte also das Auswärtige Departement doch lieber nicht Haugwitz allein überlassen, schon gar nicht auf Veranlassung Napoleons. Somit blieben beide Chefs. Der König konnte seine Entscheidungsunfähigkeit weiterhin an zwei Personen delegieren. Und die Gegner Hardenbergs mussten weiterhin ihre ganze Phantasie aufbieten, um ihn zu behindern.

Schlafmütze oder Degen

Ungeachtet aller Überraschungen aus Wien verfolgte Hardenberg seine Politik weiter. Es war wieder ein gewagtes Spiel, und es blieb völlig offen, ob er es gewinnen könnte. In kürzester Zeit legte er mehrere Denkschriften vor: Am 30. Dezember 1805 und am 1. Januar 1806 stellte er Grundsatzüberlegungen an und befasste sich noch einmal mit dem Schönbrunner Vertragstext Napoleons vom 15. Dezember 1805. Vor allem aber: Am 5. Februar formulierte er den Entwurf einer neuen Verfassung für das Deutsche Reich.

Mit dieser Verfassungsdenkschrift ritt er nicht etwa ein altes Steckenpferd. Vielmehr hielt er die Überlegungen zu einer neuen Reichsverfassung für ein Gebot der Stunde: Gegenüber Napoleon schien es ihm unerlässlich, ein klar umschriebenes und gegliedertes Gegenstück zu der aggressiven Entfaltung der französischen Macht zu formulieren.

Hardenberg sah deshalb in seiner Skizze zur Reichsverfassung vor, die unterschiedlichen deutschen Kleinstaaten in sechs Cercles (Reichskreisen) zusammenzufassen und in einer norddeutschen, einer süddeutschen und einer österreichischen Konföderation zu strukturieren. Der Reichstag sollte beibehalten, der Kaiser vom Reichstag gewählt werden.

Es war natürlich nicht zu übersehen, dass Hardenberg besonderen Wert auf die Fixierung der preußischen Hegemonie in Norddeutschland legte. Dabei sah er aber diese norddeutsche Konföderation unter der Führung Preußens als Teil des Reiches insgesamt und nicht etwa als separate Veranstaltung, die sich unabhängig vom Schicksal des Reiches etablieren könnte. Hardenberg wollte dem Empire des Kaisers der Franzosen ein gleichgewichtiges Gebilde entgegensetzen. Würde Napoleon dem je zustimmen?

Graf Haugwitz sollte die Sache in Paris verhandeln. Sehr bald aber zeigte sich, auf welch unsicherem Boden jedes europäische Gedankengebäude stand, solange der Kaiser der Franzosen die beherrschende Figur im europäischen Machtgefüge war.

Zu den Voraussetzungen der Gespräche, die Haugwitz führen sollte, gehörte die Tatsache, dass Napoleon noch eine diplomatische Rechnung mit Preußen zu begleichen hatte. Er hatte ja den Rücktritt oder die Entlassung Hardenbergs von seinem Amt als Außenminister gefordert.

Doch Hardenberg war noch immer im Amt und arbeitete sogar an einer Verfassung für das Deutsche Reich. Ja, er war es, der die Direktiven formulierte, nach denen der verständnisvolle Graf Haugwitz mit ihm, dem Kaiser, verhandeln sollte. In einer Audienz in Paris entlud sich denn auch der aufgestaute Unwille Napoleons: Er fegte den Vertrag von Schönbrunn vom Tisch – mit der Begründung, Preußen habe diesen Vertrag nicht richtig ratifiziert, Hardenberg sei noch immer nicht abgetreten, und überhaupt höre er von antifranzösischen Tendenzen in der Regierung Preußens.

Mit Datum vom 15. Februar 1806 diktierte Napoleon nun neue Bedingungen: Preußen habe seine Häfen und Küsten sofort für englische Handelsschiffe zu sperren, habe Ansbach, Kleve und Neuchâtel abzutreten und erhalte dafür Hannover. Außerdem müsse Preußen den gegenwärtigen Besitzstand Frankreichs international garantieren. Er, Napoleon, werde jedoch keine Ratifikationsurkunde annehmen, die von Hardenberg gegengezeichnet sei. Solange der »Feind Frankreichs« Minister Seiner Majestät des Königs von Preußen sei, könne es keine vertrauensvollen Beziehungen zwischen Frankreich und Preußen geben.

Es ist erstaunlich, welche Bedeutung Napoleon dem preußischen Minister Hardenberg zumaß und mit welcher Verve er zu diesem Zeitpunkt Hardenbergs Entfernung forderte. Im Rückblick ist dies umso erstaunlicher, als Napoleon später, in einer anderen Phase der Politik, Hardenbergs Rückkehr in die Regierungsverantwortung duldete.

Das Pariser Diktat Napoleons musste die preußische Politik vorerst jedoch vollends in die Sackgasse treiben. England würde endgültig zum Feind Preußens werden, und als Zwangsverbündeter Frankreichs war Preußen völlig isoliert.

Der Druck Napoleons wurde jetzt so stark, dass Friedrich Wilhelm keine Möglichkeit mehr sah, Hardenberg gegen den Willen Napoleons zu halten. Auch Hardenberg selbst spürte, dass er zurückweichen musste. Ob er sich mitschuldig fühlte an der gegenwärtigen Lage des Staates? Zwar hatte er durchweg eine Richtung der Politik vertreten, die das Dilemma durch Festigkeit und Klarheit zu vermeiden suchte, aber er hatte seine Position eben nicht durchgesetzt.

Und jetzt musste im Interesse des Staates gehandelt werden. Hardenberg war bereit, die Bühne zu verlassen. Schon sah er ruhige Zeiten in Tempelberg vor sich, als aus Sankt Petersburg die Nachricht kam, Russland wolle Preußen gegen Napoleon den Rücken stärken und biete Geheimverhandlungen an.

Interessant an diesem Angebot war eine Nebenlinie, die deutlich macht, wie sehr historische Prozesse auf Personen bezogen sind und von Personen abhängen. Alles schien sich um Hardenberg zu drehen: So, wie Napoleon alles daransetzte, Hardenberg aus dem Spiel zu werfen, machte der russische Zar sein Angebot von der Beteiligung Hardenbergs an den Geheimverhandlungen abhängig.

Zur Strategie der preußischen Führung gehörte, dass Hardenberg am 30. März seinen Antrag auf unbefristeten Urlaub einreichte. Einen Tag später nahm Friedrich Wilhelm das Gesuch an. Sobald Haugwitz wieder in Berlin war, übergab ihm Hardenberg die Geschäfte und fuhr auf sein Landgut.

Von Tempelberg aus konnte Hardenberg die Kontakte zu den russischen Unterhändlern wahrnehmen. Auf Anweisung des Königs hielt er sich aber auch weiterhin auf dem Laufenden über alle Geschäfte des Auswärtigen Departements. In der Abgeschiedenheit von Tempelberg war es für Hardenberg still geworden, wenn auch das Echo auf seinen Rücktritt hinter ihm herlärmte.

Napoleons offiziöses Presseorgan, der »Moniteur«, trat in seiner Ausgabe vom 21. März 1806 dem scheidenden Minister noch einmal nach und schrieb, es gebe zur Zeit *in ganz Europa keinen ehrloseren Mann als den Herrn von Hardenberg.*[1] Als Begründung verwies der »Moniteur« auf einen Brief, den Hardenberg am 22. Dezember 1805 an den britischen Gesandten Lord Harrowby geschrieben hatte und in dem er eine Vereinigung der bei Bremen stationierten englischen Truppen mit preußischen Einheiten anregte, um gemeinsam gegen die Franzosen vorgehen zu können, falls der Krieg fortgesetzt werde.

Den Gipfel der Infamie erklomm der »Moniteur« mit der Bemerkung, durch das Verhalten Hardenbergs werde der Name Preußen jedoch nicht beschädigt, da Hardenberg ja gar kein Preuße sei. Auch das Militär müsse sich nicht grämen, da Hardenberg kein Soldat sei.

Es zeigt den zu Anfang des 19. Jahrhunderts noch ungeübten Umgang mit der Presse, dass Hardenberg auf den Angriff des »Moniteur« ausführlich einging, indem er in den »Berlinischen Nachrichten« der »Spenerschen Zeitung« vom 10. April 1806 erklärte, in Berlin habe noch niemand das Traktat Napoleons aus Schönbrunn gekannt, als der Brief an Harrowby geschrieben wurde. Auch habe er, Hardenberg, nicht ohne Wissen des Königs gehandelt.

Schließlich ging Hardenberg auch noch auf die persönliche Diffamierung ein: ... *Ich bin nicht in den preußischen Staaten geboren, aber ich gebe keinem der Eingeborenen an Patriotismus nach und habe die Rechte derselben durch meine Dienste erworben, sowie dadurch, daß ich mein Erbtheil in das Preußische übertrug und Besitzer darin wurde.* Wenn ich gleich nicht Soldat *bin, so fühle ich doch, daß ich nicht unwürdig gewesen wäre, es zu sein, wenn das Schicksal mich dazu bestimmt hätte, meinen König und seine Rechte, die Ehre, Würde und die Sicherheit des Staats mit den Waffen in der Hand zu vertheidigen. Dieses in Antwort auf die Bemerkungen des Moniteurs. Übrigens können weder Bulletins in Zeitungen, noch Bemerkungen ihrer Redakteure mich entehren.*[2]

Hardenbergs Abschied aus dem Kabinettsministerium war, neben den Angriffen des »Moniteur«, zusätzlich von den niederträchtigen Verhaltensweisen derer begleitet, die nun glaubten, keine Rücksichten mehr nehmen zu müssen.

Wie immer beim Ausscheiden eines großen Mannes, versuchen die Kleinen, die Verhältnisse des Mittelmaßes wiederherzustellen, um von jetzt an selbst größer erscheinen zu können. Dazu gehört auch, dass der Größere kleingeredet wird, notfalls durch intrigante Halbwahrheiten und Spekulationen. Beim Abschied Hardenbergs nahmen diese Position die beiden Kabinettsräte Beyme und Lombard ein, die sich von Hardenbergs öffentlicher Erklärung getroffen fühlten und daraus das Recht ableiteten, den Minister in üble Nachrede zu bringen.

Wie immer in solchen Fällen, sind die Details aufschlussreich:

Als Hardenberg sich von dem ihm nachgeordneten Kabinettsrat Beyme verabschieden wollte und sich mit einem kleinen Billett anmeldete, ließ Beyme ihm durch einen Bediensteten mündlich ausrichten, er habe keine Zeit.

Bei einem Zusammentreffen am nächsten Tag im Vorzimmer des Königs hielt Hardenberg ihm den Fauxpas in freundschaftlicher Geste vor. Darauf antwortete Beyme *in dem ungeziemendsten Ton: daß er über meine Bekanntmachung in der Zeitung zu indigniert sei und erst das Gefühl darüber verrauchen lassen wolle.*[3]

Natürlich fand Hardenberg das Betragen des Geheimen Rats höchst unangemessen, zumal er mit Beyme immer auf freundschaftlichem Fuß gestanden hatte. Aber Hardenberg ging und Beyme blieb – Grund genug für einen kleingeistigen Charakter, sich nun auf das hohe Ross zu schwingen, auf dem er vorher den anderen gewähnt hatte. Hardenberg schreibt: *Er und sein College* [Lombard] *beflissen sich, von nun an im Publikum bitteren Tadel gegen mich insonderheit darüber zu verbreiten, der nachher in so mancher Flugschrift wiederholt worden ist, daß ich die Neutralität der fränkischen Fürstenthümer nicht durch Gestattung der Durchmärsche beschränkt und daß ich jene Bekanntmachung gemacht hätte.*[4]

Beyme und Lombard wollten offensichtlich vor allem ihre profranzösische Gesinnung herauskehren, wobei ihnen nichts anderes in den Sinn kam als der persönliche Angriff auf den Minister, der gegenüber Frankreich immer eine unnachgiebige Haltung eingenommen hatte.

Für Beyme mag sich die Kabale sogar gelohnt haben, denn er gewann an Einfluss im Auswärtigen Amt. Allerdings wurde er nicht Außenminister, musste als Kabinettsrat dem Freiherrn vom Stein das Ressort anbieten und wurde schließlich, ausgerechnet von Hardenberg, entlassen. Dabei hätte Beyme, der ein liberaler Politiker war, ein Verbündeter Steins und Hardenbergs sein können. Nachdem er sich um die Bauernbefreiung auf den Domänen verdient gemacht hatte, trat er später, 1819, mit Wilhelm von Humboldt und Hermann von Boyen ehrenvoll zurück, als er sich gegen die Restauration in Preußen nicht durchsetzen konnte.

Als Hardenberg seinem Rivalen Haugwitz das Feld überlassen musste, schien er sich über den Ärger mit dem »Moniteur« und den Kabinettsräten auch selbst in seelische Enge gebracht zu haben. In den »Denkwürdigkeiten« zitiert er später sehr ausführlich den Artikel eines unbekannten Autors *in einem oberdeutschen Journale*, der enthusiastisch für ihn Partei ergriff. Auch weist er auf die Beweise der Achtung im Ausland hin, um dann doch noch einmal auf die Querelen mit Beyme zurückzukommen.

Hardenberg beschreibt, wie er dem König selbst vortrug, um den beiden Kabinettsräten das Handwerk zu legen. Er beklagt ihre schlechte Erziehung, die rauen Sitten und den Mangel an Urbanität und Takt. Aber er kann Friedrich Wilhelm nicht bewegen, die beiden Feinde zu entlassen. Hardenberg musste hinnehmen, dass Beyme das ihm als Minister zustehende Tafelgeld von 8 000 Talern strich, obgleich er selbst schon darauf verzichtet und die Streichung beim König angemahnt hatte, Friedrich Wilhelm sie aber nicht akzeptieren mochte.

Sogar üble Nachrede musste Hardenberg sich gefallen lassen, weil Beyme und Lombard behaupteten, er habe vor seinem Ausscheiden noch Beförderungen und Gehaltserhöhungen veranlasst. Die aber seien erschlichen, weil sie nicht durch die Hände der Kabinettsräte gegangen und damit unwirksam seien.

Beyme brachte das Fass der Unzumutbarkeiten schließlich zum Überlaufen, als er in den Berliner Zeitungen den Amtswechsel im Auswärtigen Departement so darstellte, als sei Hardenberg in Ungnade entlassen worden und der König habe die Leitung des Kabinettsministeriums jetzt wieder dem Grafen Haugwitz allein anvertraut. Hardenberg wurde in der Zeitungsannonce gar nicht mehr erwähnt. Eine Nachfrage bei den Zeitungsredaktionen ergab, dass Beyme den Text mit dem Hinweis auf eine königliche Ordre an die Zeitungen gegeben hatte.

Sofort eilte Hardenberg zum König, der ihm mitteilte, er habe nur ganz allgemein die Erlaubnis an Beyme gegeben, den Wechsel im Amt mit einer Zeitungsannonce bekannt zu geben. Beyme hatte dann die Gelegenheit wahrgenommen, Hardenberg öffentlich herabzusetzen. Natürlich gestattete der König sofort die öffentliche Korrektur der ungenauen und unvollständigen Zeitungsmeldung. Hardenberg ergriff die Gelegenheit und nahm den Vorgang zum Anlass, die Stellung der Kabinettsräte und damit das ganze Kabinettssystem zu kritisieren: Die Herren Kabinettsräte, meist ohne Fachkompetenz, nähmen eine viel zu einflussreiche Stellung in Anspruch. Dieser Punkt sollte in der nahen Zukunft noch dramatische Bedeutung erlangen.

Die Tatsache, dass Beyme die Auseinandersetzung mit Hardenberg in aller Öffentlichkeit ausgetragen hatte, erwies sich bald als Bumerang für Haugwitz. In Berlin erschien eine Karikatur, die den König von Preußen zeigt, wie ihm Haugwitz eine Schlafmütze und Hardenberg einen Degen reicht. Das Bild entsprach genau den Rollen, die in der Öffentlichkeit den beiden Ministern zugesprochen wurden. Die »Opinion« war eindeutig. Für Hardenberg führten junge Offiziere der Garde du Corps eine Serenade auf, dem Grafen Haugwitz wurden die Fensterscheiben eingeworfen. Hardenberg galt als Garant patriotischer Politik, Haugwitz als verräterischer Handlanger Napoleons. Die Beleidigungen des »Moniteur« und die Angriffe gegen Hardenberg hatten ihn in den Berliner Zeitungen zu einer vaterländischen Leitfigur gemacht.

III

Im Auge des Orkans

Das Geräusch der Welt

Der innere Wunsch, den ich hege, ist Ruhe und Zurückziehung. Ich bin 56 Jahre alt, habe viel Unglück erlebt, besonders in Dingen, die mein Herz ergriffen. Das Geräusch der Welt und äußere Ehre haben keinen Reiz mehr für mich.[1] Es fällt schwer, dem Sechsundfünfzigjährigen diese resignativen Zeilen aus einem Brief vom 4. Juli 1806 abzunehmen – als säße Hardenberg auf seinem Landgut in Tempelberg und ließe den Kopf hängen. Aus den Notizen dieser Tage geht hervor, dass er – ganz im Gegenteil und wie es seinem Naturell entsprach – in ruhiger Gelassenheit zur Tagesordnung überging und Zukunftspläne schmiedete: Er führte seine Korrespondenz, las die ihm zugesandten »Annalen des Fürstentums Ansbach unter preußischer Regierung« des nun auf einmal *undankbaren, hämischen* Karl Heinrich Lang und richtete zusammen mit Charlotte den eigenen Haushalt in Tempelberg ein. Karl August notiert, dass Lotte nach Frankfurt an der Oder fährt, um Bettfedern zu kaufen, und registriert mit Interesse und Genauigkeit das Heranwachsen der Ernte: *Die Früchte standen nirgend besser als zu Tempelberg.*[2]

Hardenberg setzte sich mit dem Arzt und bedeutenden Agrarökonomen Albrecht Daniel Thaer zusammen und beriet mit ihm die Rationalisierung der Landwirtschaft in Tempelberg. Es gelang ihm sogar, Thaer mitsamt seiner landwirtschaftlichen Versuchsanstalt zur Übersiedlung von Celle nach Möglin im Oderbruch zu überreden. Er sorgte für die Berufung Thaers in preußische Dienste (1810 bis 1819) und für dessen Professur an der Berliner Universität. Thaer revolutionierte mit seinem Werk »Grundsätze der rationellen Landwirtschaft« das gesamte Denken über Sinn und Zweck der Agrarkultur. *Die Landwirtschaft ist ein Gewerbe, welches zum Zweck hat, durch Produktion vegetabilischer und tierischer Substanzen Gewinn zu erzeugen.* Hardenberg schaffte sich mit der Berufung dieses Vertreters einer rationalistischen Wirtschaftsordnung auf dem Lande zusätzliche Feinde aus den Reihen der Traditionalisten, die – wie Adam Müller – den Landwirt eher mit der Ruhe des Gemütes, der Liebe zur Schöpfung und dem Walten der Natur in Verbindung brachten.[3]

Vor allem anderen aber befasste sich Hardenberg in Tempelberg mit der Situation Deutschlands unter der Herrschaft Napoleons. Er las in diesen Wochen die anonyme Schrift »Deutschland in seiner tiefsten Erniedrigung«, für deren Verbreitung der Nürnberger Buchhändler Johann Philipp Palm von einem napoleonischen Kriegsgericht zum Tode verurteilt und 1806 in Braunau hingerichtet wurde. Gleichzeitig betrieb er von Tempelberg aus im Kontakt mit dem russischen Gesandten Alopaeus die geheimen Verhandlungen mit der russischen Regierung. Auch Alopaeus war beurlaubt und trat, wie Hardenberg, als Privatmann auf.

Von einer wahren Sehnsucht nach Ruhe vor dem Geräusch der Welt ist also wenig zu spüren. Hardenberg unternahm kleinere Reisen und dachte über die Bedingungen nach, unter denen er sich doch wieder vorstellen könnte, *dem König und dem Staate wirklich und wesentlich zu nützen.*[4] Sein Blick ging also längst wieder nach vorn, obgleich ihm immer wieder die alten, eher abschreckenden Auseinandersetzungen mit Haugwitz und den Kabinettsräten vor Augen traten. Hardenberg dachte ernsthaft über das Ende des Kabinettssystems und über die Einrichtung eines Conseils nach und fragte sich: *Warum sollte sich denn der König nicht eben so gut an rechtschaffene, bescheidene und unterrichtete Minister gewöhnen als an Kabinettsräthe und Adjutanten?*[5]

In der Frage des Kabinettssystems versuchte Hardenberg sogar, über den allgegenwärtigen Wittgenstein den Rat und die Unterstützung der Königin einzuholen. Wilhelm Ludwig Georg Graf und (seit 1804) Reichsfürst zu Sayn-Wittgenstein-Hohenstein war preußischer Gesandter in Kassel und Darmstadt. Als Königin Luise sich in Bad Pyrmont aufhielt, war auch er dort.

Mit ihm korrespondierte Hardenberg ausführlich über die Einrichtung eines Conseils und wie man den König dafür gewinnen könne. *Bitten Sie sie* [die Königin] *auf den Knien, die Sache wohl zu überlegen und mich durch Sie wissen zu lassen, welche Schritte sie für nützlich hält.*[6]

Die Königin hielt es für nützlich, die Sache dem König schriftlich zu unterbreiten. Den *Aufsatz* sollten tunlichst mehrere Herren unterschreiben. Auch Haugwitz solle einbezogen werden. Und: Alle Briefe, in denen die Königin erwähnt sei, sollten verbrannt werden. Warum war die Königin so konspirativ vorsichtig?

Die Umständlichkeit und Vorsicht aller Beteiligten wird verständlich, wenn man eine Denkschrift mit dem Titel »Darstellung der fehlerhaften Organisation des Kabinetts und der Notwendigkeit der Bildung einer Ministerkonferenz« vom 26. April 1806 liest. Verfasser dieser Schrift war der Reichsfreiherr vom Stein, der zu dieser Zeit Angehöriger des Generaldirektoriums war. Stein erhob in leidenschaftlichem Ton schwere Vorwürfe gegen die Kabinettsräte und das ganze Kabinettssystem. Dass die Fachminister nur über die Kabinettsräte mit dem Souverän kommunizieren konnten, war in den Augen Steins der wahre Grund für den trostlosen Zustand der preußischen Regierungsarbeit.

Karl Freiherr vom Stein war ein brillanter analytischer Kopf und immer bereit zu messerscharfer Kritik. Er legte wenig Wert auf äußere Formen und verabscheute diplomatische Heuchelei. Von der nachfolgenden Geschichtsschreibung wurde er mehr geachtet als Hardenberg, und an den Unterschieden der beiden Charaktere haben sich die Historiker immer wieder abgearbeitet. Die vielleicht treffendste Charakteristik Steins stammt vom Zeitgenossen Varnhagen von Ense: *Stein war der Mann der Tat, ein großer Charakter, ein dreister, hartnäckiger Kämpfer, begabt mit Kräften des Gemüts, des rechtschaffenen, unbiegsamen Willens, des leidenschaftlichen Eifers, gemacht, um die Gemüter zu durchdringen und fortzureißen, um fremde Talente zu beseelen und zu leiten.*[7]

Was Stein in seiner Denkschrift über Kabinett und Ministerrat formulierte, war in der Sache das gleiche Konzept und die gleiche Kritik, die Hardenberg seit geraumer Zeit immer wieder vorgetragen hatte. Aber erst Steins leidenschaftlicher Ingrimm, das direkte Aussprechen der Missstände, verbunden mit eindeutigen Schuldzuweisungen, gab dem Reformbegehren eine neue, emotionale Dynamik.

Diese Dynamik schien sogar ihre Urheber selbst und die Gleichgesinnten zu erschrecken, denn der »Aufsatz« wurde nicht dem König, sondern der alles moderierenden Königin übergeben. Die erkannte auch sofort die Brisanz des Vorgangs, fürchtete den Zorn Friedrich Wilhelms und die Ablehnung der Gedanken und Vorschläge – und ließ das Schriftstück liegen. Auch Hardenberg reagierte zurückhaltend, nicht in der Sache, wohl aber in Bezug auf die Vorgehensweise. Er wollte sich nicht exponieren oder in

Vorgänge hineinziehen lassen, für die er zur Zeit keine Zuständigkeit besaß. Auch sah er voraus, dass die Kabinettsräte ihrer eigenen Abschaffung kaum zustimmen und stattdessen den König zu energischen Gegenmaßnahmen veranlassen würden.

Hardenberg wusste, dass eine Zustimmung der Kabinettsräte nur dazu führen würde, die Idee selbst auf lange Zeit zu behindern. Schon hatte Haugwitz damit begonnen, die Kritik an seiner Amtsführung mit Gegenangriffen zu beantworten. Er mokierte sich über Hardenberg, den *ewig unruhigen Geist, den Heiligen des Tages und vornehmlich der Russen* und vergaß auch nicht, Hardenbergs Ruf als amourösen Abenteurer zumindest anklingen zu lassen und zu behaupten, *das Fieber der Leidenschaft* trübe seine Urteilskraft.

Als Stein am 14. Juni 1806 seinem Freund und Rivalen Hardenberg die Denkschrift gegen das Kabinettssystem mit der Bitte um Vermittlung zuschickte, riet der dringend davon ab, das Papier dem König vorzulegen. Die Begründung geht aus einem Brief hervor, den Hardenberg am 4. Juli an Wittgenstein schrieb: *Der Inhalt ist leider durchaus wahr, aber die Sprache ist so stark und grell, daß der Zweck dadurch gar nicht erreicht, vielmehr gewiß dadurch das Übel noch ärger gemacht werden würde, indem der König vermuthlich geglaubt hätte, nicht die Stimme der Wahrheit, sondern nur die der Leidenschaft und irgendeines beleidigten, heftig aufgereizten Privatgefühls zu hören.*[8]

Der knorrige Stein ließ sich jedoch nicht davon abbringen, die Angelegenheit aufrechten Ganges weiterzuverfolgen. Er sammelte Unterschriften von Prinzen und Generälen und schickte dem König am 2. September die Immediateingabe, in der im Endeffekt die Entlassung der Kabinettsräte und des Ministers Haugwitz gefordert wurde.

Hardenberg unterschrieb nicht. Er gab vor, in dieser Sache schon so oft vorstellig geworden zu sein, dass seine Unterschrift überflüssig sei. In Wahrheit war ihm eine derartige Unterschriftenaktion zuwider, und er sah klar voraus, was passieren würde: Der König tobte und sprach von Meuterei.

Stein und die anderen »Frondeure« legten unerschrocken sofort nach und formulierten eine weitere Eingabe, in der sie sogar drohten, ihre Ämter niederzulegen, falls sie kein Gehör fänden.

Hardenbergs Stil war dies nicht. Er versprach sich davon keinerlei Erfolg, was dann sogar Stein einsah – er erklärte sich damit einverstanden, dass Hardenberg eine Fassung formulierte, in der die Androhung, die Ämter niederzulegen, nicht mehr enthalten war.

Im Übrigen wollte Hardenberg seine eigenen Dinge voranbringen und die Tempelberger Distanz zum Geräusch der Welt nutzen, um die Geheimverhandlungen mit Russland zu betreiben. Und schließlich wurde es Zeit, die Reformen ohne Reibungsverluste in Angriff zu nehmen.

Der »quieszierende Minister«

Es war eine verquere Situation. Von seinem Landgut aus zog ein in den einstweiligen Ruhestand geschickter Minister die Fäden für eine radikale Wende in der Außenpolitik und verhandelte in königlichem Auftrag insgeheim und ohne Wissen des amtierenden Ressortministers mit der Regierung eines Landes, dessen Todfeind der eigene Bündnispartner war.

Hardenberg korrespondierte jetzt von Tempelberg aus mit dem russischen Gesandten Alopaeus, der ebenfalls »quieszierte«, um in der Rolle eines Privatmannes unbehelligt agieren zu können. Es ging um eine Art »Rückversicherungsvertrag«, wonach Russland und Preußen zusammen gegen Napoleon vorgehen wollten, falls dieser unzumutbare Forderungen gegen eine der beiden Mächte stellen würde.

Was die Situation noch absurder erscheinen lässt, ist der Umstand, dass Hardenberg seine Schachzüge auf dem Brett der internationalen Bündnispolitik setzte, während er in offener Feindschaft zum amtierenden Außenminister stand. In einem Brief vom 19. August 1806 an Fürst Wittgenstein[1] spricht er von einem Betragen des Grafen Haugwitz, das *noch immer ganz seinem adoptirten Falschheitssystem entspricht: Glatte Worte, wenn wir uns sehen, denen die Handlungen widersprechen – das ist seine Weise.* In scharfer Schwarz-Weiß-Manier gibt Hardenberg sich das Zeugnis: *Mein Charakter ist offen und gerade, ich sage, wie ich's denke. Der seinige ist Lug und Trug.*

Hardenberg kämpfte letztlich um das Vertrauen des Königs und fürchtete, seine Gegner würden ständig daran arbeiten, ihn in einem falschen Licht darzustellen, dabei aber auch Preußens Ansehen und Interessen schädigen, weil sie selber in der Meinung des In- und Auslandes *nirgends das mindeste Vertrauen* hatten.

Die unerbittliche Ablehnung des Grafen Haugwitz durch Hardenberg hatte zwar den Vorteil der Klarheit, bestärkte aber den König vorerst darin, wie zum Trotz an Haugwitz und den Kabinettsräten festzuhalten – auch wenn die Außenpolitik sich immer tiefer in Widersprüche verwickelte und Haugwitz, um sich auf seinem Posten halten zu können, inzwischen auf eine anti-französische Linie einschwenkte.

Man würde überhaupt die damalige Gesamtsituation falsch beurteilen, personalisierte man das Desaster der preußischen Außenpolitik so stark, wie Hardenberg es tat. Die übrigen Gegner des Grafen Haugwitz und der Kabinettsräte Beyme und Lombard meinten ja im Grunde den König selbst, wenn sie auf das Kabinettssystem und seine Akteure einschlugen. Für das Denken Hardenbergs dagegen war es selbstverständlich, den Souverän wirklich zu schonen und nur die Hilfsgeister anzugreifen.

Die wichtigen Entscheidungen in den Phasen vor dem Schicksalsjahr 1806 wurden ja formell weder vom König noch vom Kabinettsminister oder von den Kabinettsräten getroffen, sondern von einer Konferenz, der auch Hardenberg und die Militärs, nicht aber Stein und die anderen Minister des Generaldirektoriums angehörten. Dieses Beratergremium des Königs war jedoch nur scheinbar ein selbstständiges Kollegium. In Wahrheit war es nicht viel mehr als ein *Resonanzkörper seiner* [des Königs] *eigenen Bedenken und Zweifel*.[2]

Der König bewegte sich auch jetzt schwankend zwischen Russland und Frankreich. Er näherte sich beiden zugleich, versuchte aber, jede Verbindlichkeit oder gar Verpflichtung zu vermeiden. Dieses letztlich unpolitische Verhalten des Königs im Interesse einer passiven, moralisch begründeten Neutralität gab den Rahmen ab für alle Mitarbeiter der preußischen Regierung. Denn trotz aller Gedanken zu Eigenverantwortlichkeit, Verfassung und Staatsverwaltung, wie sie Hardenberg und vor allem Stein vorschwebte, blieb der König doch immer der absolute Herrscher, dessen Meinungen, Interessen, Eigenarten und Gefühle das Maß aller Dinge im Staat waren.

Dies schloss nicht aus, dass Hardenberg – gerade in seiner inoffiziellen Mission – an den Fäden ziehen konnte, die bald zu einer radikalen Wende in der preußischen Außenpolitik und zum Austausch des handelnden Personals führen sollten.

Napoleon hatte Preußen zwar zum Verzicht auf seine Neutralität und zum Bündnis mit Frankreich gezwungen. In den Zwangsverträgen von Schönbrunn (1805) und Paris (1806) hatte Napoleon den preußischen König eng an Frankreich gefesselt. Friedrich Wilhelm aber versuchte trotzdem, auch mit Russland und seinem Freund, dem Zaren Alexander, gute Beziehungen zu unterhalten. Wieder delegierte er seine Unentschiedenheit an zwei Entscheidungsträger: Er hatte einen offiziellen Außenminister, der die Erfüllung der vertraglichen Pflichten gegenüber Frankreich vortäuschen musste. Und er hatte im Hintergrund einen quieszierenden Minister, der als inoffizieller Geheimbeauftragter die Allianz mit Russland vorbereitete. In dieser Phase schien sich, pragmatisch gesehen, die Verteilung der Außenpolitik auf zwei Köpfe zu bewähren.

Trotz aller diplomatischen Geheimhaltung aber hielt Preußens Hinhaltepolitik das Misstrauen beider Seiten wach. Jeder argwöhnte, Preußen wolle das heikle Bündnisspiel benutzen, um Hannover zu gewinnen.

Hardenberg versuchte immer wieder, den König davon zu überzeugen, dass es bald keine Alternative zur Eindeutigkeit mehr geben werde. Preußen werde zerrieben, wenn es sich nicht für die eine und gegen die andere Macht entscheide. Entweder mit Russland gegen Frankreich oder mit Frankreich gegen Russland. Die Unentschiedenheit des Königs aber hielt die preußische Politik weiterhin in dem Dilemma, gleichzeitig mit zwei befeindeten Mächten verbündet zu sein.

Die Katastrophe ließ nicht lange auf sich warten. Schon marschierten die preußischen und die französischen Truppen, die ja offiziell noch verbündet waren, gegeneinander auf. Napoleon war in Mainz zu seinen Truppen gestoßen, Friedrich Wilhelm III. schlug sein Hauptquartier in Naumburg auf. Von dort aus forderte er Napoleon auf, Deutschland zu räumen. Napoleon fasste das als Kriegserklärung auf und antwortete, indem er zum Angriff gegen den untreuen Bündnispartner überging. Der Krieg hatte begonnen.

Schlachtenlärm in Preußen

16. Oktober 1806. Der Kurier hatte schlechte Nachrichten. Hardenberg war gerade von Tempelberg aus unterwegs nach Berlin, als ihm ein reitender Bote entgegenkam: Berlin stehe Kopf, weil Napoleon die preußischen Heere in zwei Schlachten, bei Jena und Auerstedt, geschlagen habe und nun der Weg in die Hauptstadt offen sei.

Aufgescheucht und ratlos trafen sich die Minister zum Staatsrat und beschlossen, die wichtigsten Akten und die Staatsgelder nach Stettin zu bringen. Dem inzwischen recht senilen Grafen Schulenburg fiel nichts Besseres ein als der Spruch, jetzt sei Ruhe die erste Bürgerpflicht. In der allgemeinen Kopflosigkeit konnte er nicht verhindern, dass die Waffenlager in die Hände der Franzosen fielen. Freiherr vom Stein dagegen brachte die Staatskasse rechtzeitig in Sicherheit.

Hardenberg fragte sich, warum niemand an Verteidigung und jeder nur an Flucht dachte, warum niemand der Zuständigen versuchte, ehemalige Soldaten, Jagd- und Forstbedienstete oder Freiwillige zu bewaffnen und dem Feind wenigstens Hindernisse in den Weg zu legen oder den Rückzug der preußischen Heere zu erleichtern. Er fühlte sich nicht wohl in seiner Haut. Er litt in diesen Wochen, wie schon während der erzwungenen Untätigkeit in Tempelberg, an einer Hautflechte, die er mit »Antimonium crudum« und Stiefmütterchentee zu kurieren suchte. Trotzdem ordnete er die Akten und Kassen der fränkischen Fürstentümer, verließ Berlin zusammen mit Charlotte und nahm Abschied von Tempelberg.

Hardenberg fühlte sich verpflichtet, in der Nähe des Hofes zu bleiben. Zunächst fuhr er nach Küstrin, wohin auf getrenntem Weg auch Charlotte unterwegs war. Dort wurde beschlossen, nach Danzig weiterzufahren.

Am 20. Oktober, schon auf dem Weg nach Stargard, ereignete sich jedoch ein kleiner Zwischenfall, der Hardenberg zu einem Umweg veranlasste, welcher sich bald als Abweg herausstellte. Die Eheleute trafen zufällig auf den Fluchtwagen der Königin Luise, die nach dem Willen des Königs in der Festung Küstrin in Sicherheit gebracht werden sollte. Luise drängte Hardenberg umzukehren und mit ihr zurückzufahren. Sie glaubte – irrtümlich, wie sich bald herausstellte –, der König, ebenfalls auf dem Weg nach Küstrin, werde froh sein, dort Hardenbergs Rat zu haben.

Hardenberg selbst hatte Bedenken, gab aber dem Drängen der Königin nach. Als er am späten Abend in Begleitung der Königin in Küstrin ankam, bestätigte sich, dass sein Gefühl ihn nicht getäuscht hatte. Der Umweg war ein Fehler. *Der König empfieng mich ziemlich kalt, es schien nicht, als ob ihm meine Gegenwart angenehm sei, über die Lage der Dinge sagte er mir nichts, als daß nach den soeben erhaltenen Nachrichten die Franzosen noch nicht in Berlin wären; er äußerte nicht mit einer Silbe den Wunsch, sich mit mir über die zu nehmenden Maßregeln zu unterhalten. Ich zog mich also bald zurück.*[1]

Der Grund für Luises Fehleinschätzung kam bald an den Tag: Der König war nicht, wie sie glaubte, allein. Vielmehr wurde er von seiner Kamarilla begleitet. Vor allem der Generaladjutant Karl Leopold von Köckritz schien den Kontakt Hardenbergs zum König zu hintertreiben: *Ich gieng zum General von Köckritz; dieser sprach ebenfalls kein Wort mit mir über die öffentlichen Angelegenheiten; ich bat ihn, dem König, zu welchem zu gehen er im Begriff war, zu sagen: ich sei auf Befehl der Königin hierher gekommen, weil sie geglaubt habe, der König sei allein und könne meiner nöthig haben. Ich finde ihn umringt von denen, die sein Vertrauen hätten, und sei daher Willens, wenn ich keinen Gegenbefehl erhalte, in einer Stunde weiter über Bromberg nach Danzig zu reisen [...] ich blieb noch zwei Stunden, trat aber, als kein Befehl kam, meine Reise an.*[2]

Hardenberg kam also ungelegen. Vielleicht hatte der König auch schon erfahren, dass der Kabinettsrat Johann Wilhelm Lombard in Stettin inhaftiert worden war – und zwar auf Veranlassung der Königin. Man hatte Lombard in aller Öffentlichkeit des Verrats beschuldigt, der Straßenpöbel hatte ihn tätlich angegriffen und beschimpft. Königin Luise hatte ihn *unter dem Vorwande seiner eigenen Sicherheit* arretieren lassen. Als Luise auf dem Weg nach Küstrin von dem Vorfall berichtete, plagte Hardenberg, den erfahrenen Kenner der königlichen Umgebung, sogleich die Sorge, aus dieser Sache könne *Verdruß* für die Königin entstehen. Da Luise seine stärkste Verbündete war und viele seiner Ansichten teilte, war er beunruhigt.

Der Krieg war in das unvorbereitete Preußen gekommen. Jahre waren verloren gegangen mit der unentschiedenen Verweigerung von Politik. Doch ein Staat kann nicht darauf verzichten, sich politisch zu verhalten. Der Abwesenheit von Politik entsprach die Vernachlässigung der Verteidigungskonzeption. Doch ein Staat kann nicht ohne Verteidigungskräfte auskommen.

Zwar will Hardenberg anderen, *die mehr Fähigkeiten dazu haben,* das Urteil überlassen. Aber in seinen »Denkwürdigkeiten« beklagt er sich über die Militärs. In einer ganzen Reihe von Analysen und Beurteilungen – manchmal muten sie ein wenig besserwisserisch an – zeichnet er ein genaues Bild der politischen und militärischen Lage, wie er sie sah.

Er beklagt den desolaten Zustand des Heeres und die Sorglosigkeit, mit der man den Kampf gegen Napoleon begonnen habe, ohne vorher mit England und Schweden übereingekommen zu sein und ohne sich der aktuellen Hilfe Russlands vergewissert zu haben. Er kritisiert, dass die Festungen im Land nicht in Stand gesetzt, die Truppen nicht auf Kriegsfuß gebracht, die Kriegsvorräte nicht genutzt wurden.

Auch die operativen Fehler werden angemerkt: Keine Angriffspläne, Zusammenziehung der Truppen an einem einzigen Punkt links der Saale, Mangel an Versorgung. Schließlich benennt er auch den grundsätzlichen Fehler: *Wenn ein Monarch nicht selbst ein großer General und fähig ist, den Befehl seines Heeres selbst zu führen, so ist seine Gegenwart bei demselben allemal schädlich, sie öffnet der Kabale das Thor und lähmt mehr oder weniger den eigentlichen Feldherrn.*[3]

Was in diesen Wochen wirklich geschah und was nicht geschah, gibt Hardenbergs Kritik Recht. Den Herren in der Umgebung des Königs und dem König selbst fällt nichts anderes ein, als umgehend Friedensverhandlungen anzustreben. Der Kabinettsrat Beyme als Vorbeter gibt die Losung aus: Man müsse jetzt um Frieden nicht bitten, sondern betteln.

In diesem Chor ist für Hardenberg natürlich kein Platz. Niemand fragt nach ihm, niemand fragt ihn. General Zastrow und der frühere preußische Gesandte in Paris, Marchese Lucchesini, werden zu Napoleon entsandt. Der aber will Lucchesini nicht einmal sehen und nennt ihn einen Wucherer und einen »Pantoffel«. Daraufhin übernimmt es Napoleons General Duroc, das Gespräch mit Lucchesini zu führen.

Zastrow hingegen wird von Napoleon empfangen. Er berichtet, der Kaiser sei sehr freundlich gewesen und habe sich anerkennend über Haugwitz geäußert. Beide, Lucchesini und Zastrow, versuchen vor allem, den Empereur sanft zu stimmen. Sie verhandeln nicht, sondern versuchen nur, einen schnellen Waffenstillstand zu erreichen, wofür sie alle Bedingungen des Siegers von Jena und Auerstedt akzeptieren: die Abtretung aller preußischen Territorien westlich der Elbe, den Anschluss der westelbischen Staaten an den Rheinbund, das Verbot aller Bündnisse zwischen Preußen und anderen Staaten in Deutschland und 100 Millionen Francs als Kriegskontribution. Immer deutlicher wird, dass das Unglück des Jahres 1806 vor allem darin bestand, mit einer Schlacht auch den Willen zur Selbstbehauptung verloren zu haben.

In vielen preußischen Familien, auch in der des Königs, wurde Napoleon zwar noch »Nöppel« genannt, als könne man den übermächtigen Feind auf diese Weise klein reden.[4] Aber während die Gesandten des Königs sich in Paris die Waffenstillstandsbedingungen diktieren ließen, rückten französische Truppen bereits bis zur Weichsel vor. Das preußische Heer kapitulierte bei Prenzlau, die Festung Küstrin wurde einem kleinen französischen Trupp kampflos übergeben. Gleichzeitig verhängte Napoleon die »Kontinentalsperre«: Er ließ die Nord- und Ostseehäfen für britische Handelsschiffe sperren und die Britischen Inseln blockieren.

Zu diesem Zeitpunkt hatte Friedrich Wilhelm III. das Waffenstillstandsabkommen noch nicht ratifiziert. Am 16. November berief der König in Osterode noch einmal den Kriegsrat ein. Hardenberg wurde wieder nicht hinzugezogen. Die Mehrheit des Rates stimmte dafür, die Bedingungen Napoleons anzunehmen. Da geschah etwas völlig Unerwartetes: Gegen die Mehrheit seiner Berater verweigerte Friedrich Wilhelm die Ratifikation.

Diese scheinbar einsame Entscheidung des Königs brachte die Wende: Die Geschichte des Krieges, die Geschichte Preußens, die Geschichte Europas sollte von diesem Tag an eine andere Richtung nehmen.

Der preußische König hatte, wie Thomas Stamm-Kuhlmann meint, *allein nachzudenken angefangen und auch den Anschluß der Strategie an die Diplomatie hergestellt.*[5] Aber: War es eine einsame Entscheidung? Hatte der König wirklich angefangen, allein nachzudenken? Wer die Persönlichkeit Friedrich Willhelms in die Betrachtung einbezieht und die Entscheidung von Osterode zu verstehen sucht, der muss wohl eher mit der Möglichkeit rechnen, dass die Königin – vielleicht auf Grund ihrer Gespräche mit Hardenberg – ihn von der Notwendigkeit, so zu handeln, überzeugt hatte.

Friedrich Wilhelm jedenfalls ist wie ausgewechselt. Er wendet sich an die Öffentlichkeit: Preußen werde an der Seite Russlands den Kampf gegen Napoleon weiterführen und Europa nicht kampflos der Willkür des Eroberers überlassen. Von nun an würden Feiglinge und Pflichtvergessene streng bestraft. Alle Kräfte des Landes sollten gebündelt und eingesetzt werden, um die Ehre und Freiheit des Staates zu erhalten.

Ein Ruck ging durch das Land. Überall bestätigte sich, was Hardenberg gerade eben, am 26. Oktober 1806, an Königin Luise geschrieben hatte: *Noch liegen bedeutende Hilfsmittel in den vaterländischen Gefühlen der Nation.*[6] Hardenberg hatte die Stimmung des Volkes auf seinem Weg nach Danzig wahrgenommen: *... umringten mich mitten in der Nacht eine Menge Leute beim Anspannen; sie sagten: der König solle ihnen doch nur Waffen geben ...*[7]

Hardenberg war inzwischen in Königsberg angekommen und bekräftigte, unter dem Eindruck der Flucht, in seinem Briefwechsel mit Minister vom Stein am 18. November noch einmal die Überzeugung der Männer, die nun bald die Leitung der Staatsgeschäfte übernehmen sollten: *Es ist unmöglich, die [französischen] Vorschläge zu akzeptieren.*

Mit der Verweigerung der Ratifikation durch den König war auch die Zeit des Außenministers Graf Haugwitz abgelaufen. Er bat um seine Entlassung. Hardenberg notiert: *Hier verließ der schlechte Steuermann das Schiff, das er auf den Strand setzte, im gefährlichsten Augenblick und gieng, mit Schande und Verachtung beladen, durch Umwege auf seine Güter nach Schlesien, in eine von den Feinden besetzte Provinz, wo er, der Urheber des Krieges, mitten unter ihnen lebte.*[8]

Friedrich Wilhelm handelte jetzt schnell. Sofort nach der Entscheidung von Osterode (am 16. November) besuchte er die russischen Truppen in Poltusk und übertrug dem russischen General

*Oktober 1806. Napoleon zieht als Sieger in Berlin ein. Der preußische
Hof ist nach Memel und Königsberg geflohen*

von Bennigsen den Oberbefehl über die preußische Armee. Kabinettsrat Beyme übernahm kommissarisch die Leitung der auswärtigen Angelegenheiten, bis der König per Kabinettsordre den Freiherrn vom Stein zum Außenminister ernannte. Gekränkt notiert
Hardenberg: *Man hatte es ganz vergessen, daß ich noch eigentlich
die Stelle des ersten Kabinettsministers nach des Königs eigenem
Willen bekleidete.*[9]
Lebhafter noch als Hardenberg selbst empfand der redliche
Stein die Kränkung und lehnte es unter Hinweis auf Hardenberg
ab, das auswärtige Ressort zu übernehmen. Erneut zögerte der
König, seinen Fachminister für die Außenpolitik wieder zu berufen. Der Grund dafür ist nicht bekannt. Ob er noch immer nicht
überzeugt war von dessen Loyalität? Oder fürchtete er, durch
Hardenbergs Selbstständigkeit und Kompetenz auf einen Weg
gedrängt zu werden, den er nicht mitgehen wollte?
Hardenberg erkannte, dass der König ihn nicht rufen wollte,
und beschloss, über Memel nach Riga zu gehen und von dort aus
im Frühjahr, sobald das Wetter es zulassen würde, mit dem Schiff
nach Dänemark zu fahren, um sich in der Nähe seines Sohnes
niederzulassen.

Die Koffer und Reisewagen waren bereits gepackt, als General Rüchel nach einem Essen beim König freudig erregt mitteilte, der König ließe Hardenberg bitten, nicht abzureisen, weil er ihn wieder an die Spitze des Auswärtigen Departements rufen wolle. Er, Rüchel, solle das Kriegsministerium, Stein das Ministerium des Inneren übernehmen. Der König wolle jetzt endlich auch ein Conseil errichten und wünsche die Beteiligung Hardenbergs, weil der *die Puppe des Volkes* sei.

Diese Formulierung offenbart noch einmal die ambivalenten Gefühle Friedrich Wilhelms gegenüber seinem Minister. Der König, der aus dem Unterholz seiner Hemmungen heraus nie einen Zugang zur Seele des Volkes gefunden hatte, war eifersüchtig auf den »quieszierenden Minister«, der nie aufgehört hatte, ein kommunizierender Minister zu sein. Hardenberg, für den die »Opinion« immer ein gewichtiges Argument war, wurde in den Zeiten der Bedrohung wirklich zur »Puppe des Volkes«, die den Zuschauern und Betroffenen des politischen Theaters Sicherheit gab und die Ahnung einer besseren Welt aufkommen ließ, in der das Böse bestraft wurde und das Gute siegte. Hardenberg nahm die Rolle an, weil er es für entscheidend hielt, *das Volk an den König und den König an das Volk zu knüpfen.*

Bei der geplanten Aufgabenverteilung und der Gründung eines Conseils kam jedoch wieder einmal alles anders. Wieder wirbelte Napoleons langer Arm die Entscheidungen der preußischen Regierung durcheinander. Am 16. November traf General Zastrow beim König ein und überbrachte einen Brief Napoleons, in dem dieser seinen Friedenswillen kundtat und Preußens staatliche Existenz von einem Frieden mit England und Russland abhängig machte. Laut Zastrow hatte Napoleon im Gespräch erklärt, der König, der seine eigenen Sachen nicht mehr trenne von denen Russlands, werde nicht mehr König von Preußen sein, wenn Russland erst einmal geschlagen sei.

Zastrow riet dringend davon ab, die Leitung der auswärtigen Angelegenheiten gerade jetzt wieder Hardenberg zu übertragen. Das müsse bei Napoleon einen üblen Eindruck hervorrufen. Daraufhin nahm Friedrich Wilhelm schleunigst davon Abstand, Hardenberg zu berufen. Zastrow brachte die Idee auf, Hardenberg und Stein auszutauschen, also Stein das äußere, Hardenberg das innere Ressort zu übertragen – als ob ein Innenminister Hardenberg den französischen Kaiser nicht ebenso gereizt hätte wie ein Außenminister Hardenberg.

Graf Schulenburg wurde zu Hardenberg und Stein geschickt, um zu sondieren, was sie von einem Ämtertausch hielten. Hardenberg hielt natürlich nichts davon und verwies darauf, dass Stein das auswärtige Amt schon einmal abgelehnt habe, und argumentierte nebenbei, es könne ja gleich Zastrow die Außenpolitik übernehmen, wenn denn ein Außenminister Hardenberg bei Napoleon nicht durchsetzbar sei. Diesen Ausfallschritt nahm Schulenburg sofort zum Anlass, beim König unter Berufung auf Hardenberg zu erwirken, dass Zastrow noch am selben Tag zum Chef der preußischen Außenpolitik ernannt wurde.

Dem kleinkarierten und falschen Schulenburg war es wieder einmal gelungen, Hardenberg zu überlisten und matt zu setzen. Auch die geplante Trennung von Conseil und Kabinett wurde wieder auf die lange Bank geschoben, obgleich Karl vom Stein in seiner direkten Art klipp und klar mitteilte, ein Nebeneinander von Kabinett und Conseil sei für ihn indiskutabel, widerspruchsvoll und absurd – eine Regelung, an der sich kein vernünftiger Mann beteiligen könne.

Mit der Ernennung Zastrows war das alte System Haugwitz zurück an die Macht gekommen. Resigniert griff Hardenberg seine Reisepläne wieder auf und fuhr am 20. November mit seiner Frau von Königsberg nach Memel. Von dort aus reichte er sein Entlassungsgesuch beim König ein.

Während Hardenberg auf die Reaktion des Königs wartete, machte Zastrow einen Fehler nach dem anderen. Er schickte einen Vertrauten, den Oberstleutnant von Krusemarck, nach Sankt Petersburg – in der unrealistischen Erwartung, Zar Alexander sei dazu zu bewegen, einen Friedensunterhändler zu Napoleon zu schicken. Die Folge: neues Misstrauen und Zweifel an Preußens Verlässlichkeit in Sankt Petersburg, aber auch in London und Wien. Der britische Gesandte Lord Hutchinson stoppte sofort alle Vertragsverhandlungen mit Preußen, als er von Zastrows Ernennung und Krusemarcks Mission hörte.

Trostloser konnte die Situation kaum noch werden. Die militärische Lage war ein einziges Desaster. Die Armee des Fürsten Hohenlohe hatte bei Prenzlau, General von Bila bei Pasewalk und sogar General Blücher in Lübeck kapituliert. Die Festung Glogau

Die königliche Familie – Vorbild für das aufstrebende Bürgertum.
Gemälde von H. A. Dähling, 1805

war gefallen, die Kriegsvorräte in Berlin, Spandau und Schlesien waren von den Franzosen beschlagnahmt worden. Hardenberg beschreibt die Lage mit einer biblischen Metapher: *Die Armee glich einer zerstreuten Herde, von reißenden Thieren verfolgt, weil sie keinen Hirten hatte.*[10]

Die russischen Heere zogen sich ins eigene Land zurück und verteidigten nicht einmal mehr die Weichsellinie. Zwar konnte der russische General von Bennigsen die Franzosen bei Pultusk zum Halten zwingen. Aber Napoleon selbst hielt sich schon in Warschau auf, und seine Truppen standen bereits 22 km vor Königsberg.

Hardenberg kennzeichnet in seinen »Denkwürdigkeiten« die Lage am Ende des Jahres 1806 mit einer Anekdote: *In Leipzig gab der französische General Regnier ein Mittagsmahl, bei dem außer vielen anderen französischen und sächsischen Offizieren auch ... ein gefangener preußischer Offizier gegenwärtig waren. Der General brachte die Gesundheit des Kaisers Napoleon aus, der preußische Offizier bat um Erlaubnis, auch die des Königs ausbringen zu dürfen. Von ganzem Herzen, erwiderte der General, und auf alle, die ihm treu geblieben sind ...*[11]

Auch der königliche Hof und die Familie des Königs glichen einer zerstreuten Herde. Königin Luise erkrankte Anfang Dezember an einem schweren Nervenfieber. So nannte man damals eine tief greifende Störung des vegetativen Nervensystems, aber auch Typhus. Eine solche Störung konnte die unterschiedlichsten Symptome hervorbringen: Herzjagen, Magenreizung und Durchfall, Kopfschmerz, Atemnot und Schluckstörungen, vor allem aber tiefe Depressionen. Luise scheint an all diesen Symptomen gelitten zu haben.

Ihre Kinder waren, ebenfalls krank, schon vor ihr nach Königsberg gebracht worden. Der König, zuerst bei den russischen Truppen in Pultusk und dann mit seinem Stab in Ortelsburg, traf am 10. Dezember in Königsberg ein.

Hardenberg wurde an das Krankenbett der Königin gerufen und konnte mit ihr über die politische und militärische Lage sprechen. Er vermied es aber, seine persönlichen Schwierigkeiten zu erwähnen.

In der Tat waren diese Schwierigkeiten eine Bagatelle angesichts der allgemeinen Gefechtslage. Hardenberg wird das Geschehen am Hofe in einem Brief an den Freiherrn vom Stein selbstironisch den *Froschmäusekrieg am Memeler Hof* nennen – nach der antiken Ilias-Parodie aus dem dritten Jahrhundert, die im gehobenen Stil des homerischen Epos einen Krieg zwischen Fröschen und Mäusen besingt.

Der »Froschmäusekrieg«

Am 3. Januar 1807 – die Franzosen standen inzwischen in Bartenstein und Schippenbeil, sieben bis acht Kilometer vor Königsberg – floh die königliche Familie nach Memel. Friedrich Wilhelm und die schwer kranke Luise folgten am 6. Januar. Der königliche Hof zeigte Auflösungserscheinungen. Geld und Kostbarkeiten wurden teils nach Kopenhagen eingeschifft, teils auf den Weg nach Riga gebracht.

Aber das kleinliche Gerangel um Macht und Prestige im Stil eines Schicksalskampfes unter gleichzeitiger Vermeidung von wirklicher Verantwortung ging weiter, als ob nichts geschehen sei. Alle Vorbehalte gegen den zwar geachteten, aber nicht beliebten Minister Hardenberg steigerten sich jetzt bis zum Hass. Wie schon früher in seiner Laufbahn, sah Hardenberg sich mit dem mokanten Hinweis konfrontiert, er sei ja eigentlich gar kein Preuße und könne als Ausländer und Seiteneinsteiger kaum die erforderliche Kenntnis, Loyalität und Treue zur altpreußischen Tradition aufbringen. Besonders die Herren Voß (Finanzen), Schroetter (Heeresverpflegung) und Zastrow (Auswärtiges) taten sich hervor und verglichen Hardenberg mit den »Günstlingen« an den absolutistischen Höfen vergangener Zeiten.

Allein der Kabinettsrat Beyme war jetzt loyal. Er versöhnte sich mit Hardenberg und bejahte die neue Ordnung, obgleich gerade er als Kabinettsrat mit der Auflösung der Kabinettsstruktur den meisten Einfluss verloren hatte. Beyme schrieb in klarer Loyalität zu Hardenberg an Wittgenstein: *Herr von Hardenberg, mit dem ich mich ausgesöhnt habe, sitzt jetzt allein am Ruder unseres Staatsschiffs, und dies ist für alle Alliierte die sicherste Bürgschaft für unsere Ausdauer.*[1]

Beyme spielt hier auf die internationale Bedeutung der Wiederberufung Hardenbergs an. Dass Hardenberg wieder am »Ruder des Staatsschiffs« saß, war ein international wahrgenommenes Signal für die Verlässlichkeit Preußens als Bündnispartner, aber auch für die Kreditwürdigkeit des Staates. Die war besonders wichtig, da das Land nicht aus eigener Finanzkraft vor dem Staatsbankrott bewahrt werden konnte, Binnenkredite kamen längst nicht mehr in Frage, niemand wollte dem überbeanspruchten Staat Geld leihen. Andererseits wuchsen die unvermeidbaren finanziellen Belastungen durch Rüstung, Nachschub und Heeresversorgung ins Gigantische an.

In dieser Situation fiel es Hardenberg leicht, die Vorwürfe und Unterstellungen der früheren Ministerkollegen souverän zurückzuweisen. Er schrieb dem König unter Hinweis auf seine Verdienste in Franken: *Ob ich gleich kein geborener Preuße bin, eine Eigenschaft, auf die der General von Zastrow im Gegensatz mit mir einen so großen Wert zu setzen scheint, so bin ich es doch mit vollem Herzen und dem feurigsten Eifer und tausche in dieser Rücksicht und in Absicht auf meine Anhänglichkeit an Ew. Majestät mit Niemand. Diesem nach würde ich auch die Pflicht erfüllen, mich willig zu entfernen, wenn es das Beste des Staats erforderte. Aber in den gegenwärtigen Verhältnissen ist mir Ew. Majestät höchstes Wort durchaus notwendig, daß Allerhöchstdieselben mir die Leitung des Auswärtigen Departements allein anvertrauen. Die anderen Geschäftszweige wünsche ich, nur aus Eifer für die Sache, bis dahin zu übernehmen, daß Ew. Königliche Majestät solche unter andern Umständen in geschickte treue Hände legen.*[2]

Wenn es um die Positionskämpfe am Hof ging, schien kein Ding unmöglich. In den politischen Geschäften war es kaum anders. Selbst höchst suspekte Finanzmanipulationen passierten, ohne dass ein Verantwortlicher gefunden werden konnte. So muss zum Beispiel in dem allgemeinen Durcheinander jemand – ohne Wissen des zu diesem Zeitpunkt zuständigen Ministers Stein – eine Kabinettsordre veranlasst haben, wonach der preußische Hof 100 000 Reichstaler an das Hofmarschall-Amt Napoleons übergeben solle, und zwar zur Finanzierung der kaiserlichen Hofhaltung.

Als nun der König mit der Anfrage befasst wurde, ob die Zahlungen in dieser Höhe fortdauern sollten, kam die Sache ans Licht. Der König ließ sofort, durch seinen Adjutanten Köckritz, den Freiherrn vom Stein nach seiner Meinung zu dem Vorgang fragen. Köckritz bekam die unverbrämte Antwort, er, Stein, wisse von der ganzen Sache überhaupt nichts. Außerdem würde sie in das Departement für Auswärtige Angelegenheiten gehören, und überhaupt sei es *beispiellos, daß man dem Sieger, der alle Hülfsquellen des Landes in seiner Gewalt habe, auch noch freiwillige Beiträge aus geretteten Fonds gebe ...*[3]

Friedrich Wilhelm insistierte jedoch auf der Zuständigkeit Steins und verwies auf die Instruktion über den neuen Staatsrat. Steins ungehobelte Antwort lautete, er betrachte den Staatsrat als nicht konstituiert, da er seine Teilnahme daran ja abgelehnt habe. Aufgebracht schrieb Friedrich Wilhelm jetzt eigenhändig einen Brief an Stein. Der Minister beantwortete das königliche Schreiben lakonisch mit der Bitte um Entlassung – worauf wiederum der König, ohne weiteren Kommentar, noch am gleichen Tag das Entlassungsschreiben ausfertigen ließ.

In den Augen Hardenbergs hatten sowohl der König als auch der Minister Unrecht. Der König, weil er der Wahrheit kein Gehör schenken wollte, der Minister, weil er derart unehrerbietige Formen *gegen seinen Herrn* gewählt hatte.

Zum Zeitpunkt dieser Phase im »Froschmäusekrieg«, als Stein unehrerbietig seinen Dienst aufkündigte und um seine Entlassung bat, war Hardenbergs Entlassungsgesuch vom 30. Dezember 1806 noch immer unbeantwortet geblieben. Hardenberg wollte sich aber nicht länger hinhalten lassen und wandte sich am 12. Januar 1807 an den König, allerdings in anderem Ton als Stein. Sein kurzes Billett strotzt vor höfischen Floskeln wie *untertänigst, ehrerbietigst, gnädigst,* er bittet um *Allerhöchstdero Verzeihung* und um einen *Bescheid.*

Zwei Tage später erhielt er einen eigenhändig geschriebenen Brief des Königs, der auf die Abläufe der letzten Wochen, die Zurücksetzungen und Kränkungen nur sehr indirekt eingeht und nur Allerhöchstdero augenblickliche Meinung kundtut: *Es hat nie meine Absicht sein können, Sie kränken oder zurücksetzen zu wollen, da ich Sie stets für einen edlen Mann und treuen Staatsdiener gehalten, und als solchen geschätzt und geachtet habe. Sollten Sie also hierüber im Irrthum gewesen sein, so hoffe und erwarte ich, daß Ihnen dies Gesagte zu Ihrer Beruhigung und Befriedigung dienen wird, da ich in Betreff Ihrer meine Meinung im Geringsten nicht geändert habe, mithin Sie keinen reellen Grund zu Beschwerden haben können. Wenn Ihnen etwas kann auffallend gewesen sein, so lag dieses in sehr einfachen Gründen, die mir aber die Zeit Ihnen auseinander zu setzen nicht verstattet. Dieses zur Antwort auf Ihre beiden Schreiben, wovon mir das erstere in dem unruhigen Augenblick der Abreise von Königsberg zugekommen ist.*[4]

Hardenberg war mit diesem unbeholfenen und zugleich selbstherrlichen Brief des Monarchen natürlich nicht zufrieden, doch fühlte er sich angesichts der allgemeinen Lage verpflichtet, erst einmal keine weiteren Klärungen einzufordern. Er bejahte die absolutistischen Allüren des Königs viel mehr als etwa Stein und ließ sich nicht so leicht zum Stolz vor Herrscherthronen hinreißen.

Der »Froschmäusekrieg« ging weiter. Zastrow, der einstweilige Chef der Auswärtigen Angelegenheiten, mochte dem König nicht in Anwesenheit des Geheimen Kabinettsrates Beyme vortragen und mühte sich, auch formell zum Minister ernannt zu werden. Der König aber wollte gerade dies nicht. Zastrow suchte, um seine wirkliche Bestallung vorzubereiten, das Einvernehmen mit Hardenberg, indem er ihm das Innenministerium antrug, obgleich er wissen musste, dass Hardenberg als Außenminister nur beurlaubt war.

Hardenberg registrierte diese Idee als anmaßend und bar jeglichen Zartgefühls. Er hielt Zastrow ohnehin für völlig ungeeignet, die preußische Außenpolitik zu konzipieren und zu formulieren. *Es fehlt ihm nicht an natürlichem Verstande, aber ganz an wissenschaftlicher Bildung und an den Kenntnissen eines Staatsmannes, selbst an den so nöthigen Sprachkenntnissen, an der Gewandtheit und Gefälligkeit im Umgange mit Männern von verschiedenen Nationen.*[5] Hardenberg rechnete den General Zastrow zu jenen Beratern des Königs, denen nach den Niederlagen von Jena und Auerstedt nichts Besseres eingefallen war als die übereilte Friedensbettelei bei Napoleon. Bei der anstehenden Entscheidung, ob Preußen mit Zustimmung Russlands einen Separatfrieden mit Napoleon eingehen solle, hielt Hardenberg seinen Kollegen für völlig überfordert. Der Ablauf der Ereignisse sollte in grausamer Weise bestätigen, wie Recht er hatte.

Am 7. und 8. Februar 1807 traf bei Preußisch-Eylau Napoleons Heer auf die alliierten Truppen. In einer blutigen Schlacht gelang es den Verbündeten, Napoleon zu stoppen und dadurch Königsberg zu entlasten. Der große Feldherr musste zum ersten Mal seine Grenzen erkennen, sein Interesse an einem Separatfrieden mit Preußen wuchs. Er ließ seinen Gesandten Bertrand am Hof in Memel vorsprechen und bot die sofortige Räumung aller preußischen Gebiete östlich der Elbe an, falls der König zu einem Friedensabkommen mit ihm bereit sei. Er fügte hinzu, dass Preußen ohne jede Einrede Dritter, gemeint war vor allem Russland, handeln müsse.

Friedrich Wilhelm sah sich dadurch in einer schwierigen Lage. Wie sollte er der Versuchung widerstehen, schon bald einen Frieden zu erreichen – das, was er immer gewollt hatte? Was aber wären die Folgen? Und konnte man sich auf Napoleon verlassen? In dieser Situation wollte Friedrich Wilhelm sich nicht nur von Zastrow beraten lassen. Er rief Hardenberg zu sich und bat ihn, sich auf Grund der Akten ein Bild von der Lage zu machen und ihn dann zu beraten.

Es war das erste Mal seit vielen Wochen, dass der König auf Hardenberg zuging und ihn in einen Entscheidungsprozess einbezog. Hardenberg nahm die Rolle des Ad-hoc-Experten an und kam schnell zu einem eindeutigen Ergebnis: *Jede Maßnahme, die zu einem Separatfrieden mit Frankreich führt, wäre verderblich für die Interessen des Königs und der Monarchie.*[6] Hardenberg begründete diese Einschätzung mit der erwiesenen Treulosigkeit Napoleons und mit dem sicher und endgültig drohenden Vertrauensverlust bei den Russen und Engländern. Seine Analyse stand in klarem Gegensatz zu der Lagebeurteilung, die Zastrow vorlegte. In den Beratungen mit dem König nutzte Hardenberg seine Erfahrung, vor allem mit Russland, und seine Kenntnis der beteiligten Personen. Er wurde vom König gebeten, ab sofort an den täglichen Kabinettssitzungen teilzunehmen und seine Meinung frei zu äußern.

Hardenberg hatte schon im Frühjahr 1807 zu seinem altbewährten Mittel gegriffen und eine Denkschrift verfasst, die er dem König am 3. März in Memel *zwar ehrerbietig, aber freimüthig und vollständig* vorlegte. Hardenberg bekräftigt in dieser Schrift noch einmal, dass kein Separatfrieden abgeschlossen und die Allianz mit Russland und England beibehalten wird. Er erinnert daran, dass der König selber so entschieden hat. In der Einleitung kündigt er vorsichtig an, er werde auch von sich selber sprechen, *da meine Person einmal zu den Mitteln gehört, die Ew. Königlichen Majestät zu Gebote stehen.*[7]

Zuvor umschreibt er das Verhältnis Preußens zu Russland, England, Schweden, Dänemark, Österreich und Deutschland.

Dabei werden bereits in vielen Einzelheiten Motive und Gedanken erkennbar, die später zu den großen Reformen führen werden – etwa die Forderung, den großen Gegner Napoleon nachzuahmen, um ihm eine Kraft entgegensetzen zu können, die man bisher für unmöglich gehalten hatte.

Hardenberg erkannte bereits die enorme Bedeutung der Begriffe und Formulierungen für eine durchgreifende Erneuerung des Staates: *Die Sprache sollte Muth, Hoffnung, Beharrlichkeit, Wahrheit ausdrücken; anstatt dessen ist sie so, daß sie eher lähmt als Hülfe erweckt, eher Mißtrauen erregt als Zutrauen befördert.*[8]

In energischen und weiten Bögen zeichnet Hardenberg die Grundlinien einer Regeneration: moralische Anstrengung, Beeinflussung der öffentlichen Meinung, Geldbeschaffung (*addiren und subtrahiren ist nicht genug*), Aufbau eines Nachrichtendienstes *und einer gehörigen Organisation des Spionierungs-Wesens*, Organisation einer neuen Armee und ihrer Versorgung, Aufstiegschancen für jedermann ohne Rücksicht auf den Stand, Wiederaufbau der vom Krieg betroffenen Provinzen (Saatgut, Vieh, Zugpferde, Kredite), *Beruhigung und Tröstung der Unglücklichen* und schließlich: Einigkeit und Schnelligkeit des königlichen Regierungsapparates.

Damit war Hardenberg wieder bei den Einzelheiten des *Froschmäusekriegs* angekommen. Im Schattenspiel zwischen Bescheidenheit und Selbstwertgefühl drang er darauf, dass Preußen endlich aufhören möge, sein Heil von Napoleon zu erwarten. Er verwies auf seine siebenunddreißigjährige Diensterfahrung, 16 Jahre davon als preußischer Minister, und empfahl sich als den Mann der Stunde, der geschickter als Zastrow die auswärtigen Angelegenheiten Preußens zu führen verstünde – vorausgesetzt, er besitze das ungeteilte Vertrauen des Monarchen. Vorausgesetzt auch, er sei wieder allein verantwortlich für die Außenpolitik und dürfe vorübergehend auch die inneren Angelegenheiten leiten, bis der Freiherr vom Stein wieder in den Staatsdienst zurückkehre oder ein anderer Mann gefunden sei, der diese Aufgabe übernehmen könne.

In hellsichtiger Vorwegnahme der zukünftigen Zusammenarbeit mit Stein legte Hardenberg dem König nahe, die Geschehnisse mit Stein zu vergessen und ihm die Staatsfinanzen wieder anzuvertrauen. Für den Augenblick zielte er vor allem darauf,

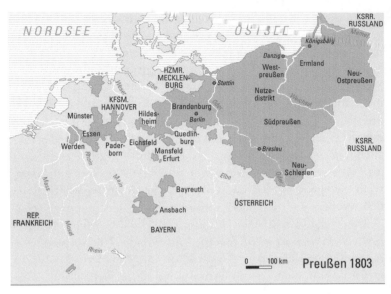

Preußens Territorium 1803 – unzusammenhängend,
schwer zu verwalten und kaum zu verteidigen

dass die wichtigsten Staatsaufgaben in einer Hand liegen und von einem einzigen Geist bestimmt sein müssen: *Haben Sie wirklich Vertrauen zu mir – so schenken Sie es mir ganz.*

Gemessen an der abhängigen Existenz heutiger Berufspolitiker, ist es erstaunlich, wie selbstverständlich es für Hardenberg war, seinen Rücktritt anzubieten, falls es dem König nicht möglich sein sollte, ihm volles Vertrauen zu schenken und seine Hauptanliegen zu berücksichtigen. Außerdem behauptet Hardenberg in seiner Denkschrift, er spüre eine *entschiedene Neigung, die noch übrigen Tage meines Lebens in anspruchsloser Ruhe zuzubringen,* und verwahrt sich mit nahezu tiefenpsychologischem Vokabular vor der möglichen Interpretation, das Bekenntnis zum Ruhebedürfnis sei *etwa eine Maske verborgenen Ehrgeizes.*

In der Denkschrift befassen sich jedoch zehn von knapp über achtzehn Seiten mit der Kompetenzverteilung und Sicherung der eigenen Stellung, also mit dem *Froschmäusekrieg.* Und das, während der Staat am Abgrund von Sein und Nichtsein stand. Hardenberg war also nicht nur ein Teil der Lösung, sondern auch ein Teil des Problems.

Um dies zu begreifen, muss man die Lage der Nation am Abgrund berücksichtigen und zugestehen, dass Hardenberg, Stein und andere die Regelung der Personalfragen als unabdingbare Voraussetzung für die Lösung der Sachprobleme gesehen haben. Wenn es im Leben von Staaten und anderen Organisationsformen überhaupt eine Situation gibt, in der Sachentscheidungen nur als Personalentscheidungen getroffen werden können, so war dies im Preußen der napoleonischen Wirren der Fall. Weit reichende Entscheidungen standen an. Die dringlichste Frage war, ob Preußen der Verführung zu einem Separatfrieden mit Frankreich nachgeben sollte, und wie Friedrich Wilhelm dies entscheiden würde.

Die Zeit drängte, und nichts geschah. In das Leben am preußischen Hof kam erst wieder Tempo, als der russische Zar Alexander melden ließ, er werde seine Truppen besuchen und am 2. April in Memel eintreffen.

Unentbehrlich

Nach der Mittagstafel kam der Kaiser zu mir und blieb über zwei Stunden, notiert Hardenberg unter dem 2. April 1807. Zar Alexander – zu diesem Zeitpunkt viel stärker als Friedrich Wilhelm von Hardenbergs Unentbehrlichkeit überzeugt – hatte den Hauptmann von Schoeler, der als preußischer Offizier dem Zaren attachiert war, vorausgeschickt. Er sollte Hardenberg bitten, einen Bericht über den Stand seiner persönlichen Angelegenheiten zusammenzustellen.

Nachdem der Zar um 11 Uhr vormittags in Memel eingetroffen war, traf er sich mit dem König zum Mittagessen. Sofort danach eilte er zu Hardenberg, der ihm von seinen Schwierigkeiten mit dem Kabinett und mit Zastrow berichtete. Alexander versprach, sich bei Friedrich Wilhelm dafür einzusetzen, dass Hardenberg nun endlich allein verantwortlich mit der Leitung der auswärtigen Angelegenheiten betraut werde. Im gleichen Sinn hatte sich soeben auch die britische Regierung durch ihren Gesandten Lord Hutchinson zu Wort gemeldet. Es sah also so aus, als stünde Hardenbergs Wiederberufung jetzt unmittelbar bevor.

Der weitere Verlauf der Ereignisse begünstigte die Rückkehr ins Amt. Die beiden Monarchen beschlossen, ihre Gespräche von Memel nach Kydullen zu verlegen, um dort, an der russischen Grenze, zugleich eine groß angelegte Truppeninspektion vornehmen zu können. Der amtierende Außenminister Zastrow äußerte wieder einmal, er wolle unter keinen Umständen mit Hardenberg zusammenarbeiten, und weigerte sich, den König und den Zaren nach Kydullen zu begleiten. Da nun aber Zar Alexander Hardenbergs Teilnahme an den Besprechungen wünschte, war dieser auf einmal der einzige preußische Minister, der vortragen konnte und auch bei den militärischen Beratungen zugegen war.

In einem knapp gefassten Konzeptpapier bereitete er die Besprechungspunkte für die Monarchen vor: Preußen und Russland als Bündnispartner gegen Napoleon tun alles, um Österreich, England und die skandinavischen Staaten ins Boot zu holen. Die vier Großmächte Russland, Österreich, England und Preußen verstehen sich als »Vormünder Europas« und formulieren gemeinsam und ohne Partikularinteressen ihre Kriegsziele. Eine Konföderation aller großen und kleinen Staaten erarbeitet eine zeitgemäße Verfassung für die deutschen Staaten, durch die die abgelebte Reichsverfassung ersetzt wird. Deutschland muss unabhängig sein, damit Europa unabhängig werden kann. Sinnvolle Grenzziehungen und die Abrundung der preußischen Territorien sollen die Entwicklung eines von Österreich und Preußen angeführten deutschen Bundesstaates befördern. In seine *höchst unvollkommene Skizze* Europas fügt Hardenberg auch die Verpflanzung des sächsischen Königtums nach Polen ein, so dass Sachsen an Preußen fallen kann: Polen blieb also auch in dieser Phase der europäischen Veränderungen der Steinbruch, der mit den besten Absichten ausgebeutet werden konnte ...

Alle diese Rechnungen aber waren noch ohne die erwünschten Verbündeten gemacht – und erst recht ohne Napoleon. England hatte seine Vorstellungen vom Bündnis noch gar nicht formuliert, und Österreich dachte immer noch eher an bewaffnete Neutralität als an einen neuen Waffengang.

Trotzdem folgten Alexander und Friedrich Wilhelm bei ihren europaweiten Planungsgedanken der Hardenbergschen Skizze. Die intellektuelle Dominanz Hardenbergs führte jetzt dazu, dass Friedrich Wilhelm am 10. April 1807, wie selbstverständlich und ohne jedes Zeremoniell, Hardenberg zum Ersten Kabinettsminister machte, wodurch Zastrow endgültig auf den zweiten Platz verwiesen wurde.

Dem Ersten Minister unterstand jetzt nahezu die gesamte operative Leitung der preußischen Politik: das Verpflegungsdepartement für die russischen und preußischen Truppen sowie der Getreideeinkauf aus dem Ausland, alle Finanzgeschäfte, das Postwesen, die Nachrichtendienste und die Geheime Polizei, die Zeitungen, die Aufsicht über den Staatsschatz, die Staatsbank und sämtliche Kassen.

Während Zastrow noch gegen die Verfügung des Königs protestierte, waren Friedrich Wilhelm und Alexander bereits in Bartenstein, wo der russische General von Bennigsen als Oberbefehlshaber der alliierten Truppen mit dem schwedischen Bevollmächtigten an Plänen arbeitete, gemeinsam von der pommerschen Küste aus gegen die französischen Einheiten vorzugehen. Dadurch sollte hinter dem Rücken Napoleons eine zweite Front geschaffen werden.

Hardenberg gelang es, in Bartenstein ein preußisch-russisches Abkommen zu schließen, das in seinen Inhalten dem Kydullener Memoire folgt und die Entschlossenheit bekräftigt, die Zerstörung des europäischen Gleichgewichts durch Napoleon nicht hinzunehmen. Preußen strebte jetzt nicht mehr die politische Hegemonie an, sondern sah im Bund mit Österreich die Voraussetzung für einen Frieden in Europa. Österreich und Preußen sahen sich gemeinsam als Vorreiter eines deutschen Bundes. Die Grenzziehung gegenüber Frankreich verlief parallel zum Rhein, die Verhältnisse in Italien wurden gemeinsam geregelt, die Selbstständigkeit der Niederlande und die Integrität der Türkei garantiert.

Der später oft beschworene »Geist von Bartenstein« belebte das politische Denken, auch wenn die realpolitische Situation immer noch desolat war. Doch s*chon klang der Ton der großen Manifeste der Befreiungskriege auf,* wie der Hardenberg-Biograf Peter G. Thielen registriert.[1]

Für Hardenberg standen die Sterne also wieder günstig, er war auf dem Weg zum Premierminister, ja zu einem Überminister. Am 26. April gab der König ein Kabinettsdekret heraus, das von Hardenberg formuliert war und in dem der König die Staatsminister am Memeler Hof über die neue Organisation der Regierungsgeschäfte informiert: *Seine Königliche Majestät haben sich während Ihres gegenwärtigen Aufenthaltes bei der Armee immer mehr überzeugt, wie dringend notwendig es ist, daß alle auf die Politik und auf den Krieg Bezug habenden Angelegenheiten mit dem Nachdruck und der Schnelligkeit geführt werden, welche nur durch Einheit und Vermeidung aller weitläufigen Rücksprachen und Verhandlungen unter mehreren Behörden möglich gemacht werden kann. Allerhöchstdieselben haben dem Staats- und Kabinettsminister Freiherrn von Hardenberg das Auswärtige Departement ganz wieder zu übernehmen befohlen und wollen nunmehr auch, daß derselbe, die eigentlichen Militärsachen ausgenommen, zugleich die Leitung aller übrigen Angelegenheiten besorge, die auf den Kriegszustand Beziehung haben.*

Der König schließt das in Bartenstein ausgefertigte Dekret mit der Bemerkung: *Diese von mir getroffene Maßregel ist unter den jetzt obwaltenden Umständen wesentlich nothwendig geworden, und hierin keineswegs eine Zurücksetzung zu suchen.*[2]

Unter diesen Umständen verweigerte Zastrow die Zusammenarbeit mit Hardenberg. Eine solche Verweigerung konnte der König nicht hinnehmen. Er war gezwungen zu handeln. Er entließ Zastrow und bot ihm einen hohen Posten in der Heeresleitung an, den dieser empört ablehnte – mit dem Ergebnis, dass er schließlich endgültig seinen Abschied aus den Diensten des Königs nehmen musste. Später, 1817, sollte er dann doch noch preußischer Gesandter in München werden und dort am 12. April 1821 mit Hardenberg, der auf der Rückreise von Italien in München Station machte, zusammen essen, die bayerischen Staatsbeamten Graf Rechberg und Fürst Wrede aufsuchen und Hardenberg als Gast einer großen Gesellschaft in seinem Hause haben.[3]

Mit der neuen internen Umverteilung der Befugnisse waren die militärischen und politischen Probleme natürlich nicht gelöst. Der Bewegungsspielraum am Rande des Abgrundes ist immer gering.

Am Ende des Lateins

Preußen stand weiterhin am Rande des Abgrunds. Jeder Tag konnte den Absturz bringen. Mit der blutigen Niederlage der preußischen und russischen Truppen bei Friedland am 14. Juni 1807 war dieser Krieg entschieden: Napoleon war bis Königsberg und Tilsit vorgedrungen. Ratlos trafen sich der König und der Zar im Jagdschloss Szawl.

Hardenberg war ebenfalls anwesend und wurde gebeten, die Eckpunkte für Friedensverhandlungen zu markieren. Auch er wusste keinen Ausweg mehr und riet zum Waffenstillstand. Er träumte von einer Allianz zwischen Preußen, Russland und Frankreich und war sogar bereit, Westfalen und Hannover aufzugeben, um Sachsen zu gewinnen.

Wenige Tage später, am 25. Juni 1807, wurde Hardenberg in die Realität zurückgeholt und wieder mit einem der fatalen Wechselfälle des politischen Lebens konfrontiert, die für Kriegszeiten typisch sind: Der Zar koppelte sich plötzlich von seinem Verbündeten ab und verhandelte allein über einen Waffenstillstand, wie er ihn schon unmittelbar nach der Niederlage bei Friedland beantragt hatte.

Es folgten Verhandlungen. Napoleon lud Alexander in Tilsit zum Essen ein, Friedrich Wilhelm wurde ausgeschlossen und erst später an den Tisch des Siegers gebeten. Die Diners fanden um acht Uhr abends statt. Friedrich Wilhelm ritt erst am Nachmittag in die Stadt und noch am Abend zurück in sein Quartier.

Es bot sich ihm ein Bild grausamer Symbolik: Auf einem festlich geschmückten, mitten im Fluss verankerten Floß trafen sich der russische und der französische Kaiser zur Verhandlung. *Es waren zwei platte, bedeckte Flöße dazu zubereitet, der eine für die Monarchen, der andere für ihr Gefolge. Die Hütten auf solchen waren von innen und außen schön verziert. Die Namen Alexander und Napoleon glänzten daran. Friedrich Wilhelm war weggelassen, er wurde überhaupt mit Geringschätzung behandelt.*[1]

Der preußische König stand am Ufer der Memel, wegen des strömenden Regens in einen russischen Militärmantel gehüllt. Er wartete, ohne beteiligt zu werden. Auf dem Floß wurde über die Zukunft Europas entschieden.

Bündnisverhandlungen zwischen Zar und Kaiser, 1807 an neutralem Ort, einem Floß auf dem Grenzfluß Njemen (Memel). Der preußische König ist zu den Verhandlungen nicht zugelassen und muss am Ufer stehen

Auch über Hardenbergs Zukunft. Napoleons Forderung, Hardenberg sei zu entlassen, wurde nicht zurückgenommen. Napoleon zeigte sich unversöhnlich und ließ durch seinen Marschall Berthier den preußischen Unterhändler von Kalckreuth wissen: Solange Hardenberg Mitglied der Regierung sei, könne es keine vertrauensvollen Verhandlungen geben. Auch Napoleon sprach jetzt von Hardenberg als einem Ausländer, der bei dem Prinzen von Wales erzogen worden sei und eine ganz und gar britische Gesinnung habe. Hardenberg wird voller Ironie mit dem Blick auf die Londoner Affäre seiner damaligen Frau anmerken, seine Beziehung zum Prinzen von Wales habe eher ganz andere Ursachen.

Napoleon, so wird berichtet, habe vor lauter Zorn die Gesichtsfarbe verändert, sobald er den Namen Hardenberg habe aussprechen müssen. War Napoleon emotional wirklich so stark beteiligt, oder spielte er Theater? Seinem Charakter hätte es durchaus entsprochen, seinen Zorn nur taktisch eingesetzt zu haben, um den gefürchteten Gegner abzuschütteln und zugleich den russischen Zaren von seinem preußischen Vertrauten zu isolieren und leichter mit ihm umgehen zu können.

Napoleon bemerkte zu Friedrich Wilhelm: *Ich gestehe, ich bin rachsüchtig; der Baron von Hardenberg mag ein respektabler Mann sein, aber er hat mich beleidigt, mich und die französische Nation, durch sein Benehmen gegen meine Minister – das ist, als hätte er mir eine Ohrfeige gegeben.*[2]

Sicherlich übertrieb Napoleon maßlos, als er auch noch behauptete, lieber würde er noch vierzig Jahre lang Krieg führen als mit Hardenberg verhandeln. Aber mit dieser theatralischen Übertreibung war er jetzt so deutlich geworden, dass Hardenberg die Konsequenzen ziehen musste. Er bot dem König an, sofort zurückzutreten. Nach einem vergeblichen Versuch Friedrich Wilhelms, Napoleon umzustimmen, teilte der König dem französischen Kaiser mit, Hardenberg trete zurück und sei im Begriff abzureisen. Hardenberg musste also gerade in jenem Augenblick das Ruder des Staatsschiffs abgeben, als er sich durchgerungen hatte, die Zusammenarbeit mit Frankreich für unvermeidbar zu halten.

Vor seiner Abreise aus Tilsit, wo er sich von Februar bis Oktober 1808 eine Wohnung gemietet hatte, musste Hardenberg sich noch einer letzten Aufgabe im Dienst des Königs widmen. Er sollte Königin Luise auf die historische Begegnung mit dem Eroberer vorbereiten.

Am 29. Juni 1807 feierte Luise den sechsten Geburtstag ihres Sohnes Karl – *mit fürchterlichem Lärm,* wie die Hofmeisterin Gräfin Voß in ihrem Tagebuch anmerkt. Königin Luise hatte alles getan, damit die Kinder auch in der kleinen, ärmlichen Residenz in Memel fröhlich feiern konnten. Dann kam endlich der Abend, endlich die Ruhe der Nacht. Am frühen Morgen des nächsten Tages weckte ein Eilkurier die Königin: Friedrich Wilhelm bat sie, sofort nach Tilsit zu kommen. Napoleon habe den Wunsch geäußert, sie kennen zu lernen.

Luise fühlte sich noch krank und war schon wieder schwanger. Sie scheute die zehnstündige Fahrt im harten Reisewagen. Dennoch: *Ich komme, ich fliege nach Tilsit, wenn Du es wünschst ... Ich kann Dir keinen größeren Beweis meiner Liebe und meiner Hingabe an das Land, dem ich angehöre, geben, als indem ich dahin komme, wo ich nicht begraben sein möchte.*[3] Aber ihre tiefen Zweifel, ob es denn wirklich richtig sei, dem mächtigen *Höllenhund* zu begegnen, sind nicht zu beruhigen. Der König beruft sich auf Hardenberg: *Hardenberg bittet mich, keinen Augenblick zu verlieren, um Deine Reise zu beschleunigen, da die Augenblicke kostbar sind und, was für das Gute geschehen kann, schnell geschehen muß.*[4]

Das Gute, das Friedrich Wilhelm und Hardenberg für Preußen erwarteten, war die vage Hoffnung auf Luises mäßigenden Einfluss bei den Friedensverhandlungen. Offenbar hielt der König die Berufung auf Hardenberg für ein überzeugenderes Argument als seine eigene Einschätzung.

Die Umgebung des Königs, die am Ende ihres Lateins war, erhoffte von der schönen und anmutigen Königin, sie würde bei einer Begegnung mit Napoleon erträglichere Bedingungen erwirken als der König und seine Beamten.

6. Juli 1807. Ein gemietetes Haus in Tilsit. Luise trägt, als sie den Kaiser empfängt, ein weißes, silberbesticktes Kleid, einen weißen Schal und ein Diadem im Haar. Immerhin ist sie es, die den Kaiser empfängt, nicht umgekehrt. Wenn die Berichte der Wahrheit entsprechen, steigt Napoleon eine enge Treppe zu ihr herauf und ist beeindruckt von ihrer Erscheinung: *Die Königin von Preußen ist in der Tat entzückend, zu mir ist sie voller Koketterie.*

Sieger und Besiegte begegnen einander höfisch-höflich. Nach dem Austausch von Freundlichkeiten aber kommt Luise zur Sache: *Sie sind der Sieger, aber soll ich annehmen, daß Sie Ihren Sieg mißbrauchen?* Die Berichte über die Tilsiter Begegnung lassen erkennen, dass Luise die von Hardenberg zusammengestellten Gesprächsthemen sorgfältig anspricht: Keine Abtrennung alter preußischer Provinzen, die seit Jahrhunderten zur Krone gehören. Keine Abtretung von Magdeburg.[5] Trotz dieser Themen sollte Luise, so Hardenbergs Rat, sich eher unpolitisch geben und nur als Gattin und Mutter sprechen.

Die zeitgenössischen Berichte über das Treffen von Tilsit rühmen Luises Verhandlungsgeschick und ihren Charme. Weil aber am Ende alles vergeblich war, berichten die Beobachter, Napoleon sei beinahe bereit gewesen, Zugeständnisse zu machen. Dann aber sei Friedrich Wilhelm, nach einer Stunde offenbar eifersüchtig, ins Zimmer geplatzt und habe alles verdorben. Napo-

1807. Königin Luise in Tilsit bei ihrem vergeblichen Versuch, mildere Friedensbedingungen zu erwirken

leon selbst jedenfalls sei der Meinung, der König habe durch sein Dazwischentreten alle Zugeständnisse verhindert.

Luise war nach der ungeheuren Anspannung des Gesprächs mit Napoleon erleichtert, ja euphorisch. Beim Diner – jetzt empfing Napoleon als Gastgeber die Königin schon auf der Straße vor dem Haus – saß Luise zwischen dem französischen und dem russischen Kaiser und brillierte auch hier. General Rüchel wollte eine Bemerkung Napoleons aufgeschnappt haben: *Die Königin von Preußen ist eine reizende Frau, ihre Seele entspricht ihrer Gestalt. Auf Ehre: Anstatt ihr eine Krone zu nehmen, möchte man versucht sein, ihr eine zu Füßen zu legen.*

Napoleon hatte offenbar die Versuchung gespürt, vor der Königin anders als gewöhnlich aufzutreten. In einem Brief an seine Frau Joséphine schreibt der Kaiser der Franzosen: *Die Königin von Preußen hat gestern mit mir gespeist. Ich mußte tüchtig auf meiner Hut sein, um ihr nicht einige Konzessionen für ihren Mann zu bewilligen, zu denen sie mich nötigen wollte. Aber ich war galant und hielt mich an meine Politik ... Die Königin von Preußen ist eine entzückende Frau. Sie ist sehr liebenswürdig gegen mich. Du brauchst aber nicht eifersüchtig zu sein. Ich bin wie ein Wachstuch, an dem alles abgleitet ...*[6]

243

In der Tat zeigte sich schon am folgenden Tag, wie sehr »alles« abgeglitten war. Napoleon äußerte sich *mit höchster Kälte und mit verächtlichem Tadel über Friedrich Wilhelm.* Er bedauere es, *wenn die Königin bloße phrases de politesse, welche man Damen sage, für Versicherungen gehalten hat.*[7]

Das Friedensdiktat war hart: Preußen musste alle Gebiete westlich der Elbe abtreten. Auch die polnischen Territorien gingen verloren. Preußen wurde nahezu halbiert. Überdies musste der König von Preußen den Rheinbund anerkennen und der Kontinentalsperre gegen England beitreten, den Bruder Napoleons, Jérôme, als König von Westfalen und Louis Bonaparte als König von Holland und Neapel anerkennen. Französische Truppen sollten auf Kosten Preußens als Besatzung im Land bleiben und die Festungen Stettin, Küstrin und Glogau besetzt halten, bis die Kriegsschulden bezahlt sein würden. Deren Höhe sollte noch festgesetzt werden.

Königin Luise war über diesen Lauf der Dinge persönlich gekränkt und tief enttäuscht. Sie brach in Tränen aus, als sie die Nachricht von den so überaus harten Friedensbedingungen erhielt. Sie saß schon in ihrem Wagen und sollte trotz allem an einem Diner mit dem jetzt endgültig verhassten Sieger teilnehmen. Als Napoleon sie nach dem Essen zu ihrem Wagen brachte, sagte sie zu ihm: *Sire, Sie haben mich grausam getäuscht.* Napoleon habe als Antwort nur satanisch gelächelt. So jedenfalls berichtet die Gräfin Tauentzien.

Auch für Hardenberg bedeutete das Scheitern von Luises Mission, seine letzte Hoffnung begraben zu müssen. Jetzt wusste er, dass er sich endgültig aus dem Umkreis des Königs und der Königin, diesem Zentrum der Ohnmacht, zu entfernen hatte, wenn er dem Land nicht schaden wollte. Er verließ Memel, bevor das Königspaar aus Tilsit und Piktupönen zurückkehrte. Erst von Nimmersatt aus, dem letzten preußischen Posthaus an der russischen Grenze, schickte er am 10. Juli Briefe an den König und die Königin, in denen er seinen Schmerz und seine Wehmut ausdrückt und offen bekennt: Er habe die Rückkehr der Majestäten nicht abwarten wollen, weil er fürchtete, von seinen Empfindungen überwältigt zu werden. Auch müsse er befürchten, dass der *grausame Tyrann* nur üble Konsequenzen aus einer Verzögerung seiner Abreise ziehen werde.

Von der Poststation Nimmersatt aus schrieb er auch den Brief an den Freiherrn vom Stein, den zu schreiben er dem König versprochen hatte. Darin versucht er vorsichtig, den eigenwilligen Kollegen empfänglich dafür zu stimmen, dass der König ihn wieder in seinen Dienst nehmen will. Hardenberg beschwört seinen *werten und würdigen Freund,* all das jetzt zu retten, was Preußen noch geblieben ist. Er berichtet ausführlich, was seit Steins Abreise am Hof geschehen ist, und stellt die bewährte Hilfe der Herren Altenstein, Schoen, Staegemann und Niebuhr in Aussicht.

Dann, gerade als Hardenberg endgültig nach Riga aufbrechen will, trifft ein preußischer Feldjäger in Nimmersatt ein. General von Köckritz schreibt, der König wünsche den Freiherrn von Hardenberg zu sprechen und bitte ihn, inkognito nach Memel zurückzukehren. Hardenberg hielt das nicht für möglich – ohne näher darauf einzugehen, warum nicht – und schlug vor, den König in Tauerlauken, eine Stunde von Memel entfernt, zu treffen.

Dann aber erfuhr er über General Rüchel und Kabinettsrat Beyme, dem König käme es auf ein Gutachten zur Reorganisation des preußischen Staates an. Friedrich Wilhelm hatte offenbar die Vorstellung, Hardenberg könne ein solches Gutachten unterwegs und aus dem Koffer fertigstellen. Hardenberg jedoch wollte so nicht arbeiten und versprach dem König, die Sache in Riga sofort, aber *mit gehöriger Aufmerksamkeit* in Angriff zu nehmen. Als Zeichen des königlichen Einverständnisses sollten ihm am nächsten Morgen Postpferde geschickt werden. *Sie kamen und ich setzte mit dem Geheimen Finanzrath von Altenstein meine Reise nach Riga fort.*[8]

Hardenberg traf dort am 16. Juli ein und bezog nach kurzer Zeit zusammen mit seiner Frau ein Landhaus des Bankiers Bernhard Christian Klein, etwa sieben Kilometer vor der Stadt, oberhalb der Düna.

»Die reine Demokratie müssen wir noch dem Jahre 2440 überlassen«

Was Hardenberg dem König versprochen hatte, erforderte ein ungeheures Arbeitspensum. Dem König war wohl nicht klar, dass ein Gutachten über die Reorganisation des Staates nicht in wenigen Tagen herzustellen war. Hardenberg wusste das natürlich und hatte deshalb den König vertröstet. Er wollte die Gelegenheit nutzen, mehr zu geben, als von ihm erwartet wurde. Zwar hatte der König nur die berechtigte Sorge, die Staatsprobleme nun allein lösen zu müssen. Er suchte nach schnellen Handlungsregeln und wollte dafür Hardenbergs Wissen abrufen. Der aber glaubte, nur ein fundiertes Gutachten zur Reorganisation des Staates werde der Lage Preußens gerecht. Er wollte sein Gutachten wie ein Vermächtnis hinterlegen, wenn er schon seinen König, die Königin und den Staat einem ungewissen Schicksal überlassen musste.

Hardenberg wusste natürlich auch, dass er den Auftrag des Königs nicht allein bewältigen konnte. Er brauchte kompetente und belastbare Mitarbeiter. Er brauchte Unterlagen. Und das alles in Riga. Im Exil. Und es galt, keine Zeit zu verlieren.

Hardenberg begann sofort mit der Arbeit, kaum dass er sich für den Aufenthalt in der fremden Stadt eingerichtet hatte. Der Mitarbeiterstab war bald zusammengestellt. Vor allem der siebenunddreißigjährige Freiherr von Altenstein war dabei, ordnete die Akten, schrieb Briefe und holte wichtige Informationen ein, zumeist mit der Hilfe seines gleichaltrigen Schwagers Karl Friedrich von Nagler, der – wie Altenstein – schon in Ansbach für den Minister gearbeitet hatte. Zum Team gehörten auch Heinrich Theodor von Schoen, 35 Jahre alt, und der später als Historiker berühmte Barthold Georg Niebuhr, gerade 30 Jahre alt. Niebuhr hatte Rechtswissenschaften und Naturwissenschaften studiert, befasste sich jetzt aber mit den Staatsfinanzen, bevor er 1810 als Professor für Alte Geschichte an die Berliner Universität ging.

Über dem Zusammenwirken dieses Arbeitskreises lag der Zauber des Anfangs mitten in einer tief greifenden Staatskrise und der Glanz einer leidenschaftlichen Hingabe an das Erneuerungswerk. Niemand konnte ahnen, dass die 1807 in Riga ans Werk gehenden Köpfe nach wenigen Jahren in tiefer Entfremdung auseinander streben würden. Es ist schwer zu sagen, ob diese Entfremdung zu den Gründen gehörte, die später den historischen Erfolg und die Nachhaltigkeit der großen Staatsreformen beeinträchtigten.

Besonders der Dialog mit Altenstein führte Hardenberg, der sich eher pragmatisch den Reformen zuwandte, zu ständiger Reflexion der staatsphilosophischen Grundlagen und der Zusammenhänge zwischen Staat und Gesellschaft. Dazu gehörte auch die intellektuelle Verarbeitung jener Gedanken, die in Frankreich die Revolution ausgelöst hatten.

Hardenberg hat sehr lebhaft die vitale Kraft, ja Überlegenheit des neuen Denkens, das aus Frankreich kam, gespürt und auch deshalb eine *Revolution von oben* gefordert. Zwar hielt er von seiner Herkunft und seinen Denkmustern her an der monarchischen Staatsform fest, aber er wollte *demokratische Grundsätze in einer monarchischen Regierung* einführen. Wie klar ihm die Problematik einer solchen Mischform und der notwendigen Kompromisse vor Augen stand, zeigt die – in Anspielung auf einen utopischen Roman von 1771 – weit ausgreifende Perspektive: *Die reine Demokratie müssen wir noch dem Jahre 2440 überlassen, wenn sie anders je für den Menschen gemacht ist.*[1]

Vorsichtig spricht Hardenberg auch die Frage einer Nationalrepräsentation an, aber im Vordergrund steht für ihn die pragmatische Umgestaltung des preußischen Staates. Die soll *mit starker Hand* durch *wenige einsichtsvolle Männer* verantwortet und realisiert werden. *Zeit ist nicht zu verlieren. Man übertrage die Ausführung nicht großen zusammengesetzten Commissionen, frage nicht viele Behörden.*[2]

Hardenberg denkt also an Freiheit und Gleichheit, nicht aber an Selbstbestimmung, an eine konstitutionelle Monarchie, nicht aber an eine reine parlamentarische Demokratie. Seine weit reichende Vision von Demokratie schließt gewissermaßen einen Stufenplan der Realisierung ein. Er spricht von der *natürlichen Freiheit und Gleichheit der Staatsbürger,* die nur so weit beschränkt werden dürften, *als es die Stufe ihrer Cultur und ihr eigenes Wohl erfordern.*[3]

Die Männer, die sich in Riga daranmachten, ein neues Preußen zu entwerfen, wussten, was sie taten. Hardenberg spricht von einer *Revolution im guten Sinn,* die zur *Veredelung der Menschheit durch Weisheit der Regierung und nicht durch gewaltsame Impulsion von Innen oder Außen* führen müsse. *Demokratische Grundsätze in einer monarchischen Regierung: dieses scheint mir die angemessene Form für den gegenwärtigen Zeitgeist.*

Dies alles müsse mehr als ein politischer Traum sein. So beschwört Altenstein in endzeitlichem Pathos eine neue Schöpfung: *Es muß eine neue Schöpfung eintreten; diese setzt nothwendig eine klare Idee von dem, was der Zweck sein und zum Ziele führen soll, voraus. Nur eine solche klare, in sich abgeschlossene Idee, welche als Einheit ein organisches Ganzes ist und alle in solcher aufgehenden, untergeordneten Ideen in sich faßt, kann als leitendes Princip ein lebendiges fruchtbares Schaffen bewirken, in dessen Verfolg eine neue Schöpfung hervorgeht.*[4]

Wie für Hardenberg, gehört auch für Altenstein zu den Voraussetzungen des Neuanfangs die Bekämpfung Napoleons mit seinen eigenen Prinzipien, also die Zerstörung des Schwachen und Veralteten, um neuen Kräften eine Chance zu geben. Dieses Konzept war eine Leistung von höchster Kreativität. Napoleon, der durch seine militärische Gewalt das Schreckbild Europas war, wird zum Vorbild genommen. Aus der Identifikation mit dem Aggressor soll die Kraft erwachsen, ihn zu besiegen. *Napoleon hat die bei der Revolution in Frankreich zu Grunde liegende Idee der Zerstörung des Alten und Ruhenden zur Erweckung neuer Kräfte und deren unaufhaltsamen Äußerung beibehalten und deren Wirkung nur auf ganz Europa oder vielmehr auf die ganze Welt in anderer Gestalt übertragen.*[5]

Es waren zwei Gutachten, die am 12. September 1807 dem preußischen König übergeben wurden. Hardenbergs Text umfasst etwa 60 Druckseiten. Er trägt die Aufschrift *Über die Reorganisation des preußischen Staates, verfaßt auf höchsten Befehl Sr. Majestät des Königs.* Altensteins Gutachten trägt den Titel *Über die Leitung der Staatsregierung nach dem Frieden.* Beide Texte werden heute als »Meilenstein auf dem Weg von der ständischen zur bürgerlichen Gesellschaft« angesehen.[6]

Hardenberg war sich bewusst, wie sehr die Rigaer Denkschrift das Werk des gesamten Teams war. In seinem Begleitschreiben an den König erwähnt er die Namen aller Beteiligten und empfiehlt ihre weitere Laufbahn der Aufmerksamkeit des Monarchen. Er ahnte im September 1807 noch nicht, wie wenig die großmütige Förderung seiner Mitarbeiter mit Dankbarkeit und Anstand erwidert werden würde.

Jetzt, bei der Übergabe der Denkschrift, warnte Hardenberg, der seinen König genau kannte, vor den Kleingeistern und »Froschmäusekriegern«, die der Entschlossenheit zu Reformen *angebliche Unmöglichkeiten oder unübersteigliche Hindernisse* entgegensetzen: *Eben die, welche jene Sprache führen, pflegen auch starke und genialische Männer zu verschreien und Anstoß in ihren etwa hervorstechenden rauhen Außenseiten zu erregen. Aber in unseren Zeiten außergewöhnlicher Kraft-Äußerungen kann nur genialische Kraft helfen, während schwache Menschen, wären ihre Formen auch noch so weich und angenehm, ein Spiel des Zufalls werden und unterliegen.*[7]

Wie nicht anders zu erwarten, wurde Hardenberg bei Hofe bald als »Jacobiner« diffamiert. Die rückwärts gewandten Geister konnten seine Verwendung von Begriffen der Französischen Revolution nicht einordnen und wollten sie wohl auch gar nicht verstehen. Intelligenz und guter Wille waren überfordert, wenn es darum ging, den folgenden Gedanken zuzustimmen: *Mit eben der Kraft und Consequenz, womit Napoleon das französische revolutionäre System verfolgt, müssen wir das Unsrige für alles Gute, Schöne, Moralische verfolgen, für dieses alles, was gut und edel ist, zu verbinden trachten. Ein solcher Bund, ähnlich dem der Jacobiner, nur nicht im Zweck und in der Anwendung verbrecherischer Mittel, und Preußen an der Spitze, könnte die größte Wirkung hervorbringen und wäre für dieses die mächtigste Allianz. Dieser Gedanke müßte mehr als ein politischer Traum sein ...*[8]

Hardenberg fasst in seiner Denkschrift all das zusammen, was er in den unterschiedlichen Bereichen der Staatsverwaltung für reformbedürftig hält und womit er seinen politischen Traum verwirklichen will. Er beginnt mit einem Szenario der preußischen Außenpolitik im Jahr 1807 und setzt den neuen politischen Stil kritisch ab von den bisherigen Maßgaben, die er als erfolglos oder schädlich ansieht.

In zwanzig Punkten spricht er, zum Teil in imperativen Formulierungen, die Maßnahmen an, die zur Selbstständigkeit und Unabhängigkeit Preußens führen sollen: Wiederaufrüstung; Ende der Neutralität, stattdessen *ehrliche, gerade, treue Politik;* Verwicklungen vermeiden, Vorsicht vor Napoleon, *der das Messer noch über uns zuckt,* aber *nicht kriechend wie ehemals;* Distanz zu Frankreich, dem Rheinbund und dem ganzen »französischen System«; keine unpolitischen Reaktionen auf Russlands Treulosigkeit, Österreichs und Englands mangelnde Hilfe; enge Handelsbeziehungen zu England: *Ohne England können wir unsere Produkte nicht zu Geld machen;* gute Kontakte zu Schweden, Dänemark, Spanien, der Schweiz und Sachsen; Distanz zu Bayern: *Baiern hat es verdient, gleichgültig und mit Kälte behandelt zu werden. Man zeige aber keinen Haß. Die Umstände können sich ändern.* Und schließlich: Preußen braucht qualifizierte, gut bezahlte Gesandte mit *vieler Bildung und freiem Weltton,* mit Menschenkenntnis, Scharfblick, schnellem Urteil, Patriotismus und unbestechlicher Integrität. Preußen braucht aber auch Reisende im Ausland, junge Leute aus allen Ständen, welche die »Opinion« für Preußen gewinnen. Preußen braucht Schriftsteller, die im Ausland die Kultur Preußens repräsentieren. Und Preußen braucht – als notwendiges Übel – Spione, die systematisch vorgehen und nicht wie bisher nach Willkür und ohne Ordnung.

Mit großer Emphase wendet Hardenberg sich der »Grund-Verfassung des Inneren« zu: *Hier gilt es vor allem, harmonisch mit dem Zeitgeist und dem Weltplan der Vorsehung zu verfahren.* Mit polemischer Treffsicherheit stellt Hardenberg sich gegen jenes Vorurteil, *das immer das Alte und nur das Alte* predigt. Und er wendet sich gegen stolzen Stumpfsinn und unwissende Selbstzufriedenheit.

Unter ausdrücklicher Berufung auf Altenstein nimmt er wieder die Begriffe der Französischen Revolution auf, fordert »Gleichheit und Freiheit«, um dann die Pflichten und Rechte des Adels, der Bürger und der Bauern zu umreißen.

Die Abstammung als solche steht für Hardenberg nicht zur Disposition. Die adlige Abstammung ist für ihn ein Ansporn, sich der Leistung der Vorfahren würdig zu zeigen. Alle übrigen Privilegien des Adels aber sollen *der allgemeinen Gerechtigkeit und der höheren Bildung zum Opfer* gebracht werden. Daraus folgt vor allem der allgemeine Zugang zu den Staatsaufgaben, die égalité: *Jede Stelle im Staat ohne Ausnahme sei nicht dieser oder jener Kaste, sondern dem Verdienst und der Geschicklichkeit und*

Fähigkeit aus allen Ständen offen. Auch das alleinige Vorrecht des Adels, Rittergüter zu besitzen, soll aufgehoben werden, desgleichen die Befreiung von Abgaben und Steuern. Hardenberg fordert die Gleichheit der Besteuerung, wenngleich er die rechtliche Kompliziertheit wegen der Katasterregelungen und der traditionellen Abgabenbefreiung bestimmter Grundstücke sieht.

Hardenberg will also zwar die Privilegien des Adels abschaffen, nicht aber den Adel selbst. Im Gegenteil: Er zieht neue »Adelserteilungen« der Verteilung von Orden vor, wenn es darum geht, Verdienste um den Staat zu belohnen. Dafür soll ein Ehrengericht konstituiert werden, das ein einmal erteiltes Adelsprädikat aber auch wieder aberkennen kann. Im historischen Rückblick mag diese Vorstellung naiv erscheinen und an die belächelte Stellung des späteren »Etagenadels« oder die inflationäre Vergabe von Professorentiteln einschließlich des sich ausweitenden Missbrauchs erinnern. Aus der Sicht Hardenbergs und im Blick auf die Situation von Staat und Gesellschaft zu Beginn des 19. Jahrhunderts hat der Gedanke aber viel für sich, weil er den Vorrang des reinen Geburtsadels auflöst und die Funktionseliten einbindet in ein flexibles System von gesellschaftlicher Anerkennung jenseits von Kapitalbesitz, aber nicht jenseits von Leistung.

Die Funktionseliten will Hardenberg dadurch fördern, dass jedem Bürger der Zugang zu allen Stellen, Gewerben und Beschäftigungen eröffnet wird und für den Bauernstand, den bisher *am mehrsten vernachlässigten und gedrückten Stand,* ganz neue Regelungen gefunden werden.

In der Tat waren vor allem die Bauern vernachlässigt und gedrückt worden. In Ost- und Westpreußen hatte sich eine heute kaum mehr verständliche rechtliche Abhängigkeit der Bauern von den adligen oder geistlichen Grundherren ausgebildet. Die volle Erbuntertänigkeit kam der Leibeigenschaft gleich: Die Bauern hatten nur eingeschränkte Besitzrechte an dem von ihnen bewirtschafteten Land. Sie konnten das Land weder frei verkaufen noch vererben, mussten Naturalabgaben und Frondienste leisten, Kriegs- und Dienstfuhren bereithalten und dadurch oft mehr Zugvieh halten als sie selbst benötigten. Durch Hand- und Spanndienste waren sie oft gezwungen, mehrere Tage die eigene Arbeit zu unterbrechen oder sich gar vom Hof zu entfernen. Wollte ein erbuntertäniger Bauer heiraten, wegziehen oder seine

»Scholle« aufgeben, brauchte er die Zustimmung des Grundherrn.

Hardenbergs Reformvorschläge sollten alles dies de jure abschaffen. De facto gelang es später dem Widerstand der Grundherren und der allgemeinen Restauration zwar, diese Pläne zu unterlaufen. Aber der erste Schritt zur Überwindung dieser menschenunwürdigen Praxis war dennoch getan.

Ein weiteres Feld des staatlichen Lebens, für das Hardenberg und Altenstein ihre Reformvorschläge entwickelten, war das Militär. Die Überlegungen zu dieser Frage nehmen einen breiten Raum ein. Hardenberg beginnt mit einer kritischen Absetzbewegung von der traditionellen Rolle des Militärs im Staat. Einerseits war das staatliche Leben dem Militär so untergeordnet, dass es nahezu als Zweck des Staates erschien, die Existenz des Militärs zu ermöglichen. Andererseits aber blieb die preußische Führung, stolz auf die Heldentaten der Vorfahren, auf der Stelle stehen, während andere Staaten, zum Beispiel Frankreich, der Entwicklung vorauseilten. Generäle und niedere Offiziere politisierten, anstatt sich auf ihre Funktion zu konzentrieren: Sparen statt Verteidigungsbereitschaft, politische Kabalen statt Operationspläne. Das Ergebnis war die Niederlage von Jena und Auerstedt.

Hardenberg wollte diese Logik umdrehen: Was für die Verteidigung und die Existenz des Staates notwendig ist, soll auch aufgewendet werden. In der Situation von 1807 bedeutete das: So viel Aufrüstung wie nötig, *so viel Streitkräfte als möglich*. Es bedeutet auch: So viel innere Führung wie nötig und möglich, also Achtung vor jedem einzelnen Soldaten. Keine entehrenden Strafen mehr, ein neues Beförderungssystem nur nach Leistung, Wahl der unmittelbaren Vorgesetzten. Die Unteroffiziere werden von den gemeinen Soldaten gewählt, die Offiziere der ersten Grade von den Unteroffizieren. Nur bei den höheren Rängen soll der König bestimmen, aber nur nach Verdienst entscheiden. Soldaten und Bürger sollen weniger getrennt leben als bisher. *Jedes alte Vorurteil muß der Beobachtung weichen, daß alle Bürger e i n e s Staates sind und gleiche Ansprüche haben.*

Hardenberg befasst sich in seinem Gutachten auch mit Details. Orden und Ehrenzeichen, Portepee, Schärpen und Fahnen, mit der schwarz-weißen National-Kokarde, der Einteilung der Armee in Divisionen und Armeecorps, der Verwendung von Pferden und

Kavalleristen in Friedenszeiten, der alltäglichen Beschäftigung der Soldaten, den öffentlichen Arbeiten wie Festungs- und Straßenbau. Auch die Bezahlung, Erziehung und Bildung der Soldaten und Offiziere gehören zu den Themen der Denkschrift. Ebenso die Invaliden- und Witwenversorgung, die Spionage und die Polizeidienste.

Besondere Sorgfalt wendet Hardenberg auf die Reform des Finanzwesens. Seine Kritik am Hergebrachten ist fundamental. Die Verantwortlichen hatten ihre Aufgabe nur im pedantischen und ängstlichen Zusammenhalten des Geldes gesehen. Hardenberg plädiert dafür, mit unternehmerischem Mut unnütze Ausgaben zwar zu vermeiden, notwendige Ausgaben aber nicht zu scheuen – also auch hier vom Bedarf des Staates auszugehen und die notwendigen Mittel zu beschaffen, und nicht umgekehrt den Bedarf nach den ja immer zu knappen Mitteln zu strecken.

Hardenberg empfiehlt, die staatlichen Ressourcen zu überprüfen, alle Einnahmequellen einer Revision zu unterziehen und notfalls staatlichen Besitz wie die Domänen zu privatisieren. Beim Problem der Staatsverschuldung hält Hardenberg sich zurück, weil ihm in Riga nicht genügend Informationen zur Verfügung stehen. Er sieht aber die Möglichkeit einer Neuordnung des Bankwesens, verbunden mit Anleihen und Schuldverschreibungen bei den Bürgern und der Ausgabe von Tresorscheinen, um zu verhindern, dass Gelder ungenutzt herumliegen.

Wenn das Gutachten abschließend auf die Lage der Religion in Preußen eingeht, zeigt sich noch einmal der grundsätzliche Charakter der Arbeit Hardenbergs und Altensteins. Die Gedanken sind vom Geist der Aufklärung bestimmt und nehmen die Religion als *wahre, reine Quelle der Pflichterfüllung, der Beruhigung, der Hoffnung, des Muthes*. Hardenberg möchte, dass die Menschen in Preußen *das Sinnliche* genießen, aber *dem Übersinnlichen* unterordnen und auf diese Weise *sich und andere so glücklich als möglich* machen. Die theologische Dogmatik ist für Hardenberg unwesentlich. Die Frage nach dem »wahren Glauben« oder der »richtigen Lehre« stellt sich für den Staat überhaupt nicht. Der Staat muss tolerant sein.

Nach einer verhältnismäßig kurzen Erörterung des Justizwesens, das er klar von der Gesetzgebung, die Judikative also von der Legislative trennen will, wendet sich Hardenberg noch einmal seinem besonderen Interessengebiet zu, der »Geschäftspflege«. Seine Gedanken sind ein Plädoyer für eine »zweckmäßige Organisation«, für eine einheitliche Führung *ohne Störung der Maschine,* eine Führung, die schnell handeln kann und den ganzen pedantischen und veralteten Geschäftsstil verwandelt in den »gebildeteren Stil« des neuen Zeitalters.

Es mutet ein wenig wie das Reiten eines Steckenpferdes an, wenn Hardenberg auf die Benennung von Behörden und Beamten kommt und von den Kriegsräten mit friedlichen Beschäftigungen spricht, von Regierungsräten, die nicht regieren, von Legationsräten, die nicht zu Gesandtschaften gebraucht werden, und von Geheimen Räten ohne Geheimnis, die an den Geheimen Oberhoftrompeter erinnern. Aber Hardenberg versteht viel zu viel von der Funktion der Sprache, um ihren Gebrauch nicht in seine Reformüberlegungen einzubeziehen.

Was Hardenberg und Altenstein von Riga aus dem preußischen Staat verordneten, war eine Radikalkur: die Überführung eines ständisch gefesselten Gesellschaftssystems in einen modernen Staat. Freiherr vom Stein wird schon bald damit beginnen, die ersten Schritte zur Verwirklichung zu tun. Hardenberg sollte als Staatskanzler seine Gedanken zur Reform des Staates und der Gesellschaft in konkrete Politik umsetzen – schon in Ansbach hatte er nach diesen damals noch nicht niedergeschriebenen Grundsätzen gearbeitet. Im Verhältnis von Staat und Gesellschaft war für ihn der Staat der Impulsgeber und die Beamtenschaft als die gebildete Schicht die Trägerin der Verwirklichung.

Mit der Formulierung seiner Rigaer Denkschrift hatte Hardenberg seinen Auftrag erst einmal erfüllt.

Geschenkte Zeit

Die Rigaer Denkschrift war fertig. Ihre Gedanken würden bald den preußischen Staat und seine führenden Kräfte bewegen. Für Hardenberg stand die Zeit jetzt still. Es war ein ganz und gar ungewohntes Leben, mit dem er zurechtkommen musste. Der Minister, der immer mitten im Getriebe des öffentlichen Lebens gestanden hatte, fand sich auf einmal am Rand des Geschehens wieder.

Als könne er sein Leben in den stillen Tagen von Riga selber nicht begreifen, notiert Hardenberg an einem grauen Novembertag, dem 27. November 1807, wie er seine Zeit verbringt: Zwischen sechs und sieben Uhr steht das Ehepaar auf, Hardenberg liest dann bis um neun Uhr wissenschaftliche Texte. Von neun bis elf Uhr stehen Lateinstudien und die Lektüre von Horaz und Tacitus auf dem Programm, von elf bis dreizehn Uhr wird Korrespondenz erledigt, dann folgt, bei gutem Wetter, ein Spaziergang bis zum Mittagessen um fünfzehn Uhr. Danach eine Partie Schach und wieder Lektüre, die bei schlechtem Wetter auch an die Stelle des Spaziergangs tritt. Dann gibt Hardenberg seiner Frau Französischunterricht, abends spielt man Karten bis um zehn Uhr. Auch im Bett pflegt Hardenberg noch zu lesen. Zum Einschlafen überdenkt er noch die Aufgaben und Ereignisse des Tages *vor dem Tribunal meines Gewissens und angesichts religiöser und philosophischer Ideen.*

Der Sommer 1807 in Riga (Juli bis September), der Winter in Libau (September 1807 bis Februar 1808) und Tilsit (ab Februar 1808) hat für Hardenberg, folgt man den Aufzeichnungen für die geplante Autobiografie, eine ganz eigene seelische Farbe: die Farbe der Muße. Er geht mit seiner Frau am Strand spazieren, unternimmt Fahrten mit der Kutsche oder reitet aus. Er beobachtet das Wetter, Regen, Gewitter, Schnee und Eis, er erlebt schwere Stürme mit Schiffshavarien, er schreibt Briefe und liest. Was er liest, hält er sorgfältig in einer Liste fest.[1] Die Lektüre reicht von Statistiken (*zur Erfrischung des Gedächtnisses bei der erwähnten Arbeit*) bis zu historischen Werken *(auch viele für mich gar nicht intereressante Details).* Er liest Horaz, Vergil und Tacitus (*Um die alten klassischen Autoren desto besser lesen zu können, nahm ich die lateinische Sprache gründlich wieder vor),* liest Herder, Schiller, den »Anton Reiser« von Karl Philipp Moritz und immer wieder seinen Lieblingsautor Wieland.

Mit Christoph Martin Wieland, den die Herzogin Anna Amalia als Prinzenerzieher nach Weimar geholt hatte, scheint Hardenberg eine Wahlverwandtschaft zu verbinden. Aus den 25 Bänden mit den Werken Wielands lässt sich Hardenberg in den Monaten des Exils immer wieder zu philosophischen Gedanken anregen.

Was ihn fasziniert, ist Wielands Idee von einer vernunftgesteuerten Sinnlichkeit und von einem Leben mit satirischem Humor, der sogar in Zynismus umschlagen kann.

In Wielands Romanen wird Hardenberg seinen eigenen Bildungshorizont wieder gefunden haben: die griechische Mythologie, den Lobgesang auf die Liebe, die hintergründige Nachsicht mit den Irrungen und Wirrungen des Lebens, die Bildungs- und Erziehungsdimension psychologischen Verstehens und nicht zuletzt, wie in Wielands 1772 erschienenem »Goldenen Spiegel«, die Beschäftigung mit den Problemen einer aufgeklärten Staatsführung.

Hardenberg las alle diese Texte nicht nur, sondern exzerpierte sie in Teilen und versah sie mit seinen Kommentaren. Und wenn er nicht las, exzerpierte oder kommentierte, arbeitete er an seinen »Denkwürdigkeiten«, der großen Rechtfertigungsschrift über die ersten Jahre seines Staatsdienstes in Preußen. Er stützte sich dabei auf seine Tagebücher und auf die Akten, die er nach Riga mitgenommen hatte. Über die Motive seiner Darstellung schreibt er: *Es ist für mich selbst eine höchst nützliche und lehrreiche Beschäftigung, die Begebenheiten meines Lebens mir wieder in ihrer Reihenfolge ins Gedächtnis zurückzurufen und darüber nachzudenken, den Zweck und den Erfolg meiner Handlungen sorgfältig zu vergleichen; Genugtuung daraus zu schöpfen, wo ich noch jetzt mit ihnen zufrieden zu sein Ursache zu haben glaube; mich den Gefühlen der Reue hinzugeben, wo ich finde, ich hätte anders handeln sollen; zu vergüten streben, wo es nur irgend möglich ist ...*

Der Ruhe des Lebens und der Lektüre entsprechen auch die Tagebuchnotizen, die in dieser Zeit stärker als früher lebensphilosophische und sogar theologische Bemerkungen enthalten.[2] Karl August denkt an den Todestag seines Vaters (26. November 1781) und schreibt, es werde Zeit, sich darauf vorzubereiten, dem Toten zu folgen und sich mit Mut und Hoffnung von der Welt zu lösen. Mit der Geste des reuigen Sünders vertraut er seinem Tagebuch sogar an, dass er sich seines vergangenen Lebens erinnere und das Unrecht wieder gutmachen möchte, das er anderen durch seine allzu große Sinnlichkeit und seinen Hang zu den Frauen verursacht habe.

Wahrscheinlich lag es an der Muße und der nach innen gekehrten Regelmäßigkeit seines Lebens, dass Hardenberg eine ausgeprägte Neigung zur Selbstanalyse und zur minutiösen Beobachtung der schmerzlichen Gefährdungen und Beschwerden des Alterns entwickelte. Immer wieder finden sich in den autobiografischen Notizen dieser Wintermonate Hinweise auf Krankheiten: Von Brustkatarrh und Brustschmerzen ist die Rede, von Fieber, Kopfschmerz, Atembeschwerden, Schlaflosigkeit, Nervenreizung und natürlich von seiner wachsenden Schwerhörigkeit. Er beginnt sogar, seinen Puls zu messen und die Werte zu notieren.

Trotz dieser gelegentlich hypochondrisch anmutenden Selbstbeobachtung spiegeln sich in den Notizen auch die politischen Ereignisse, die ihm erzählt werden oder von denen er in Briefen und Zeitungen liest: Der Friedensvertrag zwischen Frankreich und Russland, die Sperre der Nord- und Ostseehäfen für englische Handelsschiffe, die Landung britischer Truppen in Dänemark, die Zahlungsprobleme Preußens gegenüber Frankreich, die Schwierigkeiten Steins mit Beyme ...

Auch die gesellschaftlichen Kontakte waren keineswegs abgebrochen. Vor allem der Bankier Klein, in dessen Landhaus bei Riga die Hardenbergs wohnten, wird oft erwähnt. Man traf sich zum Essen und zur Besprechung der finanziellen Absicherung. Das Hauptthema dieser Monate war jedoch der ungewisse und vorläufige Stand aller Dinge in der Entwicklung Preußens und Europas.

Stärker als der Impuls zu Rückschau und Rechtfertigung war der Wunsch, die Zeit des Wartens und der Vorläufigkeit zu beenden. In dem Augenblick, in dem er konkrete Aussichten auf eine Rückkehr in die Heimat hatte, legte Hardenberg Bücher und Feder aus der Hand. Die »Denkwürdigkeiten« sind ein Fragment geblieben.

Von Riga aus zogen Karl August und Charlotte nach Libau an der Ostsee, von wo aus sie zu Hardenbergs Sohn nach Dänemark segeln wollten. Dieser Plan wurde jedoch durch einen Brief des Sohnes zunichte gemacht. Schon von Riga aus hatte Hardenberg dem König geschrieben, seine Absicht, nach Dänemark zu gehen, habe er nicht ausführen können. *Ich würde nach Tempelberg gehen, wenn nur die so sehnlich erwartete Räumung des Landes erfolgte. Hier bin ich ungern, und werde mich langsam dem Vaterlande, sobald es möglich, wieder zu nähern suchen.*

Hardenberg dachte also nicht mehr daran, in Dänemark zu privatisieren. Vielmehr stellte er sich darauf ein, in nächster Zukunft wieder für den Staatsdienst zur Verfügung zu stehen. Welche Erfahrung hatte ihn dazu gebracht, seine Lebenspläne zu ändern?

Das System Hardenberg

Kalte Vernunft und warmes Herz

Noch in Memel hatte Hardenberg eine wichtige Familienangelegenheit geregelt: Er heiratete Charlotte Schönemann. In seinen Notizen erwähnt er das Ereignis nicht. Hinter einer geschweiften Klammer vom 16. bis 18. Juni 1807 finden sich nur Hinweise auf die politische Lage: Die Schlacht von Friedland mit der Niederlage der russischen Armee, die allgemeine Bestürzung und der Einzug der französischen Truppen in Königsberg. Aber kein Hinweis auf die Vermählung mit Charlotte.

Prinzessin Luise Radziwill berichtet, wie sie am 17. Juni 1807 an der Memeler Wohnung Hardenbergs vorüberfuhr und bemerkte, dass das ganze Haus von festlichen Kerzen erleuchtet war: *Unsere Leute sagen uns: Graf Hardenberg verheiratet sich. Eben ist der Geistliche zur Trauung geholt worden.*[1]

Die erst 1912 in Paris von einer anderen Prinzessin Radziwill, einer geborenen Castellane, veröffentlichten Aufzeichnungen der Königin Luise von Preußen erwähnen einen Brief Hardenbergs an den König, in dem er erklärt, er halte es für seine Pflicht, der Frau, die er liebe, nun auch den Schutz seines Namens zu geben, besonders angesichts der Gefahr und der Ungewissheit bei bevorstehenden Auslandsaufenthalten.[2]

Auffallend ist die Parallele zu Goethe, der unter dem Eindruck der Schlacht von Jena seine Lebenspartnerin Christiane Vulpius heiratete und das Datum der Schlacht, den 14. Oktober 1806, in die Eheringe eingravieren ließ, obgleich die Trauung selbst erst am 18. Oktober stattfand. Goethe schrieb damals an den Hofprediger Wilhelm Christoph Günther: *Dieser Tage und Nächte ist ein alter Vorsatz bei mir zur Reife gekommen; ich will meine kleine Freundin, die so viel an mir getan und auch diese Stunden der Prüfung mit mir durchlebte, völlig und bürgerlich anerkennen, als die Meine ...* Hardenberg wird ähnliche Worte, wenngleich in ganz anderem Zusammenhang, finden, um vor seinem Sohn die Heirat mit Charlotte zu erklären.

Für den 19. Juni 1807 trägt Hardenberg ein, dass er den König um Zustimmung gebeten hat, Charlotte zu heiraten, dass ein

Probst Reckner die Ehe eingesegnet hat und dass Charlotte erstaunt, freudig erregt und sehr glücklich war, als er ihr, wenige Stunden vor der Zeremonie, als alles schon arrangiert war, seinen Entschluss zur Heirat mitteilte. *Niemand hat es mehr verdient als sie, so belohnt zu werden.*[3]

Ansonsten sind Notizen über Charlotte und das Leben mit ihr äußerst selten. Dies hängt natürlich mit dem Charakter der Tagebuchaufzeichnungen zusammen, die dienstliche und politische Notizen sind. Manchmal, wenn das private Leben Charlottes die öffentlichen Angelegenheiten berührt, findet sich eine kurze Notiz wie die vom 20. Juni 1807, in der auch wieder eine Bemerkung über den Mondstand auftaucht: Charlotte sei bei Vollmond um sechs Uhr früh, zur gleichen Zeit wie der König, aufgebrochen, um in Begleitung von zwei Feldjägern das Archiv nach Szawl zu bringen, wo der König und der Zar in einem alten, unmöblierten Jagdhaus der polnischen Könige zu konferieren gedachten. Und dann? Für den 18. Juli, in Riga, notiert er jedenfalls: *Ungestört zu Hause.*

Dieser 18. Juli 1807 scheint der einzige Ruhetag zu Hause gewesen zu sein. Schon für den 19. Juli notiert Hardenberg wieder Gespräche und Verhandlungen mit dem Gouverneur, mit Bank- und Getreidekaufleuten. An den folgenden Tagen erwähnt er Konferenzen, Gespräche, Diners, Besuche, zum Teil mit Charlotte, die Rücksendung der königlichen Kassen nach Memel und häusliche Abendessen. Gab es einmal nichts zu vermerken, hielt Hardenberg eben dies ausdrücklich fest: *sine nota dies* – ein Tag, für den es nichts anzumerken gibt.

Was mag Charlotte in diesen Wochen der Flucht, der Hektik und Verwirrung empfunden haben? Wie hat sie in den Zeiten nach der Abreise von Tempelberg eigentlich gelebt? Wo hat sie sich aufgehalten? Wer war bei ihr? In Hardenbergs Notizen taucht sie nur gelegentlich auf. Lediglich am 1. März 1807 hält er fest: *Lottes Geburtstag. Habe ihr ein Collier aus Bernstein geschenkt.*[4] Zum 5. April vermerkt er: *An L. geschrieben.* Es fehlen also viele Teile des Puzzles, um das Leben der Hardenbergs rekonstruieren zu können.

Allein ein Brief an den Sohn offenbart, wie überlegt und ernsthaft Hardenberg die Vermählung mit der Schauspielerin Schönemann genommen hat. Die Heirat hatte das Leben des Paares im

Grunde kaum verändert. Eine neue Situation entstand erst, als am 27. August ein Brief seines Sohnes Christian eintraf. Dieser Brief, geschrieben am 30. Juli 1807, ist nicht erhalten, aus Hardenbergs Antwort vom 4. Oktober wird jedoch recht deutlich, was der Sohn dem Vater vorgehalten hat. Seine Antwort spiegelt die außerordentliche Kränkung, die der Siebenundfünfzigjährige durch den Sohn hinnehmen musste. Sie ist aber auch das bewegende Dokument einer ruhigen, liebevollen und souveränen Entgegnung des reifen, seiner selbst ganz gewissen Vaters. Zugleich ist der Brief das Zeugnis eines aufgeklärten Geistes, der sich mit glänzendem Verstand und glühendem Herzen von den Vorurteilen seines Standes und seiner Zeit emanzipiert hat, in unabhängiger Gewissensfreiheit seinen Weg geht und das Wichtige im Leben vom Nebensächlichen zu trennen weiß.

Es ist ein langer Brief[5], und er dokumentiert wie wenig anderes, was für ein Mensch Karl August von Hardenberg war. Er dokumentiert aber auch auf nahezu tragische Weise, wie weit Hardenberg im Verständnis gesellschaftlicher und moralischer Dinge seiner Zeit voraus war.

Der Brief wurde in Libau geschrieben, wohin Hardenberg von Riga aus umgezogen war, um nach Dänemark zu segeln, sobald das Wetter es zuließ. Eigentlich hatte er sich in der Nähe des Sohnes und seiner Familie niederlassen wollen, doch diesen Plan gab Hardenberg jetzt auf, gezwungen durch den Brief des Sohnes. Christian wirft seinem Vater, offenbar in hochfahrendem Ton, *Schwäche gegen das weibliche Geschlecht* vor, bemängelt die Verbindung mit einer Frau von niederer Geburt, unterstellt der früheren Schauspielerin eine entehrende Lebensart, spricht ihr *den Ton und die feine Bildung der großen Welt* ab und versteigt sich zu der Voraussage, *das Publikum* werde *ihr Verachtung beweisen,* sie und der Vater würden beide unglücklich, und *Reue und Gram* werde *ihr Los* sein. Madame Schönemann werde sich *stolz erheben und unerträgliche Ansprüche* gegen die Familie stellen.

Christian von Hardenberg kündigt in seinem Brief offenbar sogar an, er werde den gesellschaftlichen Umgang mit dem Haus seines Vaters aufgeben, falls die Verehelichung publik würde. Er würde Madame Schönemann auch nicht als Frau seines Vaters anerkennen, wenn sie nicht offiziell auf den Ehrennamen Hardenberg verzichte.

Vor diesem Hintergrund schreibt Hardenberg – spürbar überrascht von dem entfremdeten Stil seines Sohnes, den er so, wie er
sich jetzt gibt, gar nicht kennt:

*Ich hatte die Bestimmung meines ganzen Lebensplanes ausge-
setzt, bis ich mit meinem Sohn und meinem Freunde überlegt
haben würde ..., wie wir die Freude uns sichern könnten, oft bei-
sammen zu sein, ohne einander lästig zu werden. Meine Absicht
war auf die Erwerbung einer ländlichen Besitzung nicht fern von
Dir gerichtet.*

*Alles dieses zerstört ein Vorurteil, das ich Deinem Verstande
nicht zutraute, ein Vorurteil, das Dein Herz so weit verleitete, daß
Du Deinen Vater auf sein noch so unsicheres Tempelberg verwei-
sest und ihm abrätst, nicht in Deine Nähe zu kommen, – in einem
Zeitpunkt, wo es eines Zufluchtsortes so sehr bedarf und diesen
so zutraulich bei Dir zu finden sich schmeichelte, daß Du Dir un-
gerechte Ausfälle über eine Frau, die Deine Achtung verdient, er-
laubst und sogar kategorische drohende Erklärungen von Aufhebung allen Umganges unter unseren Häusern bis zur künftigen
Generation, die sich unter solchen Umständen kaum der Freund
gegen den Freund, am wenigsten der Sohn gegen den Vater gestatten wird, wenn er nicht geblendet von einer ganz falschen Ansicht
in der Übereilung handelt ...*

*Ich glaube, in vielem Ansprüche darauf zu haben, daß auch Du
mich ohne Leidenschaft hörest und die Gründe Deines Vaters er-
wägest, der ohne Leidenschaft handelte und zu Dir in einem ruhigen Tone, ohne Leidenschaft spricht. Du wirfst mir Schwäche
gegen das weibliche Geschlecht vor ... Du wirfst mir weiter vor,
daß ich gegen oft gegebene Versprechungen an die würdigsten
Mitglieder unserer Familie gehandelt hätte. Das ist eine sehr ge-
wagte Beschuldigung ... Ich sagte zu:* »solange ich in den öffentlichen Verhältnissen stehen würde, die mich damals banden, annehmen zu wollen, daß das Vorurteil und die Opinion sich
meiner Heirat mit Lotte zu stark widersetze, um solche mit demjenigen zu vereinbaren, was Stand und Beruf von mir forderten.«
*Dieses waren die Worte meines Schreibens an meine Schwester
Münchhausen vom 20. Juni 1803, aber ich setzte ausdrücklich
hinzu:* »Wenn ich vom Schauplatze abtreten würde, wie dieses
einmal mein Vorsatz sei, so sage ich unverhohlen mit der Festigkeit eines unwandelbaren, wohl überlegten Entschlusses, der

nicht auf Leidenschaft, sondern auf ruhige kalte Vernunft und ein gutes warmes Herz, nicht auf Schwäche gegründet sei: dann werde Lotte in stiller ländlicher Einsamkeit mein Weib, wie sie es vor Gott schon sei ...

Strenger in stiller Beurteilung meiner selbst, als es irgend jemand sein würde, der mich nicht so kennt, als ich mich kenne, stelle ich die Verirrungen, welche ich mir vorzuwerfen habe, oft und lebhaft vor mir hin. Ich bereue sie bitter. Wo ich sie gutmachen, noch jetzt ihre Folgen vermindern, die Übel vergüten kann, strebe ich eifrig, es zu tun, aber je unbefangener mein Urteil über mich selbst ist, desto fester bleibe ich bei dem, was ich einmal mit Überzeugung für gut und recht erkannt habe und lasse mich durch Vorurteile und falsche Begriffe von Ehre nicht leiten ...

Nein, mein Sohn, ich liebe Dich von ganzer Seele, aber Deine festen kategorischen Äußerungen nötigen mir die noch weit festere bestimmte Versicherung ab, daß weder Du noch irgend einer meiner Verwandten, er sei mir auch noch so wert, meine Schwelle betreten soll, wenn er nicht meine Frau als solche anerkennt und ihr nicht mit der ihr hiernach gebührenden Achtung begegnet ...

Was verdient mehr beachtet zu werden: das Vorurteil, welches nur auf vorgefassten Meinungen und Stolz beruht, oder die Vorschrift der Gesetze und die allgemeine Opinion? Es wäre wirklich nicht der Mühe wert, hierüber ein Wort mehr zu verlieren. Ebensowenig verdient es eine Widerlegung, wenn man mich beschuldigen wollte, nach einem Umgange von 13 Jahren aus Leidenschaft gehandelt zu haben. Anhänglichkeit und Schwäche gegen das weibliche Geschlecht sind von einem guten, gefühlvollen Herzen fast unzertrennlich ...

Meine Frau verdient Eure vollkommene Achtung – das mußt Du, mein Sohn, Deinem Vater, das müssen meine Verwandten einem Gliede ihrer Familie glauben, der die allgemeine Achtung als den größten Schatz besitzt, als einen Schatz, den ihm niemand rauben kann, sein Schicksal sei, welches es wolle ...

Überlege es ruhig, lieber Sohn, frage das gefühlvolle Herz Deiner Frau, ziehe, wenn Du willst, unparteiische, einsichtsvolle Personen zu Rate. Zeige ihnen unseren Briefwechsel. Ich habe garnichts dawider, daß er bekannt werde, vorzüglich denen, die am nächsten dabei interessiert sind, obgleich ich ihn selbst geheimgehalten hätte, wenn ich nicht erführe, daß Du Deine Ansichten *schon voreilig unserer Familie mitgeteilt hast. Hier erwähne ich nur, daß meine Frau noch nichts davon weiß. Solltest Du Deine Gesinnungen ändern, so ist es besser, sie erfährt es nie. Tief wird es mich schmerzen, wenn Du beharrlich bei Deiner Meinung bleibst, den falschen Schimmer der Wahrheit, das Äußere dem Wesentlichen vorziehst und Du dadurch eine Trennung bewirkst, die der Natur und meiner Liebe zu Dir so sehr entgegen ist ...*

Ich sende Dir einen schon längst fertig liegenden Brief meiner Frau an Dich und umarme Dich, Jeannette und Ida mit väterlichem Herzen.

Abschriften dieses Briefes schickt Hardenberg, wie angekündigt, an seine Schwestern, seine Brüder Fritz und Georg, seine Tochter Lucie und die jeweiligen Angehörigen. Bald schon, am 26. September, wird er notieren, dass sein Bruder Fritz ganz anders als sein Sohn auf die Heirat reagiert, desgleichen sein Bruder Georg und die Schwester Annette. Von Annette berichtet er ein wenig ironisch, sie glaube, er sei unglücklich, und sie müsse ihn bemitleiden. Aber: *Wir sehr sie sich täuscht.*[6]

Der Brief an den Sohn Christian ist das aufschlussreichste private Dokument aus dem Leben Hardenbergs. Er zeigt unter anderem, wie falsch der Eindruck wäre, Hardenberg hätte die Vermählung in seinen autobiografischen Notizen nicht erwähnt, weil sie für ihn keine Bedeutung gehabt hätte.

Charlotte liebte ihren Geliebten und Ehemann zärtlich und nahm die Rolle, die ihr nach Brauch und Sitte zugedacht war, ganz und gar an. Wilhelm Dorow beschreibt in seinen zeitgenössischen Erlebnissen Charlotte Schönemann als eine Frau, *deren Charakter Jedermann, der sich bemühte, ihn zu beobachten, mit Hochachtung erfüllen mußte. Sie repräsentirte, wo sie öffentlich erschien, auf würdige, doch anspruchsvolle Weise die Gemahlin des ersten Staatsbeamten; die Fürstin hatte aber, als Bürgerliche geboren, die große Klugheit, in Berlin nicht den Platz in der großen Welt einzunehmen, der ihr zukam und, wenn sie es gewollt, auch geworden wäre: sie begnügte sich, auf die Wünsche, die Bedürfnisse des fürstlichen Gemahls zu achten, ihm eine seine Gesundheit treu bewahrende Gattin zu sein – und nichts m e h r sein zu wollen.*[7]

Die Zeit mit Charlotte, vor allem nach den Befreiungskriegen, ist zugleich der Höhepunkt von Hardenbergs politischer Laufbahn und seiner öffentlichen Geltung. Ausgeglichen und gelassen dirigiert er die Politik des preußischen Staates im Konzert der europäischen Mächte. Nahezu übermütig agiert er in den gesellschaftlichen Konstellationen, die er über alle Maßen liebt: bei einem festlichen Diner und gutem Wein. Dabei konnte es zuweilen auch recht derb zugehen. Wilhelm Dorow schildert das folgende Erlebnis: Ein mit Namen nicht genannter Beamter verliert beim Umtrunk eine Wette um drei Flaschen Champagner, versucht aber offenbar, sich vor der Einlösung der Wette zu drücken. Nach einigen Tagen, wieder bei Tisch, fragt Hardenberg den Gewinner der Wette, einen Geheimrat Tzschoppe: *Nun, wie ist's mit der Wette? Haben Sie sich einen Rausch getrunken?* Als Tzschoppe zu verstehen gibt, die Wette sei noch gar nicht eingelöst, *ergreift der Fürst einen Teller, legt zwei Thaler darauf und sagt: Es bringt Unglück, wenn Wetten nicht bezahlt werden. Also wollen wir alle beisteuern und für Herrn von ... die Wette bezahlen.*[8]

Der Zeuge hat die Geschichte festgehalten als Beweis für die Schonungslosigkeit, mit der Hardenberg eine kleinliche Gesinnung öffentlich verhöhnen konnte – was ihm das Vergnügen des Publikums, aber den Hass des Betroffenen eingebracht haben dürfte.

Hardenbergs Humor war subtiler, als es in der Wettenaffäre erscheint. Als er später, in den Jahren der Restauration, einmal mit Ernst Moritz Arndt in dessen Heimat auf der Insel Rügen bei einem Ausflug durchs Gebüsch streifte, ging Arndt voraus und ließ versehentlich einen Zweig so zurückschnellen, dass Hardenbergs Auge getroffen wurde. Später befragt, was er denn am Auge habe, antwortete er: *Der Geist der Zeit hat mir ein blau Auge geschlagen.*[9] »Der Geist der Zeit« war der Titel einer Schrift, mit der Ernst Moritz Arndt seine patriotischen Gedanken veröffentlicht hatte und die belegt, dass im Zuge der Restauration zwischen 1815 und 1818 die politischen Wege Arndts und Hardenbergs in verschiedene Richtungen führten. Hardenbergs Formulierung vom Geist der Zeit, der ihm ein »blau Auge« schlägt, spiegelt deshalb auch das Bewusstsein des Staatskanzlers, dass er seine Zeit zu Ende gehen und eine neue Epoche heraufkommen sieht.

Christian Graf von Haugwitz

Alexander I.,
Zar von Russland

Karl Reichsfreiherr vom
und zum Stein

Der Stolperstein

Als Hardenberg durch Napoleons Diktat das Ruder des Staatsschiffes aus der Hand geben musste, war für Friedrich Wilhelm die erste Frage: Wer kann an seine Stelle treten? Natürlich fiel der Blick auf Karl vom Stein, denn der Reichsfreiherr aus Hessen, seit 1780 im preußischen Staatsdienst und seit 1804 Finanz- und Wirtschaftsminister, überragte – wie Hardenberg – alle anderen Mitglieder der politischen Führungsmannschaft.

Aber jetzt weigerte sich dieser Stein, das Außendepartement zu übernehmen, bevor das Kabinett nicht abgeschafft wäre. Außerdem behauptete er, den Anforderungen eines Außenministers nicht gewachsen zu sein. Wahrscheinlich war das die ehrenvolle Wahrheit, auch wenn niemand sich vorzustellen vermochte, dass ein Mann von Steins Format nicht auch das Auswärtige Amt leiten könnte.

Oder gab es andere, geheime Gründe für die Verweigerung? War es die Abneigung Steins gegen diplomatische Winkelzüge, hier demonstriert durch einen eigenen Winkelzug? Wollte er den Wiedereintritt Hardenbergs in den Staatsdienst befördern? Wollte er die Einrichtung eines Staatsrats anstelle der Kabinettsregierung erzwingen? Wie auch immer: Er weigerte sich – was den König noch mehr aufbrachte –, mit dem Kabinettsrat Beyme zusammenzuarbeiten, und erklärte geradeheraus: *Die Art, wie man den Herrn Staatsminister von Hardenberg jetzt entfernt hat, ist nicht so aufmunternd für mich, um in Verhältnisse zu treten, die in sich selbst schon die Prinzipien der Auflösung und Zerstörung tragen und mich sehr bald ein gleiches Schicksal mit jenem schätzbaren Geschäftsmann erwarten lassen.*[1]

Das war zu viel für den König. Er entließ, kurz entschlossen und ohne sich lange zu beraten, den »Stolperstein« – so hatte Hardenberg ihn einmal genannt. In seiner uferlosen Unsicherheit konnte Friedrich Wilhelm eine Gehorsamsverweigerung am allerwenigsten ertragen. Mit schulmeisterlich zensierenden Worten begründete er die Entlassung des Ministers im Ton des Herrenmenschen, der – verblendet von seinem institutionellen Rang – nicht mehr wahrnimmt, mit welcher Persönlichkeit er es zu tun hat: ... *habe ich mit großem Leidwesen ersehen müssen, daß ich mich leider nicht anfänglich in Ihnen geirrt habe, sondern daß Sie vielmehr als ein widerspenstiger, trotziger, hartnäckiger und ungehorsamer Staatsdiener anzusehen sind, der, auf sein Genie und seine Talente pochend, weit entfernt, das Beste des Staats vor Augen zu haben, nur durch Capricen geleitet, aus Leidenschaft und persönlichem Haß und Erbitterung handelt.*[2]

Nur Hardenberg zeigte Anteilnahme. Er nahm die Auseinandersetzung zwischen dem König und dem Minister gelassen, sortierte sie zum »Froschmäusekrieg« und beschwor den abgesetzten Minister, trotz aller schlechten Erfahrungen nicht aufzugeben, in der Region zu bleiben und sich für eine Rückkehr in den Staatsdienst bereitzuhalten. Gegenüber dem König setzte Hardenberg sich dafür ein, Stein trotz allem als Innenminister wiederzuberufen.

Stein jedoch war durch all diese Schwierigkeiten physisch und psychisch angeschlagen. Auch wollte er seiner Familie mit den kranken Kindern den Aufenthalt im Kriegsgebiet nicht länger zumuten und verließ Königsberg in Richtung Westen, vorbei an feindlichen Stellungen und Truppenkolonnen. Ende März erreichte die Familie ihren Stammsitz in Nassau. Hier gönnte sich Stein erst einmal eine Zeit der Genesung und Erholung. Nicht lange jedoch, und er begann wieder zu arbeiten, sich über die Reformen in Preußen Gedanken zu machen und in einer Denkschrift festzuhalten.

Man könnte das für preußisches Pflichtbewusstsein halten, aber Steins Herkunft und Horizont verweisen eher darauf, dass für ihn ein ganz anderes Bezugssystem vorrangig war. Der Reichsfreiherr fühlte sich mehr der deutschen Nation verpflichtet als der Hohenzollerndynastie. Die Idee einer erneuerten Nation war es, die ihn umtrieb, gerade in der erzwungenen Untätigkeit nach seiner Entlassung, gerade in den schweren Zeiten unter dem Joch Napoleons. Bald schon würde ihm diese Rangordnung – erst die Nation, dann die Hohenzollern – zum Vorwurf gemacht werden.

Die »Nassauer Denkschrift« leitete als Konzept, zusammen mit den Denkschriften Hardenbergs und Altensteins, die großen Reformen im darniederliegenden Preußen ein, die Wiedergeburt des Staates.

Stein setzt andere Akzente als Hardenberg. Auch er befasst

sich vordergründig eher mit verwaltungstechnischen Fragen der Staatsorganisation als mit ausformulierten politischen Visionen. Aber seine Reformideen zielen dennoch auf eine grundsätzliche Erneuerung des Staates durch intensivere Beteiligung der Bürger an dessen Leben und Schicksal. Diese Beteiligung will er vor allem durch eine Wiederbelebung der Provinzialstände und eine Stärkung der Selbstverwaltung erreichen. Seine Herkunft aus einer reichsständischen Familie, aber auch seine westfälischen Erfahrungen als Kammergerichtspräsident in Münster und Hamm hatten zu einem Denken geführt, das besonderen Wert auf jede Form von Beteiligung der Regierten an der Regierung legte.

Was für Hardenberg in seiner Rigaer Denkschrift keine Rolle spielte, war für Stein zentral: die Selbstverwaltung der Provinzen und Kommunen. Hierin lässt sich das Vorbild des englischen local gouvernment erkennen.[3]

Bedurfte in Preußen jede Verbesserung eines Straßenpflasters oder die Anschaffung eines neuen Büromöbels der obrigkeitlichen Genehmigung, wollte Stein die Selbstverwaltung der Gemeinden begründen und stärken, wozu für ihn auch eine eigenverantwortliche Finanzverwaltung gehörte. Die Würde und Autorität einer Zivilverwaltung verlangte aber auch eine rechtlich gesicherte Stellung gegenüber der Militarverwaltung, die sich vor allem in Garnisonstädten einen Vorrang anmaßte. Steins Tradition einer altdeutschen ständischen Ordnung konnte damit, vorerst theoretisch, in Preußen eine neue Staatsauffassung in einem modernen, von allen Bürgern getragenen Staat freisetzen.

Bald schon sollte Stein die Gelegenheit haben, seine Reformideen in die Tat umzusetzen. Seit seiner Entlassung waren Monate vergangen. Hardenberg hatte Steins Rückkehr mit zäher Ausdauer betrieben, und der König machte gute Miene zum unvermeidlichen Spiel. Preußen steckte inzwischen in noch tieferer Not – man konnte es sich nicht länger leisten, nachtragend zu sein.

Nur Stein selber musste noch überzeugt und veranlasst werden, seine Schmollburg in Nassau zu verlassen und den weiten Weg ins Kriegsgebiet bis nach Memel auf sich zu nehmen. Hardenberg und Prinzessin Luise Radziwill schrieben beschwörende Briefe und erreichten den Sinneswandel: Der entlassene und jetzt wieder erwünschte Minister folgte dem Ruf. Das war kein leich-

ter Entschluss nach der Kränkung durch den König. Und der Entschluss wurde auch nicht leichter dadurch, dass Stein Friedrich
Wilhelm für einen *sehr mittelmäßigen, untätigen, kalten Mann*
hielt und auch gegenüber Dritten kein Hehl aus seiner Geringschätzung machte: *Nichts vermochte ihn zu edlen, großen Ent-
schlüssen zu bringen ... Er blieb taub gegen alles dieses, und er
versank in sein gewohntes Nichts.*[4]

Am Hof wurde Stein jetzt wie ein Erlöser erwartet. Königin
Luise jubelte: *Gottlob, dass Stein hier ist. Das ist ein Beweis, daß
Gott uns noch nicht ganz verlassen hat.*[5] Hardenberg versuchte,
neuen Zusammenstößen mit dem König vorzubeugen. Vorsorg-
lich riet er dem raubeinigen Kollegen: *Vermeiden Sie vor allem
den Anschein, ihn lenken zu wollen. Er hat die gute Eigenschaft,
den Widerspruch zu ertragen und den zu schätzen, der ihm die
Wahrheit sagt, vorausgesetzt, dies geschieht mit dem Respekt,
den man dem Souverän schuldet, ohne Bitterkeit und mit Anhänglichkeit.*[6]

Auch Königin Luise kannte das Problem: *Wenn nur Stein in
seinen Formen Herr ist und immer weniger sein will als er ist,
dann geht die Sache.* Luise suchte schon im Voraus zu vermitteln
zwischen dem Minister, der, wie Günter de Bruyn es sieht, *leicht
aus der Haut fuhr und dem König, der sich leicht beleidigt
fühlte.*[7]

Im Oktober 1807 hatte der Freiherr vom Stein alle Regierungsgewalt in seiner Hand vereinigt. Der König hatte ihm »die
Leitung aller Zivilangelegenheiten« übertragen. Aber es blieben
ihm nur wenige Monate intensiver Arbeit zwischen seiner Ernennung zum Staatsminister (am 3. Oktober 1807) und seinem Abschied in den ersten Januartagen des Jahres 1809, da er in dieser
Zeit auch noch in Berlin mit den Franzosen wegen der Kontributionszahlungen verhandeln musste.

Umso erstaunlicher ist, was Stein in dieser Zeit in Bewegung
brachte, obgleich er gegen Hardenbergs Rat darauf verzichtet
hatte, vor seinem Amtsantritt die Arbeitsbedingungen genau zu
klären. So gab es noch einmal Streit wegen des Kabinettsrats
Beyme. Stein hatte dessen Entlassung gefordert, dies aber offenbar so wenig nachdrücklich, dass Friedrich Wilhelm erst einmal
nicht auf seinen altvertrauten Ratgeber verzichtete – ihn zwar
zum Kammergerichtspräsidenten in Berlin ernannte, aber eben

erst für die Zeit nach der Rückkehr des Hofes in die Hauptstadt. Bis dahin sollte er in der Umgebung des Königs bleiben und seine Ratgeberfunktion wahrnehmen.

Wieder versuchte die Königin zu vermitteln: *Der König hält sein Wort. Beyme kommt weg, aber erst in Berlin.* Beyme selbst übermittelte, in rührender Loyalität zum neuen Staatsminister, am 6. Oktober seine Ernennungsordre für den Posten des Kammergerichtspräsidenten, damit Stein sehen konnte, wie ernst alles gemeint war.

Reform mit Siebenmeilenstiefeln

Karl Freiherr vom Stein nutzte seine Zeit. Am 3. Oktober war er zum Staatsminister ernannt worden, und noch im gleichen Monat brachte er die erste große Reform auf den Weg.[1] Ein Gesetz verfügte die Aufhebung der Erbuntertänigkeit auch für die Bauern, die nicht auf den königlichen Domänen lebten. Steins Maßnahmen beruhten auf den gleichen Gedanken, wie sie in diesen Wochen Hardenberg und seine Mitarbeiter in Riga entwickelten und in der Rigaer Denkschrift formulierten. Trotz unterschiedlicher Akzente sind bei den Reformgedanken Steins und Hardenbergs die Ähnlichkeiten größer als die Unterschiede.

Die Befreiung der privaten Bauern – auf den Staatsgütern war die Befreiung schon früher vollzogen worden – entsprach nicht nur dem Zeitgeist nach der Französischen Revolution, sondern auch den Ideen der politischen Aufklärung, die sich im Umkreis der Königsberger Universität an die Philosophie Kants anlehnte und von der Wirtschaftstheorie des Adam Smith beeinflusst war. Beides hatte in der Gesellschaft Königsbergs und in Ostpreußen Fuß gefasst. Kant und Smith waren die leuchtenden Sterne am Firmament der politischen Elite, die sich auf den Weg zur geistigen, moralischen und wirtschaftlichen Emanzipation des Individuums gemacht hatte: den Schritt zum Auszug des Menschen aus seiner selbstverschuldeten Unmündigkeit.

Die Stimmung in Ostpreußen war deshalb günstig für Reformen, günstiger als in anderen Landesteilen.[2] Die gesetzliche Aufhebung der Erbuntertänigkeit kündigte das Ende des Mittelalters an. Sie machte die Bauern im Öffentlichen Recht zu unmittelbaren Untertanen des Königs – vorher waren sie Untertanen der Gutsbesitzer und gehörten als Subjekte nur mittelbar zum Staatswesen. Privatrechtlich gesehen, konnte der befreite Bauer jetzt selber Eigentum erwerben und seine wirtschaftliche Existenz aufbauen, ohne immer wieder durch Frondienste und Abgaben daran gehindert zu werden.

Aber auch der traditionelle Grundbesitzer konnte den Reformen etwas abgewinnen. Er erkannte, dass der Rückgriff auf Frondienste und die Aushebung von Zwangsgesinde wirtschaftlich nur scheinbar günstig war. Die Frondienst leistenden Bauern standen immer nur für begrenzte Zeit zur Verfügung, das Zwangsgesinde hatte keinerlei Interesse an Haus und Hof, Herde und Gerät, wodurch vieles verkam. Jedes Jahr wurden Reparaturen und Neuanschaffungen notwendig. Für alles und alle aber stand der Gutsherr in der Fürsorgepflicht. Deshalb waren schon seit Ende des 18. Jahrhunderts viele Grundherren dazu übergegangen, die Bestellung des Ackerlandes durch freie Lohnarbeiter zu organisieren. Die gesetzliche Bauernbefreiung beschleunigte also nur eine Entwicklung, die ohnehin die alte Ordnung schon auflöste.

Überdies hatte der Krieg das Land ruiniert. Napoleons Kontinentalsperre gegen England hatte den Getreideexport nahezu erstickt. Das große Thema dieser Jahre war deshalb der Wiederaufbau des Landes und seiner Wirtschaft. In dieser Lage gelang es den führenden Beamten,[3] das Wiederaufbauprogramm eng mit der Bauernbefreiung zu verknüpfen und das Bewusstsein zu vermitteln, dass sich die Wirtschaft umso schneller erholt, je rascher sie befreit wird von allen Hemmnissen der alten Ordnung. Die Wege dorthin waren: freier Handel, Verpachtung der Domänen, Gewerbefreiheit, Beseitigung aller Zunftzwänge und freie Verwertung des Grundbesitzes im Sinne einer kapitalistischen Wirtschaftsordnung.

Um all dies staatlich steuern zu können, musste eine neue Behördenorganisation geschaffen werden. Neben die neue Agrarpolitik sollte also eine Reform der bürokratischen Verwaltung treten. Hier war der Freiherr vom Stein in seinem Element. Heute würde man ihn mit Fug und Recht einen »Verwaltungsfreak«

nennen. Mit Leidenschaft, Ausdauer und Akribie machte er sich Gedanken darüber, wie man die tägliche Arbeit der Verwaltungsbeamten am wirkungsvollsten organisieren könne.

Er wurde dabei unterstützt von Karl Sigmund vom Altenstein. Der langjährige Mitarbeiter Hardenbergs schon aus den Ansbacher Tagen und aus Riga, gab mit unermüdlichem Fleiß, Detailkenntnis und philosophisch-staatstheoretischem Wissen der Verwaltungsreform ihren Zuschnitt. In vielen Einzelheiten war er sogar der Impulsgeber der Arbeiten.[4] Umso überraschender ist die Tatsache, dass Stein diesen hoch qualifizierten Mitarbeiter auf verletzende Weise behandelte und dessen Arbeit und Persönlichkeit offensichtlich nicht recht zu schätzen wusste. Vielleicht trug dies dazu bei, dass Altenstein schon bald die Loyalität zu seinem Minister aufgab und sogar seinen Sturz betrieb.

Sowohl für Stein wie für Altenstein war die große Gestalt im Hintergrund immer noch Hardenberg, der mit seiner Rigaer Denkschrift vom September 1807 für die Reformer Vorbild und Gegenbild zugleich war. Das Gegenbild war Hardenberg, weil er eine streng monarchische Regierungsstruktur entwarf: der König als Spitze einer Pyramide, darunter und dem Monarchen zuarbeitend ein Kreis von vertrauten und bewährten Beratern.

Dem Reichsfreiherrn vom Stein dagegen schwebte eher ein Staatsrat nach dem Kollegialitätsprinzip vor: ein Gremium aus gleichberechtigten Ministern. Allerdings ging Stein insoweit auf Hardenberg ein, als er für eine Übergangszeit – ohne diese Bezeichnung zu verwenden – einen Premierminister als Ersten unter Gleichen einsetzen wollte. *Einem Mann übertrage man die Umformung der Regierungsverfassung; ist diese bewirkt, so übertrage man die Verwaltung der öffentlichen Angelegenheiten einem Staatsrat, der unter dem überwiegenden Einfluß eines Präsidenten steht.*

In dieser Phase der Reformüberlegungen verzichtete Stein darauf – möglicherweise in Kenntnis der Hardenbergschen Meinung –, den Monarchen an die Beschlüsse dieses Staatsrates zu binden. Denn Hardenberg wollte vor allem die Position des Präsidenten stärken und schlug dafür erstmals den Titel »Staatskanzler« vor, eine Position, die zu diesem Zeitpunkt Stein innehaben würde.

Für Hardenbergs Idee einer »Revolution von oben« war entscheidend, dass man die Reform nicht von denjenigen bewerkstelligen lassen konnte, die reformiert werden sollten, da dies nur zu Verzögerungen und Verwässerungen führen würde. Vielmehr sollte von oben her durchgesetzt werden, was wenige einsichtsvolle Männer erdacht und beschlossen hatten. Hardenberg wollte den Sachverstand und alle Kräfte der Behörden freisetzen und so wenig Reglement wie möglich einführen, die Entscheidung über die Veränderungen selbst aber sollte nicht bei den Behörden, sondern bei der politischen Führung liegen. Für die Abläufe jedoch wollte Hardenberg den Behörden selbstständige Vollmachten geben. Sie sollten keineswegs nur Instruktionen von oben empfangen und umsetzen.

Stein dachte, anders als Hardenberg, eher an kollegiale Entscheidungsabläufe. In seiner Leidenschaft für Verwaltungsfragen widmete er sich vor allem den Einzelheiten: Die Geschäfte sollten auf zwei Hauptabteilungen und zehn Unterabteilungen verteilt werden, die Vorsteher dieser Departements nicht Minister, sondern »Geheime Staatsräte« sein, die in den Sitzungen des Gesamtministeriums auch kein Stimmrecht haben würden. Die Minister sollten einmal in der Woche zur Generalkonferenz zusammentreten. Für Steins Vision von einem Kollegialsystem ist die Generalkonferenz die entscheidende, letzte Instanz – also nicht nur ein Beratungsorgan für den Premier oder den König. Dieses Organisationsmodell legte Stein am 24. November 1808 dem König vor.

Steins Reformpolitik hatte sich, neben der Agrarpolitik und der Behördenreform, mit hohem Tempo auch der Selbstverwaltung aller niederen Verwaltungseinheiten zugewandt: Kreisbehörden, Polizeiverwaltung und Gemeinden. Als ahne er, wie wenig Zeit ihm gegönnt war, machte Stein hier besonderen Druck und erklärte Ende August gegenüber seinen Mitarbeitern, die neue Städteordnung müsse innerhalb der nächsten vier Wochen vorliegen.

Es war vor allen anderen der Polizeidirektor von Königsberg, Johann Gottfried Frey, der – dort geboren und aufgewachsen – mit seiner Ortskenntnis und seiner sachkundigen Erfahrung das Gesicht der neuen Städteordnung prägte. Stein wohnte im Hause Frey und hatte bald vertrauten Umgang mit dem Mann, der als Polizeidirektor für die gesamte Innenverwaltung zuständig war.

Der Begriff Polizei umfasste damals – dem Ursprung des Begriffs viel näher als heute – die Zuständigkeit für die gesamte Stadtverwaltung einschließlich der Sicherung der Regierung und ihrer Politik. In der Person Freys begegnete Stein dem Handel und Gewerbe der Stadt Königsberg, dem Gesundheitswesen, den Schulen, der Armenversorgung, den Kirchengebäuden, den Friedhöfen, der Straßenbeleuchtung, der Wegepflasterung, der Stadtreinigung, der Marktaufsicht und auch dem Fremdenverkehr und dem Innungswesen.

Alle diese Aufgaben sollten, so Steins Reformkonzept, wieder in vollem Ausmaß in die Selbstverwaltung der Städte zurückgeführt und dem beherrschenden Einfluss des Staates und des Militärs entzogen werden. Dabei ging es ihm um mehr als um eine Umverteilung der Zuständigkeiten auf bürokratischer Ebene. Es ging ihm darum, alle Bürger am Leben der Kommune teilhaben zu lassen, mit allen Rechten und Pflichten. »Bürgersinn und Gemeingeist« sollten neu geweckt werden.

Bisher war die traditionelle Zuteilung der städtischen Bürgerrechte an den Grundbesitz gebunden. Wer nicht wirtschaftlich selbstständig war oder keinen Grundbesitz in der Stadt hatte – also Beamte, Künstler, Intellektuelle, aber auch Gesellen, Tagelöhner und Gesinde –, der durfte nicht wählen und mitgestalten. Die Wahl des Magistrats oder anderer Repräsentanten der Stadt war mithin an Eigentum gebunden. Wer darüber nicht verfügte, konnte keine Bürgerrechte erwerben. Er war »eximiert«, das heißt von allen Verbindlichkeiten befreit.

Natürlich mussten auch diejenigen, die kein Bürgerrecht besaßen, Steuern zahlen. Natürlich unterlagen sie dem Polizeirecht und der Gerichtsbarkeit. Jetzt aber wollte Stein allen Bewohnern einer Stadt gleiche Rechte verschaffen und gleiche Pflichten auferlegen.

Was aus späterer Sicht überrascht: Auch diese Reform, mit vielen weiteren Details, wurde noch wenige Tage vor Steins Entlassung vom König als Gesetz verkündet – wie überhaupt Friedrich Wilhelm die Reformpläne der Regierung Stein, später der Regierung Hardenberg, mindestens bis zum endgültigen Sieg über Frankreich im Sommer 1815, niemals behindert hat.

Ein Detail am Rande: Da in Königsberg die Mittel für ein eigenes Gesetzblatt fehlten, wurde der Text der Städteordnung – eines der bedeutendsten Reformgesetze in der Geschichte des Landes – als Zeitungsbeilage veröffentlicht, in vier Folgen im Laufe des Monats Dezember. Mit der Veröffentlichung wurde deutlich, dass für Friedrich Wilhelm der Verzicht auf Stein nicht auch den Verzicht auf die Reformpolitik bedeuten sollte.

Die deutschen Städte leben im Grunde bis heute durch die Steinsche Reform der Städteordnung und die politische Weiterführung durch Hardenberg von dieser demokratischen Vitalisierung des städtischen Lebens, auch wenn die neue Regelung zunächst zu zusätzlichen finanziellen Belastungen der Gemeinden führte. Auf dem Lande jedoch erwies sich die Umsetzung der Reformen als schwierig. Analphabeten als Bürgermeister oder Beamte, die der deutschen Sprache nicht mächtig waren, belasteten den Neuanfang. Die »befreiten« Bauern waren auch nicht nur zufrieden, da sie völlig unvorbereitet in den freien Wettbewerb gestoßen wurden. Oft waren sie dem Konkurrenzdruck nicht gewachsen, die Kosten der Freiheit wuchsen ihnen über den Kopf.

Stein selbst hat die Schwächen seiner Reformen durchaus gekannt und ausgesprochen. Trotz Umfang und Tempo der Hauptreformen gelang es Stein in den Monaten seiner Tätigkeit als Erster Minister, weitere Neuerungen in der Verwaltung, der Gewerbepolitik, der Bildungs- und Schulpolitik, im Kirchenwesen und in der Militärverwaltung einzuleiten oder wenigstens anzuregen. Was in Steins altkirchlichen Bildungsidealen weniger große Aufmerksamkeit fand, waren die philosophische Aufklärung und die Wissenschaften, um die sich jedoch bald Hardenberg und Wilhelm von Humboldt kümmerten.

Wilhelm von Humboldt ist mit Hardenbergs Lebensweg eng verbunden. 17 Jahre jünger als Hardenberg, war auch er ein Kind der Aufklärung, aber sein geistiger Horizont reichte über den Tellerrand der Aufklärung hinaus. Auf dem Wiener Kongress sollte er die rechte Hand des Staatskanzlers Hardenberg werden und sich aller Fragen der Geschäftsordnung annehmen. Sein geistiges Format jedoch war auf Größeres angelegt als auf die Aufgaben eines Sekretärs. Er würde im Verlauf der Zusammenarbeit mit Hardenberg, unter manchen Gesichtspunkten, sogar zu dessen Rivalen werden. Vorerst allerdings war er für Hardenberg, aber auch für Stein, ein unentbehrlicher Zuarbeiter.

In Steins Vorstellungswelt standen alle Reformen und Visionen in Zusammenhang mit der patriotischen Absicht, die napoleonische Fremdherrschaft abzuschütteln. Für dieses Ziel arbeitete Stein mit Gleichgesinnten, etwa Scharnhorst und Gneisenau, zusammen und beteiligte sich auch an den Plänen, eine allgemeine Volkserhebung vorzubereiten. Man dachte an »Insurrektion« in Pommern, der Neumark, der Mark, in Magdeburg, Niedersachsen und Westfalen, Hessen, Thüringen und Franken. Diese Verknüpfung von Reformpolitik und antifranzösischer Agitation aber war es, die Steins Sturz als preußischer Minister herbeiführte.

Der Brief des Anstoßes

Königsberg, die Nacht vom 20. auf den 21. September 1808. Ein Kurier aus Paris war angekommen, der König musste sofort geweckt werden. Prinz Wilhelm, Bruder des Königs und zur Zeit als Sondergesandter in Paris, meldete: Die französische Geheimpolizei hat einen unchiffrierten Brief des Freiherrn vom Stein an den Fürsten Wittgenstein abgefangen, dem man entnehmen kann, dass der preußische Premierminister in Aufruhrpläne gegen Napoleon verwickelt ist.

Der aufgefangene Brief wird Dich entsetzen – es ist mir unbegreiflich – So ein Mann und so ein Unglück. Das schrieb Prinz Wilhelm an seine Frau. Eine Beteiligung Preußens an antifranzösischen Umtrieben – für Napoleon eine beunruhigende Provokation, die nicht ohne Konsequenzen bleiben konnte. Stein ahnte, dass das Ende seiner Laufbahn am preußischen Hof gekommen war. Er bot seinen Rücktritt an. Aber er trat nicht zurück.

Zwar war es ungeschickt und fahrlässig, einen unverschlüsselten Brief mit derart brisantem Inhalt einem Boten anzuvertrauen. In der Sache aber entsprach die antifranzösische Einstellung sehr genau der politischen Meinung Steins. Und der unchiffrierte Klartext ist wie ein Symbol für seinen Charakter: direkt, unverschnörkelt, geradeheraus – unchiffriert. So war er immer schon aufgetreten und hatte sich damit, wie jetzt offenkundig wurde, vor allem Feinde gemacht. Der König hat ihn geschätzt, aber nicht geliebt. Und Stein war's sogar zufrieden gewesen, dass der König ihn eher fürchtete. Die Charaktere der beiden Männer waren zu unterschiedlich. Für den König äußerte sich der Reichsfreiherr allzu schroff und ging seinen Weg allzu selbstbestimmt, Friedrich Wilhelm konnte das nur als widerspenstig, trotzig und unbotmäßig empfinden.

Die Tatsache, dass der konspirative Brief an den Fürsten Wittgenstein Napoleon in die Hände fiel, beschleunigte nur eine ohnehin unausweichliche Entwicklung, in der ein aufrechter Reformer und offener Gegner Frankreichs untragbar wurde. Napoleon benutzte den abgefangenen Brief sofort, um den Prinzen Wilhelm, der noch immer in Paris antichambrierte, unter Druck zu setzen, was ihm auch gelang. Prinz Wilhelm unterzeichnete am 8. September 1808 eine von Napoleon diktierte Konvention, nachdem der französische Geheimdienst einen soeben abgefangenen Brief ins Spiel gebracht hatte, wonach der Finanzbedarf Preußens bis Februar 1809 gesichert sei. Mit dem Hinweis auf die offenbar gute Finanzlage Preußens blieb Napoleon jetzt wieder bei seiner Forderung nach einer Kriegskontribution von 140 Millionen Francs.

Nach dem Austausch der Ratifikationen, so der Vertrag, würde Frankreich seine Truppen binnen 30-40 Tagen aus den preußischen Staaten zurückziehen, mit Ausnahme der Festungen Stettin, Küstrin und Glogau. Diese Festungen blieben mit je 8 000 Mann auf Kosten Preußens besetzt, bis die Kriegsschulden bezahlt seien. König Friedrich Wilhelm verpflichtete sich, das preußische Heer bei einer Stärke von 42 000 Mann zu belassen. In einem geheimen Zusatzartikel musste er sich außerdem verpflichten, mit Frankreich gemeinsam gegen Österreich vorzugehen, falls dies aus der Sicht Frankreichs notwendig werden sollte.

Steins offensichtliche Mitwisserschaft bei den Aufruhrplänen gegen Napoleon hatte aber nicht nur den Abschluss des Friedensvertrags beeinflusst und in Paris heftige Reaktionen ausgelöst – der Brief war im »Moniteur« veröffentlicht worden –, sondern hatte auch in Berlin und Königsberg eine völlig neue Lage geschaffen.

Die Gegner der Reformpolitik, insbesondere die konservativen

Gegner der Agrargesetze, hielten durch Steins diplomatischen Fehler die Gelegenheit für gekommen, sich des unbequemen »Nassauers« zu entledigen. Es gab zwar keine organisierte Verschwörung gegen den Premier, aber jeder, der sich von seinem Sturz einen Gewinn für sich selbst erwarten konnte, versuchte mitzumischen.

Sogar Mitglieder des Reformerkreises distanzierten sich jetzt von Stein. Seine Gedanken erschienen ihnen, wie sie vorgaben, auf einmal als zu radikal. Schnell waren die Reformen insgesamt und pauschal als Vorbereitung einer Erhebung gegen Frankreich denunziert. Einige Mitarbeiter Steins, etwa Freiherr vom Altenstein, waren überdies der rauen Umgangsformen des Reichsfreiherrn überdrüssig und wollten selbst zum Zuge kommen. Sogar die Königin, die mit so viel enthusiastischem Vertrauen auf ihn zugegangen war und ihn immer wieder um Rat und Trost gebeten hatte, fühlte sich in wachsendem Maße von Steins Betragen abgestoßen. Er ist *zu sehr Stein*, meinte Luise.

Und was schließlich Hardenberg über den »Stolperstein« zu hören bekam, veranlasste sogar ihn, sich vorsichtig zurückzuziehen. Für den Diplomaten Hardenberg war es unbegreiflich, dass Stein nach der Entdeckung des unglücklichen Briefes nicht sofort von sich aus zurückgetreten war, sondern den Rücktritt nur angeboten und damit die Entscheidung dem immer zögerlichen König überlassen hatte.

Am 11. November, bei einem geheimen Treffen zwischen Hardenberg und dem Königspaar, das der Geheime Legationsrat Nagler in Kalgen, nahe Königsberg, arrangiert hatte, dürfte Hardenberg deutlich gemacht haben, dass Stein nicht mehr zu halten war. Man muss sogar annehmen, dass Nagler das Treffen bei Königsberg arrangiert hat, um dem König die Sicht Hardenbergs nahe zu bringen, den Sturz Steins vorzubereiten und die Möglichkeit zu schaffen, Altenstein auf den Platz des Finanzministers zu setzen.

Hardenberg hatte – realistischer als der König – vor allem befürchtet, Steins Verbleiben im Amt würde das ganze Reformwerk gefährden. *Wie verblendet muß ein geistvoller Mann sein, um hartnäckig auf seinem Verbleiben im Dienst zu bestehen, um zu glauben, der abscheuliche Brief werde ihm verziehen werden, und um sich so lange in Berlin aufzuhalten.*[1]

Hardenberg war besonders darüber verärgert, dass an einen Aufruhr ohne jede militärische und außenpolitische Absicherung auch nur gedacht worden war. Als Außenpolitiker wusste Hardenberg einzuschätzen, auf welches Hasardspiel sich Stein in seinem unpolitischen Patriotismus eingelassen hatte. Die Quittung kam auch bald aus dem Feldlager Napoleons bei Madrid: In einem Dekret spricht Napoleon die Ächtung Steins aus, erklärt ihn zum Feind Frankreichs und des Rheinbundes und ordnet seine Festnahme an.

Das Entlassungsschreiben des preußischen Königs, wahrhaft ein Strafbrief für *respectwidriges und unanständiges Verhalten*, traf den Minister am 3. Januar 1809, als er gerade seine Familie mit einem todkranken Kind in Königsberg zurücklassen wollte, um dem König nach Memel zu folgen. Tief getroffen, blieb Stein in Königsberg und schickte den Ministerkollegen die Abschriften des Entlassungsvorgangs, um sich öffentlich zu rechtfertigen.

Doch kaum jemand rührte die Hand für Stein, was ihm nicht verborgen blieb. Ohnehin verachtete er die *leeren, trägen und platten Menschen* am königlichen Hof und beschloss, Königsberg zu verlassen und nicht länger auf eine Aussöhnung oder gar eine Wiederberufung zu warten.

Hardenberg notiert, er erkenne nicht, wie der König dem Freiherrn vom Stein erlauben könne, sich weiter in den preußischen Staaten aufzuhalten. In der Tat musste Stein bald fliehen, um nicht von französischen Häschern ergriffen zu werden. Er verließ Königsberg und ging zunächst nach Brünn, später nach Troppau und Prag. Hardenberg musste die Lücke füllen. Freiherr vom Stein würde den russischen Zaren beraten und im gleichen Jahr mit den russischen Truppen als Befreier in Königsberg einziehen.

Alles oder nichts

Sobald die ersten Anzeichen einer Entspannung zwischen Preußen und Frankreich erkennbar waren, hatte Hardenberg die Pässe und Visa für die Rückkehr nach Preußen und zu seinen vernachlässigten Besitzungen beantragt. Am 10. Dezember 1808 kamen er und seine Frau Charlotte in Tempelberg an, aber das Haus war unbewohnbar. Französische Marodeure hatten alles auf den Kopf gestellt, Möbel und Gemälde abtransportiert, die Bibliothek verwüstet. Die Unwirtlichkeit des Winters nistete in allen Ecken. Hardenberg notiert lakonisch, er sei durch die Trümmer seiner Bibliothek gestiegen. Nichts sonst ist ihm einer Erwähnung wert. Er fährt weiter nach Berlin, wo er an verschiedenen Orten, vor allem auf seinem Gut Lichtenberg wohnt und erst einmal dafür sorgt, sich im französischen Besatzungsgebiet wenigstens frei bewegen zu können. Hardenberg findet Unterstützung bei dem französischen Gesandten in Berlin, Antoine de Saint-Marsan, einem vernünftigen und ebenbürtigen Gesprächspartner. Er erreicht sogar die generelle Zusage Napoleons, dass ihm alle notwendigen Pässe für die gewünschten Reisen ausgestellt würden. Jetzt konnte er sich um seine weit verstreuten Besitzungen kümmern – was jedoch nicht zu einem Weg aus der aktuellen Finanznot führte, in die er durch den Krieg, aber auch durch eigene Nachlässigkeit geraten war.

Wieder, wie schon einmal am Ende der Braunschweiger Zeit, brauchte er Hilfe. Sie kam vom König. Friedrich Wilhelm genehmigte eine großzügige Entschädigung für Hardenbergs Kriegsverluste. Er übertrug ihm die Staatsgüter des Amtes Hohenkränig in der Neumark und veranlasste den Ankauf des Hardenberg gehörenden repräsentativen Hauses am Dönhoffplatz in der Nähe des Berliner Stadtschlosses. Minister Altenstein war an dieser finanziellen Hilfsaktion beteiligt.[1]

Hardenberg reiste auf seine holsteinischen Güter und versuchte, die Gläubiger zu beruhigen und die Erträge zu steigern. Ungewiss ist, ob er auf dieser Reise auch seinen Sohn traf. Wahrscheinlich hätte eine Begegnung mit dem Sohn irgendeinen Niederschlag in den autobiografischen Aufzeichnungen gefunden, desgleichen eine Antwort Christians auf den Brief des Vaters. Aus dem Schweigen wird man schließen müssen, dass die Wunden, die der Briefwechsel vom Sommer und Herbst 1807 gerissen hatte, noch immer nicht verheilt waren und eine Begegnung zwischen Vater und Sohn noch nicht wieder möglich war.

Zu den Schwierigkeiten dieser Monate vor der Rückkehr in die Staatsgeschäfte gehörte auch, dass Napoleons Anweisung, wonach Hardenberg sich nicht in der Nähe der jeweiligen Residenz des Königs aufhalten dürfe, zwar gelockert, aber noch nicht zurückgenommen war. Dieses Verbot, ausgesprochen im Zusammenhang mit dem Tilsiter Friedensdiktat, behinderte Hardenberg nicht nur, sondern kränkte ihn, weil es ihm die demütigende Abhängigkeit von der Willkür des französischen Eroberers vor Augen führte und jetzt, nach der Rückkehr des Hofes, auch die alte Hauptstadt für ihn tabu sein sollte.

Gleichzeitig musste Hardenberg mit ansehen, wie wenig die gegenwärtige Regierung unter Graf zu Dohna-Schlobitten als Innenminister und seinem alten Mitarbeiter Altenstein als Finanzminister der Lage gewachsen war. Es gelang dem Kabinett Dohna/Altenstein nicht, die preußische Politik aus der Lähmung und Orientierungslosigkeit und schon gar nicht aus der Finanzkrise herauszuführen. Preußen war zahlungsunfähig. Napoleon mahnte bereits in aggressivem Ton und drohte, Preußen müsse dann eben eine Provinz abtreten. Ratlos schlug Altenstein im Namen der Regierung vor, der König solle auf Schlesien verzichten. Damit jedoch rührte er an ein Tabu. Friedrich Wilhelm forderte ein Gutachten Hardenbergs an.

Der, gerade auf dem Weg von Hannover nach Tempelberg, reagierte vorsichtig. Ohne ausreichende Unterlagen wollte er keinen eigenen Finanzplan vorlegen. Aber allem voran protestierte er gegen jeden Verzicht auf preußisches Territorium – ein klares Votum, das dem König gefiel. Der Wunsch, Hardenberg wieder in die Regierungsverantwortung zurückzuholen, wurde stärker, zumal auch die Königin keine Gelegenheit ausließ, auf Hardenberg als Retter zu verweisen.

Friedrich Wilhelm dachte aber zunächst nur daran, Hardenberg als Stabilisator in die schwankende Regierungsmannschaft zu holen und ihn neben Altenstein tätig werden zu lassen. Um Hardenberg dafür zu gewinnen, fuhr der König in Begleitung von Scharnhorst nach Beeskow, das außerhalb der Verbotszone lag, eine Tagesreise von Tempelberg entfernt.

Hardenberg ließ sich nicht überreden, zusammen mit Altenstein die Regierungsgeschäfte zu führen, solange dieser kein eigenes Finanzkonzept für die Zahlung der Kriegskontribution vorgelegt habe. Der französische Geheimdienst, dem die Zusammenkunft in Beeskow nicht entgangen war, meldete nach Paris, nun sei offenbar Hardenberg der Mann, der das preußische Geld für Napoleon beschaffen solle.

Der französische Geheimdienst war richtig informiert: Der Mann, der um sein eigenes wirtschaftliches Überleben kämpfen musste, sollte das große Geld beschaffen, mit dem Preußen seine Kriegsschulden bezahlen und die Provinz Schlesien behalten konnte.

Um die Rückkehr des »quieszierenden Ministers« in die Regierungsverantwortung vorzubereiten, beorderte der König Hardenberg an einen verschwiegenen Ort: die Pfaueninsel in der Havel bei Potsdam.

Der Morgen des 2. Mai 1810 versprach einen sonnigen Tag. Hardenberg war schon um 6.30 Uhr in Lichtenberg aufgebrochen. Unbemerkt von den französischen Spionen sollte sich der wegen Napoleon beurlaubte Minister mit dem Königspaar treffen. Seit neun Uhr wartete Hardenberg, ging auf der Insel spazieren und unterhielt sich mit dem Gärtner, der *ein intelligenter Mann zu sein schien.*[2] Um elf Uhr trafen die Majestäten ein. Hardenberg hält fest, dass der König den »Phaeton« selber lenkte – Phaeton ist die vierrädrige Kutsche, die nach dem Sohn des Sonnengottes Helios benannt ist. Es ist zu vermuten, dass dem Kenner der griechischen Mythologie bewusst war, was er da niederschrieb. Phaeton hatte von seinem Vater die Erlaubnis erhalten, den Sonnenwagen zu lenken, und war dabei der Erde zu nahe gekommen. Die Erde geriet in Brand. Helios bestrafte den ungeschickten Sohn, indem er ihn durch einen Blitzstrahl in den Fluss Eridanos schleuderte ...

Man kam bald zur Sache. Auf der Pfaueninsel, im Ambiente des lebenslustigen Friedrich Wilhelm II. und seiner Amouren, sprach man vielleicht, wenigstens was Hardenberg anging, ein wenig lockerer als sonst, obgleich Luise den Ort wegen der Nähe zu den Mätressen Friedrich Wilhelms II. nie gemocht hat.[3] Hardenberg notiert: *Ich sprach mit der größten Freimütigkeit und Herzensergießung wie über die Sachen, so über die Personen: über Altenstein, Beyme, Nagler, Dohna und Humboldt.*[4] Nach einigem Hin und Her – natürlich nahm der König zumindest Beyme und Nagler in Schutz – sagte Hardenberg geradeheraus, es sei wohl am besten, alle Mitglieder der Regierung zu entlassen, weil alle sich durch die Bereitschaft kompromittiert hätten, Schlesien aufzugeben, um die Kriegsschulden hinunterzudrücken.

Hardenberg war wieder ganz der schlaue Fuchs: In seinem

*Schloss Tempelberg im Oderland. Zeichnung von
Carl Graf von Hardenberg, etwa 1840*

Alter – er war inzwischen 59 Jahre alt – und bei seiner Schwerhörigkeit denke er eigentlich an ein ruhiges Privatleben, sagte er. Nur ein dringlicher Appell an sein Pflichtgefühl könne ihn davon abbringen. Auf keinen Fall jedoch wolle er einen geheimen und indirekten Einfluss nehmen. Das bedeutete im Klartext: Hardenberg bot seine Dienste an, aber nur unter der Bedingung einer offiziellen Berufung. Tatsächlich sollte es nur noch bis zum 4. Juni 1810 dauern, bis Hardenberg zum Staatskanzler Preußens ernannt wurde und eine Machtfülle auf sich vereinigte, die ihn nahezu zum Ersatzkönig des Landes machte.

Nach der Unterredung auf der Pfaueninsel gingen die Herrschaften ohne abschließendes Ergebnis wieder auseinander. Das Königspaar begab sich nach Potsdam, Hardenberg nach Lichtenberg. In den folgenden Tagen bemühte sich Friedrich Wilhelm, über den französischen Gesandten Saint-Marsan die Einwilligung Napoleons für den Wiedereintritt Hardenbergs in seine Dienste zu erreichen. Für Hardenberg war das Ziel in greifbare Nähe gerückt. Jetzt konnte er auf eine Lösung der Schwierigkeiten der letzten Monate hoffen. In der Tat lockerte Napoleon das Verbot gegen Hardenberg, sich in der Nähe des Hofes aufzuhalten. Nach den Informationen seines Geheimdienstes nahm er an, Hardenberg werde die Zahlung der fälligen Kontributionen zu Stande bringen.

Die Schwierigkeiten für Hardenberg waren beträchtlich. Seine politische und private Existenz war durch die Verbannung in stürmische See geraten. Zwar war er durch das Exil in Riga, Libau und Tilsit zur Besinnung gekommen, zwar hatte er Muße gefunden und die Zeit für sich und seine Frau genutzt. Aber seine Güter waren verwahrlost, seine wirtschaftlichen Verhältnisse trotz der Hilfe Altensteins und des Königs ungeordnet. Dennoch war er bereit, sich wieder für ein Staatsamt zur Verfügung zu stellen.

Zurück im Zentrum der Macht

Im leidlich wieder hergerichteten Gut Tempelberg gaben sich die Kuriere, die Beamten und die Geschäftsleute die Klinke in die Hand. Das »Geräusch der Welt« drang wieder bis in das Haus, das als Ruhesitz auf dem Land gedacht war. Aus zwei Gründen wechselte Hardenberg bald hinüber auf sein Gut Lichtenberg, das in Berlin unmittelbar vor den Toren der Residenz lag. Er konnte in Tempelberg Ruhe einkehren lassen und zugleich näher heranrücken an das wieder auflebende Nervenzentrum der Macht.

Bald war nicht mehr zu übersehen, wie sehr Hardenberg selber zum Zentrum der Macht geworden war. In Lichtenberg folgte eine Konferenz der anderen. Die Finanzleute des Ministeriums Altenstein wurden häufiger von Hardenberg beansprucht als von ihrem eigentlichen Minister.

Der hatte inzwischen zwar einen Finanzplan vorgelegt, aber Hardenberg arbeitete bereits an einem Gegenentwurf. Während Altenstein noch auf ausländische Anleihen setzte, um das Geld für die Kriegskontributionen herbeizuschaffen, ging Hardenberg das unpopuläre Thema einer Steuerreform an. Die Steuerpflichtigen sollten bei der Nationalbank festverzinsliche Schuldverschreibungen hinterlegen und dadurch den Umlauf von Papiergeld ermöglichen. Der Staat sollte die Domänengüter verkaufen, bei inländischen Banken Kredite aufnehmen und durch Säkularisierung geistlicher Güter, aber auch durch Zwangsanleihen bei den wohlhabenden Bürgern Geld beschaffen. Weitere Elemente der Steuerreform sollten folgen: Auch auf dem flachen Land sollte die »Akzise« eingeführt werden, eine Verbrauchssteuer, die bisher nur an den Toren der Städte erhoben wurde. Die Einführung der Gewerbesteuer und einer »Stempelsteuer«, also einer Gruppe von Abgaben, für die ein amtlicher Stempel oder eine Marke ausgegeben wurde, stand ebenfalls auf Hardenbergs Programm. Er verfolgte die Reformen auch deshalb weiter, weil er den Zusammenhang zwischen seinem Finanzplan und der Aufhebung der Erbuntertänigkeit sah. Der Erwerb von freiem Eigentum durch die ehemals untertänigen Bauern brachte Geld in die Staatskasse.

Dieser Finanzplan lag dem König schon am 28. Mai 1810 vor. Die Regierung Dohna/Altenstein begann sich aufzulösen, der Polizeipräsident Gruner unterstützte bereits die Pläne Hardenbergs. Die engsten Mitarbeiter der Regierung suchten sich neu zu orientieren: Niebuhr reichte seinen Abschied ein und begann eine neue Karriere als Historiker an der neu gegründeten Berliner Universität. Wilhelm von Humboldt beantragte seine Entlassung, hoffte aber wohl auf eine Weiterverwendung als Kultusminister.

Während Hardenberg also schon mit Feuereifer an die Arbeit ging, kam endlich die Nachricht, dass er, Hardenberg, wieder in den Dienst des Preußischen Staates eintrete. Hardenberg wurde zum französischen Gesandten Saint-Marsan gebeten und erfuhr dort, Napoleon sei auch mit der Leitung des Außenministeriums durch Hardenberg einverstanden. Er erwarte allerdings von Hardenberg, sich nicht allzu eng an Russland anzulehnen und sich letztlich dem System des französischen Kaisers anzupassen. Ob Napoleon bewusst war, dass es zum System Hardenberg gehörte, sich anzupassen und trotzdem eigene Wege zu gehen?

Der eigene Weg führte diesmal zum formellen Eintritt in die Regierung. Königin Luise jubelte, spontan wie immer: *Meine Freude ist unaussprechlich, daß dem König und dem Lande ein so kluger und so vortrefflicher Mann, dem nur Gerechtigkeit widerfährt, wiedergegeben wird.*[1]

Der König blieb kühler. Nach einer Audienz in Sanssouci musste Hardenberg seine wiederholt vorgetragenen Personalvorstellungen noch einmal schriftlich vorlegen. Hardenberg tat dies auch gehorsam, erklärte jedoch noch einmal, er werde sich ins Privatleben zurückziehen, wenn er nicht mit den Leuten zusammenarbeiten könne, die er für geeignet halte. *Ich kann nicht beschreiben, wie mein Herz leidet, wenn ich gegen die Personen vorgehen muß, die ich geliebt habe wie meine Söhne, besonders Altenstein. Aber ich muß meine Verpflichtungen gegenüber dem König und dem Vaterland beachten.*[2] Dabei war er durchaus zu Konzessionen bereit: Innenminister Dohna und Kabinettsminister Goltz konnten im Amt bleiben.

Dann, am 4. Juni 1810, empfing Hardenberg im Schloss Charlottenburg aus der Hand des Königs die Ernennungsurkunde zum Staatskanzler: *Ich habe beschlossen, Euch zum Staatskanzler zu ernennen und Euch unter meinen unmittelbaren Befehlen die obere Leitung aller Staatsangelegenheiten zu übertragen.*

Mit all seiner Zähigkeit und Ausdauer, seinem Fleiß und seinem Mut ging Hardenberg ans Werk – er hatte gerade am 31. Mai seinen 60. Geburtstag gefeiert. Der Kriegsminister von Boyen äußerte seine Bewunderung: *Er stürzte sich wohlgemut in den vor ihm brausenden Strudel und erreichte an der Hand des Glückes, wenigstens in der Hauptsache, das gegenseitige Ufer, wo ein etwas ängstlich-gewissenhafter Mann unentschlossen stehen geblieben wäre.*[3]

Hardenberg entfaltete eine ungeheure Energie, um alle Kräfte im Staat zu bündeln. Er setzte eine zentralistische Wirtschafts- und Steuerpolitik durch und führte 1812 die allgemeine Einkommensteuer ein – eine durchgreifende Steuerreform sollte ein Thema seiner Politik bis zum Ende seiner Amtszeit bleiben. Die Sanierung der Wirtschaft und der Staatsverwaltung will Hardenberg der Lösung der Verfassungsfrage – Parlamentarisierung und Gewaltenteilung – vorangehen lassen. Aber auch den Kampf um eine Verfassung sollte er bis zum Ende seines Lebens nicht aufgeben.

Die Mühen der Hochebene

Die sterbende Königin unterbrach ihren Mann mitten im Satz. Es war der 19. Juli 1810 morgens gegen neun Uhr. Friedrich Wilhelm war in der Nacht von Potsdam aus im offenen Wagen nach Hohenzieritz gefahren, wo Luise in der Sommerresidenz ihrer Eltern auf den Tod erkrankt war: Herzrhythmusstörungen, Krämpfe und Atemnot nach einer Lungenentzündung. Sie war 34 Jahre alt. Die Ärzte standen hilflos beiseite. Der König wird sich den Trennungsschmerz der letzten Augenblicke mit Luise von der Seele schreiben und berichten: *Zugleich sank ich an ihrem Bette auf die Knie, ihre Hand küssend, und sprach zu ihr ohngefähr in folgenden Worten: Es ist nicht möglich, daß es Gottes Wille sein kann, uns zu trennen. Ich bin ja nur durch Dich glücklich, und nur durch Dich hat das Leben nur allein noch Reiz für mich, Du bist ja mein einziger Freund, zu dem ich Zutrauen habe – »und Hardenberg«* fiel sie ein ...

Dass die Königin ihrem Mann in ihrer Todesstunde noch den Namen Hardenbergs ans Herz legte, zeigt, wie sehr sie politisch dachte und wie tief sie überzeugt war, der Staatskanzler sei für den König unverzichtbar.

Als Friedrich Wilhelm, völlig verstört und niedergeschlagen, nach Berlin zurückkehrte, nahm er Luises Wort wie ein Vermächtnis. Er und Hardenberg versprachen sich gegenseitig, für immer zusammenzuarbeiten, was für beide ein unschätzbarer Vorteil war. Friedrich Wilhelm hatte seinen Hardenberg oft genug wenig aufmerksam behandelt und wollte das jetzt ändern. Und Hardenberg konnte und wollte ohne das Vertrauen des Königs nichts beginnen. Große, ja gewaltige Aufgaben kamen auf ihn zu, für die er die Rückendeckung des Königs brauchte. Ob er in diesen ersten Tagen seiner Kanzlerschaft auch nur ahnte, wie mühsam die kommenden Jahre, auch im Verhältnis zum König, für ihn werden würden?

Der Alltag begann vielversprechend. Hardenberg zog von seinem Gut Lichtenberg noch näher an die Machtzentrale und bewohnte in der Nähe des königlichen Schlosses ein Stadtpalais. Wie damals üblich, diente das private Wohnhaus zugleich auch als Amtssitz. Seine Frau Charlotte führte den Haushalt und unterhielt sogar einen eigenen »kleinen runden Tisch«, an dem Gäste und Mitarbeiter sich treffen und wohl fühlen konnten.

Was Hardenbergs finanzielle Verhältnisse betraf, so hatte er eine äußerst großzügige und in Preußen einmalige Regelung erwirkt: Er verzichtete auf ein formelles Gehalt, durfte aber dem Staatshaushalt entnehmen, was er benötigte. Hardenberg selbst hatte dem König diesen ungewöhnlichen Vorschlag gemacht: *Nur das Notwendige ohne Sorgen, die mit dem großen Wirkungskreis, den ich antrete, gar nicht vereinbar sind, wünsche ich zu haben, und das, hoffe ich, werden Ew. Kgl. Maj. billigen. Sie vertrauen mir Millionen an und werden mir also auch gnädigst zutrauen, daß ich unfähig bin, einen Mißbrauch von der Erlaubnis zu machen, jenes Notwendige mir aus der Kgl. Kasse auszahlen zu lassen. Am Ende des Jahres werde ich es Höchstdenenselben nachweisen ... Das Publikum bedarf ja hiervon gar nichts zu wissen.*[1]

Der König bewilligte die Regelung. Hardenberg ließ sich in den zwölf Jahren seiner Staatskanzlerschaft jährlich ungefähr 30 000 Taler auszahlen – etwa das Dreifache eines normalen Gehalts. Natürlich wusste das Publikum bald »hiervon« und reagierte ebenso natürlich mit Neid und Erstaunen.

Stärker noch als Neid und Erstaunen waren aber die jeweils eigenen Interessen der von Hardenbergs Reformpolitik Betroffenen. Das war vor allem der Grund besitzende Adel. Kaum hatte Hardenberg damit begonnen, die Reformpläne des Oktoberedikts von 1807 über die Bauernbefreiung oder die neue Städteordnung in Gesetze und Verordnungen umzusetzen und in der »Gesetzsammlung der Königlich Preußischen Staaten« zu veröffentlichen, da machte vor allem der Landadel gegen ihn Front. Die Sprecher forderten die Aufhebung der Gesetze. Sie schreckten auch nicht davor zurück, zur Steuerverweigerung aufzurufen. Hardenberg galt ihnen als Verräter ihres Standes, als Revolutionär, als Jakobiner, der Hand anlegte an die Grundfesten des Staates.

Es zeigte sich, was für ein tiefer Riss durch die Gesellschaft ging. Der Land besitzende Adel wollte den Bauern, Dienstboten und Handlangern nicht einmal den Status von Staatsbürgern zugestehen. Die in ihren Privilegien bedrohte Schicht produzierte in ihrer Angst vor Reformen das ganze Gemisch von Panik, Verfolgungswahn und Aggressivität, das zu allen Zeiten zu den Begleiterscheinungen historischer Umwälzungen gehört. Mit niederwalzenden Phrasen wie »Ideologen« und »Philosophanten«, »Humanitätswahn« und »Rechtsbruch« wurde aus der Gefährdung der Privilegien die Zerstörung einer »von Gott eingesetzten Ordnung«.

Zum Gefühl, bedroht zu sein, gesellten sich auch damals der offene Antisemitismus und ein handfester Fremdenhass. Die übliche Suche nach einem Sündenbock endete bei den Juden und den Freimaurern, die den Niedergang Preußens zu verantworten hätten. Was sich da im Widerspruch zur Reformpolitik Hardenbergs formierte, war der Marsch zurück in die vorabsolutistische Ständegesellschaft mit ihrem mittelalterlichen Wertesystem.

Als leidenschaftliche und unbeugsame Sprecher des kurmärkischen Adels profilierten sich Friedrich August Ludwig von der Marwitz und der Präsident der neumärkischen Regierung, Graf Finck von Finckenstein. Laut Marwitz regierte Hardenberg wie ein »türkischer Großwesir«. Der fackelte dann auch nicht lange und ließ beide, mit Einverständnis des Königs, in die Festung Spandau sperren.

Marwitz rächte sich und unternahm nachträglich den Versuch, die Deutungshoheit über die Geschichte der Reformen zu gewinnen. Er erklärte das gesamte Reformwerk Steins, Hardenbergs und Scharnhorsts schlichtweg für überflüssig und verfehlt: Der Zusammenbruch Preußens habe seine Ursache nicht im alten System gehabt, sondern in der Persönlichkeit des Monarchen – also sei die Reform unnötig gewesen.[2]

Die beiden Haudegen ließen sich intellektuell unterstützen durch den Publizisten Adam Heinrich Müller, der – zum Teil anonym – gegen Hardenberg, die Reformen und die gesamte liberale Wirtschaftstheorie des Adam Smith wütete und der in den Reformern nahezu das Prinzip des Bösen zu erkennen glaubte.[3] Überhaupt war die patriotisch gesinnte Intelligenz ein Teil jener Kräfte, zu denen außer Marwitz und Finckenstein Romantiker wie Brentano, Arnim und Kleist, aber auch Fichte und Eichendorff gehörten – alle geeint im Kampf gegen die napoleonische Unterdrückung, den Liberalismus und die Aufklärung.

Adam Müller war ein typischer Vertreter dieses Konglomerats von Ideen unterschiedlichster Herkunft. In Berlin geboren, studierte er Jura, wurde Prinzenerzieher in Dresden und konvertierte

1805 zum Katholizismus. Wieder in Berlin, gab er 1808, zusammen mit Heinrich von Kleist, die Kunst- und Literaturzeitschrift »Phöbus« heraus und begann danach in Wien eine publizistische Karriere im Umkreis Metternichs. Müller blieb ein Gegner rationaler Gesellschaftsmodelle und individueller Lebensentwürfe. Er lehnte jede gedankliche Trennung von Staat und Gesellschaft ab, berief sich auf Thomas von Aquin und lieferte dem konservativen Adel um Marwitz und Finckenstein, zum Beispiel der »Christlichdeutschen Tischgesellschaft«, die Argumente.[4]

Der Widerstand des märkischen Adels richtete sich zunächst nicht gegen die Person Hardenbergs, dem man mildernde Umstände zugestand, weil er als Widersacher Napoleons großes Ansehen genoss. Vielmehr richtete er sich gegen das System Hardenberg und den Geist des Staatskanzleramts.

Wie sollte Hardenberg mit dieser Opposition umgehen? Der Dissens zwischen beiden Seiten war tiefer, als der Kampf um einzelne Gesetze wie Bauernbefreiung oder Städteordnung ahnen ließ. In seinem Schachspiel setzte Hardenberg zwar weiterhin die einzelnen Figuren. Er wusste aber, nach welchen grundsätzlichen Spielregeln er das Spiel gewinnen oder verlieren würde: eine Verfassung für Preußen musste her.

Noch im Dezember 1810 forderte er die Regierungsbezirke auf, ritterliche Gutsherren, Vertreter der Städte, der kleinen Grundbesitzer und Domänenpächter und je ein Mitglied des Regierungspräsidiums zu benennen. Das dadurch sich bildende Gremium solle in Berlin zu einer »Notabelnversammmlung« zusammentreten. Ohne dass man schon von einer Volksvertretung im verfassungsrechtlichen Sinne hätte sprechen können, war die Notabelnversammlung eine berufsständische und nicht mehr nur eine geburtsständische Körperschaft, auch nicht eine nach Provinzen geordnete »Landschaft«, in der ausschließlich der Landadel das Sagen gehabt hätte. Hardenberg wollte die ganze Nation beteiligen und zunächst eine alle Bürger umfassende Repräsentanz schaffen, allerdings nicht als beschlussfassende, sondern nur als beratende Instanz.

Am 23. Februar 1811 lud er zur Eröffnungssitzung der Notabelnversammlung in sein Berliner Palais. Er hoffte, und sagte es auch, die Versammlung würde sich als gesamtstaatliches Gremium verstehen, das Ganze den Teilen überordnen und zugleich *den Fortschritt des menschlichen Geistes* und *die veränderten Ansichten der Dinge* berücksichtigen. Etwa fünfzig Vertreter der wichtigsten Berufsstände hörten ihm zu.

Das neue System, das einzige wodurch Wohlstand begründet werden kann, beruht darauf, daß jeder Einwohner des Staats, persönlich frei, seine Kräfte auch frei entwickeln und benutzen könne, ohne durch die Willkür eines anderen daran behindert zu werden; daß niemand einseitig eine Last trage, die nicht gemeinsam und mit gleichen Kräften getragen werde; daß die Gleichheit vor dem Gesetz einem jeden Staatsuntertanen gesichert sei, und daß die Gerechtigkeit schnell und pünktlich gehandhabt werde; daß das Verdienst, in welchem Stande es sich finde, ungehindert emporstreben könne; daß in die Verwaltung Einheit, Ordnung und Kraft gelegt werde; daß endlich durch Erziehung, durch echte Religiosität und durch jede zweckmäßige Einrichtung e i n Nationalgeist, e i n Interesse und e i n Sinn gebildet werde, auf dem unser Wohlstand und unsre Sicherheit fest gegründet werden können. Allgemeine Gewerbefreiheit ist eine Hauptbedingung des Wohlstandes. Sie kann nur da stattfinden, wo die Abgaben zwischen Stadt und Land völlig gleichgestellt sind.[5]

Die Zuhörer dachten nicht daran, sich durch kluge und einnehmende Reden des Hausherrn von der Wahrnehmung ihrer Interessen abhalten zu lassen. Die einen fanden die Verbindung von Aufklärung und Wirtschaftsliberalismus revolutionär und bedrohlich, den anderen ging der Staatskanzler nicht weit genug.

Hardenberg wird seinen Mitstreiter Stein vermisst haben, als es darum ging, den Kritikern mit Argumenten beizukommen. Hardenberg suchte deshalb wenigstens den brieflichen Gedankenaustausch mit Stein und klagte, er müsse sich *gegen Torheit, Vorurteil und Egoismus auf der einen, gegen Überspanntheit, Extremismus und Systemwut auf der anderen* Seite wehren.[6] Für den Reichsfreiherrn vom Stein, der im Prager Exil die Entwicklung in Preußen verfolgte, war das keine Überraschung. Er hielt den preußischen Adel ohnehin für ein *elendes Geschlecht* mit einem *wahnwitzigen Geist.*

Hardenberg durfte sich so eindeutig nicht äußern, da er seine und Steins Reformideen politisch umsetzen wollte, also Kompromisse eingehen musste. Auf ihm lastete die Organisation des Interessenausgleichs. Die Grundherren verlangten Zugeständnisse bei der Grundsteuer, die Städte und die Landbevölkerung – die mehr als 85 Prozent der Bevölkerung ausmachte – wollten Erleichterungen bei den Verbrauchssteuern (Akzise beziehungsweise Schlacht- und Brennsteuer). Und die Gutsherren forderten Entschädigungen für den Verlust ihrer Monopole in der Bier- und Branntweinherstellung.

Am schwierigsten gestaltete sich die Verwirklichung der Bauernbefreiung. Nach dem 11. November 1810 waren die Bauern zwar nicht mehr erbuntertänig, aber mit der juristischen Deklaration war die Befreiung selbst noch nicht vollzogen. Die »Patrimonialgerichtsbarkeit« blieb weiterhin erhalten, der Gutsherr übte also nach wie vor im Namen des Staates die niedere Polizeigewalt und Gerichtsbarkeit aus.

Nach dem »Regulierungsedikt« vom 14. September 1811 waren die Bauern de jure zu freien Eigentümern ihres Landes geworden. Aber durch den Krieg war die Umsetzung des Ediktes auf der Strecke geblieben. Nach dem Krieg dauerte es nicht lange, bis dem Gesetz eine »Deklaration« folgte, was entscheidende Abänderungen mit sich brachte. Die kleinen, handdienstpflichtigen, nicht spannfähigen Bauern, die nicht einmal ein Zugtier besaßen, wurden von der Befreiung wieder ausgeschlossen. Dadurch blieb ihre Arbeitskraft dem Gutsherrn erhalten. Die »befreiten« Bauern waren jetzt Landarbeiter im Dienste der Gutsbesitzer.

Die Befreiung der spannfähigen Bauern musste teuer erkauft werden, bis zur Hälfte ihrer Äcker mussten sie als Entschädigung und Ablösung hergeben. Dadurch wurde das Acker- und Weideland in vielen Fällen so klein, dass es die Familie des Bauern nicht mehr ernährte. Die Folge: Sie wurden ausgekauft und zu Tagelöhnern gemacht, wenn auch zu »freien« Tagelöhnern. Sie besaßen jetzt kein Eigentum mehr, ihr Lohn richtete sich nach der Marktlage.

Die Bauernbefreiung endete später letztendlich in einer Stärkung des Großgrundbesitzes und einer Proletarisierung der Massen. Das Konzept der Reformer, nach Adam Smith eine Art von freier Marktwirtschaft zu begründen, wirkte sich zu Gunsten der Großbetriebe aus, nicht zum Nutzen der mittelständischen Bauern. Dies galt auch für die Umwandlung der Dreifelderwirtschaft in den Fruchtwechselanbau. Da außerdem auch noch die hoheitlichen Befugnisse der Gutsbesitzer erhalten blieben, sie also Standesbeamte, Urkundsbeamte und Polizeiorgan blieben, war die Bauernbefreiung zu einer Stärkung der Adelsprivilegien verkommen. Die ursprünglichen Absichten der Reformer waren also ins Gegenteil verkehrt. Das traurige Ende dieser Entwicklung hat Hardenberg nicht mehr erlebt.

Auch außenpolitisch verstärkte sich der Druck auf den Staatskanzler. Oberste Priorität in der preußischen Außenpolitik musste für Hardenberg das Bestreben haben, den Staat davor zu bewahren, zwischen den Großmächten Russland und Frankreich erdrückt zu werden. Die buchstäbliche Auslöschung Preußens als Staat war immer noch eine reale Gefahr. Napoleon hatte ja schon vor dem Vertragsdiktat von Tilsit erwogen, die Hohenzollern zu verjagen und den unmittelbaren Einflussbereich Frankreichs bis an die Grenzen von Russland und Polen zu verschieben. Noch hielt Frankreich die Festungen an der Oder und in Schlesien besetzt. Die Grande Armée konnte in zwei Tagesmärschen Berlin erreichen.

Die einfachste Lösung für eine Politik der staatlichen Existenzsicherung hätte zu diesem Zeitpunkt darin bestanden, sich dem siegreichen Napoleon anzuschließen. Preußen hätte dann an Sicherheit gewonnen, aber seine Selbstständigkeit verloren. Ein Satellit Frankreichs zu sein – unvorstellbar für einen Mann wie Hardenberg. Seine diplomatische Strategie legte es deshalb darauf an, Zeit zu gewinnen, Bündnispartner zu finden und die militärische Kraft Preußens neu zu organisieren. Interessanterweise verfolgte Metternich nach der österreichischen Niederlage von 1809 auch für sein Land eine ähnliche Politik – nur, dass Österreich nach der verlorenen Schlacht bei Wagram nicht annähernd so blank dem Zugriff Napoleons ausgeliefert war wie Preußen nach Jena.

Hardenberg versuchte einen komplizierten Balanceakt: Preußen zwischen Frankreich und Russland, aber auch zwischen England und Österreich. Sein geschmeidiges Verbleiben im Mittelpunkt aller zentrifugalen Kräfte ist oft ganz zu Unrecht als doppelzüngige, verschlagene und zwielichtige Schaukelpolitik verstanden worden. Das Offenhalten mehrerer Optionen war jedoch gar nicht vermeidbar, wenn man nicht als Satellit Frankreichs dastehen oder aber einen Krieg vom Zaun brechen wollte. Die europäischen Mächte schienen dies erkannt zu haben, da sie

Hardenbergs Unverbindlichkeit und Vorläufigkeit im Grunde ja tolerierten.

In der preußischen Militärführung aber war die Neigung zu einem Befreiungskrieg unter Einschluss einer Volkserhebung stark gewachsen. Der sich aufstauende Franzosenhass wollte gar nicht mehr wahrhaben, dass die Armee noch nicht wieder stark genug für einen Kampf war. Hardenberg musste also auch innenpolitisch lavieren. Auf der einen Seite rasselten die Patrioten um Gneisenau und Scharnhorst mit dem Säbel, auf der anderen Seite forderten starke Gruppen im Landadel und in der Beamtenschaft, der König solle die Truppenstärke herabsetzen und dadurch die Steuerlast vermindern.

Zu den innenpolitischen Spannungen gehörten auch die für Umbruchzeiten typischen Schwankungen im geistigen Diskurs der gebildeten Öffentlichkeit. Die »Berliner Abendblätter«, die erste Tageszeitung in Berlin, machten Front gegen Hardenberg. Ihr Herausgeber von Oktober 1810 bis März 1811 war Heinrich von Kleist, der geniale Dichter und unglückliche Wanderer zwischen Literatur und Staatsdienst. Nachdem der Theaterdirektor Iffland Kleists Schauspiel »Das Käthchen von Heilbronn« abgelehnt hatte, wurden Iffland und Hardenberg nahezu die Lieblingsfeinde der »Berliner Abendblätter«.[7] Dort erschien vom 12. bis 15. Dezember 1810 in vier Folgen auch das später so berühmte »Marionettentheater«, das als Schlüsseltext zu Kleists Ansichten über die politischen Drahtzieher verstanden werden kann.[8] Umgekehrt war diese Welt der Literaten und Theaterleute den Polizeiinspektoren verdächtig. Noch von Königsberg aus, im November 1809, wendete sich eine Kabinettsordre gegen den *Unfug, den konzeßionierte und nichtkonzeßionierte Puppenspieler treiben.* Ganz sicher hat Kleist an Hardenberg gelitten. Am 13. Dezember 1809 ist er ihm wohl auch begegnet, doch in Hardenbergs Aufzeichnungen findet sich kein Hinweis auf den großen Dichter, weder auf die persönliche Begegnung noch auf die Nachricht von Kleists Freitod am 21. November 1811. Der Mächtige hat die Bedeutung des Dichters nicht erkannt.

Die unterschiedlichen Bestrebungen im Land blieben den französischen Diplomaten und Beobachtern natürlich ebenso wenig verborgen wie die forcierte Aufrüstung. Im August 1811 verlangte der französische Gesandte Saint-Marsan im Namen Napoleons Auskunft darüber, was Preußen eigentlich beim Ausbruch eines neuen Krieges zu tun gedenke. Amalie von Beguelin, eine frühere Geliebte Hardenbergs, berichtet, Hardenberg habe auf diese Frage geantwortet: *So werden wir mit dem Degen in der Hand sterben und in Ehren untergehen.*

Übersetzt in die Diplomatensprache, war der pathetische Ausspruch einfach eine Warnung, Napoleon möge den Bogen nicht überspannen. Diese Bemerkung schien angebracht, da Napoleon im Lauf des Jahres 1811 damit begonnen hatte, die Besatzung der Oderfestungen und die Heeresstärke seiner in Deutschland stationierten Truppen heraufzusetzen.

Obgleich die Truppenverstärkung gegen Russland gerichtet war, hielt Hardenberg die Situation jetzt für so bedrohlich, dass er glaubte, entgegen seiner bisherigen Politik die staatliche Unabhängigkeit Preußens nur noch durch ein Bündnis mit Frankreich sichern zu können. Hardenberg ging davon aus, bei einem Bündnisangebot die Bedingungen selbst bestimmen zu können – und täuschte sich.

Er teilte dem König die außenpolitische Wende am 10. Mai 1811 mit und informierte auch Zar Alexander. Mit dem Bündnisangebot an Saint-Marsan verband er seine Bedingungen: Napoleon möge eine Garantieerklärung für den Bestand des Staates Preußen abgeben; Frankreich solle die Festung Glogau räumen und – im Fall eines Krieges – Schlesien als neutrale Zone betrachten, damit der preußische König dort Asyl nehmen könne.

Die Antwort ließ lange auf sich warten und kam erst am 29. Oktober. Napoleon ignorierte Hardenbergs Angebot. Er setzte knallharte Bedingungen dagegen, unter denen der Kaiser der Franzosen bereit sei, Preußen als Bündnispartner zu akzeptieren: Beitritt Preußens zum Rheinbund, zeitlich unbegrenztes Offensiv- und Defensivbündnis ausschließlich mit Frankreich, Bereitstellung von 20 000 Mann unter französischem Oberbefehl, Durchmarschgarantie für französische Truppen auf allen Straßen des Landes und die weiter andauernde Besetzung der Festung Glogau.

Für Hardenberg war diese Antwort ein Schlag ins Gesicht. In seinen Augen enthielt sie unzumutbare Konditionen. Er wollte sofort das Ruder herumwerfen und schickte Sondergesandte nach Sankt Petersburg und Wien. Dem König schlug er vor, die Gespräche mit London zu intensivieren. Doch alle Auswege schienen versperrt oder unpassierbar zu sein. Der Zar bot russischen Schutz nur für den Fall an, dass Napoleon bis zur Weichsel vordringe. Metternich verzögerte eine Stellungnahme, weil er selber ein Bündnis mit Frankreich erwog. Und London erklärte, England sei zwar im Prinzip bündniswillig, aber derzeit nicht in der Lage, finanzielle Hilfsleistungen zu versprechen. Preußen stand also allein den Anmaßungen Napoleons gegenüber.

Was zuvor undenkbar war: Der König und Hardenberg sahen sich gezwungen, das Doppelspiel aufzugeben und ein Bündnis mit Frankreich zu Napoleons Bedingungen einzugehen. Napoleon zeigte sich jetzt jedoch überaus arrogant: Der preußische Gesandte in Paris, Friedrich Wilhelm von Krusemarck, musste am 24. Februar 1812 den diktierten Allianzvertrag unterzeichnen, ohne noch einmal in Berlin nachfragen zu können und ohne zur Unterschrift autorisiert zu sein.

Die Katastrophe nahm immer mehr Gestalt an. Preußen war zum Aufmarschgebiet für die Grande Armée geworden. Es schien, als würden jetzt die Ratten das sinkende Schiff verlassen. Nur waren es keine Ratten, sondern die Stützen des preußischen Militärs, die mit Hardenbergs Politik nicht einverstanden waren und von Bord strebten. Scharnhorst trat zurück, Gneisenau setzte sich ins Ausland ab, Boyen, Clausewitz und Hunderte von Offizieren reichten den Abschied ein.

Für Hardenberg aber war diese Katastrophe die Wende. Nahezu kaltblütig betrieb er die Reformen weiter. Gegen die äußere Gefahr und Ohnmacht setzte er die innere Erneuerung, aber auch die schlaue Gegenwehr. Wenn denn Napoleon ein preußisches Hilfscorps von 20 000 Mann forderte, dann konnte man doch unbemerkt ein paar Tausend Mann mehr rekrutieren und die eigenen Streitkräfte ausbauen. Und wenn denn das Geld für die Kontributionszahlungen unter anderem durch eine Reform der Finanzverwaltung und der Gewerbeordnung aufgebracht werden sollte, dann konnte man auch gleich eine Entwicklung beschleunigen, die seit langem überfällig war – die zwar auch mit dem Militärdienst, der Gewerbepolitik und den Bürgerrechten zusammenhing, aber doch weit darüber hinaus von Bedeutung war für die Entwicklung des Landes: die Frage der staatsbürgerlichen Gleichstellung der Juden in Preußen.

Gleiche Pflichten, gleiche Rechte

Der Wachhabende am Halleschen Tor fasste zusammen, was sich beim Herein und Heraus getan hatte: Zwei Ochsen, drei Schweine und zwei Juden hätten das Tor passiert ... Julius Schoeps erzählt diese Geschichte, um zu zeigen, welchen Stellenwert die Juden im alten Preußen einnahmen. Die Registrierung war vorgeschrieben, wenn fremde Juden nach Berlin kamen. Sie wurden nur am Prenzlauer oder am Halleschen Tor in die Stadt eingelassen. So war besser zu kontrollieren, wie viele kamen und wie lange sie blieben. 24 Stunden durften sie bleiben – es sei denn, sie waren wohlhabend und kamen mit der Post oder dem eigenen Wagen. Alles, was die Juden im Land betraf, war bis ins Kleinste geregelt. Das General-Judenreglement von 1750 war noch in Kraft, als Hardenberg 62 Jahre später die Reform betrieb. Wie Hardenberg diese »Judenemanzipation« einleitete und gegen welche Widerstände er zu kämpfen hatte, ist bis heute ein Schlüssel zum Verständnis jüdischen Lebens in Preußen am Beginn des 19. Jahrhunderts, aber auch ein Schlüssel zum späten Antisemitismus in Deutschland ...

Die öffentliche Debatte über die Stellung der Juden im Leben des Staates war in der zweiten Hälfte des 18. Jahrhunderts zum festen Bestandteil des aufklärerischen Diskurses geworden.[1] Dabei spielte für die Konzepte zur *bürgerlichen Verbesserung der Juden* die Vorstellung eines längeren Erziehungsprozesses eine große Rolle. Erst mit dem französischen Emanzipationsedikt vom November 1791, also im Verlauf der Französischen Revolution, und schließlich mit Hardenbergs Emanzipationsedikt vom 11. März 1812 gelang die rechtliche Gleichstellung der Juden mit einem einzigen Schlag. Wilhelm von Humboldt lieferte die staatstheoretische Begründung, indem er feststellte, der Staat sei kein Erziehungs-, sondern ein Rechtsinstitut.[2]

Das Konzept der Reformer musste sich vor allem gegen die antisemitische Vorstellungswelt Friedrich Wilhelms III. und einen großen Teil der Beamtenschaft durchsetzen. Ein preußischer Justizrat namens Grattenauer hatte noch 1791 die Aussiedlung der Juden aus Preußen gefordert. Friedrich Leopold von Schroetter,

Mitglied des Geheimen Staatsrats, verlangte von den Juden »anständige Kleidung« und das Ablegen der Barttracht – was für Humboldt *mit den schlichtesten Gefühlen von Menschenwürde unverträglich* war. Selbst der Reformer Freiherr vom Stein ließ sich noch 1816 über *die Verderblichkeit der jüdischen Horde* aus, nachdem er schon 1803 bei der Eingliederung des Fürstbistums Paderborn geschrieben hatte: *Nützlich wäre es vorläufig, dem nachtheiligen Einfluße der Juden auf den Wohlstand des Landmanns Grenzen zu setzen, ihre Concessionen zu untersuchen, die nicht concessionierten aus dem Lande zu schaffen, ihre fernere Ansiedlung auf dem platten Lande, das Hausiren, Auf- und Verkaufen in den Häusern zu verbiethen und den Producten-Handel mit Getreide, Wolle, Garn, Hanf, Vieh nur einzeln den in den Städten wohnenden Juden zu gestatten, welche ein ansehnliches Vermögen besitzen.*[3]

Die intellektuelle und politische Leistung Humboldts und Hardenbergs wird vor diesem Hintergrund umso klarer sichtbar. Indem das Emanzipationsedikt von 1812 die Juden als »Finländer« verstand, wurden sie zu Staatsbürgern, die man nicht wie Fremde vertreiben durfte. Während Stein die Demütigungen, denen die Juden trotz des Edikts ausgesetzt waren, als wohlverdiente Züchtigung bezeichnete, forderte Hardenberg 1815 die Magistrate und Bürgerschaften der freien Hansestädte auf, ihre Gesetzgebung nach den *Forderungen der Menschlichkeit und dem Bedürfniß der Zeit* zu richten.[4]

Diese Aufforderung spiegelt ein ungelöstes Problem. Die Geltung des Emanzipationsedikts von 1812 erstreckte sich nur auf Preußen in den Grenzen von 1812. Als dann auf dem Wiener Kongress Preußen jedoch seine Bevölkerung verdoppeln konnte, galten die Gesetze nicht für die neuen Territorien. Dort blieben die alten, oft sehr rückständigen Regelungen in Kraft.

Alten und neuen Landesteilen gemeinsam war aber das Weiterbestehen der antijüdischen Vorbehalte in der Bevölkerung und der Beamtenschaft. Daraus erklärt sich die höchst merkwürdige Aufnahme und Würdigung, die Hardenberg selber in der deutschen Geschichtsschreibung gefunden hat. So, wie Hardenberg von den reaktionären Junkern als Revolutionär diffamiert wurde, so wurde er von den Antisemiten im Staat als Judenfreund abgetan, der viel zu weit gehende Entscheidungen zu Gunsten der

Juden getroffen habe – und das alles nur, weil ihm am Beginn seiner politischen Laufbahn ein jüdischer Bankier aus der Bredouille geholfen habe.

Der Historiker Thomas Stamm-Kuhlmann hat vor dem Hintergrund seiner Edition der Tagebücher und autobiografischen Aufzeichnungen Hardenbergs nachgewiesen, dass nur ein Drittel des von Hardenberg aufgenommenen Kreditvolumens von jüdischen Gläubigern stammte.[5] Hardenbergs Hauptgläubiger waren der Kurfürst von Hessen, der ein bedeutender Geldverleiher war, und der König von Preußen. Neben jüdischen gehörten auch christliche Bankiers zu den Gläubigern. Lediglich seine kurzfristigen Finanzierungen wickelte Hardenberg am liebsten mit jüdischen Geldverleihern ab. Im Vorfeld der Gesetzgebung zur Judenemanzipation gingen die Geschäftsbeziehungen mit jüdischen Kaufleuten sogar zurück. Im Übrigen kann Stamm-Kuhlmann feststellen: *Insgesamt läßt sich Hardenbergs Finanzlage zu jenem Zeitpunkt am Ende des 18. Jahrhunderts als stabil bezeichnen.*[6]

Um die Lage der Juden im Preußen des frühen 19. Jahrhunderts zu verstehen, muss man die Regelungen unter dem aufgeklärten König Friedrich II. betrachten. Diese Reglements waren weit davon entfernt, den Juden in Preußen gleiche Rechte und gleiche Pflichten zuzubilligen. Friedrich II. hatte in einem seiner politischen Testamente, hier in dem von 1752, noch geschrieben: *Man muß die Juden schärfer beaufsichtigen und sie hindern, daß sie in großem Umfange in den Handel eindringen, sorgen, daß ihre Zahl sich nicht vermehrt, und ihnen bei jedem Betrug, den sie begehen, das Aufenthaltsrecht nehmen ...*[7]

Mit »den Juden« waren in Berlin um 1750 etwa 200 Familien gemeint, die das Geld für den Status als ordentliche »Schutzjuden« aufbringen konnten. Jede dieser Familien durfte ein Kind »ansetzen«. Hinzu kamen 63 Einzelpersonen, die als außerordentliche Schutzjuden anerkannt waren, die aber keine Nachkommenschaft »ansetzen« durften. Die Hauptabsicht dieser Bestimmung war, die Zahl der Juden im Land unter Kontrolle zu halten.

Dem Ziel der Kontrolle galten auch die Bestimmungen über die Berufe, die den Juden freistanden. Sie sollten den privilegierten Zünften nicht ins Gehege kommen und durften deshalb kein bürgerliches Handwerk ausüben. Nur was zunftfrei war, stand ihnen offen: Glas- und Steinschleiferei, Gravur- und Medaillier-kunst, Gold- und Silberstickerei, der Handel mit ausländischen Waren und der Geldverkehr mitsamt der Pfandleihe.

Als Hardenberg alle diese Beschränkungen 1812 auflöste, war die jüdische Gemeinde in Berlin auf über vierhundert Familien angewachsen, stellte damit aber immer noch eine verschwindende Minderheit dar. Auch nach der Erweiterung des Staatsgebietes nach 1815 lebten nur etwa 125 000 Juden in der preußischen Monarchie. Das waren 1,3 Prozent der Bevölkerung. Es waren also nicht demografische Perspektiven, die eine Reform des Ju-denreglements von 1750 notwendig gemacht hätten.

Für Hardenberg waren es vielmehr die bürger- und menschen-rechtlichen Fragen, die er gelöst wissen wollte. Als Mann der Spätaufklärung und einer mehr oder weniger rationalistischen Philosophie hatte er kein Verständnis für die Ausgrenzung von Menschen jüdischen Glaubens. Seine Positionsbestimmung war kurz und klar: *Ich stimme für kein Gesetz der Juden, das mehr als vier Worte enthält: Gleiche Pflichten, gleiche Rechte.*

Die Fragen einer religiösen Dogmatik, welches denn der rechte Glaube und die reine Lehre sei, waren ihm fremd. Er wollte alle Bewohner des Landes als *Einländer und preußische Staatsbürger* zu ihren Rechten zulassen und sie mit ihren Pflichten, zum Bei-spiel den Steuern und dem Wehrdienst, in Anspruch nehmen kön-nen. *Die in unseren Staaten jetzt wohnhaften, mit General-Privi-legien, Naturalisations-Patenten, Schutzbriefen und Konzessionen versehenen Juden und deren Familien sind für Einländer und Preußische Staatsbürger zu achten.*[8]

Das schloss ein: Alle Gewerbe in Stadt und Land und der Be-sitz von Grund und Boden standen auch den Juden offen. Ebenso die Ämter der kommunalen Selbstverwaltung und die akademi-schen Berufe. Auf besonderen Wunsch Friedrich Wilhelms III. wurden allerdings die höheren Stellen in Verwaltung und Justiz ausgenommen.

Diese Ausnahme, so verständlich sie unter historischem Blick-winkel auch sein mag, zeigt wie unter einem Vergrößerungsglas, dass auch im Preußen der Reformzeit das staatspolitische und menschenrechtliche Bewusstsein noch keineswegs befreit war von der Vorstellung, für Juden benötige man, so oder so, immerzu Sonderregelungen und Sonderbehandlungen.

Die Gründe für die Restaurationswelle, die das Terrain der Aufklärung nach den Befreiungskriegen zurückerobern konnte, liegen sicherlich genau darin, dass die »Stein-Hardenbergschen Reformen« in der Kürze der Zeit zwar die Gesetze, nicht aber das Bewusstsein der Bürger hatten verändern können.

Verzerrtes Weltbild

Hardenberg im Spiegel der Nachwelt: Die Geschichtsschreibung über ihn ist ein Beispiel dafür, wie die historische Gesamtbewertung seiner Persönlichkeit in sehr unterschiedlicher Färbung erscheint, je nach der Einstellung der Nachwelt zum Judentum. Schon im deutschen Kaiserreich hat ein mächtiger und tonangebender Antisemitismus, verbunden mit einem ebenso mächtigen wie tonangebenden Hurra-Nationalismus, den Blick auf Hardenberg vergiftet. Die nationalsozialistische Geschichtsschreibung hat diese Tradition weitergeführt.

Ein bedrückendes Beispiel für die ideologisch bedingte Beugung aller sonst üblichen Erkenntnismethoden der historischen Wissenschaften ist die Arbeit des verdienten Hardenberg-Biografen Hans Haussherr, der 1960 gestorben ist. Der erste Band seiner Hardenberg-Biografie erschien posthum 1963 – den zweiten Band konnte er nicht mehr fertigstellen. Haussherrs Hardenberg-Biografie ist nach den Regeln der Zunft und ohne ideologische Zerrspiegel geschrieben.

Ganz anders das 1943, auf dem Höhepunkt der Nazi-Herrschaft, von Hans Haussherr veröffentlichte Buch »Die Stunde Hardenbergs«. Zwar erklärt Haussherr in bewährter geschichtswissenschaftlicher Tradition, er wolle weder als Verteidiger noch als Ankläger Hardenbergs auftreten, sondern vielmehr schildern, was gewesen ist.

Andererseits täte man dem großen Historiker Unrecht, wollte man ihm unterstellen, er hätte nicht bemerkt, wie sehr seine Wissenschaft zur Magd der Politik herabinstrumentalisiert wurde.

Schon das Vorwort Haussherrs befremdet, wenn er von der *Machtergreifung* Hardenbergs spricht und feststellt, der Staatskanzler habe die Regierungsgeschäfte nicht *in dem eintönigen Wellenschlag der Parlamentsmehrheiten einer Demokratie* übernommen. Der Historiker deklariert schon im Vorwort: *Selten scheint das Gute und das Böse, das eine Epoche zu geben hatte, an ihren Anfängen so klar nebeneinanderzustehen, wie damals in Stein und Hardenberg. Alle Kräfte der mütterlichen Erde und des väterlichen Erbes, alle Sehnsucht nach Einheit und Deutschheit, alle Begeisterung verkörpert sich uns in der Gestalt des Reichsfreiherrn vom Stein, alles Halbe und Niederziehende, alle Unentschiedenheit und alle krummen Wege, alles leichtfertige Zerbrechen völkischer Überlieferungen in dem Baron von Hardenberg ...*[1]

Im Kapitel über die Judenemanzipation erfährt der Leser dann, woher Hardenbergs angeblich krummen Wege in die Geschichte kamen: *Schon begannen einzelne Juden den Apfel vom Baum der Erkenntnis zu brechen und ihn einem unwissenden Adam zu reichen. In Preußen war es Moses Mendelssohn ...*[2]

Die Aufklärung, so Haussherr, wollte die pädagogische Emanzipation der Juden. Für sie bedeutete Emanzipation der Juden aber die *Entjudung durch Erziehung. Nicht Juden wollte sie für die neue Gesellschaft gewinnen, sondern Menschen, die dachten und fühlten wie andere Menschen und die Besonderheiten und den Schmutz ihrer Herkunft hinter sich gelassen hätten. Die christliche Gesellschaft wollte auf diese Weise dem Juden die Last seiner Rasse nehmen ...*[3]

Hardenberg habe dagegen den Umgang mit Juden niemals gescheut und sich ihrer politisch und finanziell gern bedient. *Der Aufklärer und Freimaurer in ihm verschloß sich gegen alle Bedenken, die sich gegen das Judentum als solches richteten und lehnte sie als Vorurteil ab.*[4]

Haussherr verfällt den ewigen Klischees des Antijudaismus und des Antisemitismus, wenn er im Empire Napoleons eine internationale Verschwörung sieht und Hardenberg vorhält, er hätte sich eingebildet, diese *internationalen Kräfte, Freimaurer und Juden* für Preußen einsetzen zu können, wenn er ihnen nur weit genug entgegenkäme. Unter Hardenberg, so die Meinung und Formulierung Haussherrs, *erlangte der Jude alles, was er nur wünschen konnte.*[5]

Schließlich erklärt Haussherr die wachsende Opposition gegen

Hardenberg aus der Gegenwirkung von Kräften, die *ihre Nahrung aus den Wurzeln des deutschen Wesens, aus der Verehrung der preußischen Überlieferungen* zogen.[6] Für Haussherr ist dies, wie auch die Haltung der Christlich-deutschen Tischgesellschaft und die Veröffentlichungen von Arnim, Kleist, Clausewitz, Fichte und Müller, *das erste Ahnen neuer rassebewußter Formulierungen.* Auch die übrigen politischen Maßnahmen Hardenbergs zieht Haussherr über den Leisten der Unterstellung einer törichten Judenfreundlichkeit. Hardenbergs Wirtschaftsliberalismus habe vor allem den Juden genützt, ebenso die Auflösung der Zünfte und der Verkauf der Domänen.

Nach dem Ende der Nazi-Herrschaft erschien jedoch, als Band III der Hardenberg-Biografie, eine von Nazi-Ideologie gereinigte Neufassung, die offenbart, in welch hohem Maß ein Professor des Jahres 1943 die Betrachtungsweisen und die Sprache der herrschenden Unkultur reproduziert und zum Instrument seiner Darstellung macht – möglicherweise arglos, wenn man 1943 bei einem Kapitel »Judenfrage und Gewerbefreiheit« überhaupt Arglosigkeit unterstellen kann.

Zu Hardenbergs Lebzeiten trafen sich die Vertreter einer erzkonservativen Gesellschaftsvorstellung wie etwa von der Marwitz und die romantisch-christlichen Gegner der Aufklärung wie Clemens Brentano in ihrem Antisemitismus. Man kann sich die Feindseligkeit dieses Antisemitismus kaum grob genug vorstellen.

So schreibt von der Marwitz, völlig befangen im Besitzdenken seines Standes: *Diese Juden, wenn sie wirklich ihrem Glauben treu, sind die notwendigen Feinde eines jeden bestehenden Staates (wenn sie ihrem Glauben nicht treu sind, Heuchler), haben die Masse des baren Geldes in Händen; sobald also das Grundeigentum so in seinem Werte gesunken sein wird, daß es für sie mit Vorteil zu acquirieren ist, wird es sogleich in ihre Hände übergehen, sie werden als Grundbesitzer die Hauptrepräsentation des Staates, und so unser altes ehrwürdiges Brandenburg-Preußen ein neumodischer Judenstaat werden.*[7]

Und selbst der Dichter Clemens Brentano erlaubt sich im März 1811 in einer Rede vor der Christlich-deutschen Tischgesellschaft folgende Formulierungen über die *Philister vor, in und nach der Geschichte: Die Juden, als von welchen noch viele Exemplare in*

persona vorrätig, die von jedem ihrer zwölf Stämme für die Kreu-
zigung des Herrn anhängende Schmach Zeugnis geben können,
will ich gar nicht berühren ... Jeder kann diese von den ägypti-
schen Plagen übriggebliebenen Fliegen in seiner Kammer mit
alten Kleidern, an seinem Teetisch mit Theaterzetteln und ästheti-
schem Geschwätz, auf der Börse mit Pfandbriefen und überall
mit Ekel und Humanität und Aufklärung, Hasenpelzen und
Weißfischen genugsam einfangen.

In dieser dumpfen Gefühlswelt von Verachtung und Vorurteil,
die gegen eine *alles zerstörende, von Juden entfachte Vernunft*
Front machte, musste Hardenberg seine Judenemanzipation
durchsetzen, ohne dabei auf eine politische Bewegung im Lande
zurückgreifen zu können, unterstützt nur von wenigen aufgeklärten Köpfen.

Man könnte Haussherrs Urteile über Hardenbergs Judenpoli-
tik auf sich beruhen lassen, würden sie nicht wenigstens teilweise
erklären, warum und wie weit sich die Geschichtsschreibung
in der preußischen Monarchie, im Deutschen Kaiserreich und
schließlich in der Nazi-Diktatur von Hardenberg abgewendet
und dessen historische Wirksamkeit nach der jeweils eigenen
Interessenlage interpretiert hat. Es zeigt sich darüber hinaus, dass
Hitler keineswegs, wie Klaus von Dohnanyi gemeint hat, ein
»österreichischer Zufall auf preußischem Boden« war – dass
die Wurzeln des ideologischen Rassenwahns vielmehr weit zurück reichen ins 19. Jahrhundert mit seinem Antisemitismus der
deutsch-nationalen völkischen Beobachter.

Die ideologisierte Geschichtswissenschaft brachte in den Jahren des »Dritten Reiches« auch andere bizarre Blüten hervor.
In der einst von Heinrich von Sybel begründeten »Historischen
Zeitschrift« wurde 1941 die Frage diskutiert, wie weit Hardenberg »jüdisch versippt« gewesen sei.[8] Anlass für diese Frage
war, wie für Haussherr, das Edikt vom 11. März 1812 über die
Gleichstellung von Juden als *Einländer und preußische Staatsbür-*
ger. Durch dieses Edikt sei dem *Vordringen des Judentums Vor-*
schub geleistet worden – also müsse Hardenberg dunkle Beziehungen zu Juden gehabt haben. Die Frage der »Versippung« wird
dann daran festgemacht, dass *um die Herkunft* von Hardenbergs
dritter Ehefrau, Charlotte Schönemann, *ein Dunkel lag.* Dieses
Dunkel bestand für die vom Autor des Artikels referierten Ver-

mutungen offenbar in dem Umstand, dass Charlotte ursprünglich Schöneknecht hieß und die Tochter eines Stuhlmachers war, der in den Taufpapieren aber als »Zeugmacher« bezeichnet wurde. Dem Autor kamen angesichts der Verwegenheit dieser Vermutungen wohl selber Zweifel. Er meint schließlich, die Behauptung von Spuren eines *fremdblütigen Einschlags* im Leben des Staatskanzlers sei *ins Reich der Legende zu verweisen.*

Der offenen Feindschaft gegen die Juden entspricht 1943, im Erscheinungsjahr des Haussherrschen Buches, ein anderes Feindbild. Haussherr nennt beide oft in einem Atemzug: Juden und Freimaurer. Haussherr folgt also dem in der Romantik begründeten Klischee, wonach auch die Freimaurer zu den finsteren Elementen gehören, die man nur entlarven kann, wenn man *in die Abgründe steigt, die sich hier eröffnen.* Das aber tue man eben nicht gern.[9] Laut Haussherr hält es der Historiker *lieber mit klaren Tatsachen, mit den greifbaren Zeugnissen der Akten und der persönlichen Erinnerungen.* Genau dies aber ist schwierig bei einer Gemeinschaft, *die grundsätzlich im Dunkel des Geheimnisses arbeitet, ihre Mysterien ängstlich jedem profanen Auge verbirgt und ihre Mitglieder zu unverbrüchlichem Schweigen zwingt.*

Zu den *klaren Fakten* rechnet Haussherr, dass Hardenberg *mit Leib und Seele* Freimaurer war – ganz anders als etwa Stein, Gneisenau und Scharnhorst, die entweder *keinen Gebrauch* von ihrer Zugehörigkeit gemacht haben (Stein) oder nicht über den untersten Grad des Johannislehrlings (Gneisenau) oder Johannisgesellen (Scharnhorst) hinausgekommen sind.

Hardenberg dagegen war schon in seiner hannoverschen Zeit Meister der Loge »Friedrich zum weißen Pferde«, dann in Ansbach Protektor der Loge »Alexander zu den drei Sternen« und schließlich in Berlin Ehrenmitglied der »Großen National-Mutterloge zu den drei Weltkugeln«.[10] Also war er für Haussherr »Freimaurer mit Leib und Seele«, was vor allem dazu führte, dass Hardenberg hauptsächlich Freimaurer in die Schlüsselstellungen des Staates und der Wirtschaft einsetzte. Nach den Freiheitskriegen seien, so Haussherr, vor allem die Preußische Finanzverwaltung und die Staatsbanken mit Freimaurern »durchsetzt« worden. Die preußische Politik sei dadurch zum Schauplatz eines zähen Ringens um Macht und Einfluss geworden. Auf der einen Seite standen Hardenberg mit seinem »jüdischen Anhang« und

Gerhard Johann David von Scharnhorst

Neithardt von Gneisenau

seiner »freimaurerischen Gefolgschaft« – auf der anderen Seite standen Männer wie Marwitz, Adam Müller, Fouqué oder Arnim. Auf der einen Seite die *Träger der Aufklärungsideale* und des Rationalismus, *der Vernunftlehre von der Gleichheit aller Menschen und vom Weltbürgertum* – auf der anderen die *volks- und staatsbewußten Deutschen* der aufkommenden Romantik. Auf der einen Seite die vaterlandslose Weltbürgerlichkeit mit ihrem blassen Deismus – auf der anderen die Verehrung des Volkstums, das *Ahnen tiefwurzelnder Gefühlskräfte* und die bewusste Christlichkeit derer, die auf *die Mächte des Blutes und des Volkes* setzen.

Diese Sichtweise eines angeblich großen, dramatischen Ringens gleitet jedoch ab an der nüchternen, pragmatischen Grundausrichtung der Realpolitik Hardenbergs. In seiner Rigaer Denkschrift von 1807 erörtert er kühl die Frage, wie weit der Staat den Geist der Freimaurerei für seine Zwecke nutzen könne – und nicht umgekehrt, wie die Freimaurerei den Staat benutze.

In Absicht auf die in doppelter Richtung sehr wichtigen geheimen Gesellschaften, daß sie nämlich dem Staat nicht schaden, daß sie ihm vielmehr nützen, bemerke ich nur, daß ich die Freimaurerei in den preußischen Ländern als einen mächtigen Hebel für große Dinge im Innern und Auswärtigen ansehe, wenn der Staat den Geist derselben benutzen und in solcher Tätigkeit und Patriotismus zu edlen, großen Zwecken beleben und unterstützen will.[11]

»Man lebt wie im hitzigen Fieber«

Niemand hatte Lust auf Dresden. Der König nicht, der Kronprinz nicht und der Staatskanzler nicht. Aber Napoleon hatte seine Verbündeten zum Hoftag und zur großen Truppenrevue nach Dresden geladen, und auch die preußische Führung musste dabei sein.

Hardenberg hatte in Potsdam übernachtet und war am Morgen des 25. Mai 1812 schon um fünf Uhr aufgebrochen. Die nächste Station war Großenhain in Sachsen. Dort hatte auch

Friedrich Wilhelm, der an einem Fieberanfall litt, seine Reise unterbrochen.

Der König, der Kronprinz und Hardenberg trafen am 26. Mai zwischen zehn und elf Uhr in Dresden ein. Napoleon suchte den König von Preußen sofort auf, um ihn zu begrüßen. Danach absolvierten die Preußen ihre Begrüßungstour bei den anderen Delegationen: bei Marie Louise, der Tochter des österreichischen Kaisers Franz I. und seit 1810 Gemahlin Napoleons, beim Kaiser von Österreich und der Kaiserin Maria Ludovica, der dritten Frau Franz I., bei der Königin von Westfalen, beim König und der Königin von Sachsen. Mittags speiste man beim König von Preußen, abends bei Napoleon.

Zum ersten Mal standen sich in Dresden Hardenberg und Napoleon gegenüber. Ihr Gespräch dauerte anderthalb Stunden. Was gesprochen wurde, ist nicht bekannt. Amalie von Beguelin jedoch will wissen: »*Napoleon war sehr zufrieden mit ihm und hat ihm schöne Sachen gesagt.* Und sie fügt hinzu: *Das alles rührt ihn nicht sehr.* Hardenberg selbst notiert über das Gespräch mit Napoleon nur, man habe die Folgen der preußischen Politik rekapituliert, und Napoleon habe ihm gesagt: *Monsieur le Baron, vous êtes un brave homme ...*[1]

Der Schein trog. Wie Napoleon, hatte auch Hardenberg das System, das eine zu denken und das andere zu sagen. Hardenberg hörte Napoleon an, er hörte auch die Voraussage, die Große Armee werde nach ein bis zwei Schlachten in Moskau einmarschieren – und vereinbarte umgehend für die Zukunft enge Geheimkontakte mit Metternich.

Für den Abend dieses Tages notiert Hardenberg noch eine Partie Whist mit der Königin von Sachsen, der Gräfin Althau, dem Erbprinzen von Mecklenburg-Schwerin und mit dem Herzog von Sachsen-Weimar-Eisenach, den Hardenberg am 30. Mai noch einmal zum Frühstück treffen sollte.

Die Damen und Herren im Dresdner Schloss, dem Sitz des sächsischen Königs von Napoleons Gnaden, hatten beste Manieren. Bei Konzerten, Theateraufführungen und festlichen Banketts, kleinen Diners und Whistpartien parlierte man ausführlich und angeregt – mit Ausnahme des Königs von Preußen. Wortkarg wie immer und verdrossen wie meistens tat er nur, was sich nicht vermeiden ließ. Friedrich Wilhelm und Napoleon begegneten sich in Dresden zum letzten Mal.

Hardenberg spielte bei den Hoftagen auf Zeit. Er schmeichelte den Franzosen und ließ sich schmeicheln, aber es rührte ihn nicht an. Keinen Augenblick vergaß er, was die Stunde geschlagen hatte. Die Grande Armée stand auf deutschem Territorium mit einer halben Million Soldaten unter Waffen. Franzosen, Spanier, Portugiesen, Italiener, Holländer, Schweizer, Kroaten und Polen marschierten unter Napoleons Flagge, ebenso die Aufgebote der Rheinbundstaaten, 30 000 Österreicher und 20 000 Preußen. Die Vorkriegsstimmung war nicht mehr zu überhören. Die Verwilderung der Sitten, wie sie jeder Krieg mit sich bringt, begann schon mit dem Aufmarsch der Truppen. Soldaten plünderten und erpressten. Sogar von Morden an Zivilisten wurde berichtet. Napoleon verstärkte seine Truppenpräsenz in Preußen immer weiter. In den Festungen, an allen Fernstraßen und Schifffahrtswegen standen französische Posten. Auch dann noch, als die Hauptarmee bereits nach Osten marschierte und, drei Wochen nach den Dresdner Hoftagen, am 23. Juni 1812 um elf Uhr abends den Njemen (die Memel) bei Kaunas überschritt und in russisches Gebiet einmarschierte.

Vier Monate nach diesem Grenzübertritt stand Napoleon an einem Fenster des Kreml und blickte herab auf die brennende Stadt wie einst Nero auf das brennende Rom. Aber nicht er hatte die Stadt angezündet, sondern die russischen Bewohner. Und indem Napoleon begriff, dass es die Moskauer selbst waren, die ihre Stadt in Schutt und Asche legten, muss er auch verstanden haben, dass sein ganzer Russlandfeldzug ein grandioses Missverständnis war.

Für ihn war dieser Blitzkrieg von wenigen Monaten ein politischer Schachzug, um zu einem »Frieden« mit dem Zaren zu kommen und um klare Verhältnisse für eine Neuordnung Europas und des Nahen Ostens zu schaffen – in seinem Sinne natürlich. Aber der Zar und sein Volk fassten diesen Krieg gegen die Eindringlinge unter Napoleons Flagge als einen nationalen Volkskrieg auf. Sie hatten das feindliche Heer von einer halben Million Soldaten weit in die Tiefen Russlands gelockt, um es zu vernichten. Napoleon versuchte noch in Moskau, dem Zaren zu vermitteln, dass er sein Freund sein wolle und keinen Hass gegen Russland verspüre. Aber die russischen Bauern feierten blutige Hassorgien, wenn ihnen ein Franzose in die Hände fiel.

Alexander würdigte Napoleons Friedenswunsch keiner Antwort und erklärte seine Entschlossenheit zum Kampf auf Leben und Tod. Er und sein Volk würden sich *eher unter den Ruinen Rußlands begraben* lassen, als *mit dem modernen Attila Frieden* [zu] *schließen*.[2]

Gegenüber Hardenberg sprach der General Lieven, der frühere Generaladjutant des Zaren und jetzige Gesandte Russlands in Berlin, aus, was viele dachten: Die Zeit sei gekommen, sich gemeinsam gegen Napoleon zu erheben und Österreich in die Allianz gegen Frankreich einzubeziehen. Das Problem für Hardenberg war nur, dass Preußen noch immer in die Allianz mit Frankreich eingebunden war. Und wie es sich für einen Allianzpartner gehörte, hatte Napoleon soeben allen Verbündeten mitgeteilt, er habe am 5. Dezember die Grande Armée verlassen und sei auf dem Wege nach Paris.

Der preußische König und Hardenberg entschlossen sich wieder zu einem Doppelspiel. Eben noch hatten sie dem französischen Kaiser die Glückwünsche Preußens zur Eroberung Moskaus übermittelt. Aber jetzt war die Gelegenheit günstig, die Schwäche des Eroberers auszunutzen. Hardenberg hatte erkannt, dass durch das Scheitern des Russlandfeldzuges der Stellenwert Preußens als Bündnispartner gestiegen war. Deshalb wollte er nicht einfach die Rolle wechseln und vom Satelliten Frankreichs zum Juniorpartner Russlands werden. Vielmehr wollte er den neuen Handlungsspielraum nutzen, um Preußens Stellung im Konzert der europäischen Mächte durch eine neue Vermittlerrolle zu festigen.

Zwar kam der König bei dieser Gelegenheit wieder auf sein altes Konzept zurück und schrieb am 28. Dezember 1812 eigenhändig von *Leben und leben laßen* als Basis aller Friedensbemühungen, aber Hardenberg hielt diese Vorstellung für unrealistisch. Er kannte die »Opinion«, hatte gerade mit oppositionellen Gruppierungen zu tun gehabt und fürchtete eine unbeherrschbare Auflehnung gegen jede Politik, die zur Fortexistenz des napoleonischen Machtbereichs und zu einem Frankreich bis an die Ufer des Rheins führen würde. Es müsse bald *etwas Kräftiges* geschehen, meinte Hardenberg.

Das *Kräftige* geschah im fernen Ostpreußen, in der Mühle des kleinen Dorfes Poscherun bei Tauroggen. Der Befehlshaber des preußischen Hilfscorps unter napoleonischer Führung, General Hans David Ludwig von Yorck, erklärte sich und sein Corps von 20 000 Mann für neutral. Er tat dies ohne dienstlichen Befehl, auf eigene Faust. Er verhandelte mit dem russischen Befehlshaber, General Diebitsch, über die Neutralisierung seiner Truppe.

Er lief nicht zum Feind über, wie Napoleon es darstellte und als Verrat auffasste. Trotzdem hatte Napoleon Recht, wenn er seinem Bruder Jérôme schrieb, die Lage der Dinge sei jetzt plötzlich verändert. Der Schritt des Generals Yorck war in der Tat eine Entscheidung von großer Tragweite.

Als die Nachricht am 2. Januar 1813 in Potsdam eintraf – Friedrich Wilhelm hatte gerade die Mittagstafel in der Orangerie des Neuen Gartens aufgehoben –, waren der König und seine Umgebung ganz offensichtlich überrascht. Niemand hatte mit einer derartigen Wende gerechnet. Yorcks Verhalten erschien für einen preußischen Kommandeur nahezu undenkbar, weshalb auch sofort Gerüchte aufflammten, Yorck habe einen Geheimbefehl des Königs in der Tasche. Von einem geheimen Befehl konnte jedoch keine Rede sein. *Jetzt oder nie ist der Moment, Freiheit, Unabhängigkeit und Größe wiederzuerlangen, ohne zu große und zu blutige Opfer bringen zu müssen,* schrieb Yorck an Friedrich Wilhelm.[3]

Am Hof in Potsdam und Berlin trat an die Stelle der an sich fälligen Bestrafung des eigenmächtigen Handelns ein subtiles diplomatisches Doppelspiel. Hardenberg erklärte dem französischen Gesandten, der König verurteile die am 31. Dezember 1812 von Diebitsch und Yorck unterzeichnete Konvention von Tauroggen. Der General werde abgesetzt, General Kleist trete an seine Stelle.

Hardenberg zog alle Register seiner diplomatischen Zauberkunst. In einem Immediatbericht vom 26. Dezember 1812 hatte er dem König noch geschrieben: *Es ist von der äußersten Wichtigkeit, vorerst die größte Anhänglichkeit an Napoleons System und Allianz zu zeigen und allen unseren Maßregeln die Gestalt zu geben, als ob sie für Frankreich geschähen, daher auch die Konzentration und Vermehrung unserer Streitkräfte als eine Folge der französischen Anforderungen darzustellen und herauszuheben sein wird.*[4]

Zu diesem Zeitpunkt war zwar Napoleons Russlandarmee schon geschlagen, aber noch standen 500 000 Mann an allen wichtigen Knotenpunkten des Landes und in den besetzten Festungen. Diese Truppen konnten jederzeit losschlagen. Die Lage blieb also angespannt.

Das Doppelspiel ging weiter: Die Konvention von Tauroggen wurde widerrufen. Hardenberg setzte die Presse ein. In den Berliner Zeitungen missbilligte er öffentlich das Verhalten Yorcks und kündigte disziplinarische Strafen gegen ihn an. Aber er machte die Ankündigung nie wahr.

Am 9. Januar hatte Hardenberg dann den französischen Gesandten bei sich zu Gast, zusammen mit dem Fürsten Hatzfeld, der schon für eine diplomatische Mission in Paris vorgesehen war. Nach Tisch notierte Hardenberg, es sei notwendig, dem französischen Gesandten *das wahre System zu verbergen.*[5]

Fürst Hatzfeld reist am 12. Januar nach Paris, um Napoleon zu beruhigen. Hardenberg notiert, die ganze Mission Hatzfelds sei *eine Maske.* Wie sich sehr bald herausstellt, ist die Maskerade überlebenswichtig. Friedrich Wilhelm spürt Unbehagen und schreibt am 16. Januar an Hardenberg: *Man lebt wie im hitzigen Fieber.*

Am Abend des 17. Januar 1813 hatte Hardenberg die in Berlin stationierten französischen Generäle in seinem Haus zu Gast. Kurz vor dem Beginn des Diners hatte er die Information bekommen, die Franzosen wollten den König aus Potsdam entführen. Hardenberg ließ sich nichts anmerken, bereitete aber noch während des Essens die Abreise des Königs vor. Schon am nächsten Morgen sollte sich Friedrich Wilhelm nach Breslau absetzen.

Er selbst wollte dem König am 26. Januar folgen, sich vorher aber noch mit dem französischen Gesandten Saint-Marsan und dem Marschall Augerau treffen und die beiden Herren einladen, sich doch für die Zeit des Hofaufenthalts in Breslau auch dorthin zu begeben.

In Breslau bezog Hardenberg die Erzbischöfliche Residenz als Wohnung und Amtssitz. Diplomaten, Kuriere und Staffetten kamen und gingen. Bald fanden sich alle wichtigen Köpfe des neuen Preußen in der Stadt ein, vor allen anderen die Militärs Scharnhorst und Gneisenau.

Überall herrschte Aufbruchsstimmung. Hardenberg wirbelte durch Schlesien und Sachsen, begann seine Reisen schon um vier, fünf oder sechs Uhr morgens.[6] *Militärische Geschäfte und Konfe-*

renzen, fasst er seine Aktivitäten zusammen und betreibt die Vorbereitungen zu einem militärischen Vorgehen gegen Napoleon. Nur *der König weis noch nicht recht, was er will. Entschieden die russische Parthei zu ergreifen, fällt es doch noch immer schwer, die Anstalten und Anstrengungen zum Krieg, wie es hochnöthig ist, einzuleiten.*[7]

Hardenberg versuchte den Spagat zwischen zügiger Kriegsvorbereitung und Zeitgewinn. *Die Hauptsache ist, gegen Frankreich nicht zu früh bloßgestellt zu werden.*[8] Aber der Handlungsspielraum wurde enger, die Abläufe gerieten zum Wettlauf gegen die Zeit.

Napoleons Spione schöpften Verdacht. Es wurde immer schwieriger, die eigenen Absichten und Pläne zu vertuschen und die Reaktionen der französischen Besatzung aufzuhalten. Schon begannen die französischen Festungskommandanten, ihre Standorte mit Kriegsproviant zu bestücken.

Hardenberg arbeitete mit allen Tricks des erfahrenen Diplomaten. Er warb und drohte zugleich. Er drohte mit einem Volksaufstand, wie Frankreich ihn in Spanien erlebt hatte, und warb mit einem Entspannungsplan, wonach die Russen östlich der Weichsel stehen bleiben und die Franzosen nach Westen hinter die Elbe zurückweichen sollten. Während er darüber noch mit Saint-Marsan verhandelte, war der Flügeladjutant Friedrich Wilhelms, Oberst von Knesebeck, schon nach Kalisch unterwegs, wo er im russischen Hauptquartier einen Vertragsentwurf verhandeln sollte, der ein Vorrücken der russischen Armee bis zur Elbe vorsah.

Knesebecks Verhandlungen verliefen jedoch stockend. Die Nerven aller Beteiligten lagen bloß. Hardenberg sprach von Hinhaltemanövern der Russen. Der König verfiel in seine Entscheidungslethargie und verlor darüber das Interesse an einem Wechsel der Allianz – ein Wechsel würde ja alles verändern.

In dieser Phase erschienen in Breslau der Freiherr vom Stein und der russische Staatsrat Johann Protasius Anstett, der sich auch Iwan Ossipowitsch nannte. Beide Herren wollten den Vertragsabschluss zwischen Russland und Preußen beschleunigen und legten einen neuen Entwurf vor. Hardenberg griff sofort zu und unterzeichnete den Text ohne weitere Diskussion, obwohl seine eigenen Vorstellungen nur zum Teil berücksichtigt waren.

Damit waren die Würfel gefallen. Es war der 27. Februar 1813. Hardenberg wartete noch mit der offiziellen Mitteilung an den französischen Bündnispartner, der inzwischen ja schon ein ehemaliger Verbündeter war.

Interessant für das Verhältnis zwischen Stein und Hardenberg ist eine Bemerkung Steins: *Ein heftiges Nervenfieber brachte mich in Breslau dem Tod nahe, während desselben erhielt ich von meinen Freunden, z.b. Prinz Wilhelm, General Blücher, Scharnhorst usw. und von der Masse der Einwohner die rührendsten Beweise von Freude über meine Rückkehr, von Besorgnissen über die Gefahr so mich bedrohte, von Teilnahme an meiner Wiederherstellung. Der König hingegen blieb kalt, zurückhaltend, der Staatskanzler war mißtrauisch, besorgt für sein Ansehen, ich möchte Ansprüche auf den Rücktritt in den Dienst machen und ihn unter russischem Einfluß bewirken.*[9]

Hardenberg dagegen berichtet in seinen Aufzeichnungen von einem fröhlichen gesellschaftlichen Leben in Breslau. Am 17. März 1813 empfing er in der Erzbischöflichen Residenz fünfhundert Gäste zu einem Ball, auf dem viel und ausdauernd getanzt wurde. Schon am nächsten Tag folgte in der Großen Ressource ein ebenso glänzendes Fest, bei dem sich Zar Alexander, gerade in Breslau eingetroffen, als großer Tänzer präsentierte: *Ihro Majestät der Kaiser tanzten von 7 Uhr bis gegen 10 Uhr beinahe unausgesetzt.*[10]

Erst am 17. März – die Berliner Bevölkerung jubelte bereits den aufmarschierenden russischen Truppen unter General Wittgenstein zu – informierte Hardenberg in einer Note den französischen Gesandten vom Abschluss des Bündnisses mit Russland. Das war die Kriegserklärung an Napoleon.

In der »Breslauer Konvention« vom 19. März erklärten der König und der Zar ihre Entschlossenheit, Deutschland von der französischen Besatzung zu befreien und den Rheinbund aufzulösen. Die Rheinbundfürsten wurden aufgefordert, sich freiwillig der Allianz anzuschließen.

Nachdem die Entscheidung gefallen war, beeilte sich Friedrich Wilhelm, an die Spitze der Volksbewegung zu treten. In Aufrufen »An mein Volk« und »An mein Kriegsheer« erklärte er sein Zögern (*meinem Volk Erleichterungen zu bereiten*) und verkündete, jetzt sei der Augenblick gekommen, *die Freiheit und Selbständigkeit des Vaterlandes zu erkämpfen.*

Das Land erlebte plötzlich einen König, der Enthusiasmus und Begeisterung ausstrahlte. Hardenberg, der die Aufrufe nach kleinen Korrekturen an die »Schlesische Privilegierte Zeitung« gab, unterstützte auch den Aufruf zur Bildung eines Landsturms. Scharnhorst und Gneisenau legten ein Edikt vor, das Friedrich Wilhelm am 21. April 1813 unterzeichnete. Die Formulierungen stammten aus der Feder von Hardenbergs Mitarbeiter im Staatskanzleramt, Theodor Gottlieb von Hippel. Inspiriert von den Volksaufständen in Spanien, der Vendée und Tirol, stellt das Edikt heraus, *daß ein Volk nicht besiegt werden kann, welches eins mit seinem König ist.* Die Aufgabe des Landsturms soll es sein, *dem Feinde den Einbruch wie den Rückzug zu versperren, ihn beständig außer Atem zu halten; seine Munition, Lebensmittel, Kuriere und Rekruten aufzufangen; ... nächtlich Überfälle auszuführen; kurz ihn zu beunruhigen, zu peinigen, schlaflos zu machen, einzeln und in Trupps zu vernichten, wo es nur möglich ist.*[11]

Ein solcher Aufruf hat natürlich nur dann einen Sinn, wenn die Stimmung in der Bevölkerung – Hardenberg hätte gesagt, die *Opinion* – von patriotischer Leidenschaft bewegt ist. Wie Karl vom Stein vorausgesehen hatte, waren zwar mancherorts Druck und Zwang nötig, um den Landsturm auszuheben, da viele Untertanen in gewohnter Dumpfheit abwarteten, was geschehen würde. Aber vor allem gab es die begeisterte Bereitschaft, in den Kampf um die Unabhängigkeit einzugreifen und sich zur Verfügung zu stellen. *Das Volk steht auf, der Sturm bricht los* – mit diesem Satz kennzeichnete der Dichter Karl Theodor Körner die Stimmung der Befreiungskriege.

Nach den Aufständen in Spanien hatte jetzt auch in Mitteleuropa ein Volkskrieg begonnen. Das Volk griff zu den Waffen, um einen als unerträglich empfundenen Zustand zu beenden. In die Literatur eingegangen ist, außer der patriotischen Dichtung der Befreiungskriege, die wahre Geschichte der Friederike Auguste Krüger aus Friedland in Mecklenburg, die sich in einer Frühlingsnacht des Jahres 1813 auf den Weg machte, um am Befreiungskampf gegen Napoleon teilzunehmen – als Mann verkleidet. Sie brachte es unerkannt bis zum Unteroffizier und wurde mit dem »Eisernen Kreuz« ausgezeichnet.[12] Alle Grenzen der Konvention wurden überschritten, um den Eroberer Europas in seine Grenzen zu verweisen.

» Wir brauchen Geld und Waffen «

Die Wucht der Volkserhebung war für die traditionellen Machthaber zwar zunächst eine willkommene Unterstützung bei der Befreiung von der napoleonischen Bedrohung. Auf längere Sicht
aber hatte sie auch etwas Bedrohliches. Die Furcht vor einem revolutionären Umsturz erblickte in der Begeisterung der Massen
das Gespenst eines Jakobinertums, das sich leicht auch östlich
des Rheins ausbreiten könnte. Viele Adlige hatten schon in den
Reformen Steins und Hardenbergs erste Regungen dieses revolutionären Denkens vermutet. Jetzt, 1813, wurde Gneisenaus
Landsturmedikt im Blick auf die militärische Nützlichkeit zwar
hingenommen, aber doch so abgeändert, dass die Befehlsstruktu-
ren sich nicht gegen das bestehende System wenden konnten. Der
Philosoph und Theologe Friedrich Schleiermacher wurde ver-
warnt: Seine Lehrerlaubnis wurde in Frage gestellt, weil er sich
gegen einen vorzeitigen Frieden mit Napoleon wandte, anstatt die
Frage von Krieg und Frieden den Zuständigen zu überlassen.

Metternich bemühte sich von Anfang an, den Krieg wie einen
Kabinettskrieg alter Zeiten zu führen und jeden Anklang an einen
Volkskrieg wegzuinterpretieren.[1] *Was nutzte es, den Napoleon
niederzuzwingen, wenn man dafür den Geist der Unbotmäßigkeit
in die Völker pflanzte* – so kennzeichnet der Historiker Franz
Schnabel die Situation.[2] Der Sieg über Napoleon sollte nicht
durch eine Volkserhebung erfochten werden. Metternich und
seine Gefolgsleute wollten ja nach dem Sieg des Volkes die alten
absolutistischen Verhältnisse restaurieren. Schon wurde Blüchers
Hauptquartier misstrauisch als »Jakobinernest« beargwöhnt.
Und als der Kommandierende General Gneisenau in Koblenz
seine Kampfgefährten um sich versammelte, ging sofort das Wort
von »Wallensteins Lager in Koblenz« um.

Das war die Sprache der Höflinge. Sie folgte den Gedanken
des Königs. Der machte gute Miene zum gefährlichen Spiel,
solange der Krieg andauerte. Aber nach dem Sieg wurde die
Furcht vor Unbotmäßigkeit größer als die Bereitschaft, mit denen
zu kooperieren, die den Sieg erkämpft hatten.[3] Gneisenau sollte
1816 seinen Abschied bekommen.

1813 aber, zu Beginn des Krieges, war die Begeisterung erwünscht. Nur Hardenberg blieb zwischen Volkserhebung und Angst vor dem Volk der kühle Staatsmann, der das alte Ziel der preußischen Politik nicht aus den Augen verlor: die Arrondierung des preußischen Territoriums. Eine Annexion Hannovers war wegen England unerreichbar geworden, weshalb Hardenbergs Aufmerksamkeit sich jetzt auf Sachsen richtete. General Blücher hatte das Königreich von Napoleons Gnaden soeben in preußische Hand gebracht. Der sächsische König war geflohen.

Die Gelegenheit schien also günstig zu sein. Doch wieder einmal gelang es Napoleon, Hardenbergs Pläne zu durchkreuzen. Er konnte bei Bautzen einen Schlachtensieg erringen und sogar bis Breslau vordringen. Aber sein Heer war ebenso erschöpft wie das der Alliierten. Ein Waffenstillstand sollte Zeit zur Regeneration geben.

Hardenberg wusste, dass bis zum nächsten Waffengang die Wirkungsbasis der Koalition vergrößert werden musste. Österreich war dem Bündnis noch immer nicht beigetreten, England hatte seinen Versprechungen noch keine Taten folgen lassen.

Mit England zu einem Ergebnis zu kommen, war für Hardenberg die leichtere Aufgabe. Er schrieb an die britische Regierung: *Während der Dauer des Waffenstillstandes werden wir Alles thun, um unsere Rüstungen zu beschleunigen. Aber aufs Dringendste brauchen wir Geld und Waffen. Wir rechnen mit Vertrauen auf die uns versprochene Hülfe von England. England allein kann unsere Anstrengungen wirksam machen.*[4]

Das Schreiben ist datiert auf den 6. Juni 1813. Am 14. desselben Monats konnte in Reichenbach eine Vereinbarung unterzeichnet werden, in der Großbritanniens König versprach, die Wiederherstellung der Unabhängigkeit aller von Frankreich unterdrückten Staaten mit seiner ganzen Macht zu unterstützen und im laufenden Jahr an Preußen 666 666 2/3 Pfund Sterling zu zahlen. Preußen verzichtete dafür endgültig auf Hannover.

Komplizierter entwickelten sich die Verhandlungen mit Schweden und Dänemark. Es wurde wieder einmal geschachert: Norwegen, wenigstens aber Drontheim, sollte an Schweden fallen; ein Teil von Holstein an Dänemark, Hamburg von den Dänen zurück an die Franzosen, wodurch Dänemark de facto auf die Seite Frankreichs gedrängt wurde. Dies jedoch passte nicht in Hardenbergs Kalkül, da er glaubte, auf die Hilfe Dänemarks nicht verzichten zu können.

Noch komplizierter gestalteten sich die Beziehungen zum Wunschpartner Österreich. Metternich verhandelte immer noch mit Napoleon und suchte auszuloten, ob die Weiterführung der Koalition mit Frankreich oder der Beitritt zur neuen Koalition gegen Napoleon für Österreich vorteilhafter sein würde.

Als Anfang Juni der österreichische Kaiser und Metternich nach Böhmen reisten, nahmen die Verbündeten die räumliche Annäherung zugleich als politische Annäherung: Friedrich Wilhelm forderte Kaiser Franz – den »ledernen Kaiser«, wie Grillparzer ihn nennt – in freundschaftlichem Ton auf, jetzt offen und ohne Wenn und Aber der Koalition beizutreten.

Daraufhin gab Metternich endlich die Zusage, Österreich werde sich an einem Krieg gegen Napoleon beteiligen, falls Frankreich die Bedingungen der Verbündeten nicht akzeptiere. Diese Bedingungen waren klar: Auflösung des Herzogtums Warschau und Erneuerung der Teilung Polens, Rückgabe der illyrischen Provinzen (Krain, Triest, Istrien, Dalmatien, Teile von Kärnten und von Kroatien) an Österreich, Wiederherstellung Preußens bis zur Elbe, Wiederherstellung der alten Hansestädte. Für diese Bedingungen setzten die Verbündeten einen Zeitrahmen. Franz I. verband sie sogar mit einem Ultimatum und setzte den 10. August fest.

Noch am 9. August schrieb Napoleon an seinen Bruder, ein neuer Krieg werde ausbrechen und er, Napoleon, werde Österreich für seine *unsinnigen Anmaßungen züchtigen.* Der 10. August verging also ohne eine Antwort. Am 11. August um ein Uhr früh erklärte Metternich, das Ignorieren des Ultimatums sei der Auslöser für Österreichs Kriegserklärung. Damit war Österreich der Koalition beigetreten. Metternich ließ dem französischen Gesandten die Pässe aushändigen.

Sofort flammten überall in Böhmen Leuchtfeuer auf, die russischen und preußischen Truppen überschritten die Grenze nach Böhmen und vereinigten sich mit den österreichischen Verbänden. *Unsere Wünsche sind erfüllt, lieber Baron, was wir seit dem 4. Januar unterhandelt haben. Österreich hat Frankreich den Krieg erklärt,* schreibt Wilhelm von Humboldt an den Staatskanzler mit dem ganzen Stolz des Mannes, der dabei sein darf.

Leopold von Ranke schrieb 1877, eben dieses Ziel erreicht zu haben, sei *vielleicht als der vornehmste diplomatische Erfolg zu betrachten, den Hardenberg überhaupt errungen hat.*[5]

»Aus der Fülle meiner Seele«

In Marienberg den Ausfall der Begebenheit erwartend, notiert Hardenberg am 18. Oktober 1813. Die »Begebenheit« ist die gewaltige Schlacht bei Leipzig, die als »Völkerschlacht« in die Geschichte eingegangen ist. In Marienberg, einem Städtchen im Erzgebirge, hatte Kaiser Franz sein Hauptquartier aufgeschlagen. Und König Friedrich Wilhelm hatte seinen Staatskanzler in einem Brief vom 12. Oktober aufgefordert, sich in der Nähe des österreichischen Kaisers aufzuhalten. Er selbst hatte sein Hauptquartier in Altenburg eingerichtet.

Seit dem 15. Oktober schlugen die Heere aufeinander ein. Hardenberg ließ sich ständig auf dem Laufenden halten, notierte am 15. die achtstündige Reiterschlacht von Liebertwolkwitz im Südosten von Leipzig, am 16. die Bataille bei Wachau, am 18. die Bataille von Probstheida, in der Napoleon zum Rückzug gezwungen wurde.

Am 19. schreibt er vom Sturm auf Leipzig mit den gnadenlosen Straßenkämpfen. Am gleichen Tag bringt ihm der Musikhistoriker Kiesewetter, österreichischer Hofrat und Referent beim Hofkriegsrat, die Nachricht vom Sieg der Verbündeten. Hardenberg: *Der Feind ist in voller Auflösung, man verfolgt ihn auf allen Seiten. Gott sei gelobt, ich betrachte Europa als gerettet.*[1]

Es sind kurze briefliche Mitteilungen der Generäle an ihre Frauen, die erahnen lassen, welche Spannung sich nach dem Kampf entlädt: *Den 18. und 19. ist die größte Schlacht geliefert, die nie auf Erden stattgefunden hat. 600 000 Mann kämpften miteinander; um zwei Uhr nachmittags nahm ich Leipzig mit Sturm, der König von Sachsen und viele Generale der Franzosen wurden gefangen,* schreibt Generalfeldmarschall von Blücher.[2] Auch Gneisenau schreibt, ebenfalls an seine Frau, von mehreren gefangenen Generälen.

Beide, Blücher wie Gneisenau, beschäftigen sich mit dem Verhalten des Königs. Gneisenau beklagt sich in einem Brief an Carl von Clausewitz über die emotionale Kälte des Königs gegen ihn und interpretiert sie als Abneigung Friedrich Wilhelms gegen alle, die nicht die gleichen politischen Gesinnungen haben wie er selbst. Blücher hingegen meldet seiner Frau, der König habe ihm mit Tränen in den Augen gedankt.

Der historische Sieg über Napoleon. Die Völkerschlacht bei Leipzig

Hardenberg schickt dem König ein Billett, das seine über schwängliche Freude erkennen lässt: *Aus der Fülle meiner Seele wünsche ich Ew. Majestät Glück zu dem glorreichen Siege, der unter ihnen von den tapferen Heeren erfochten ist.*[3]

Das Grauen und Elend der Schlacht in nüchternen Zahlen: 100 000 Tote auf beiden Seiten, in den Lazaretten liegen allein 30 000 verwundete Franzosen. Am 21. Oktober reitet Hardenberg über das Schlachtfeld bei Wachau und Probstheida, sieht die Leichen und die unversorgten Verwundeten. Aber in seinen Aufzeichnungen äußert er sich weder über seine Gedanken noch über seine Gefühle.

Die Schlacht ist beendet, die Sieger feiern »die Begebenheit« und sich selbst auf dem Marktplatz von Leipzig. Doch alle wissen, dass der Krieg noch nicht gewonnen ist. Ein Ausspruch Gneisenaus wird überliefert: *Der Krieg darf nur in Paris und nur mit dem Sturze Napoleons enden.*

Damit ist die Marschrichtung vorgegeben. Zügig werden die Vorbereitungen getroffen: Das Hauptquartier der Alliierten wird nach Frankfurt am Main verlegt. *Die Kaiser wollen den 9.*

in Frankfurt sein. Hardenberg, der dies notiert, traf schon am
7. November in Frankfurt ein.

Hardenberg unterbrach seine Reise nach Frankfurt in Weimar.
Dort blieb er vom 27. Oktober bis zum 1. November. Er wohnte
als Gast des Herzogs im Wittumspalais, dem früheren Wohnsitz
der Herzoginmutter Anna Amalia. Für den 29. Oktober notiert
Hardenberg: *Goethe aß zu Mittag bei mir.* Wir erfahren nicht,
worüber gesprochen wurde oder in welcher Stimmung die Begegnung verlief. Goethe erwähnt das Mittagessen mit dem Staatskanzler Preußens nicht. Auch Hardenbergs Interesse an Goethe
schien sich in Grenzen zu halten. Was hatte der Minister des Herzogs mitten im Krieg auch schon dem durchreisenden Staatskanzler Preußens zu sagen – was der Politiker dem Dichter?

Hardenbergs Aufenthalt in Weimar war trotzdem ausgefüllt
mit interessanten Begegnungen: mit dem Übersetzer, Schriftsteller
und Verleger Bertuch, der Schauspielerin und Mätresse des Herzogs, Caroline Jagemann, und mit Graf Eddling, dem Außenminister des Herzogtums Weimar. Einige Male aß Hardenberg bei
Hofe und sah im Theater, dessen Direktor Goethe war, die »Ca-
milla« mit der Jagemann in der Hauptrolle.

Am 1. November ritt Hardenberg weiter über Gotha (*um Erfurt herum geritten),* Eisenach und die Wartburg (*schreckliche
Verwüstungen in der Umgebung)* nach Philippsthal, wo er sich
nicht verkneifen konnte, den österreichischen Gesandtschaftsrat
Graf Bombelles zu zitieren, der von der Frau des Landgrafen gesagt haben soll: *Sie hat keine Brust, keinen Arsch und keine Prinzipien.*

In Frankfurt begann sogleich eine lebhafte gesellschaftliche
und politische Kommunikation: Treffen mit dem Kaiser von
Russland, den Königen von Preußen, Württemberg und Bayern,
Essen mit Wilhelm von Humboldt, Essen mit dem Bankier Moritz von Bethmann, Essen mit dem Bankier Metzler.[4] Konferenzen
mit dem bayerischen Staatsminister Montgelas, den Staatsminis-
tern Albini (Großherzogtum Frankfurt) und Bülow, dem neuen
preußischen Finanzminister. Und er traf den Freiherrn vom Stein,
der sich in seiner neuen Rolle als Berater des Zaren seit dem
13. November in Frankfurt aufhielt und bei dem, wie er sagte,
eine Sintflut von Prinzen und Souveränen antichambrierte.

Stein leitete das Zentraldepartement der Alliierten und war

mit seiner Generalintendantur für alle Naturallieferungen der Verbündeten zuständig. Er musste erhebliche Widrigkeiten und Widerstände überwinden, um trotz der verschiedenen Partikularinteressen den Kampf gegen Napoleon effektiv zu machen.

Stein und Hardenberg sahen eine große Gefahr für die kommenden Entwicklungen in Europa voraus: Mit der Niederlage Napoleons könnte auch die französische Nation sich derart gedemütigt fühlen, dass alle nationalen Kräfte sich noch einmal um den Kaiser scharen würden. Wenn dann Frankreich erneut niedergezwungen würde und geschwächt am Boden läge, könnte Russland in Europa so dominant werden, dass Preußens wie Österreichs Souveränität gefährdet wäre.

Metternich und Hardenberg versuchten deshalb, trotz des Kampfes gegen Napoleon ein starkes Frankreich zu erhalten. Dies wurde von vielen enthusiastischen Patrioten nicht verstanden. Innenpolitische Querelen kündigten sich an.

Auch zwischen Metternich und Hardenberg waren bereits Unterschiede im Verhältnis zu den Kräften des Ancien Régime zu erkennen. Metternich steuerte schon jetzt jenen Kurs der totalen Restauration, wie er ihn schließlich auf dem Wiener Kongress durchsetzte. Hardenberg dagegen wollte den unbelehrbaren und historisch überholten Souveränitätsanspruch der Fürsten nicht einschränkungslos befriedigen. Er nannte Metternichs Vorgehen eine *fehlerhafte und ganz törichte, übereilte Art, mit den deutschen Fürsten zu unterhandeln.*[5]

Aus dem Jahr 1813 wird eine Anekdote überliefert, die den geistigen Horizont des Staatskanzlers, aber auch sein Temperament erkennen lässt: Bei Tisch erhielt Hardenberg einen Packen französischer Zeitungen mit Berichten aus Haiti. Er kommentierte: *Es ist eine Freude, wie Kultur unter den Negern fortschreitet; sie werden auch in dieser Hinsicht bald mit Recht dieselben Ansprüche wie die Europäer machen ... Nun sage man noch, daß diese Schwarzen nicht auch zu jeder höheren Bildung fähig wären.* Darauf bemerkte ein Geheimer Rat: *Wie ist es möglich, daß Ew. Exzellenz sich so darüber äußern können; diesen schwarzen Tieren fehlt jede Anlage zur Bildung, und sie sind geboren, um Sklaven und Knechte zu sein und zu bleiben.* Daraufhin warf Hardenberg seine Serviette auf den Tisch, stand ergrimmt auf und sagte im Fortgehen: *So kann nur ein Dummkopf oder ein schlechter Mensch sprechen.*

Wie bei früheren Gelegenheiten offenbart sich auch in diesem kurzen Wortwechsel über die Kulturfähigkeit der Kolonialvölker, wie weit Hardenberg, gemeinsam mit einer kleinen Elite, seiner Zeit voraus war.

» Metternich speiste bei mir «

Die Heere der Alliierten hatten erst bei Basel, danach an der Neckarmündung und bei Kaub den Rhein überschritten und marschierten auf Paris zu. Während die vorrückenden Truppen noch von Napoleon in Gefechte verwickelt wurden, standen Vorauseinheiten schon vor den Toren der Hauptstadt. Die Offiziere köpften die Champagnerflaschen mit dem Degen und feierten den Sieg. Aber im diplomatischen Hauptquartier verwickelten sich die verschiedensten Meinungen und Absichten ineinander und drohten, die Führung der Verbündeten zu lähmen.

Es ist schwer zu sagen, wer die Fäden der Diplomatie in der Hand hielt. Doch abgesehen davon, ob Metternich oder Hardenberg den Kurs bestimmte, arbeiteten beide, wie in einer Vorwegnahme des Wiener Kongresses, schon an einer europäischen Ordnung in nach-napoleonischer Zeit.

Ohne Zweifel war Hardenberg von Metternich fasziniert. Ob der Grund dafür Gegensätzlichkeit, Seelenverwandtschaft oder eine Mischung aus beidem war, ist schwer zu sagen. Wie Hardenberg, verfügte Metternich über eine hohe Intelligenz, über Lebensart, musischen Sinn, körperliche Spannkraft und Ausdauer. Was für Hardenberg in jungen Jahren die wilden Ausritte und Jagden gewesen waren, hatte Metternich durch lange Wanderungen, Übernachtungen im Freien und Schwimmen in sein Leben geholt. Mit 15 Jahren hatte Metternich, der sich als » verkörperte Prosa« sah, damit begonnen, Staatswissenschaften zu studieren. In Straßburg hatte er während seines Studiums auch die revolutionäre Schreckensherrschaft kennen gelernt. Seither misstraute er jedem Umsturz und sah in einer kontinuierlichen Politik der ruhigen Hand die Grundlage für eine solide Staatsführung. Zugleich war für ihn das Gleichgewicht der Kräfte in Europa die

Voraussetzung für stabile internationale Beziehungen, was ihm den Spitznamen *Comte de la Balance* einbrachte. Da seine Staatskunst sich jedoch häufig nur in der Intrige erschöpfte, wurde ihm von bedeutenden Zeitgenossen Unaufrichtigkeit und Unzuverlässigkeit vorgeworfen. Man empfand ihn auch als Spinne im Netz und hielt es für bezeichnend, dass er ein Spinnenliebhaber war und die wohl organisierten Räuber seine »Freundinnen« nannte.[1]

Durch das Zusammenwirken von Metternich und Hardenberg wurden die Beziehungen zwischen Österreich und Preußen zu einer Schnittstelle der europäischen Politik. Hardenberg sah, wie Metternich, in einem gesunden Gleichgewicht der Kräfte die Garantie für vernünftige Konfliktlösungen aller Art. Aber um diesem Ziel näher zu kommen, folgten beide verschiedenen Wegen. Hardenberg suchte den russischen Zaren zu mäßigen und zugleich den kleinmütigen preußischen König bei Laune zu halten. Metternich aber unterstellte dem Zaren, der Napoleons militärischen Rückhalt vollkommen vernichten wollte, er habe vor allem im Sinn, seine Präsenz und Dominanz in Westeuropa zu festigen. Beide aber wollten zwar Napoleon, nicht aber Frankreich niederzwingen.

Auch die Monarchen König Friedrich Wilhelm und Kaiser Franz verhielten sich, wenngleich aus unterschiedlichen Gründen, eher zögerlich bei der Frage, wie weit man Frankreich schwächen solle. Friedrich Wilhelm dämpfte die Stimmung seiner Umgebung ohnehin durch seinen täglich vorgebrachten Pessimismus. Jeden kleineren militärischen Rückschlag nahm er zum Anlass, an seine grundsätzlichen Bedenken gegen einen Krieg auf französischem Boden zu erinnern und einzelne Operationen in seiner seltsamen Stummelsprache als *unter aller Kritik* zu benörgeln: *Habe es wohl gesagt, daß es nicht gut wäre, nach Frankreich zu gehen! Waren aber alle so hitzig! Nun gleich mutlos werden, und wieder herauslaufen! Hübsche Folgen haben! Nein, nun wir mal hier sind, auch da bleiben!*

Der österreichische Kaiser und Metternich wollten den Krieg weiterführen, fürchteten aber einen zu großen Einfluss Russlands, den Übermut des Zaren und letztlich sogar eine Neubelebung der politischen Achse zwischen Paris und Sankt Petersburg. Hardenberg dagegen versuchte, die unterschiedlichen Bestrebungen und Ängste zu moderieren und setzte sich dafür ein, mit Frankreich einen milden Frieden zu schließen, Napoleon nicht einfach abzusetzen und Frankreich im System des europäischen Gleichgewichts zu halten. Als er in diesem Punkt die Übereinstimmung mit den alliierten Ministern herbeiführen wollte, stieß er auf die empörte Reaktion des Zaren.

Alexander forderte den Sturz Napoleons und dessen totale Entmachtung. Er wollte den schwedischen Kronprinzen Bernadotte zum König von Frankreich machen und beschuldigte Hardenberg, eine »Liga« gegen ihn gebildet zu haben, anstatt zuerst mit ihm, dem Zaren, über das Schicksal Napoleons und Frankreichs zu sprechen.

So sehr aber diese Reaktion dem Temperament und den Absichten Alexanders entsprechen mochte, so verwunderlich war es, dass Friedrich Wilhelm sich plötzlich die Position des Zaren zu Eigen machte und seinen Staatskanzler vor den Augen Alexanders abkanzelte. Er sprach von Unzufriedenheit und einem linken Vorgehen. Die taktlose Kritik offenbarte noch einmal die Unsicherheit und Unentschiedenheit des Königs in politischen Angelegenheiten, zugleich aber auch das immer noch oder wieder ambivalente Verhältnis zu Hardenberg. Außerdem offenbarte sie noch einmal die innere Abhängigkeit Friedrich Wilhelms von jedem, der gerade stark war, jetzt also von Zar Alexander. Preußen erschien denn auch bei den Verhandlungen in Paris, aber auch später auf dem Wiener Kongress zunächst wie ein Satellit Russlands. *Der König von Preußen mag ein wohlmeinender Mann sein, aber er fällt auf den Kaiser von Rußland herein,* resümierte der britische Premierminister Lord Liverpool.[2]

Hardenberg jedoch ließ sich in der Sache nicht beirren. Er entschuldigte sich beim Zaren und bot an zurückzutreten. Den Rüffel Friedrich Wilhelms erwähnt er in den Tagebuchnotizen gar nicht, nennt seinen König aber von jetzt an »Kassandra«. Mit Alexander versöhnt er sich sehr bald wieder, schon am 3. März.

Die Tage waren jetzt ausgefüllt mit diplomatischen Kontakten. Oft taucht in Hardenbergs Aufzeichnungen der Name Metternich auf. Der österreichische und der preußische Staatskanzler trafen sich immer häufiger zu Konferenzen und zum Essen. Hardenberg notiert: *Metternich speiste bei mir* oder *Essen mit Metternich* oder *Essen bei Metternich.* Bei diesen Arbeitsessen ging es um Polen, um Sachsen, um Danzig, also um wesentliche Fragen der territorialen Neuordnung Europas. Schon am 8. Januar 1814 hatte Hardenberg Metternichs Zustimmung erreicht, dass Sachsen als Ganzes zu Preußen geschlagen werden könne.

Das Tableau der diplomatischen Kontakte veränderte sich, als der neue britische Außenminister Castlereagh sich immer vernehmlicher in die Beratungen einschaltete. Hardenberg stellte ihn am 19. Januar seinem König vor[3] und bemühte sich ganz offensichtlich, ihn an sich zu binden. Castlereagh war der Neue im Club, begleitete Hardenberg zu Essensverabredungen, beispielsweise mit dem österreichischen Kaiser, und verbrachte ganze Abende mit ihm. Hardenberg lud ihn auch, zusammen mit Metternich oder dem russischen Gesandtschaftsrat und späteren Außenminister Nesselrode oder anderen Diplomaten, zu sich zum Essen ein und beteiligte ihn an den Überlegungen zur Neugestaltung Europas nach dem Sieg über Napoleon.

Über seine privaten Dinge enthalten Hardenbergs Tagebuchnotizen in diesen Wochen nur wenige, wie immer sehr diskrete und eher verschlüsselte Angaben. So erwähnt er am 23. Januar 1814, dass seine Abreise aus Berlin nun genau ein Jahr her ist. Am 2. März vermerkt er die Nachricht vom Tod seiner Schwester Lotte, die am 26. Januar mit 50 Jahren gestorben war. Und am 3. März findet sich die Notiz, er habe einen Brief an seine Frau Charlotte geschrieben, was in diesen Monaten der intensiven diplomatischen Aktivität am Rande der politischen und militärischen Fronten offenbar eine Ausnahme war. In Paris fand Hardenberg auch die Zeit, seine Schwerhörigkeit mit den Methoden des Mesmerschen Magnetismus behandeln zu lassen. Er ließ einen Magnetiseur kommen, von dem er sich gute Erfolge versprach.

Zu den Friedensverhandlungen in Paris erschien auch Hardenbergs Sohn Christian. Der inzwischen neununddreißigjährige Lehensgraf von Hardenberg-Reventlow stand als Hofjägermeister und Geheimer Konferenzrat in dänischen Diensten. Hardenbergs Erwähnung seiner Ankunft ist nicht anzumerken, wie sich das Verhältnis zu seinem Sohn seit dem befremdlichen Briefwechsel entwickelt hat und welchen Umgang Vater und Sohn inzwischen miteinander hatten. Man erkennt nicht einmal, ob Hardenberg die Ankunft seines Sohnes unter privatem oder eher beruflichem

Aspekt notiert. Auch die gleichzeitige Ankunft seines Schwiegersohnes Pappenheim gibt darüber keinen Aufschluss. Der Staatskanzler war am 10. April 1814 in Paris angekommen. Am 2. April hatte der französische Senat die Absetzung Napoleons verkündet. Hardenberg konnte also gerade noch am Text des Abdankungsvertrages mitwirken und plädierte für eine Verbannung des Kaisers an einen möglichst fernen Ort. Auch St. Helena war im Gespräch. Der Zar setzte jedoch aus nicht nachvollziehbaren Gründen Elba als Verbannungsort durch.

So entschieden Hardenberg gegen Napoleon vorging, so eindeutig wollte er das Frankreich der Bourbonen in den Kreis der europäischen Mächte integrieren. Bei den Verhandlungen ging er viele Kompromisse ein, um die wieder eingesetzte Dynastie der Bourbonen nicht durch zu hohe Forderungen zu belasten. Er verzichtete nicht nur auf Landau, Saarlouis und Saarbrücken, sondern auch auf die Rückzahlung von Kriegsausgaben wie der Aufwendungen für Verpflegungslieferungen an die französische Armee. Erstaunlich ist auch, dass Hardenberg die Rückgabe der aus Berlin und Tempelberg geraubten privaten Kunstschätze nicht einfordert. Oft ist behauptet worden, der französische General Davout habe auch Hardenbergs Bibliothek von Tempelberg nach Paris schaffen lassen. Dies scheint jedoch eine vaterländische Legende zu sein, denn die schließlich in Neuhardenberg eingerichtete Bibliothek enthielt alle wesentlichen Teile des Bücherbestandes und des privaten Archivs aus Tempelberg. Hardenbergs heute lebende Erben halten denn auch den Raub der Bücher durch die Franzosen für ein Gerücht.[4]

Bei den Pariser Verhandlungen begnügte sich der Staatskanzler mit der Forderung, die Schadowsche Quadriga vom Brandenburger Tor, die Napoleon hatte abtransportieren lassen, als symbolische Restitution zurückzuerhalten. Für ihn war, im Unterschied zu vielen so genannten Patrioten, der weitgehende Verzicht auf Rückerstattungen ein Element seiner großherzigen und weitsichtigen Politik, die nach einem Krieg so handelt, dass der besiegte Gegner morgen schon ein Verbündeter sein kann.

Triumph

Der Befreiungskrieg gegen Napoleon hatte noch nicht angefangen, da äußerte der König von Preußen eine Idee: Alle an einem Krieg beteiligten Soldaten, deren Verdienste hervorragend waren, sollten mit einem neuen Ehrenzeichen geschmückt werden. Und so gab es in schneller Folge eine eigenhändige Zeichnung Friedrich Wilhelms und ein Wachsmodell für die neue Auszeichnung. Beides wurde dem Geheimen Ober-Bau-Assessor Schinkel mit dem Auftrag übergeben, eine genaue Werkzeichnung anzufertigen und über die Proportionen im Einzelnen zu entscheiden.

Schinkel übergab seine Zeichnung am 20. März 1813. Das »Eiserne Kreuz« war fertig. Eisen als Material für einen Verdienstorden zu nehmen, war neu, doch Edelmetall war viel zu teuer. Der Eisenguss war in Preußen gerade populär und die kriegerische Symbolik des Eisens war allen geläufig. Harte Zeiten konnten nur mit eiserner Hand und eisernem Kreuz bewältigt werden. Mit dem »Eisernen Kreuz« wollte der König eine Auszeichnung schaffen, die für die Dauer des Befreiungskrieges alle anderen ersetzen sollte. Und es sollte eine Auszeichnung sein, die für jeden Dienstgrad die gleiche war – also keine Unterschiede zwischen Offizieren und gemeinen Soldaten vorsah.

Der König wollte in seiner Begeisterung sogar das Brandenburger Tor mit dem Eisernen Kreuz verzieren – wogegen der strenge Künstler Schinkel jedoch Einspruch erhob: Der Verdienstorden störe die antike Architektur des Tores. Schinkels Einspruch wurde zwar zurückgewiesen, doch konnte der Architekt und Bildhauer als Kompromiss durchbringen, dass nur die Siegesgöttin der Quadriga einen Lorbeerkranz in der Hand hielt, der mit einem Eisernen Kreuz geschmückt war.

Seit 1813 gehört nun das Eiserne Kreuz zur preußischen und deutschen Militärgeschichte, auch wenn es im »Dritten Reich« durch ein Hakenkreuz in der Mitte entfremdet wurde.

Auch der Staatsminister von Hardenberg erhielt die Auszeichnung, und sogar das Familienwappen der Hardenbergs, ein schwarzer Eberkopf auf silbernem Grund, wurde mit dem Eisernen Kreuz geschmückt. Die Dankbarkeit, die Friedrich Wilhelm für Hardenbergs Leistungen im Freiheitskrieg und für die Rettung der hohenzollerschen Dynastie empfand, äußerte sich ein Jahr später noch einmal in einer weiteren Auszeichnung. Friedrich Wilhelm ernannte den Freiherrn von Hardenberg zum Fürsten und belohnte ihn mit einem standesgemäßen Besitz: den Gütern Quilitz, Rosenthal und der ehemaligen Kommende Lietzen. Diese Güter wurden zusammengefasst und zur Herrschaft Neuhardenberg erhoben – von Althardenberg hatte sich der Minister ja getrennt.

Das Fürstendiplom vom 3. Juni 1814 würdigt mit hoheitlichem Pathos und in ausführlicher Form die *Staatsklugheit* und die *rastlosen Anstrengungen des Staatskanzlers in den neuesten großen Weltbegebenheiten* und erhebt *Unseren Staatskanzler Carl August Freiherr von Hardenberg voller Dankbarkeit und Hochachtung* in den Fürstenstand, *so als wenn seine Vorfahren in dem Fürstenstande von Alters her gewesen und diesen Stand, Namen und Titul beständig geführt hätten.*[1] Das Dokument ist vom König am 3. Juni 1814 in Paris unterzeichnet worden. Eine weitere Kabinettsordre vom 6. November und eine Verleihungsurkunde vom 11. November bestätigen noch einmal die Regelung der Besitzrechte und Eigentumsnutzung *zu ewigen Zeiten.*[2] Als Fürst, Staatskanzler und Standesherr von Neuhardenberg war Karl August von Hardenberg auf dem Höhepunkt seiner Laufbahn im preußischen Staatsdienst angekommen.

Die Sieger wollten auch in London feiern. Der britische Prinzregent George lud die Monarchen, hohe Staatsbeamte und Militärs an die Themse, wo den Gästen ein triumphaler Empfang bereitet wurde. *Wohin wir kamen, wurde uns auf den Straßen und aus den Häusern entgegengejauchzt. Die Frauenzimmer waren bei weitem die lebendigsten,* schreibt der Finanzrat Friedrich August Staegemann, ein Mitarbeiter Steins und Hardenbergs, und fügt hinzu: *... wie denn hier überhaupt die nichtswürdige Meinung herrscht, daß nur die Ausdauer und das Geld Englands die jetzige Lage der Dinge herbeigeführt haben.*[3] Hardenberg war mit den Monarchen an Bord eines Schiffes mit dem Namen »Imprenables« bei starkem Wind und schwerer See nach Dover gesegelt. Zar Alexander und König Friedrich Wilhelm fuhren dann in einer Postkutsche inkognito nach London, während Hardenberg in Dover zurückblieb, bis das Gepäck, wegen der stürmischen See verzögert, von Bord genommen werden konnte.

Beifall an der ganzen Strecke notiert auch Hardenberg. Und Wilhelm von Humboldt berichtet, Hardenberg habe sich in London nur dadurch vor der jubelnden Menge retten können, dass er mehrmals die Kleider wechselte. Welch ein Gegensatz zu den Erinnerungen, die auf Hardenberg bei der Einfahrt nach London einstürmen mussten. Die Erinnerung an den glanzlosen Abschied von London im Jahre 1781, als er mit seiner ersten Frau Christiane von Reventlow Hals über Kopf die Insel verlassen musste.

Die Ironie der Geschichte: Der Gastgeber von 1814 war eben jener Prince of Wales, dessen Leidenschaft für Christiane damals der Grund für die überstürzte Abreise gewesen war. Jetzt notiert Hardenberg, offensichtlich erstaunt, der Prinz habe ihn wie einen alten Freund empfangen. Und überhaupt war man bester Laune. Der Kontinent war befreit, und England war seinen Erzfeind zur See los. Der Handel konnte wieder aufblühen.

Prinz George gab in der Guildhall, dem Rathaus der City of London, ein festliches Bankett und ließ sich weder durch Hardenberg noch durch Metternich darin stören, mehr Zeit und Energie in gesellschaftliche Events zu stecken als in die Politik.

Hardenberg, Metternich und Castlereagh ließen sich ihrerseits nicht davon abhalten, die Gelegenheit eines dreiwöchigen Aufenthalts in London zu nutzen, die anstehenden Fragen der europäischen Politik zu erörtern: eine Wehrverfassung für den Deutschen Bund zu erarbeiten, Mainz als Bundesfestung auszubauen, den Einfluss Russlands zurückzudrängen, auf die Wiederherstellung des Reiches und des römischen Kaisertums zu verzichten und schließlich mit den Vorüberlegungen für eine Verfassung zu beginnen. Vor allem Metternich wollte den geplanten Wiener Kongress entlasten und schon während der drei Wochen in London möglichst weitreichende Übereinkünfte erzielen.

Hardenberg genoss die Zeit in England. Die Frühsommertage waren angefüllt mit Gesprächen, Verabredungen, Festlichkeiten, Ehrungen und Erinnerungen. Fast für jeden Tag ist im Tagebuch ein Diner oder eine Feier vermerkt. Von Vergnügungen wie Opern, Konzerten, dem Pferderennen in Ascot bis zur Verleihung der Ehrendoktorwürde durch die Universität Oxford – alles sah er als Zeugnis und Lohn eines erfolgreichen und sinnvollen Lebens an. Es schien, als sei für ihn die Zeit der Ernte gekommen. Zum Glück ahnte er in dieser Phase noch nicht, dass noch einmal schwierige Zeiten und bittere Erfahrungen auf ihn zukommen würden. Die Rückreise – man ging am 1. Juli in Dover an Bord der Fregatte »Nymphea« – führte den Staatskanzler und Doktor h. c. über Paris, Nancy, Rastatt, Darmstadt, Frankfurt, Fulda, Gotha, Erfurt, Weimar und Leipzig nach Berlin. Am 25. Juli 1814 erreichte er morgens gegen zehn Uhr die Hauptstadt. Auch Friedrich Wilhelm kam an diesem Tag in Potsdam an, zwei Tage früher als vorgesehen. Sein unerwartetes Erscheinen dort und in Berlin führte zu etlichen Änderungen in der Vorbereitung der Siegesfeier, die am 7. August stattfinden sollte. Der König *war sehr bös über die Anstalten zum Empfang der Truppen ... Machte alle herunter.*[4]

Hardenberg zog sich schon bald nach Tempelberg zurück, nahm an den Feierlichkeiten in Berlin – Paraden, Gottesdienste und eine große Festtafel auf der Straße Unter den Linden – aber teil.

Auch hier – bei Hofe und in der Bevölkerung – wird der soeben zum Fürsten erhobene Staatskanzler in der allgemeinen Freude über die Befreiung geehrt. Die philosophische Fakultät der Berliner Universität verleiht ihm eine weitere Ehrendoktorwürde.

Bei einem Empfang unter Freunden sagte Hardenberg: *Nun möchte ich nur noch fünf Jahre leben, um den preußischen Staat auf dem höchsten Punkt zu sehen.*[5] Die Formulierung *nur noch fünf Jahre leben* ist nicht eine Aussage über sich selbst, sondern über die Zukunft Preußens: In spätestens fünf Jahren wird Preußen wieder auf dem höchsten Punkt sein – länger braucht es nicht, um das mitzuerleben.

In diesen sommerlichen, festlichen Tagen blieb auch etwas Zeit für die Familie. Das Verhältnis zum Sohn Christian scheint sich entspannt zu haben – bis auf weiteres. Am 3. August fuhr Hardenberg mit seiner Schwiegertochter Jeanette nach Tempelberg, am 7. August stellte er dem König seinen Sohn vor, der in Diensten des dänischen Hofes stand und mit dem der Vater über einen Frieden zwischen Preußen und Dänemark verhandelte. Vater und Sohn, der eine für Preußen, der andere für Dänemark, unterzeichneten am 25. August die Verträge, die zuvor mit England und Schweden abgestimmt worden waren. Schwedisch-Pommern wurde darin an Dänemark abgetreten – eine Lösung, die nicht von Dauer sein konnte.

Die Tage zwischen London und Wien waren also ausgefüllt mit politischen Geschäften. Schon auf der Durchreise von London nach Berlin war Hardenberg in Frankfurt mit dem Freiherrn vom Stein zusammengetroffen und hatte 41 Verfassungsartikel besprochen, die er auf der Rückreise von London entworfen hatte. Die zwischen ihm und Stein zum Teil noch umstrittenen Artikel der Verfassung sollten bald die Grundlage für die Beratungen beim Wiener Kongress werden.

Zwischen dem Triumph in London und den schwierigen Kongressverhandlungen in Wien erarbeitete Hardenberg in Berlin noch einmal eine Umstrukturierung der Ressortministerien. Sechs Minister unterstanden jetzt direkt dem Staatskanzler, der damit eine nahezu allmächtige Stellung in der Regierung einnahm.

Die personelle Besetzung der Ministersessel sollte Hardenberg hin und wieder die Abwesenheit auch für längere Zeit ermöglichen, doch darin täuschte er sich. Sein Vetter Bülow übernahm das Finanzressort, sein alter fränkischer Mitarbeiter Schuckmann das Innenministerium, Fürst Wittgenstein das Polizeiministerium, Boyen das Kriegsministerium. Die auswärtigen Angelegenheiten lagen jetzt wieder ganz in den Händen des Staatskanzlers.

Am 12. September, abends um sechs Uhr, brach Hardenberg nach Wien auf. Acht Monate sollte sein Aufenthalt in der Kongressstadt dauern.

V.

Das Elend der Restauration

» Was stört,
ist dieser Ruf nach Freiheit «

Die Geheimpolizei war in Verlegenheit. Seit dem ersten Tag seines Aufenthaltes in Wien beobachteten und beschatteten die Spione Metternichs den preußischen Staatskanzler, aber sie konnten nichts Verdächtiges entdecken. Ihre Berichte sind deshalb eher Verlegenheitsberichte, dürftig und nicht ohne unfreiwillige Komik: Hardenberg sei zu diplomatischen Gesellschaften gefahren, habe eine Theateraufführung besucht, in der die Szenarien eines Wachsfigurenkabinetts in lebenden Bildern nachgestellt wurden. Er habe sich auf einem Christbaumfest amüsiert, und im Übrigen sitze er oft noch die halbe Nacht an seinem Schreibtisch. Er sei zur Zeit offensichtlich der fleißigste Staatsmann in Wien. Also: belanglose und bizarre Berichte, wie bis heute viele geschrieben werden, wenn instrumentalisierte und entfremdete Köpfe zu Papier bringen, was sie geschen, aber nicht durchschaut, was sie beobachtet, aber nicht verstanden haben.

Ganz zu Unrecht ist das Bild des Wiener Kongresses in der Geschichte durch ein Bonmot des achtzigjährigen Fürsten von Ligne geprägt worden. In einem Brief an Talleyrand schreibt Ligne: *le Congrès danse et ne marche pas – der Kongress tanzt, aber er kommt nicht voran.*[1] In Wahrheit tanzte hauptsächlich der russische Zar – Beobachter wollten wissen, in seiner »Dansomanie« habe er in den Monaten des Kongresses an die dreißig bis vierzig Nächte durchgetanzt – und mit ihm die zweite Garnitur der Delegationen. Die erste Garnitur und die anderen Monarchen hielten sich zurück: Kaiser Franz war zu ernst, der preußische König zu schüchtern, der König von Bayern zu bequem und der König von Württemberg zu korpulent – für ihn mussten halbkreisförmige Ausschnitte in die Tische gesägt werden, damit er unbehindert speisen konnte. Alles in allem also eher schlaffer Zeitvertreib als rauschende Feststimmung. Ein junger Graf Nostitz notiert in seinem Kongresstagebuch: *Der Tanz ist langweilig und verändert wie ganz Wien. Sonst schwebt alles im Taumel des Walzers bunt durcheinander …, jetzt fast nichts als Polonaisen, die von alten Damen mit den großen Herren durch die Reihe der Zimmer abgetanzt werden.*[2]

339

Wilhelm Freiherr von Humboldt

*Friedrich August Ludwig
von der Marwitz*

*Karl Freiherr vom Stein
zum Altenstein*

Überhaupt waren die Abläufe des Wiener Kongresses in vielen Details anders, als man sich heute einen Kongress vorstellt. Es gab keine offizielle Eröffnung, kein Plenum, keine Tagesordnung für den Gesamtkongress. Stattdessen Kommissionen, die sich in Konferenzen trafen. Die wichtigste war die »Konferenz der Acht«, die Konferenz der acht Unterzeichner des Pariser Friedensvertrages: Russland, Österreich, Preußen, England, Schweden, Frankreich, Spanien und Portugal.

Frankreich saß also mit am Tisch, vertreten durch Charles Maurice de Talleyrand. Diesem erfahrenen Teufelskerl – Hardenberg nannte ihn den »Bocksfuß« – gelang es sogar, den runden Tisch in der Staatskanzlei am Ballhausplatz zu dominieren. So heuchelte er beispielsweise, als er einmal als Gast zu einer Beratung der vier Hauptalliierten (Nesselrode, Metternich, Hardenberg, Castlereagh) zugezogen wurde, demonstrativ seine Verwunderung darüber, dass für Preußen nicht nur Hardenberg, sondern auch Humboldt am Tisch saß. Auf die Auskunft, Humboldt sei wegen der Schwerhörigkeit Hardenbergs anwesend, erwiderte Talleyrand nassforsch, da könne ja jeder kommen und seine Gebrechen politisch ausnutzen. Jedenfalls werde er von nun an seine ganze Delegation mitbringen.[3]

Es saß neben Metternich und Hardenberg also ein weiterer »schlauer Fuchs« am Tisch. Der jetzt sechzigjährige Talleyrand war Bischof von Autun gewesen und hatte sich 1789 der Nationalversammlung angeschlossen. Dort beantragte er die Einziehung der Kirchengüter zur Tilgung der Staatsschulden und wurde dafür mit dem Kirchenbann belegt. Er unterstützte den Staatsstreich Napoleons, lehnte dessen Eroberungspolitik aber ab. Nach Napoleons Sturz förderte er die Rückkehr der Bourbonen. Als Außenminister gelang es ihm, auf dem Wiener Kongress Frankreich wieder in den Kreis der europäischen Mächte zurückzuführen.

Eine ähnlich vielschichtige Persönlichkeit war Clemens Graf Metternich, der österreichische Außenminister. In vielerlei Hinsicht war er die zentrale Figur des Wiener Kongresses. Er war ein gut aussehender Mann, der auch während des Kongresses keinem erotischen Abenteuer aus dem Weg ging und der mit seinem Charme die politische und gesellschaftliche Szene in Wien beherrschte – mehr noch als Hardenberg, der inzwischen, mit 64 Jahren, zu den elder statesmen gehörte.

Metternichs Fähigkeit, unversehens zwischen charmantem Schmeicheln und sarkastischer Bosheit zu wechseln, machte ihn zu einem Meister der Intrige und der Manipulation. Hardenberg verfügte zwar über die gleichen Fähigkeiten, doch hinderten ihn die Milde des Alters und seine Noblesse daran, diese Möglichkeiten hemmungslos einzusetzen. Varnhagen von Ense berichtet aus Wien:

... Unter den Hochbejahrten konnte keine Persönlichkeit dem Fürsten von Hardenberg den Preis der edlen, ausdrucksvollen, durch Würde und Milde wohltuenden Erscheinung streitig machen, wie unter den im kräftigen Mannesalter Stehenden dieser Preis eben so sehr dem Fürsten von Metternich gebührte. Hardenberg war noch in seinem weißen Haar ein schöner Mann, dem man es ansah, welch außerordentliches Glück er einst bei Frauen gemacht hatte, ja der diesem Liebreize noch jetzt weniger nachging, als begegnete, und dem die gesellige Welt in jeder Weise nur immer Gunst und Vorteil darbringen mußte.[4]

Zu diesem Bild passte es gut, dass Hardenberg sich dienstags, neben Wilhelm von Humboldt, dem Herzog von Wellington, den Grafen Bernstorf, Pozzo di Borgo und Medici im Salon der Fanny von Arnstein einfand. Fanny war die Tochter des »Hof- und Münzjuden«, des Hofbankiers Friedrichs des Großen, Daniel Itzig. Sie hatte sich als preußische Jüdin die Aussöhnung zwischen Christen und Juden zur Lebensaufgabe gemacht.[5]

Mit seiner Frau Charlotte stand Hardenberg während des Kongresses in ständigem Briefwechsel, der sich oft nur auf die Angelegenheiten der Haushaltsführung in Glienicke bezog. Charlotte war ganz die sorgfältig planende Hausherrin, Karl August der großzügige Grandseigneur: Als Charlotte anfragte, ob er mit der Anschaffung von zwei Dutzend Silbertellern für festliche Diners einverstanden sei, schrieb er auf Charlottes Brief an den Rand: Nicht zwei Dutzend, sondern acht Dutzend.

Dieses Denken, mit dem Hardenberg oft die Grenze zur Verschwendung überschritt, führte – wie Alexandra Gräfin Hardenberg berichtet – in den folgenden Generationen der Hardenbergschen Familie bei gelegentlich gegebenen Anlässen zu der scherzhaft gemeinten Bemerkung: Du hast Allüren wie der Staatskanzler.[6]

Friedrich von Gentz – eigentlich nicht Hardenberg, sondern

Hardenberg, ganz links, sitzend, vertritt Preußen auf dem Wiener Kongress

Metternich verpflichtet – nennt Hardenberg in seiner »Übersicht der Verhandlungen des Wiener Kongresses« *einen der besten Menschen, die je gelebt* haben, und nimmt ihn ausdrücklich aus seiner Kritik an der Eroberungssucht der Preußen aus. Das System des preußischen Hofes habe, so Gentz, *zum Kongreß nur ein unmäßiges Verlangen mitgebracht, seine Besitzungen auf Kosten aller Welt und ohne Rücksicht auf irgendeinen Grundsatz der Gerechtigkeit und selbst des Anstandes auszudehnen.*[7]

Metternich und Hardenberg, beide nach ähnlichen Standesregeln sozialisiert und ausgebildet, waren sich darin einig, dass jetzt, nach der Französischen Revolution und der Bedrohung Europas durch Napoleon, der Handlungsspielraum der Regierungen neu umschrieben und deshalb die Souveränität der Einzelstaaten geschützt werden musste. Metternich war entschlossen, diese Situation für seine restaurative Politik insgesamt auszunutzen, und versuchte, Hardenberg auf seine Seite zu ziehen, obgleich er Hardenbergs Engagement für eine Verfassung kannte.

Der Wiener Kongress erschien Metternich als die letzte Möglichkeit, die Verhältnisse nach den traditionellen Regeln der

Staatskunst zu gestalten – ohne die Einrede einer Repräsentanz des Volkes.

In der Kongressstadt hätte man allerdings den Eindruck haben können, als seien in Europa nicht nur die Mächtigen, sondern auch das Volk auf seine Weise Träger des Geschehens. Wien war überfüllt. Delegationen aus mehr als 200 Staaten drängten sich in den Bezirken. Die Monarchen waren in der Hofburg untergebracht, ihr Gefolge war mit mobilen Arbeitsstäben angerückt, denen sich Scharen von Geschäftsleuten, Künstlern und Schreibern angehängt hatten. Die habsburgischen Gastgeber ließen sich nicht lumpen und veranstalteten Opernaufführungen und Konzerte, Paraden und Jagden und förderten ein »erotisches Knistern« in der Stadt – nicht zuletzt, um das Treiben der Spioninnen und Spione zu erleichtern.[8]

Hinter diesem Treiben jedoch tobte ein Kampf der Staaten um die fetteste Beute: ein Krimi, in dessen Verlauf die Akteure ihre Masken fallen ließen, ein Hintertreppenroman, in dem die streitenden Parteien ihre Begehrlichkeit mit Wortbruch, Verrat und Denunziation würzten.

Aus preußischer Sicht ging es um Sachsen, Polen und Hannover. *Wir brauchen Sachsen,* schrieb Hardenberg an Wilhelm von Humboldt in Wien, seinen unentbehrlichen Helfer, der selber noch nicht ahnte, dass er einmal Hardenbergs Abstieg befördern würde. Hardenbergs Brief an Humboldt formuliert die Grundeinstellung, mit der Hardenberg in die Verhandlungen des Wiener Kongresses ging und sogar bereit war, bis an die Grenze eines neuen Krieges zu gehen: *Die Anstrengungen Preußens haben so wesentlich zur Befreiung Europas beigetragen, daß wir berechtigt sind, die Berücksichtigung unserer Interessen zu erwarten.*

Der Erwerb des Königreichs Sachsen war für Hardenberg so wichtig, weil Zar Alexander unverhohlen ganz Polen einforderte, und das Kurfürstentum Hannover nach dem Willen Englands wieder ein selbstständiges Königreich sein sollte. Preußen brauchte also Sachsen, um sich als gleich starke Macht neben Russland, Österreich, England und Frankreich behaupten zu können und sich für seine Kriegsverluste zu entschädigen.

Was Polen betraf, zog Zar Alexander alle Register. Er gab sich persönlich gekränkt, als Österreich und Preußen, unterstützt von England, Teile von Polen beanspruchten, und beschwerte sich bei

Friedrich Wilhelm. Prompt fiel der König seinem Staatskanzler in den Rücken. Als Hardenberg noch einmal die preußischen Gebietsansprüche begründen wollte, unterbrach ihn der König und befahl, jede Politik gegen Russlands Interessen zu unterlassen. Hardenberg hatte diese Grundhaltung des Königs schon vor Wochen mit der lapidaren Feststellung kommentiert: *Er schwört auf die Worte des Kaisers von Rußland.*[9]

In der Polen- und Sachsenangelegenheit hatte Hardenberg auf Metternich und England gehofft, wurde aber von beiden enttäuscht. Hardenberg schrieb an Metternich: *Retten Sie Preußen aus seiner gegenwärtigen Lage. Es kann doch nicht aus diesem schrecklichen Krieg, in dem es so hochherzige Anstrengungen gemacht hat, ganz allein hervorgehen in einem Zustand der Schande und der Schwäche und zusehen, wie alle, alle sich vergrößern, abrunden, ihren Besitzstand sichern.*[10]

Hardenberg blieb gegenüber Metternich, auch bei grundlegenden Meinungsverschiedenheiten wie in der sächsischen Frage, immer zuvorkommend und höflich, ja herzlich: *Erlauben Sie mir, dass ich Sie nochmals im Namen der Freundschaft beschwöre ...* und schließt den Brief: *... Ich umarme Sie aufs herzlichste ...*[11] Trotzdem blieb er wachsam, ja misstrauisch gegenüber seinem österreichischen Kollegen. Diese Gleichzeitigkeit von Freundschaft und Misstrauen verleitete ihn jedoch zu Fehlern.

So lieferte er wie in einer Kurzschlusshandlung an ihn gerichtete Briefe Metternichs dem Zaren aus – was Alexander ohne Absprache sofort genüsslich veröffentlichte. Metternich übermittelte daraufhin dem russischen Kaiser Papiere, die wiederum Hardenberg belasten sollten. Das Misstrauen eines jeden gegen jeden wuchs so stark, dass Österreich, England und Frankreich ein Defensivbündnis schlossen und Holland, Hannover und Bayern dem beitraten. Metternich agitierte: *Der Fürst Hardenberg ist moralisch wie physisch in eine beinahe an Kindheit grenzende Schwäche verfallen.*[12]

Talleyrand sah schon die Koalition gegen Frankreich zerbrechen. Aber die Koalitionspartner einigten sich doch noch auf einen Kompromiss, den Castlereagh erarbeitet hatte: Sachsen wurde geteilt, der Norden mit Torgau, Merseburg, Naumburg, Wittenberg und Görlitz fiel an Preußen, ebenso ein Teil der Lausitz und kleine Teile Thüringens. Polen fiel an Russland, nur

Charles Maurice Talleyrand-Périgord

Clemens
Fürst von Metternich

Ludwig Georg
von Sayn-Wittgenstein

Thorn und das Posener Land gingen an Preußen. Teile Ostgaliziens fielen an Österreich. Preußen wurde, da es auf den anderen Teil Sachsens und auf Hannover verzichten musste, mit rheinländischen und westfälischen Gebieten entschädigt.

Hardenberg empfand diese Regelung als Belastung und Zumutung, ja als *eine wahre Schädigung*, weil die neuen Gebiete nicht mit dem übrigen preußischen Staatsgebiet zusammenhingen und kaum zu verteidigen waren. Aber er gab nicht auf, sondern verhandelte weiter über Details: Wenn schon keine Landverbindung zwischen dem preußischen Westfalen und dem preußischen Sachsen zu Stande kam, sollte wenigstens eine Heerstraße durch Hannover und Kassel garantiert werden. Wenn er schon den Nordseehafen Emden und Ostfriesland gegen das kleine Herzogtum Lauenburg vor den Toren Hamburgs tauschen musste, dann sollte ein neuer Tausch mit Dänemark dazu führen, dass Schwedisch-Pommern mit Greifswald, Stralsund und Rügen zu Preußen geschlagen würde.

All dieses Schachern und Tauschen, Finassieren und Intrigieren wurde am Morgen des 7. März 1815 jäh unterbrochen. Eine Depesche aus Genua an den Fürsten Metternich war eingetroffen.

Die Depesche aus Genua

Hardenberg, Nesselrode, Wellington und Talleyrand, die Mitglieder der kleinen Konferenz, die bis in die späte Nacht gedauert hatte, wurden in der Morgenfrühe wieder aufgeweckt und zum österreichischen Außenminister gebeten: Die Depesche aus Genua hatte über Nacht eine neue Lage geschaffen.

Noch einmal gelang es Napoleon, die Köpfe in Europa zu verwirren und eben erst versunkene Ängste wieder hochkommen zu lassen. Er sei aus Elba verschwunden, hieß es in der Alarmmeldung. Wohin Napoleon unterwegs war oder, wenn nach Paris, auf welcher Route er sein Ziel erreichen wollte, blieb vier Tage lang unbekannt. Dann erst fand sich die erste Spur: Der französische Imperator war an der Küste bei Juan, zwischen Antibes und Cannes, gelandet.

Für die anti-napoleonischen Verbündeten bedeutete dies die Alarmstufe eins. Sie mussten sofort reagieren. Als Erstes lenkten sie von Wien aus die Truppen um, die auf dem Rückmarsch in ihre jeweilige Heimat waren. Das neue Marschziel: Frankreich. In Wien stellten die versammelten Staatsmänner ihre Streitereien beiseite und ächteten Napoleon in aller Form. Er habe sich *außerhalb der Gesellschaft und der Gesittung gestellt* und habe *als Feind und Zerstörer der Ruhe der Welt sich der öffentlichen Rache ausgeliefert.* In Frankreich dagegen gingen die Uhren anders. Für viele Franzosen war Napoleons Regime eine nationale Angelegenheit, seine Eroberungspolitik füllte die Kassen und stärkte das Selbstbewusstsein. Napoleon konnte also mit dem Zulauf neuer Truppen rechnen. Eine Fortsetzung seiner Politik war nicht auszuschließen. Bald schon hatte er die Festung Grenoble eingenommen und marschierte in Lyon ein.

In Wien unterschrieb Hardenberg die erneuerte Fassung eines Bündnisses gegen Napoleon und verpflichtete sich für Preußen, 150 000 Mann *ins Feld zu stellen.* Der dreiundsiebzigjährige Generalfeldmarschall Blücher sollte noch einmal den Oberbefehl übernehmen. Gneisenau sollte ihn als Stabschef unterstützen. Die Rüstungsmaschine in den alliierten Staaten wurde wieder angeworfen. Größte Eile war geboten, denn Napoleon war bereits in Paris eingezogen. Die eben erst wieder eingesetzten Bourbonen waren geflohen. Napoleons Anfangserfolge schürten in ganz Europa die Furcht vor dem Genie des Korsen. Bei Ligny gelang es ihm auch, das preußische Heer unter Blücher zu schlagen. Dann aber kam Waterloo.

Nach seinem Sieg über Blücher wollte Napoleon sich sogleich gegen die von Wellington geführte Armee wenden. Er erwartete, dass Blücher sich nach den schweren Verlusten bei Ligny nun über den Rhein nach Osten zurückziehen würde, um den Streitkräften eine Regeneration zu ermöglichen. Eben dies aber tat der alte Feldmarschall, von Gneisenau beraten, nicht. Er wendete sich vielmehr nach Norden und vereinigte seine Truppen mit der Armee Wellingtons bei Waterloo. Es war der 18. Juni 1815.

Gegen die vereinigten Truppen unter Blücher und Wellington hatte Napoleon keine Chance. Er verlor die Schlacht, floh an die Küste, um nach Amerika zu entkommen, wurde aber von einem

britischen Kommando aufgegriffen. Er musste sich in Gefangenschaft begeben und dankte am 22. Juni ab.

Zur gleichen Zeit eilten die Monarchen von Wien aus nach
Heidelberg, um dem Kriegsgeschehen näher zu sein. Die Staatskanzler blieben in der Kongressstadt und erarbeiteten in hohem
Tempo die Kongressakte. Die Vertreter der Signatarmächte konnten das Dokument schon unterzeichnen, bevor Napoleon offiziell
zurückgetreten war.

Hardenberg fuhr nach Berlin zurück. Kaum war er angekommen, beorderte der König ihn nach Paris. Die Akten aus den Reisewagen, seiner mobilen Staatskanzlei, waren noch nicht ausge-
packt, als er schon wieder aufbrach. Von allen Seiten strömten
die Sieger und Nutznießer nach Paris. Hierher war auch Ludwig
XVIII. zurückgekehrt. Hier trafen die französischen Royalisten,
die Bonapartisten und die Republikaner aufeinander. Hierher
nahm Hardenberg all die ungelösten Probleme der Wiener Kongressakte mit, aber auch die offenen Fragen der preußischen
Deutschlandpolitik, zu denen nach Hardenbergs Meinung auch
und vor allem die Frage einer Verfassung gehörte.

Ein Problem allerdings hatte sich am 7. August dieses wirren
Jahres 1815 erledigt: Napoleon wurde nach St. Helena eingeschifft. Europas Albtraum hatte ein Ende.

»Oh ihr Politiqer ...«

Oh ihr Politiqer, ihr Seid Schlechte Menschenkenner, der gute
wiener Congreß gleicht einem Jahrmargt in einer kleinen stadt,
wo ein jeder sein vih hintreibt, es zu verkaufen oder zu vertau-
schen, wihr haben einen tüchtigen Bollen hingebracht und einen
Schabiegen ocksen eingetauscht, sagen die Berliner.[1]

Dieser Brief des Feldmarschalls Blücher an Hardenberg vom
27. Februar 1815 zeigt, auf welch dünnem Eis sich der Staatskanzler bewegte – sowohl in der Außenpolitik mit der ständigen
Gefahr einer internationalen Konfrontation, als auch in der inneren Reformpolitik angesichts der nach dem Wiener Kongress mit
aller Macht einsetzenden Restauration.

Der militärische Sieg über Napoleon erschien vor allem dem europäischen Adel zugleich als Sieg über die sich regenden Kräfte der Revolution und Reform – wobei vielen Konservativen nicht einmal klar war, dass für Männer wie Hardenberg und Stein die Reform von oben gerade das Instrument war, eine Revolution von unten überflüssig zu machen und zu verhindern.

Hardenbergs Kampf um die Priorität der Realpolitik vor ideologischen Denkmustern war nur der Anfang einer großen Auseinandersetzung zwischen Reform und Restauration, Erneuerung und Beharrung, mutigem Zukunftsdenken und dem ängstlichen Prinzip »Keine Experimente«.

Die Dissonanz zwischen militärischen und politischen Tönen in Blüchers Brief war der erste Indikator für aufkommende Schwierigkeiten im internationalen wie im innenpolitischen Geschäft. Schon beim Einzug in Paris und bei den anschließenden Siegesfeiern hatte das Verhalten der Militärs Anlass zu heftigen Klagen gegeben. Hardenberg schrieb in einem Bericht vom 18. November, der König selber würde kompromittiert, wenn die Armee sich wie ein *Freicorps* aufführe. Die Diplomaten hatten nur mit Mühe verhindern können, dass die Armee den Pont d'Iena in die Luft sprengte, nur weil der Name der Brücke an die verlorene Schlacht bei Jena erinnerte. Auch vor Plünderungen in der französischen Hauptstadt waren die einmarschierenden Truppen nicht zurückgeschreckt.

Hardenberg und Blücher waren also, wenigstens scheinbar, natürliche Gegner. Und wie Blücher dachte der größte Teil des Offizierkorps und damit ein großer Teil der tonangebenden Schicht. Die Militärs, sofern sie ihre beschränkte Perspektive und ihr simples Denken in den Kategorien Sieg oder Niederlage zum Maßstab ihrer Weltsicht machten, glaubten allen Ernstes, den Politikern und »Diplomatikern« vorwerfen zu können, sie hätten den König falsch beraten und im Krieg nationale Interessen verraten.

Genau dieses Denkmuster war schon während des Wiener Kongresses ein Problem gewesen. Die gesamtdeutschen Fragen der Nation hatten sich verfangen im Gestrüpp der einzelstaatlichen Interessen und der Interesselosigkeit der Verbündeten. Nahezu verzweifelt hatten Hardenberg und Humboldt an Metternich geschrieben: *Es gibt bei der deutschen Verfassung nur drei*

Punkte, von denen man, nach der innersten Überzeugung der Unterzeichneten, nicht abgehen kann, ohne der Erreichung des gemeinschaftlichen Endzwecks den wesentlichsten Nachteil zuzufügen: eine kraftvolle Kriegsgewalt, ein Bundesgericht und landständische, durch den Bundesvertrag gesicherte Verfassungen.[2]

Der *gemeinschaftliche Endzweck* aber war zu diesem Zeitpunkt schon nicht mehr das oberste Gebot aller deutschen Staaten. Viel größer war das Misstrauen der kleineren Staaten in Deutschland gegen die österreichische und preußische Großmachtpolitik. Bayern brachte die Idee eines Bundesgerichts zu Fall. Und Sachsen blockierte die geplante Bundesversammlung, noch ehe sie konstituiert war, indem es das Prinzip der Einstimmigkeit in Grundsatzentscheidungen durchsetzte.

Die mittleren deutschen Staaten verhinderten also eine Stärkung der Bundeskompetenz, weil sie die Dominanz Österreichs und Preußens fürchteten. Wilhelm von Humboldt brachte dies zwei Jahre später auf die grundsätzliche Formel, dass ein Bundesstaat da nicht mehr möglich ist, wo zwei Glieder zu mächtig geworden sind.[3]

Der interne preußische Konflikt zwischen den Militärs und den »Diplomatikern«, zwischen Blücher und Hardenberg, erhielt also zusätzliche Nahrung durch die ungelöste Verfassungsfrage. Trotz heftiger Bedenken hatte König Friedrich Wilhelm am 22. Mai 1815 ein von Hardenberg und seinem Mitarbeiter Staegemann ausgearbeitetes Verfassungsversprechen über eine *zu bildende Repräsentation des Volks* gegeben. Der Widerstand des Adels gegen eine Gesamtstaatsverfassung war aber so groß, dass Friedrich Wilhelm es vorzog, das Versprechen, das er gegeben hatte, auch auf Dauer nicht einzulösen. Das konnte Hardenberg im Mai 1815 jedoch nicht voraussehen, und so nahm er schon als Erfolg, dass er eine Kommission aus *einsichtsvollen Staatsbeamten der Provinzen* bilden, die organisatorischen Vorarbeiten und schließlich die Formulierung einer endgültigen Verfassungsurkunde übernehmen sollte. Die Abkehr des Königs von einer Verfassung gehörte für Hardenberg sicherlich zu den großen Enttäuschungen und Belastungen der letzten Jahre. Alle reaktionären Kräfte in Preußen, die die Reformen und erst recht die Herausbildung einer Volksvertretung verhinderten, konnten sich im Grunde auf den König berufen.

So arbeitete der Erzieher des Kronprinzen, der Prediger Johann Peter Ancillon, unermüdlich gegen den Kanzler, indem er den König mit allen denkbaren Argumenten gegen die Zulassung einer Volksrepräsentanz versorgte. Er stellte jede Verfassung als den Anfang vom Ende der monarchischen Souveränität hin und verstand es, die Ängste des Königs zu wecken und immer stärker gegen Hardenberg zu wenden. Was immer Hardenberg an Ideen oder Formulierungen vortrug, wurde Beratern wie Wittgenstein und Knesebeck als Gutachtern zugeleitet und erfuhr dort Kritik und Relativierung. Und eine kluge Königin, die beim König für Hardenberg Partei ergreifen konnte, gab es nicht mehr.

Ungeachtet all der ungelösten Fragen einer Verfassung für Preußen drängten sich unmittelbar nach den Befreiungskriegen die außenpolitischen Probleme in den Vordergrund. Denn kaum war Napoleon endgültig nach St. Helena abgeschoben, da brachen die alten Interessengegensätze unter den Verbündeten wieder auf.

Angesichts dieser Situation muss Hardenberg seine Ohnmacht deutlich gespürt haben. Er verfasste wieder eine Denkschrift – was er im Lauf seines Lebens immer dann getan hatte, wenn ihm das politische Handeln erschwert wurde. Mit seiner Schrift vom 22. Juli 1815 suchte er die Alliierten davon zu überzeugen, dass Europa sich jetzt umfassend vor Frankreich schützen müsse: Französische Grenzfestungen im Norden sollten von den Niederländern, an Mosel und Saar von Preußen und im Elsass von den Österreichern besetzt werden. So werde eine durchgehende Verteidigungslinie entstehen.

Auch die finanziellen Reparationsleistungen und die Rückgabe von geraubten Kunstschätzen müsse jetzt von den Bourbonen ebenso eingefordert werden wie die Rückgabe von privatem Besitz. Mit derartigen Forderungen mochten sich aber die Bündnispartner nicht anfreunden. Zar Alexander sah – nachdem er durch die Annexion von Polen der große Gewinner der Befreiungskriege war – in Frankreich schon den Wunschpartner für seine künftige Politik. Auch der englische Außenminister Castlereagh war eher an einem Frankreich ohne Revanchegefühle als an einer Stärkung Preußens interessiert. Und Metternich war ohnehin nicht ansprechbar, wenn es sich um Abänderungen der Wiener Schlussakte handelte.

Hardenberg musste also klein beigeben – was ihm von den Nationalisten prompt als patriotisches Versagen ausgelegt wurde. Die so genannten Patrioten trauten dem liberal und international denkenden Pragmatiker Hardenberg ohnehin nicht über den Weg. Schon lange waren sie bereit, ihre patriotischen Gefühle gegen Hardenberg zu wenden und sie dem ihrer Meinung nach in mehrfacher Hinsicht schwerhörigen Staatskanzler um die Ohren zu hauen. Trotzdem konnte Hardenberg kleinere Gewinne für Preußen aushandeln: Gebiete an der Maas, Saarbrücken und Saarlouis, Landau und Westfalen.

Nachdem all dies am 20. November im zweiten Pariser Friedensvertrag besiegelt war, kehrte Hardenberg zurück nach Berlin. Die Gebietsgewinne waren bescheiden, gemessen an den Vorstellungen, die Hardenberg von einer angemessenen Entschädigung Preußens hatte. Doch Preußen reichte jetzt wieder von der Maas bis an die Memel, wenngleich seine Territorien nicht zusammenhingen. Die Bevölkerung hatte sich verdoppelt und war auf 10,5 Millionen Staatsbürger angestiegen. Es war gelungen, Preußen als europäische Großmacht zu etablieren. Es würde jetzt zu den Großen Vier gehören, die in den nächsten Jahren die Überprüfung der Bestimmungen von Wien und Paris zu überwachen hatten.

Zar Alexander und – mitgerissen von dessen nahezu mystischer Begeisterung – die anderen Monarchen wollten die politische Kleinarbeit nicht ohne einen ideologischen Überbau dem weiteren Verlauf der europäischen Geschichte überlassen. Sie gründeten deshalb mit gehörigem Pathos die »Heilige Allianz«. Mit eigener Hand hatte der russische Zar einen Text geschrieben, den auch Kaiser Franz und König Friedrich Wilhelm trotz einiger Bedenken schließlich unterzeichneten. Die Monarchen versprachen sich von der »Heiligen Allianz«, abgesehen von den religiösen Begründungen, vor allem eine Stärkung ihrer Stellung gegenüber den Neuerungen der Aufklärung.

Das Papier vom 26. September 1815 spricht von einem *brüderlichen und christlichen Bündnisvertrag*, der *im Namen der heiligen und unteilbaren Dreieinigkeit* geschlossen wird und das Versprechen einschließen soll, die *gegenseitigen Beziehungen auf die erhabenen Wahrheiten zu gründen, die die unvergängliche Religion des Erlösers lehrt*. Die Herrscher erklären sogar ausdrücklich, sie betrachteten sich als *Delegierte der Vorsehung*, und ihre

Völker seien Glieder ein und derselben christlichen Nation, deren wahrer Souverän Jesus Christus sei.

Der eher theatralisch als staatsphilosophisch anmutende Text war, vor allem vom Zaren, wirklich als Mittel der Friedenssicherung gemeint, stieß aber auf Zurückhaltung und Spott, zumal die gedankliche Parallelführung von göttlicher Dreieinigkeit und absolutistischem Dreierbündnis als geschmacklos empfunden wurde. Metternich sprach von einem *lauttönenden Nichts*, sein Mitarbeiter Friedrich Gentz von *Theaterdekoration*. Trotzdem stärkte die »Heilige Allianz« die restaurativen Kräfte, die eine Unterstellung des staatlichen Lebens unter christliche Moralvorstellungen ebenso begrüßten wie eine Erneuerung der Ideologie vom Gottesgnadentum der Fürsten.

Wie der prosaische Metternich dürfte auch Hardenberg wenig Sinn gehabt haben für die Attitüde der »Heiligen Allianz« mit ihren geschwollenen Formulierungen. In seinem Tagebuch vermerkt er am 25. September auch nur sehr knapp, der König habe ihm das Projekt der »Heiligen Allianz« dargestellt. Da Friedrich Wilhelm III. dabei jedoch selber skeptische Distanz zur russischen Initiative hielt, dürfte Hardenberg in seiner Meinung eher gestärkt worden sein.

Preußens Gesicht hatte sich verändert, nicht zuletzt dadurch, dass jetzt zwei Fünftel seiner Bevölkerung katholisch waren. Außerdem war Preußen durch seinen Weg nach Westen von einer ost- zu einer mitteleuropäischen Macht geworden. Damit aber kam eine ganz neue Art von Problemen auf den Staatskanzler zu.

Im vergrößerten Preußen lebten mehr Menschen als je zuvor. Die beginnende Industrialisierung verursachte die sozialen und politischen Probleme, die bald das 19. Jahrhundert prägen sollten und mit deren Anfängen sich Hardenberg etwa ab 1816 zu befassen hatte. Worum es ging, wird schlaglichtartig beleuchtet durch einen Runderlass des Staatskanzlers vom 5. September 1817, *betreffend allgemeine Vorschläge zur Verbesserung der Verhältnisse der Fabrikarbeiter (Kinderarbeit) und die darauf ergangenen Berichte der Oberpräsidenten.*[4]

Das Dokument ist, von Einzelberichten abgesehen, die erste amtliche deutsche Untersuchung zur Lage der Fabrikarbeiter und zugleich die erste amtliche Umfrage, *die einen Hauch von Sorge über das Schicksal der Arbeiterkinder verspüren läßt.* Jürgen Kuczynski, der seine Arbeit im Rahmen der DDR-Geschichtsforschung veröffentlichte, stellt dies fest, fügt aber hinzu: *nicht aus humanen Motiven, sondern aus klassen-ökonomischen und – echt preußisch! – militärischen Erwägungen.*[5]

Die Tatsache aber, dass ein preußischer Staatskanzler im Jahre 1817 eine Umfrage in Auftrag gab, um seine politischen Entscheidungen zu untermauern, zeigt einmal mehr, wie sehr Hardenberg zu den ersten »modernen« Politikern zählt. Er erreichte 1819 immerhin ein Kinderschutzgesetz für Baumwollspinnereien, das die Fabrikarbeit von Kindern unter neun Jahren verbot und für neun- bis sechzehnjährige Kinder eine tägliche Arbeitszeit von zwölf Stunden vorsah.

Es mag sich für eine Studie zur »Geschichte der Lage der Arbeiter unter dem Kapitalismus« – so der Titel der Publikationsreihe – gehören, dass Hardenberg eine »kapitalistische und feudale Ideologie« bescheinigt wird und den Formulierungen des Runderlasses »humane Züge« abgesprochen werden. Der Erlass Hardenbergs ist aber – in historischer Perspektive – ein Dokument großer Verantwortung gegenüber dem Individuum und dem Gemeinwesen. Der moderne Gedanke von der Sozialverpflichtung des Eigentums wird gegen den Frühkapitalismus geltend gemacht und zugleich das Regelungsrecht des Staates verteidigt. In Preußen hatten sich, wie Kuczynski erkennt, bereits »kapitalistische Produktionsverhältnisse« herausgebildet, denen gegenüber nicht nur die »Arbeiterklasse«, sondern auch der Staat seine Interessen wahren musste.

Hardenberg sieht, dass von der *Fabrikation die Kultur und der Wohlstand* eines Landes ausgehen kann. Er sieht aber auch, dass *eine zahlreiche Menschenklasse erzeugt* [wird], *die in den besten Jahren dürftig und bei jeder Mißernte, oder jeder Stockung des Absatzes dem tiefsten Elend preisgegeben ist.* Und er erkennt, dass durch Kinderarbeit die Fabrikation zwar *sehr viel wohlfeiler* wird, die Arbeiter aber durch die frühe Gewöhnung an die Fabrik gefesselt werden. Diese Fesselung hat schwer wiegende Folgen für den Einzelnen, die Gesellschaft und den Staat. *Außer dem Nachteil, welche diese Verwöhnung für die einzelnen Menschen erzeugt, greift sie auch selbst höchst verderblich in die höheren Staatszwecke ein.* Durch die Eintönigkeit der Arbeit, so Hardenberg, verliert der Mensch seine moralische Freiheit, was dazu führt, dass er am Ende lieber in das tiefste Elend versinkt, als seine Lage zu ändern, die ihm seit frühester Kindheit zur zweiten Natur geworden ist. Die unaufhörliche Wiederholung eines Handgriffs bringt den Menschen um die allgemeine Geschicklichkeit, *das Vaterland in der Stunde der Gefahr zu verteidigen*.

Hardenberg äußert die Sorge, *daß die frühe Gewöhnung zur Fabrikation in eine Verwöhnung ausarte, daß die Erziehung zum Fabrikarbeiter auf Kosten der Erziehung zum Menschen und Staatsbürger betrieben werde und daß der Mensch genötigt werde, die höchste mechanische Fähigkeit in einem einzelnen Handgriff mit dem Verlust seiner moralischen Freiheit zu erkaufen, selbst ehe er erkennen kann, wieviel dieser Kauf ihn kostet*.

Hardenberg ist der Ansicht, *wohlmeinende Fabrikherren und Verleger müssen endlich selbst fühlen, ... wie unmöglich es sei, daß der Staat sie bei Vorteilen schütze, welche in solchem Maße seinen höheren Zwecken entgegengesetzt sind*. Er empfiehlt deshalb den Oberpräsidenten, also den obersten Beamten der Regierungsbezirke, in Berlin, Breslau, Magdeburg, Münster und Köln als Erstes, den Schulunterricht zu sichern, Lesen und Schreiben zu ermöglichen und immer mehr zu erwarten von *der anfangs unmerklichen, aber zuletzt alles überwältigenden Wirksamkeit der öffentlichen Meinung, der Sitten und des Geistes der Verfassung*.

Auf einem Zettel aus Hardenbergs Nachlass, der dem Jahr 1817 zugeordnet wird und der wie ein Einkaufszettel alles Unerledigte aufführt, steht das Wort Verfassung an erster Stelle. Es folgen: Staatsschulden und Tilgungsplan, finale Regulierung des Staatshaushalts, neues Steuersystem, »Vollendung der bäuerlichen Verhältnisse des Eigentums«..., Künste und Wissenschaft, Erziehung und öffentlicher Unterricht.[6] Hardenberg hat also die Hoffnung auf eine Verfassung, aber auch die Erwartung, die großen Probleme seiner Regierung noch zu lösen, bis zu seinem Lebensende nicht aufgegeben.

Die rheinische Pressfrechheit

Der Erwerb der neuen westlichen Provinzen zwang Preußen, sich auf völlig neue Aufgaben einzulassen. Hardenberg spürte, dass in den unterschiedlichen Traditionen des preußischen Ostens, Berlins und Brandenburgs auf der einen und dem preußischen Westen am Rhein auf der anderen Seite ein erheblicher Konfliktstoff steckte. Die Menschen in Ost und West waren höchst unterschiedlich sozialisiert, hatten unterschiedliche Erfahrungen mit dem Staat und seinen Institutionen und hatten auch objektiv verschiedene Entwicklungen durchgemacht. Der Westen war bereits industriell entwickelt, wohlhabend, weltoffen und liberal, der Osten war agrarisch geprägt, arm, verschlossen und konservativ.

Der Exponent des westlich geprägten staatsbürgerlichen Selbstbewusstseins war der Koblenzer Publizist Joseph Görres. Er erregte mit seiner Zeitung »Rheinischer Merkur« bald den Zorn Friedrich Wilhelms III., weshalb Hardenberg offenbar glaubte, die profilierte Zeitung des rheinischen Katholizismus unterdrücken zu müssen. Der »Rheinische Merkur« war aber nicht nur die Stimme der rheinischen Katholiken, sondern viel mehr: Er war das Organ der Demokratiebewegung.

Joseph Görres, ursprünglich ein begeisterter Befürworter der Französischen Revolution, dann aber Gegner des revolutionären Terrors und schließlich des napoleonischen Imperialismus, erschien der preußischen Regierung ohnehin schon als viel zu liberal. Als seine Zeitung darüber hinaus auch noch die Einlösung des königlichen Verfassungsversprechens forderte, reagierte der König aufgebracht: *Wer auf diese Weise das Volk von der Regierung abwegig macht und die Regierung dem Volk preisgibt, kann da nicht weiter geduldet werden.*[1]

Zunächst war wohl daran gedacht, den aufmüpfigen Zeitungsmann aus Koblenz zu versetzen. Hardenberg wollte dies aber vermeiden und begann, sich mit Görres auseinander zu setzen. Ob er ihn je verstanden hat, lässt sich schwer erkennen. Recht oberlehrerhaft und obrigkeitlich befand Hardenberg darüber, ob Formulierungen im »Rheinischen Merkur« »einwandfrei« seien oder ob der Ton »tadelnswert« sei.

Als ihm jedoch eine Eingabe überbracht wurde, die von 3296

Personen unterschrieben war, zeigte sich Hardenberg, dem die »Opinion« immer wichtig war, durchaus beeindruckt. Görres wurde in Schloss Engers, der ehemaligen Residenz der Kurfürsten von Trier, zu Tisch gebeten, wo der Staatskanzler gerade, für die Dauer seines Besuches im Rheinland, residierte.

Wenn man dem preußischen Beamten Friedrich Ferdinand von Dorow glauben will, muss Görres sich bei dieser Gelegenheit sehr sonderbar benommen haben. Er erschien bei trockenem Wetter in verschmutzten Stiefeln und fleckigem Überrock und *benahm sich gegen Fürst und Fürstin, zwischen denen er bei Tisch saß, auf die ungeschliffenste, empörendste Weise.* Wenn er zu Hardenberg sprach, *lispelte er leise, kaum hörbar,* obwohl ihm die Schwerhörigkeit Hardenbergs bekannt war, *zur Fürstin schrie er wie ein Fuhrknecht.*[2]

Trotzdem versuchte Hardenberg, die rigorose Ablehnung durch den König abzumildern, er reagierte eher widerwillig auf die Anweisung Friedrich Wilhelms, gegen Görres vorzugehen. Erst als er dessen Schrift »Teutschland und die Revolution« las, änderte er seine Meinung, denn Görres griff in erhabenem Ton die Willkür der Regierung an, geißelte ihre Gespensterfurcht und schrieb: *So mußte beinahe unausbleiblich ein Funken dieser so unvorsichtig angeschürten Feuersbrunst zündend in das Reich dunkler Gewalten, die des Menschen Brust umschließt, herniederfahren und die Schlafenden aus ihrer Ruhe wecken, daß der höher und höher sich hebende, täglich gereizte Grimm endlich übertrat.*

Wenige Tage nach seiner Lektüre von »Teutschland und die Revolution« gab Hardenberg den Haftbefehl gegen Görres mit einer Stafette nach Koblenz heraus. Görres wurde jedoch gewarnt und konnte nach Straßburg entkommen.

Natürlich hatte Hardenberg erkannt, dass er in Görres einen brillanten Gegner gefunden hatte, der unerbittlich auf die Verfassungsfrage hinweisen und die Restaurationspolitik der Regierung bekämpfen würde. Aber wollte nicht auch Hardenberg eine Verfassung? Und wollte nicht auch er die Zerstörung seines Reformwerks durch die Restauration verhindern?

Görres hatte keine Geduld. Tief enttäuscht von der Politik der preußischen Regierung, ließ er den Ton seiner Artikel im »Rheinischen Merkur« immer schärfer werden. Hardenberg aber dachte

*Joseph Görres, der unbequeme Kämpfer für
Pressefreiheit und Verfassung*

in anderen Zeitdimensionen als Görres. In seiner Denkschrift
»Ideen zu einer landständischen Verfassung in Preußen« hatte er
1819 einen Verfassungsplan entwickelt, der im Endergebnis eine
Landesrepräsentation für Preußen bringen sollte, eine Volksver-
tretung, die nicht nur beraten, sondern mitgestalten sollte. Der
Weg zu dieser Landesrepräsentanz sollte über die Kreistage und
Provinziallandtage führen. Schritt für Schritt wollte Hardenberg
die Verfassungsbewegung voranbringen.

Er hatte sich in der Teplitzer Punktation vom 1. August 1819
gegenüber Metternich verpflichtet, die Fragen der Volksvertretung langsam anzugehen. Da aber in Deutschland die fortschritt-
lichen Kreise des liberalen Bürgertums zum Teil kompromisslos
aufs Ganze gehen wollten, geriet Hardenberg wieder einmal zwischen die Fronten. Konservative Historiker wie Hans-Joachim

Schoeps vermuten, dass die Extremisten des Bürgertums mit ihrer Eile die Gegenwehr der Regierungen erst hervorgerufen und damit auch die verheerenden Karlsbader Beschlüsse von 1819 ausgelöst haben.[3] Doch die entschiedene und angstbesetzte Reaktion gegen jede Art von Verfassungsstaat oder gar Demokratie hatte schon viel früher eingesetzt, was diese Interpretation zu wenig berücksichtigt. Die Konservativen im Land hatten sich vom Sieg über Napoleon zugleich den Sieg über jede Neuordnung generell versprochen und waren dann durch spektakuläre Ereignisse wie das Wartburgfest 1817 oder die Ermordung Kotzebues 1819 aufgeschreckt worden. Sie mussten damit rechnen, dass nichts mehr sein würde wie früher.

Auch Hardenberg wurde hineingezogen in die düstere und besorgte Gedankenwelt der alten Eliten. Im Auftrag seines Königs musste er *wegen der Wartburger Geschichte* – so Hardenberg am 13. Dezember 1817 in seinem Tagebuch – beim Großherzog von Weimar vorstellig werden und sich im Namen des Königs von Preußen und der österreichischen Regierung über die demokratischen Umtriebe der Studenten von Jena und die *Auswüchse der sächsisch-weimarischen Presse* beklagen. Hardenberg war allerdings auch selbst davon überzeugt, die studentischen Unruhen seien ein »abscheuliches Unwesen« und würden die Jugend verderben. *15-, 16-jährige Knaben aus Tertia sind verführt, die Senatoren und Väter des Vaterlandes zu spielen.*[4]

Friedrich Wilhelm war so hoch alarmiert, weil der Polizeidirektor auf Anforderung in wichtigtuerischer Übertreibung gemeldet hatte, die Aktivitäten der Studenten bedeuteten eine *unmittelbare Gefahr für die bestehenden Staaten.*[5]

Für Hardenberg dagegen kam die Gefahr für den Staat aus einer anderen Ecke. Er musste zur Kenntnis nehmen, dass gegen seinen Willen aus dem aufgeklärten Reformstaat Preußen immer mehr ein System geworden war, in dem Meinungs- und Pressefreiheit unterdrückt wurden. Durch den Polizeiminister Wittgenstein war Preußen auf dem Weg zu einem Zensur- und Polizeistaat, der schon dabei war, eine eigene politische Polizei zu begründen – die dann zum Vorbild für alle weiteren Staatsschutzdienste in Deutschland werden sollte.

Wittgenstein setzte sich mit seiner Geheimpolizei über das

Postgeheimnis ebenso hinweg wie über Hardenbergs formelle Zuständigkeit als Staatskanzler. Er versuchte, Hardenberg zu umgehen und seine Polizeimaßnahmen gegen alle »Demagogen«, insbesondere Studenten und Professoren, direkt mit dem König abzusprechen.[6] Friedrich Wilhelm wollte jedoch nicht ganz ohne den Staatskanzler handeln – und sei es nur, um ihn einzubinden – und informierte ihn über Wittgensteins Schritte. Hardenberg antwortete, er könne den Vorschlägen des Polizeiministers nur zustimmen, wenn vorher die Verfassungsfrage in Angriff genommen werde. Nach seiner Auffassung – und damit kehrte er die allgemeine Meinung am Hof um – sei die Existenz des Staates bedroht, wenn nicht bald eine Verfassung beschlossen werde.

Wie zu erwarten, geschah nichts. Der König fuhr in den Sommerurlaub nach Teplitz in Böhmen. Er, Wittgenstein und, von ferne, Metternich operierten weiter an Hardenberg vorbei. Die Teplitzer Konferenz stand bevor, und Friedrich Wilhelm wollte das Treffen mit Metternich abwarten, bevor er sich zur Verfassungsfrage äußerte. Wittgenstein tat derweil alles, um einen Keil zwischen den König und seinen Staatskanzler zu treiben und hinter den Kulissen die verfassungsfreundliche Politik Hardenbergs zu konterkarieren.

Dem König war sein Verfassungsversprechen unangenehm, vor allem, als die bürgerliche Bewegung nicht aufhörte, immer wieder die Erfüllung des Versprechens einzufordern. Friedrich Wilhelm war die Vorstellung, ein Monarch und seine Regierung könnten durch eine Volksvertretung beim Regieren gestört werden, in der Seele zuwider. Die beratende Funktion eines solchen Gremiums war das Äußerste, was er sich als Zugeständnis abringen mochte.

Im Grabenkrieg um das Verfassungsversprechen wollte Friedrich Wilhelm vor allem selber festlegen, wann und in welchem Sinne er es einlöste: *Ich werde bestimmen, wann die Zusage einer landständischen Verfassung in Erfüllung gehen soll, und Mich durch unzeitige Vorstellungen im ruhigen Fortschreiten zu diesem Zweck nicht wendig machen lassen. Der Untertanen Pflicht ist es, im Vertrauen auf Meine freie Entschließung, die jene Zusicherung gab und den betreffenden Artikel der Bundesakte veranlaßte, den Zeitpunkt zu erwarten, den Ich, von der Übersicht des Ganzen geleitet, zu ihrer Erfüllung geeignet finden werde.*[7]

Der Jurist und spätere Justizminister Friedrich Karl von Savigny versuchte sogar zu beweisen, dass das Verfassungsversprechen Friedrich Wilhelms keine moralisch oder rechtlich bindende Zusage sei, sondern lediglich ein internes Programm des Königs, das nicht von Dritten eingefordert werden könne. Preußen war noch nicht reif für eine Verfassung. Die Verschleppung der Bemühungen war gerade darum aber für die folgende Geschichte Preußens und Deutschlands verhängnisvoll: Sie verschärfte den Gegensatz zwischen den Klassen. Sie verzögerte eine einheitliche Rechtsstruktur in den preußischen Provinzen und vergrößerte die Kluft zwischen Preußen und den süddeutschen Staaten, die ja längst Verfassungsstaaten waren.

Aus heutiger Sicht hat Hardenberg seine immer neuen Anläufe wahrscheinlich nicht energisch genug betrieben und schon im Vorfeld zu viele Kompromisse gemacht. Auch die Einwilligung in die unselige »Demagogenverfolgung« ist nur durch die höchst ambivalente Entschlossenheit zu erklären, auf jeden Fall im Amt zu bleiben. Er wollte dort stehen bleiben, wo er angekommen war, und sich nicht denen anschließen, die mit fliegenden Fahnen zurück in die Vergangenheit stürmten. Wie Franz Schnabel vermutet, glaubte Hardenberg bis zum Schluss, die Verfassung für Preußen doch noch durchsetzen zu können. Das jedoch war eine trügerische Erwartung, denn die Gegner der Verfassung – allen voran der König, der Kronprinz und der Polizeiminister Fürst Wittgenstein – hatten den verfassungsfreundlichen Kanzler längst entmachtet, so wie sie auch schon Wilhelm von Humboldt und Hermann von Boyen ausgeschaltet hatten. Leider hatte Hardenberg auch hier einen Kompromiss mit den Verfassungsgegnern gemacht, indem er aus Humboldts scharfem Protest gegen die Einschränkung rechtsstaatlicher Prinzipien in der Folge von Teplitz und Karlsbad den Schluss zog, ein *Ministerialwechsel [sei] nötig.*

Ob mit oder ohne Kompromiss, mit oder ohne Humboldt – Hardenberg konnte den Kampf gegen den Monarchen, den Adel und die von ihm selbst effizient gemachte Bürokratie nicht gewinnen, zumal er selbst Teil des Systems war und sein eigenes System nicht auf Siegen, sondern auf Funktionieren angelegt war. Trotzdem hat er nie aufgehört, auf den schlussendlichen Erfolg zu hoffen. Das Scheitern der Verfassungspläne hat er nicht mehr erlebt.

Der Staatskanzler

Dreißig Jahre sollte es noch dauern, bis durch die Revolution von 1848 eine Nationalversammlung erzwungen wurde. Und hundert Jahre später erst wurde in Berlin die Republik ausgerufen.

VI.
Der letzte Winter

Die Angst des »Hofgewürms«

Nach dem Ende der Feldzüge gegen Napoleon musste Hardenberg noch einmal um den Ausbau und die Sicherung seiner Stellung kämpfen. Es ging um seine Reformpläne und um die Verfassung. Um den rückwärts gewandten Ministern einen »Kappzaum« anzulegen und sie wie am Zügel zu führen und gefügig zu machen, wollte Hardenberg einen Staatsrat einberufen, der ihm zur Seite stehen und den Vorrang vor den Ministern haben sollte.

Es war, als ahne Hardenberg, dass seine Machtstellung und damit sein Einfluss immer stärker zur Disposition gestellt werden würde, je älter er wurde. Umso mehr suchte er die institutionelle Absicherung seines Einflusses. Die fertig formulierte Verordnung, die er im März 1817 dem König vorlegte, trägt deutlich den Stempel eines auf seine Person zugeschnittenen Regelwerks.

Ob dies der Grund war für die abwartende Haltung des Königs? Friedrich Wilhelm jedenfalls unterschrieb die Vorlage nicht, sondern stellte sie im Kreis der Ressortminister zur Diskussion, wohl wissend, was geschehen würde. Natürlich würden die Minister sich gegen jede Einschränkung ihrer Zuständigkeiten wehren. Und der König konnte so eine weitere Zusammenballung von Macht in den Händen des Staatskanzlers verhindern.

Hardenberg reagierte auf das Zögern des Königs geschmeidig, er änderte seine Vorlage. Die Zuständigkeiten des Staatskanzlers wurden umgewandelt in die Befugnisse eines »Präsidenten des Staatsrates«, der jedoch kein anderer sein sollte als er selbst, Fürst Hardenberg. Durch diesen Trick wurde der Zweck der Umwandlung jedoch in sein Gegenteil verkehrt: Die Minister waren nicht beruhigt, sondern aufgebracht. Langsam bildete sich eine Fronde gegen den Staatskanzler.

Hardenberg war dabei, sich in eine ausweglose Situation hineinzumanövrieren. Einerseits war es ihm um 1817 noch gelungen, gegen den Widerstand der Minister seine eigene, nahezu absolutistische Stellung auszubauen. Er war, mehr als der König, der eigentliche Regent. Aber er war eben nicht der König und konnte auch nicht so handeln wie ein Souverän. *Das war Har-*

denbergs Dilemma, an dem er zuletzt gescheitert ist, resümiert Thomas Stamm-Kuhlmann.[1]

Zu diesem Dilemma gehörte auch die Koppelung von größter Macht in Händen des Staatskanzlers und der immer noch völlig ungelösten Verfassungsfrage. Für Hardenberg stand die Verfassungspolitik in engem Zusammenhang mit den Staatsfinanzen.

Wegen dieser Verbindung von aktueller Politik und Verfassungsfrage aber wurde das Vertrauen zwischen dem König und seinem Staatskanzler von neuem strapaziert, wenngleich der König seinen Schwur am Grab der Königin Luise, sich nicht von Hardenberg zu trennen, auch jetzt nicht brach.

So eindeutig das Verfassungsversprechen auch war, so klar war die Absicht des Königs, es nicht zu erfüllen. Die Notabelnversammlung (1811) und die »interimistische Nationalrepräsentation« waren eher Ersatz für eine Volksvertretung gewesen und bloß als Transmissionsriemen der Regierungspolitik gedacht.

Die altpreußischen Konservativen versuchten mit allen Mitteln, und letztlich ja auch mit Erfolg, den König von der Einlösung seines Versprechens abzubringen. Der Publizist Adam Müller stellte sich ihnen als Sprachrohr zur Verfügung. Seine Äußerung vom 21. Februar 1811 ist nicht ohne unfreiwillige Komik: *Hieße ich Marwitz oder Prittwitz, so wollte ich das schwache, zähe Rohr, welches zum Staatskanzler über diese Eichen- und Buchenwälder gesetzt ist, heute noch krümmen, daß es brechen müßte oder nach der Weise pfeifen müßte: Keine Nation ohne die alten Provinzen! Keine Nation ohne den alten Adel.*[2]

Aber Müller hieß nicht Marwitz oder Prittwitz. Und Marwitz, an den der Brief gerichtet war, wäre wohl auch kaum auf die Idee gekommen, mit Müller zu tauschen.

In der Geschichtsschreibung haben es Hardenbergs unversöhnliche Gegner, Treitschke und Meinecke, dennoch fertig gebracht, das Scheitern der Verfassungsbestrebungen auf die *Mutlosigkeit und Schwäche* des Staatskanzlers zurückzuführen. Und die Bemerkung Metternichs, in Preußen seien damals *zwei negative Gewalten im Kampfe: die Schwäche des Königs mit jener des Staatskanzlers,* bezieht sich gewiss nicht, wie der Historiker Paul Haake offenbar meint, auf die Verfassungsfrage.[3]

Die Schwäche des Königs, der *die Meinungen das Gefährlichste in der menschlichen Gesellschaft* nannte (Meinecke), war in der Tat beträchtlich. Jede Art von Volksvertretung stand eben gegen seine Interessen und gegen sein Naturell: *Der Lärm der Debatte, die Leidenschaft des parlamentarischen Kampfes, die Notwendigkeit, selber öffentlich aufzutreten, war seiner Schüchternheit peinlich,* meint Paul Haake.[4]

Da aber die Verfassungsfrage eng mit der Finanzpolitik verknüpft war, hatte der Staatsminister Hardenberg schon seit dem Beginn der Reformen von allen Seiten scharfe Kritik an seiner Steuergesetzgebung einstecken müssen. Nicht nur die bisher Privilegierten, sondern auch die kleinen Leute fühlten sich benachteiligt. Die Konsumsteuer auch auf elementare Lebensmittel und die Steuerpflicht für Gesinde brachte herbe Einschränkungen mit sich.

Die Kritik war oft genug auch im persönlichen Sinn gehässig, beleidigend und verständnislos gewesen. Einem nicht weiter bekannten Kritiker hatte Hardenberg mit der ihm eigenen Souveränität geantwortet: *Wie froh würde ich sein, wenn ich der Spender königlicher Wohltaten sein könnte! Aber, wie die Sachen stehn, ist mein Amt das lästigste, undankbarste in der Welt, und es gehört, glauben Sie mir, viel Mut, Entschlossenheit und Resignation dazu, mich demselben zu widmen ...*[5]

Für die restaurativen Kräfte, die nach dem Wiener Kongress zurück an die Macht drangen, kam zum Unbehagen an der Finanzpolitik auch noch die Furcht vor einer Verfassung hinzu. Das Ringen um die Verfassung kostete Hardenberg sogar die Freundschaft und die Loyalität, die ihn so lange Zeit mit den brillantesten Köpfen der Zeit verbunden hatte.

Den einen, wie Wittgenstein und Ancillon, war Hardenberg ein revolutionärer »Jakobiner«, der die altständischen Rechte des Adels beschnitt. Den anderen, wie Stein, Humboldt und Niebuhr, war er ein Reaktionär, der die Verfassungsbewegung in faulen Kompromissen verkommen ließ. Allein schon diese Position zwischen den Fronten hätte als Indiz genommen werden können, dass er die richtige Vision und den vernünftigsten Verfahrensvorschlag hatte.

Hätte Friedrich Wilhelm III. mehr Vertrauen zu seinem Staatskanzler gehabt statt zu Metternich und dessen Werkzeug, dem Fürsten Wittgenstein, dann hätte sich eine Konstitutionalisierung Preußens durchsetzen lassen, ohne daß 1848 eine verspä-

tete Revolution dazu erforderlich gewesen wäre – so Thomas Stamm-Kuhlmann in seiner Biografie Friedrich Wilhelms, des »Melancholikers auf dem Thron«, des »Königs in Preußens großer Zeit«.[6] Aber die Verfassungsfrage war zu sehr verknüpft mit den Finanzfragen und konnte nicht im reinen Element der Staatstheorie beantwortet werden, da sich die wirtschaftlichen Interessen der Beteiligten und Betroffenen in den Vordergrund drängten.

Mit einer Zentralisierung des Schuldenwesens und dem Schuldenausgleich zwischen den Provinzen, also einer Art Länderfinanzausgleich, wollte Hardenberg seine Idee von der Vereinfachung der Staatsverwaltung befördern. Dahinter aber stand für ihn die grundlegende Frage einer Repräsentativverfassung, die ihm die Möglichkeit geboten hätte, die *vom Adel beherrschten Stände des ancien régime auszutilgen.*[7]

Der betroffene Adel hat die Gefahr natürlich sofort erkannt. So beschwor Graf Dönhoff beispielsweise den König in einer Eingabe, niemals ein Regierungssystem zuzulassen, das als allgemeine Repräsentation und als allgemeiner Nationalwunsch angesehen werden müsse.[8] In dieser Frage war auf den König Verlass. Der Vertraute Friedrich Wilhelms, Fürst Wittgenstein, legte Hardenberg ohne Umschweife nahe, von Verfassung oder ständischer Vertretung erst gar nicht mehr zu sprechen.

Der König war ohnehin nicht zu sprechen, da er den Sommer in Karlsbad verbrachte, die Rheinlande besuchte und nach Paris fuhr. Erst im Oktober kam er nach Berlin zurück. Der Staatskanzler hatte also keine Gelegenheit zum Vortrag.

Dann besuchte auch Hardenberg die neuen Provinzen. Er studierte die rheinisch-westfälische Provinzialverfassung, sprach mit den Chefs der Behörden und den Oberpräsidenten und beantwortete eine im Frankfurter Bundestag gestellte Frage mit der Erklärung, Preußen werde sich innerhalb des nächsten Jahres zu seinen Bemühungen um eine Verfassung äußern.

Allein diese Ankündigung brachte den König auf. Er empfand die Erklärung als unerhörte Eigenmächtigkeit des Staatskanzlers. Ihn störte schon das Gefühl, nun den Erwartungen auch entsprechen zu müssen. Eben dies wollte er um keinen Preis. Also verbot er seinem Staatskanzler jede präjudizierende Äußerung. Hardenberg antwortete mit dem Hinweis auf das immer lauter werdende Verlangen der Epoche nach einer repräsentativen Verfassung.

Mit diesem Gedanken aber konnte er Friedrich Wilhelm weder überzeugen noch beschwichtigen. Zu tief saß die Angst des Königs vor dem Verlust der absoluten, von allen Einreden losgelösten Souveränität. Zu gering war seine Phantasie, sich auch unter veränderten Bedingungen eine sinnvolle Zukunft für den Staat und die Monarchie vorstellen zu können. Und mit der Angst und der Phantasielosigkeit wuchs auch wieder das Misstrauen gegen die politische Selbstständigkeit Hardenbergs, der sich, wie zu erwarten, vor allem um drei Funktionsbereiche der Regierung kümmerte: die Verwaltung, die Verfassungsfrage und die Außenpolitik.

Hardenbergs erneute Reise ins Rheinland im Sommer 1818 stand im Zeichen der Außenpolitik. Die Großmächte wollten in Aachen zusammenkommen, um die Ergebnisse des Wiener Kongresses zu überprüfen und – nach dem Zweiten Pariser Frieden – die Rolle Frankreichs neu zu bestimmen.

Für Hardenberg war das Aachener Treffen eine willkommene Gelegenheit, noch einmal als Gastgeber aufzutreten. Zur Vorbereitung hatte er sich schon mit dem britischen Außenminister Castlereagh im belgischen Badeort Spa und mit Metternich im Schloss Johannisberg bei Eltville getroffen.

In Aachen konnte er sich deshalb, gleich bei Beginn des Kongresses am 27. September 1818, ohne Schwierigkeiten mit seiner Politik der Ausgewogenheit durchsetzen: Die alliierten Truppen in Frankreich sollten sofort abgezogen werden, damit Revanchegelüste – so die Erwartung – erst gar nicht aufkommen konnten.

Die französische Regierung hatte zwar auch unter den wieder eingesetzten Bourbonen ihre Kriegsschulden nicht bezahlt, was wegen der allgemeinen Finanzlage eine schwerwiegende Sache für Preußen war. Trotzdem wurde Frankreich in den Rat der Großmächte aufgenommen, wenn auch nicht als Bündnispartner. Die »Großen Vier« waren sich darin einig, dass Frankreich nicht isoliert werden durfte. Denn schon zeigten die Bonapartisten wieder eine aggressive Haltung, schon hatte das Land wieder mit der Aufrüstung begonnen.

Zunächst stand der Jahrestag des Sieges über Napoleon an. Nach dem Willen der Monarchen sollte auch die Erneuerung der »Heiligen Allianz« zur Siegesfeier gehören. Das bedeutete, die Absicht der Sieger von 1814/15 zu bekräftigen, bei politischen

Umsturzversuchen zusammenzustehen. Mit anderen Worten: Die außenpolitische Konsolidierung des europäischen Gleichgewichts ging einher mit der Stabilisierung der Restauration. Und dies vor allem in den deutschen Ländern.

Hardenberg musste wieder einmal lavieren. Auf der einen Seite wollte er die Verfassung, die der König versprochen hatte, als Krönung seines Lebenswerkes realisiert sehen. Auf der anderen Seite wusste er, dass eine allzu schnelle Gangart in der Verfassungsfrage die Freundschaft der Kaiser von Österreich und Russland kosten, sich also eine wesentliche Komponente der europäischen Entspannung auflösen könnte. Die Verfassungsfrage war damit zu einem Scharnier der Hardenbergschen Politik überhaupt geworden: Innenpolitisch bildete sie die Verbindung zur Finanzpolitik, außenpolitisch zur Bündnispolitik.

Wieder formulierte Hardenberg in einer Denkschrift seine Überlegungen für die Zukunft Preußens und Europas sowie die Notwendigkeit konstitutioneller Regelungen. Er legte – allerdings für den Taktiker Hardenberg zu einem erstaunlich ungünstigen Zeitpunkt – dem König einen Verfassungsentwurf vor. Der aber konnte das nur als lästig empfinden, war die Vorlage doch eine Erinnerung an sein immer noch nicht eingelöstes Versprechen. Friedrich Wilhelm blieb denn auch eine Antwort schuldig, ließ den Staatskanzler wochenlang warten und beriet das Papier mit Wittgenstein und Ancillon, ohne Hardenberg auch nur hinzuzuziehen. Keine Aussprache. Keine Audienz.

Die Folge: Das »Hofgewürm«, wie Ernst Moritz Arndt in seinen »Wanderungen und Wandelungen« die Hofgesellschaft nennt, glaubte jetzt, mit dem Staatskanzler genauso umgehen zu können wie der König. Dessen Benehmen zeigte, wie sehr Hardenbergs Einfluss geschwunden war und wie stark Friedrich Wilhelm auf seine neuen, für ihn bequemen Ratgeber hörte.

Hier stand nicht mehr die politische Sache im Vordergrund. Dem König ging es einfach darum, den Ansprüchen und Argumenten Hardenbergs zu entkommen. Denn dessen Verfassungsentwurf war der schlüssige Versuch, auf den eigentlichen Diskurs der Zeit einzugehen und zugleich die verschiedenen Interessenstandpunkte zu integrieren: den König, die Altständischen, die Liberalen, die Vertreter der Landstände und die Verfechter einer zentralen Repräsentation. Der König aber wollte keinen Aus-

Karl August von Hardenberg

gleich der Interessen, sondern die Durchsetzung seiner eigenen Position.

Hardenbergs Ziel dagegen war es, durch eine repräsentative Verfassung den Staat und die Krone vor Ereignissen zu schützen, die zum Umsturz führen könnten. Mit der Formel *demokratische Grundsätze in einer monarchischen Regierung* wollte Hardenberg auf die Zeitströmungen reagieren, wollte *dem wahren Zeitgeiste entgegenkommen* und die großen *Weltbegebenheiten* wie die Amerikanische und die Französische Revolution, die Kriege, aber auch die Verbreitung neuer natur- und wirtschaftswissenschaftlicher Erkenntnisse in den preußischen Horizont einbeziehen.

Und als hielte er seine Adressaten wirklich für Ignoranten, schloss er noch ein kleines geschichtsphilosophisches Seminar an: *Die Geschichte zeigt eine beständige Folge von Veränderungen. Sitten, Meinungen und Ansichten bleiben nirgend dieselbigen.*[9]

Derartige Gedanken erreichten jedoch weder den König noch seine Berater. Die Propaganda der Gegner hatte Hardenbergs Stimme überdröhnt. Schon beim Schlagwort von der »Revolution von oben« hatte die ständische Opposition nur das Wort »Revolution« herausgehört. In Hardenbergs Reformen fand sie, wie schon im preußischen Landrecht, den Geist der Französischen Revolution und der Verfassungsbewegung wieder. Der »ständische Trotz« (Schnabel) der Oppositionellen fand es schon beunruhigend, wenn allzu häufig vom Staat gesprochen wurde anstatt von der personalen Obrigkeit des Landesherrn von Gottes Gnaden. Es galt schon als eine »Abschwächung der Pietät«, von Bürgern oder Staatsbürgern anstatt von Untertanen oder königlichen Bediensteten zu sprechen.[10] Die Angst des »Hofgewürms« schlug um in Aggressivität.

»Gönner der Verschwörung«

Während seines Kuraufenthalts in Teplitz im Juli 1819 bat Friedrich Wilhelm den österreichischen Staatskanzler Metternich zu sich und fragte ihn, wie er, der preußische König, mit seinem schwierigen Staatskanzler umgehen solle.

Metternichs Antwort folgte dem Muster der gemeinen Hofintrige und der altbewährten Strategie der Denunziation: Hardenberg sei zwar ein guter Mann, sei aber inzwischen alt und gebrechlich. Ohne es zu wollen, fördere er das Schlechte. In seiner Umgebung, so Metternich, spielten die Demokraten und Umstürzler die Hauptrolle.

Alles dies konnte Hardenberg nicht wissen, als er selber nach Teplitz beordert wurde, um mit Metternich zusammen die Maßnahmen zu beraten, die Österreich und Preußen gemeinsam ergreifen wollten, um gegen die Presse und gegen die studentischen Umtriebe an den Universitäten vorzugehen (Teplitzer Punktation).

In den Tagen von Teplitz muss etwas Ungewöhnliches geschehen sein. Hardenberg betrieb auf einmal die Umsetzung von reaktionären Maßnahmen so energisch, dass Beobachter und

Freunde höchst irritiert waren. War diese neue Gangart Teil einer Vermittlungsstrategie? War sie nur das altersstarre Bemühen, alles unter Kontrolle zu behalten, auch wenn der Zug in die falsche Richtung fuhr? War Hardenberg einfach mürbe von der psychologischen Kriegsführung seiner Gegner, die sich nicht scheuten, selbst ihre absurdesten Gedanken schamlos zu äußern?

Oder setzte sich der Staatskanzler an die Spitze der Rückwärtsbewegung, weil er tat, was jeder Stratege in dieser Situation getan hätte: an der Tête reiten, um die Truppe dahin zu führen, wo er sie haben wollte?

Hardenbergs Vorgehen gegen die »Demagogen« lässt dies vermuten. Er wollte sich einen Freiraum schaffen zwischen den altständischen Interessenverbänden und den Verfechtern einer demokratischen Volksrepräsentation. Aber die Reaktionäre waren in Preußen immer noch stärker als die Exponenten der Verfassungsbewegung. Der erhoffte Freiraum erwies sich als Sackgasse. Hardenberg, der stehen blieb, als alle zurückströmten, fand sich auf einmal isoliert.

Verwies Hardenberg zum Beispiel auf den Grundsatz, oberstes Gesetz müsse sein, die salus publica, das Wohl des Volkes, im Auge zu behalten – dann hielten seine politischen Gegner allein schon den Ausdruck »salus publica« für eine Anspielung auf revolutionäre Parolen, nannten ihn einen *Gönner der Verschwörung* und setzten ihn auf die Liste der Hauptverdächtigen.[1]

Dabei war es ohne Zweifel besonders bitter, dass die härtesten Schläge gegen ihn nicht von seinen alten Gegnern oder Feinden geführt wurden, sondern von den alten Freunden und Weggefährten wie zum Beispiel Wilhelm von Humboldt, den Hardenberg am Ende *falsch wie Galgenholz* nannte.

Als Friedrich Wilhelm den Ministern vorwarf, ihn nicht ausreichend über die Lage Preußens informiert zu haben, konterte Humboldt mit schwerwiegenden Vorwürfen gegen das Kanzleramt und forderte die Verschmelzung von Staatskanzleramt und Staatsministerium.

Es gehört zur Tragik der preußischen und damit der deutschen Geschichte, dass immer wieder politisch notwendige Entwicklungen verhindert und historische Chancen vertan wurden, indem die handelnden Personen gegeneinander agierten, obwohl sie das gleiche Ziel verfolgten. Ein Beispiel ist die Beziehung zwischen

Hardenberg und Stein, ein anderes die zwischen Hardenberg und Humboldt.

Hardenberg wollte eine Verfassung. Humboldt wollte eine Verfassung. *Verhängnisvoll aber war, daß die beiden Staatsmänner zu verschiedene Naturen waren, um persönlich einander verstehen zu können,* meint Franz Schnabel.[2] Anstatt sich jedoch trotzdem die Bälle zuzuspielen, führten sie gegeneinander einen Kampf um die Macht. So zielte Humboldt darauf, das Amt des Staatskanzlers abzuschaffen, was in Hardenbergs Augen ein Sakrileg war. Hätten Hardenberg und Humboldt sich aber verständigen können, wäre das Problem allein schon durch einen Zeitplan zu lösen gewesen: die Abschaffung des Staatskanzleramtes nach dem Rücktritt oder dem Tod des gegenwärtigen Amtsinhabers.

Oder: Hardenberg hatte einen Verfassungsplan vorgelegt. Humboldt hatte einen Verfassungsplan vorgelegt. Hätten die beiden Männer sich verständigen können, wäre bald klar gewesen, dass Humboldts Plan nur mit dem Kanzler, nicht aber gegen ihn durchsetzbar war.

Schwieriger aufzufangen war ein grundsätzlicher Dissens in der Sache: Humboldt wollte auf keinen Fall die Annahme der Karlsbader Beschlüsse hinnehmen, also die Maßnahmen der europäischen Monarchen gegen die Freiheitsbewegung der Professoren und Studenten. Hardenberg aber wusste, dass hier eine pauschale Verweigerung erfolglos und damit sinnlos war. Hätten sich die beiden bedeutendsten Köpfe der preußischen Staatsverwaltung verständigen können, hätte sich mit dem Instrument von Ausführungsbestimmungen durchaus ein gemeinsamer Weg finden lassen.

Angesichts der Geschichte sind derartige Überlegungen müßig. Für die ewige Frage jedoch, ob die Nachkommenden aus der Geschichte lernen können, sind solche Fragen durchaus sinnvoll. Denn die Formulierung von Alternativen ist ein nützliches Instrument politischer Planspiele – vergleichbar mit den Sandkastenspielen der Militärs, für die es keineswegs tabu ist, sich mit den Alternativen einer Schlachtordnung oder der gesamten Militärgeschichte zu befassen. Es geht ja nicht darum, Trauer über verpasste Gelegenheiten zu tragen, sondern darum, Kreativität herauszufordern und den Horizont des Möglichen zu markieren.

So aber prallten die Gegensätze alternativlos und unvermittelt aufeinander. Nach Humboldts Vorstellung sollte nicht mehr der Staatskanzler das Zentrum der Verwaltung sein, sondern das Staatsministerium als die Versammlung der Fachminister. Hardenberg dagegen verteidigte seine Position. Er drohte mit Rücktritt und provozierte damit die Einmischung des Königs, der sich vielleicht an das der Königin Luise gegebene Versprechen erinnerte: Friedrich Wilhelm stellte sich auf einmal demonstrativ hinter seinen Kanzler.

Damit war es dem alten Löwen noch einmal gelungen, seine Gegner mit einem einzigen Prankenschlag hinwegzufegen. *Der Kriegsminister ist fort. Ist viel, hilft aber nicht, wenn Beyme und Humboldt zusammenbleiben … Beyme und Humboldt müssen dispensiert werden.*[3]

Schon bald lieferte Humboldt den Anlass für seine Entlassung. Ohne Wissen des Kanzlers setzte er einen Beschluss durch, der die Oberpräsidenten nach Berlin berief. Hardenberg nahm diesen Verfahrensfehler zum Vorwand, die Vertrauensfrage zu stellen, und erklärte am 28. Dezember 1819, mit Beyme und Humboldt nicht mehr zusammenarbeiten zu können. Beide erhielten daraufhin ihren Abschied.

Dies war das Ende einer am Anfang so viel versprechenden Verbindung. Der Briefwechsel Humboldts mit seiner Frau Caroline ist ein bewegendes Zeugnis des Ringens um diese Freundschaft.[4] Humboldt, zu diesem Zeitpunkt preußischer Botschafter in London, schreibt von London aus seiner Frau nach Rom: *Ich bin gut gesinnt für den Staatskanzler und habe wirklich Zuneigung zu ihm, ich würde also nie, als in der äußersten Not und selbst sehr gereizt, in eine wahre Spannung zu ihm geraten.* Aber Hardenberg scheint den hochbegabten und hochgebildeten Diplomaten und Staatsbeamten nicht sorgfältig genug beachtet und offenbar auch nicht genug geachtet zu haben.

Resignation und Trauer spricht schon 1817 aus einem Brief Humboldts an Caroline: *Die Menschen, die, wie er, immer so befangen in äußeren Verhältnissen gelebt haben, kennen eher alles, wie einen Menschen; lassen immer fahren, was ihnen gut wäre und verbinden mit sich, was nach und nach ihnen Verderben bringt.*

Im Jahre 1819 werden in den Briefen an seine Frau die Äuße-

rungen Humboldts gegen Hardenberg immer schärfer: *Er ist ...
sehr kleinlich und falsch und bringt mich auch auf immer mit ihm
auseinander ... Er ist ohne alle Grundsätze, allen Charakter und
ohne einige wahre Empfindung.* Wie sehr der Mitbegründer der
Berliner Universität verletzt war, weil er sich von Hardenberg nur
instrumentalisiert, aber nicht in seinem geistigen Rang akzeptiert
fühlte, zeigt ein Brief vom 28. Januar 1819: *Der große Fehler des
Staatskanzlers, der alles Schlimme, alles Halbe hervorgebracht
hat, ist, daß er nicht Sinn und Charakter dazu hat, ein großes Geschäft frei mit anderen gleich Freien zu führen. Statt sich Leute zu
suchen, die neben ihm an der ersten Stelle stehen konnten, raffte
er immer neue Untergeordnete auf, behandelte noch die anderen
wie Werkzeuge und entfernte sie, wenn es nicht ging ...*

Hardenberg fand sich jetzt allein auf der Walstatt. Boyen, der
Kriegsminister, und Grolman, der Generalquartiermeister, hatten
den Abschied schon vorher von sich aus eingereicht. Hardenberg
hatte also in seiner unmittelbaren Umgebung niemanden mehr,
der ihn bekämpfte. Aber er hatte auch niemanden mehr, der ihm
half. Der alte Löwe hatte sich endgültig isoliert.

Vergegenwärtigt man sich die Wucht, mit der die restaurativen Kräfte in Preußen und in Europa sich allen Reformbestrebun-
gen entgegenstemmten, entsteht die Frage, welche historischen
Schritte zu mehr Freiheit und Ordnung eigentlich Bestand haben
konnten – ja, ob überhaupt etwas bleiben konnte.

Man wird aber auch fragen müssen, ob es nur die Wucht der
Restauration war, die so viele Reformansätze annulliert hat.
Möglicherweise wurden die »Reformen« in Wahrheit nicht weit
genug vorangebracht und waren nur eine Reorganisation der
staatlichen Verwaltung, die als solche gar keine Chance hatte,
sich in politische Kultur zu übersetzen, schon gar nicht in einer
solch kurzer Zeit.

Die Schnelligkeit, mit der die Reformen ins Werk gesetzt wurden, war eben nicht nur ein Vorteil, sondern auch ein Nachteil.
Das Tempo des Vorgehens hatte Fakten geschaffen und konnte
den technischen und industriellen Fortschritt Preußens vorbereiten – das war der Vorteil. Aber niemand konnte sicherstellen,
dass der Geist der Reformen in Erziehung, Bildung und politi-
schem Bewusstsein Wurzeln schlug – das war der Nachteil.

Trotzdem haben Stein und Hardenberg mit ihrem Reformwerk

die wichtigste Voraussetzung moderner Staatlichkeit ergriffen und genutzt: ein sprachlich einheitliches Kommunikationssystem, das die integrierende Kraft der deutschen Bildungssprache entfalten konnte. Der Wiener Historiker Heinrich Lutz hat dies in einem Vergleich zwischen Preußen und Österreich herausgearbeitet.[5] Lutz zeigt, wie in Preußen *unabhängig von dem Scheitern dieser oder jener Reformen* aus der Behördenreform ein Ministerialsystem entwickelt wurde, das auf Dauer den monarchischen Absolutismus überwand.[6] Dennoch blieb das Reformwerk unvollständig. Es musste von Anfang an mit Kompromissen zurechtkommen. Hardenberg wurde in seinen letzten beiden Lebensjahren, wenn auch in strategischer Absicht, auf eine Weise in die Magnetfelder der Kompromisse hineingezogen, dass er selbst *die von Metternich forcierte reaktionäre Wendung* samt ihrer antiliberalen Pressepolitik und der Verfolgung der »Demagogen« mit vollzog. Er akzeptierte sogar harte Maßnahmen gegen die Revolution von unten, um die Revolution von oben als Option offen zu halten. Dabei konnte er aber nicht vermeiden, de facto die reaktionären Elemente zu unterstützen.

Wie immer bei großen politischen Entwicklungsschritten, geben oft sehr kleine Ereignisse und Nebenlinien den Anlass für den Durchbruch zu einer neuen Konstellation. Im Kampf der reaktionären Kräfte gegen die Reformbemühungen in Preußen war es ein Mord, der das Fass der Revolutionsangst zum Überlaufen brachte – am 23. März 1819 ermordete der Theologiestudent Sand den Schriftsteller Kotzebue. Obgleich die Tat von einem deutsch-nationalen Studenten verübt worden war und der liberale Schriftsteller, ein »Verräter des Vaterlandes«, das Opfer war, wurde der Anlass nahezu dankbar ergriffen: Hausdurchsuchungen, Verhaftungen, Verbot von Zeitungen, Zeitschriften und Büchern, Zensur und Überwachung bei Studenten, Professoren und Intellektuellen sollten einer »Umsturzpartei«, die es gar nicht gab, die Wirkungsmöglichkeiten nehmen. Die »Demagogenverfolgung« wurde zum Signal für die Verhinderung von Reformen, vor allem für die Vereitelung republikanischer Verfassungsbestrebungen.

Hardenberg gehörte ganz sicher nicht zu denen, die von Veränderungsangst und Revolutionsfurcht getrieben waren. Im Gegenteil: Trotz der ungünstigen Umstände legte Hardenberg dem König einen erneuerten Verfassungsentwurf vor, der die Überlegungen seiner Denkschrift vom Mai 1818 wieder aufgriff und den Katalog der staatsbürgerlichen Grundrechte wiederholte. Aber der König, Metternich und vor allem Wittgenstein als preußischer Polizeiminister spielten sich längst die Bälle zu – unter Umgehung Hardenbergs.[7] Umso unverständlicher ist, warum Hardenberg sich die Durchführungsbestimmungen der Karlsbader Beschlüsse vom August 1819 zu Eigen gemacht und so energisch vertreten hat – und warum er nicht zurückgetreten ist, als das unaufhaltsame Übergreifen der Restauration nicht mehr zu leugnen war.[8] Durch Kompromisse mit den reaktionären Kräften, die ihn längst zum nützlichen Idioten instrumentalisiert hatten, konnte er weder für die Verfassungsidee noch für sich selbst irgendetwas gewinnen. Für seine Gegner blieb er der Gönner der Verschwörung.

Der Alte vom Berge

Wer fast ein halbes Jahrhundert lang entscheidende Machtpositionen innehat, kann es niemals allen recht machen. Also waren an Hardenbergs Lebensweg Menschen zurückgeblieben, die nun als Feinde ihr Haupt erhoben. Wer seine Wege und Umwege mit Glanz und Erfolg gegangen ist, ruft den Neid der anderen hervor. Also waren an Hardenbergs Lebensweg Verbitterte und Enttäuschte zurückgeblieben, die sich als Verlierer fühlten. Wer sich den Menschen als Reformer präsentiert, wird über kurz oder lang zum Sündenbock gemacht für alle verbliebenen und alle neu entstandenen Probleme. Also blieben Menschen zurück, die nie Veränderungen gewollt hatten und jetzt auf den Augenblick warteten, in dem sie die Veränderungen rückgängig machen konnten. Wer allein durch seine Existenz, durch Begabung und Charisma die Kreise des egalitären Mittelmaßes gestört hat, ruft den Aufstand der Zwerge hervor. Also waren an Hardenbergs Lebensweg Zwerge zurückgeblieben, die im Niedergang des Riesen Genugtuung empfanden und sich Hoffnungen machten, etwas größer zu werden. Und wer sich schließlich, in Freiheit und Verantwortung, über enge gesellschaftliche Regeln, beispielsweise die Aufrechterhaltung des Scheins in Eheangelegenheiten, hinwegsetzt, weckt die Frustration all derer, die es als Gefangene ihrer Dressate niemals wagten, zu tun, was sie am liebsten getan hätten. Also waren Menschen zurückgeblieben, die Schadenfreude empfanden, als der Tabuverletzer tödliche Wunden davontrug.

Die Stunde all dieser Zurückgebliebenen war gekommen, als die Vertrauenskrise zwischen dem König und seinem Staatskanzler offenkundig wurde. Friedrich Wilhelms Abrücken von Hardenberg wurde zum Signal, den fast Siebzigjährigen zur Jagd freizugeben. Die Zahl der Frondeure war auf einmal groß. Aus den politischen Gegnern waren persönliche Feinde geworden. Die ehernen Gesetze des Lebens begannen, sich gegen Hardenberg zu wenden.

Eigentlich ging es um Sachfragen, die sich in offener Auseinandersetzung hätten lösen lassen. Aber offenbar mussten ganz andere Rechnungen beglichen werden. Natürlich lag die Unterstellung nahe, der Kanzler beharre eifersüchtig auf seinen Kompetenzen. Natürlich liegt es nahe, aus der historischen Distanz heraus zu sagen, der Kanzler hätte sich mit einer kompetenten Mannschaft von jungen Köpfen umgeben sollen, die loyal und effektiv seine Ziele hätten verwirklichen können.

Aber konnte ein Reformer, der immer noch hoffte, sein Lebenswerk vollenden zu können, einfach an Rücktritt denken? Konnte für ihn überhaupt die selbstreferenzielle Frage nach seinem Bild in der Geschichte zur Hauptfrage werden? Mussten seine Leitmotive nicht ganz andere sein als die, von denen der Schriftsteller Karl August Varnhagen von Ense, für Hardenberg zeitweilig eine Art von Pressereferent, spricht? Varnhagen stellte 1820 lapidar fest: *Er hat im Augenblick des historischen Ruhms abzutreten versäumt.* Aber dann kommt Varnhagen ebenfalls zu der Einsicht, die auch Hardenbergs Handeln bestimmte: *Abtreten jetzt in der größten Verwirrung ist unmöglich, zu einem Ruhe- und Wendepunkt muß er die Dinge nun weiterbringen, also um jeden Preis jetzt nur vor der Hand seinen Posten behaupten, deshalb nachgeben und sich Richtungen aufdrängen lassen, die nicht die seinigen sind, und von denen er am wenigsten eingestehen darf, daß es nicht die seinigen sind.*[1]

Wenn Varnhagen die Rücktrittsfrage aufwirft, bezieht er sich auf ein immer wieder, gerade in der Politik, auftretendes Symptom: Ein erfolgreicher und verdienter Mann bringt es nicht über sich, rechtzeitig zurückzutreten und das Feld den Jüngeren zu überlassen. Dieses Beharren steht oft in krassem Gegensatz zur Intelligenz dessen, der an diesem Punkt angekommen ist. Das politische Geschäft bringt die tägliche Erfahrung mit sich, wichtig und mächtig zu sein. Dieses Gefühl wirkt offenbar wie eine Droge. Der Abhängige spürt zwar die fatale Fessel, er wünscht sich zwar Befreiung und Beruhigung – aber er kann nicht aussteigen, kann nicht leben ohne die tägliche Dosis der Macht. Am Ende steht das tragische Dilemma des Realitätsverlustes: Die Außenwelt drängt zum Loslassen, die innere Stimme gaukelt Unentbehrlichkeit vor. Der Blick der anderen wird ausgeblendet, die eigene Sicht zum Maßstab des Handelns genommen.

Auf Hardenberg trifft dies nur scheinbar zu. Seine Gegner mögen es so gesehen haben. Tatsächlich aber war er der Einzige und Letzte, dessen Vision von einem modernen Staat noch verknüpft war mit einer gewissen Machtposition. Alle anderen Reformer hatten schon resigniert. Und die traditionell Mächtigen hatten den Rückzug in die Vergangenheit angetreten: der König, der Kronprinz, die Minister. Sollte die Idee eines modernen Staates überhaupt eine Chance haben, dem Gespenst der Restauration zu widerstehen, dann nur durch Hardenbergs Verbleiben im Dienst.

Ganz anders sah die Sache aus, wenn man von der menschlichen Situation des Staatskanzlers ausging. Der Siebzigjährige musste harte Schläge einstecken, die ihn zwangen, sein Haus zu bestellen. Gewöhnt an ein vitales und trotz kleinerer Beschwerden kraftvolles Leben, musste er die zunehmende Schwerhörigkeit und die langsam sich meldende Altersgebrechlichkeit als Einschränkung, ja als Demütigung empfinden. So versuchte er – auch losgelöst von allen Überlegungen der politischen Strategie – wenigstens ein paar Fäden des preußischen Staatstheaters in der Hand zu behalten.

Nur schwer entschloss er sich, den König um die Entbindung vom Vorsitz im Staatsrat zu bitten. Das Amt des Staatskanzlers, also die Richtlinienkompetenz, wollte er aber auf jeden Fall behalten. Damit konnte er sich nach wie vor in die Routinegeschäfte einschalten – um den Preis, immer wieder vor Probleme gestellt zu werden, die es ohne ihn nicht gegeben hätte.

Trotzdem: *Ich weiß, daß ich immer älter werde, meine Kräfte können vielleicht im Abnehmen sein, mein Gehörfehler ist anderen wie mir lästig; aber ich fühle auch lebhaft, daß Kopf und Herz noch auf der rechten Stelle sind ...*[2] Diese Zeilen schrieb Hardenberg am 5. Dezember 1821, einen Tag, nachdem er seinen letzten Willen *mit Wohlwollen im Herzen* niedergeschrieben hatte – ein knappes Jahr vor seinem Tod. Er schrieb sie an einen vermeintlich Vertrauten, der jedoch längst seine Entmachtung und seinen Abschied betrieb: den Fürsten Wittgenstein.

Dass Kopf und Herz noch an der rechten Stelle waren, musste all denen, die im Grunde seinen Tod wünschten, nur ein weiterer Grund für verstärkte Anstrengungen sein, ihn endlich von der politischen Bühne verschwinden zu lassen. Der Kanzler aber griff immer noch naiv und vertrauensselig in die Regierungsgeschäfte ein, obwohl längst andere seine Vollmachten unter sich aufgeteilt hatten.

Der fünfundzwanzigjährige Kronprinz Friedrich Wilhelm nannte ihn, wohl in Anspielung auf seinen Wohnsitz Glienicke, »das Clinicum«. Diese geschmacklose Formulierung hinderte den Hohenzollern nicht daran, gegenüber Hardenberg selbst höchst schmeichlerische Töne anzuschlagen: *Und das Eine müssen Sie mir glauben, daß die Worte: Freundschaft, Vertrauen, Verehrung keine leeren Laute in meinem Munde sind, – und wahrlich weiß ich keine anderen zu gebrauchen, wenn ich von meinem Verhältnis zu Ihnen rede.*[3] Hardenberg notierte: *Ich wünsche seine Ideen zu wissen, so viel als möglich in sie und in sein System hinein zu gehen.*[4]

Karl von Mecklenburg, ein Halbbruder der Königin Luise, biederte sich dem Kronprinzen mit der zynischen Bemerkung an: *Er wirkt nichts Gutes mehr und stürzt uns zuletzt noch in den unabsehbaren Jammer einer demokratischen Konstitution.*[5]

Auch die alten Weggefährten Stein und Altenstein hatten sich längst gegen ihn gestellt. Sein alter, zuverlässiger Feind Ancillon verspottete ihn als den »Alten vom Berge«, wahrscheinlich ohne damit präzise an Hassan-i Sabbah erinnern zu wollen, den legendären, gewalttätigen Begründer der mittelalterlichen Assassinen-

Sekte, Vater und Vorbild aller islamistischen Terroristen. Ihn nannte die westeuropäische Geschichtsschreibung den »Alten vom Berge«.

Wittgenstein verleumdete den Staatskanzler beim König sogar mit der Behauptung, Hardenberg habe am Ende der Befreiungskriege mit patriotischen Geheimbünden wie dem Hoffmannschen Bund Kontakte gehabt und sei deshalb nicht mehr vertrauenswürdig. Man müsse, wenn der Kanzler dem König vortrage, immer auch vertrauenswürdige Personen beigeben, damit der König nicht in die Irre geleitet werden könne.

Der Hoffmannsche Bund war eine Bewegung der nationalen Einigung, die gegen »Ausländerei« kämpfte und sich als patriotische Moralpolizei aufspielte. Für den Hoffmannschen Bund hatte ein gewisser Justus Gruner, damals preußischer Gouverneur am Niederrhein, mit Gneisenau und Hardenberg Kontakt aufzunehmen versucht. Hardenberg ist aber nie auf den Versuch einer Fühlungnahme eingegangen, und der Bund hatte sich schon 1815 aufgelöst. Wittgenstein handelte also mit alten Zitronen.

Auch in anderer Hinsicht arbeitete Wittgenstein daran, zum Thema Hardenberg die Interpretationshoheit zu gewinnen. Er überbrachte dem Staatskanzler am 10. November 1820 eine Schrift, die mit Anmerkungen des Königs versehen war und deren Titel lautete: »Die Verwaltung des Staatskanzlers Fürsten von Hardenberg«. Der Verfasser war Johann Friedrich Benzenberg, ein Professor für Physik und Astronomie aus Düsseldorf, der 1810 in die Schweiz emigriert war und 1813 versucht hatte, im Rheinland einen Volksaufstand anzufachen. Benzenberg war 1818 zusammen mit Joseph Görres bei Hardenberg zum Essen eingeladen worden. In seiner Veröffentlichung von 1820 hatte er Hardenberg als Opfer der preußischen »Feudal- und Ministrial-Aristokratie« dargestellt.

Von Benzenberg war das als *publizistische Schützenhilfe* (Stamm-Kuhlmann) gedacht. In den Augen des Königs jedoch geriet Hardenberg dadurch ins Zwielicht. Möglicherweise hat das endgültige Misstrauen Friedrich Wilhelms, das 1820 schon nicht mehr rückgängig zu machen war, mit Benzenbergs Darstellung zu tun. Hardenberg stand wieder einmal als »Jakobiner« da und erhielt den Befehl des Königs, eine Widerlegung Benzenbergs zu veranlassen.

Hardenberg beauftragte Christian Friedrich Scharnweber, seinen getreuen Mitarbeiter aus Ansbacher Zeiten, mit dieser Aufgabe. Scharnweber war inzwischen, seit 1817, Mitglied des Staatsrats. Seine Arbeit wurde jedoch nicht vollendet und auch nicht gedruckt. Eine Rehabilitation beim König konnte weder Scharnweber noch Hardenberg selbst bewirken. Dem König erschien Hardenberg immer mehr als geheimer Anhänger von Idealen der Französischen Revolution und damit als Verräter an den Interessen des eigenen Standes. Die Angst der Konservativen vor jeglicher Veränderung war längst in Hysterie umgeschlagen.

Zu den Versuchen der reaktionären Kräfte, die jüngste Geschichte in ihrem Sinne zu deuten, gehörten auch die Schriften des Ludwig von der Marwitz, die vollständig erst um die Mitte des 19. Jahrhunderts erschienen. Marwitz erklärt das Reformwerk Steins, Hardenbergs und Scharnhorsts schlichtweg für überflüssig und verfehlt. Der Zusammenbruch Preußens habe seine Ursache nicht im alten System gehabt, sondern in der Persönlichkeit des Monarchen. Also sei eine Reform gar nicht nötig gewesen.[6]

Gegen diese Außensicht konnte Hardenbergs Überzeugung, ein loyaler Diener seines Königs und des preußischen Staates zu sein, wenig ausrichten. Projektionen sind oft wirksamer als die Wirklichkeit.

Der König ließ die Demontage seines Kanzlers zu und demonstrierte öffentlich, dass ihm Hardenbergs Meinungen gleichgültig waren. Dennoch vermied Friedrich Wilhelm, wohl im Andenken an das Vermächtnis der Königin Luise, den offenen Bruch. Er empfing Hardenberg immer wieder zum Vortrag und beauftragte ihn mit ehrenvollen, aber unwichtigen Missionen, vorzugsweise außerhalb von Berlin.

Hardenberg selbst entfaltete in diesen letzten Lebensjahren eine ungebrochene, für ihn aber selbstverständliche und gewohnte Aktivität. Seinem Alter zum Trotz, hatte er für sein privates Leben in Berlin immer noch ausgreifende Pläne. Als Eigentümer des Schlosses Glienicke bei Potsdam ließ er durch den Gartenarchitekten Lenné den Rokokogarten in einen englischen Garten umwandeln, ließ Sichtachsen und einen »pleasureground« bis zur Havel hinunter anlegen und holte so – nach dem englischen Motto »call in the country« – die Landschaft der Havelseen hinein ins Schloss.[7]

Seinem Tagebuch zufolge[8] brach er am 20. Oktober 1820 morgens um fünf Uhr zu einer Reise auf, die ihn nach Troppau, Wien, Laibach und Rom führen sollte. Am Vorabend hatte er ein Diner für 32 Personen gegeben und danach noch Akten bearbeitet. Er reiste mit Gefolge, Bagage- und Küchenwagen in Begleitung seines Vertrauten Maximilian Samson Friedrich Schöll, der Buchhändler in Paris gewesen war, 1814 durch Wilhelm von Humboldt eine Anstellung bei der preußischen Botschaft gefunden hatte und beim Wiener Kongress als Hofrat zur preußischen Delegation gehörte. 1819 wurde er Vortragender Rat im Staatskanzleramt und schließlich ein Vertrauter Hardenbergs. Der betrachtete ihn auch in privaten Dingen als Berater und Freund: *Lange vertraute Unterredung mit Schöll wegen der Constitution, wegen der Fürstin.*[9] Der sonst sehr auf Distanz bedachte Hardenberg nahm einmal bei Tisch, wie er notiert, sogar *die Pillen von Schöll.*

Seine privaten Dinge standen nicht gut. Während der gesamten Reise wurden Briefe zwischen Hardenberg und seiner Frau ausgetauscht. Der zeitgenössische Hardenberg-Verehrer Wilhelm Dorow schreibt zwar: *So viel sei noch erwähnt, daß der Fürst Staatskanzler mit dem festen Willen nach Italien abreiste, auf der Rückreise seine Gemahlin wiederzusehen, die kleinen obwaltenden Mißverständnisse, die durch böse Menschen herbeigeführt waren, aufzuklären und dieselbe dann nach Berlin zurückzuführen.*[10] Doch die Entfernung zwischen Karl August und Charlotte war größer als Dorow ahnte.

Längst handelte das Paar seine Trennungsbedingungen aus – am Endpunkt einer Entfremdung, die sich seit Jahren, wenigstens in Hardenbergs Sicht, aus der Sorge um seine Gesundheit entwickelt hatte: Schon am Ende des Krieges gegen Napoleon hatte sich Hardenberg in Paris magnetisieren lassen, um seine Schwerhörigkeit zu bekämpfen. Später war er im Hause des Arztes Karl Christian Wolfart einer jungen Frau namens Friederike Hähnel begegnet, die ihn sofort beeindruckt haben muss, denn er hält das Datum der Begegnung, den 13 Februar 1816, in seinem Tagebuch fest.

Was folgte, wirkt wie die Geschichte einer eigenartigen Manipulation: Die sprachgewandte, geistreiche und ehrgeizige Friederike Hähnel versteht es, durch empfindsame Kränklichkeit, Delirien und Krämpfe die Aufmerksamkeit Hardenbergs zu wecken.

Ob es wirklich Krämpfe waren, zweifelt schon Wilhelm Dorow in seinen Erlebnisberichten, *oder künstliches Spiel, wollte dem Dorow nicht recht klar werden; er neigte sich mehr zu der Meinung, daß es das Letztere wäre.*[11]

Hardenberg scheint sich sehr intensiv auf »die Hähnel« eingelassen und sich für ihre Heilung von der Schlafwandlerei durch den Magnetismus, vor allem im Blick auf seine eigene Behinderung, interessiert zu haben.

Die Behandlung durch Magnetisieure wurde damals gewöhnlich begleitet von esoterischen Ritualen und Hypnose, so dass alle, die sich darauf einließen, bald in den Verdacht gerieten, einem esoterischen Geheimzirkel anzugehören. Deshalb fühlte sich sehr bald auch Hardenbergs Sohn Christian verpflichtet, auf den Plan zu treten und sich – wie schon 1807 bei der Heirat mit Charlotte – um die öffentliche Reputation seines Vaters zu kümmern. Wieder suchte Hardenberg geduldig, den Sohn zu beruhigen. Er schrieb ihm am 30. November 1816:

... Nun mein lieber Christian, zu dem, was Du mir über das Magnetisiren etc. schreibst. Ich gestehe, daß ich vieles von dem, was Du darüber sagst, gar nicht verstehe. Warum sollte uns irgendetwas Fremdartiges voneinander entfernen? Was hat die Sache mit meinen Verhältnissen als Staatsmann zu tun? Wo ist ein Bund, ein Verein? Wo Benennungen der Gläubigen und Nichtgläubigen? Ich gebe Dir mein Ehrenwort, daß Du Dir Dinge denkst, die gar nicht existieren und die Dir befangene, aber nicht unterrichtete Menschen vielleicht in den Kopf gesetzt haben ... Ich wünschte, Du sähest mich hier, und Du würdest finden, daß der Magnetismus und die Menschen, die sich damit abgeben, auf meinen Beruf nicht den allerentferntesten Einfluß haben. Ich betrachte die Sache als eine wichtige Entdeckung im Reiche der Natur, aber gewiß mit sehr ruhiger, von aller Exaltation befreiter Überlegung, und gebe auch gern zu, daß sie wie alles Gute auch gemißbraucht wird. Beruhige Dich also ganz ...[12]

Die Sorge des Sohnes um den Vater war nicht unbegründet, wenn auch in ganz anderer Hinsicht. Denn die Verbindung zu Dr. Koreff und Friederike Hähnel wurde so eng, dass die Hardenbergs die so wunderbar Geheilte als Gesellschafterin der Fürstin in ihren Glienicker Haushalt aufnahmen. Genau damit aber begann die Zerrüttung auch der dritten Hardenbergschen Ehe, denn offenbar gelang es der Friederike Hähnel, die Geliebte des alternden Fürsten zu werden. Sie soll schließlich sogar einen beträchtlichen Teil des Hardenbergschen Vermögens an sich gebracht haben – eine Behauptung, die nicht bewiesen ist.

Hardenberg lebte also wieder einmal zwischen zwei Frauen. Und er ließ es zu, dass Charlotte sich immer mehr von ihm entfernte. Am Neujahrstag 1821 notiert der Kanzler: *Das neue Jahr nicht mit innerer Ruhe und Zufriedenheit angefangen. Möchte doch alles so beendigt werden, daß beides dauernd hergestellt würde.*[13] Hardenbergs neues Jahr begann also mit Sorgen und Ungewissheit und sollte auch nicht in Ruhe und Zufriedenheit enden.

Während seiner Reise nach Süden bereitete Hardenberg die Nachfolgeverhandlungen zum Wiener Kongress vor, die zunächst in Troppau, später in Laibach geführt werden sollten. Gleichzeitig stand er in ständigem Kontakt mit Barthold Georg Niebuhr, der als preußischer Gesandter beim Heiligen Stuhl in Rom ein Vertragswerk über die Grenzziehungen der römisch-katholischen Bistümer in Preußen ausarbeitete und über Hardenbergs Ankunft in Rom nicht gerade erfreut war, die Formen jedoch einzuhalten wusste: *ich bin genug in der Welt geübt, ein sehr höfliches Verhältniss einzuleiten.*[14]

Mit Niebuhr, dem das eigentliche Verdienst um die Vertragsverhandlungen zukam, und dem römischen Kardinal Consalvi brachte er die Verhandlung zu Ende und unterzeichnete den Vertrag am 23. März 1821. Damit stahl er natürlich dem Gesandten Niebuhr die Show.

Mehr nebenbei begleitete den Staatskanzler die Entwicklung im Königreich Neapel: Sizilien strebte nach Unabhängigkeit, und König Ferdinand bat um Hilfe gegen die Volksvertreter, obgleich er längst den Eid auf die Verfassung abgelegt hatte. Hardenberg hielt sich bei den anstehenden Entscheidungen über Gegenmaßnahmen zu den Revolutionen im Königreich Neapel, in Piemont und in Spanien jedoch deutlich heraus.

Er hörte aber nicht auf, *die Verfassungs Sache* weiter zu verfolgen. Dabei musste er sich auch von fern um die so genannten Demagogen kümmern, für deren politische Position er Verständnis aufbrachte, die er aber auch verabscheute und die er von Amts wegen zu bekämpfen hatte.

Das Reiseprogramm war also keineswegs schmal. Hinzu kamen die gesellschaftlichen Verpflichtungen des Fürsten und Staatskanzlers: Visiten und Gespräche, Diners, Theaterbesuche, Besichtigungen und abendliches Kartenspiel: Whist, Boston und Piquet. All dies waren Beschäftigungen, die Hardenberg mit Selbstverständlichkeit und Vergnügen absolvierte. Manchmal gab er seinen knappen Tagebuchnotizen sogar eine ironische Perspektive – zum Beispiel, wenn er zu einem Besuch im Wiener Hoftheater den Titel des Stückes anmerkte:»Sorgen ohne Noth und Noth ohne Sorgen« oder»Haß allen Weibern«.

Als Hardenberg Troppau verlassen hatte und am 24. Dezember 1820 morgens um zehn Uhr in Wien ankam, spielten der Heilige Abend und Weihnachten offenbar kaum eine Rolle. Es war alles Routine: Er fuhr Visiten, spielte am Abend eine Partie Whist und besuchte an den folgenden Tagen Theater und Ballett.

Die Verhandlungen von Troppau sollten in Laibach weitergeführt werden. Hardenberg versuchte, Friedrich Wilhelm zu bewegen, ebenfalls nach Laibach zu kommen, nachdem schon in Troppau die Abwesenheit des Königs von Preußen unangenehm aufgefallen war. Die Kaiser von Russland und Österreich dagegen hatten das Treffen durch ihre Anwesenheit aufgewertet. Friedrich Wilhelm aber ließ bis zuletzt offen, ob er in Laibach erscheinen werde. Gleichzeitig übermittelte er Hardenberg durch einen Kurier, es sei ihm gleichgültig, ob sein Staatskanzler in Laibach bleiben oder nach Berlin zurückkehren wolle. Er solle *nach den Umständen handeln,* schrieb Friedrich Wilhelm am 24. Januar 1821, obgleich der Kongress erst vier Tage vorher eröffnet worden war. Später, am 10. Februar, ließ er dem Kanzler durch Wittgenstein mitteilen, er solle *doch ja nach Rom gehen.* Hardenberg aber wollte nicht nach Rom abreisen, für den Fall, dass der König doch noch zum Kongress kommen würde.

Erst am 17. Februar verließ Hardenberg, enttäuscht über die demonstrative Gleichgültigkeit des Königs, mit seinem Gefolge die Stadt in Richtung Rom. War seine Präsenz in Laibach schon nicht erwünscht, wollte er wenigstens in Rom beim Heiligen Stuhl die Konkordatsfrage über die Bistumsgrenzen zu Ende bringen.

In Venedig machte er Halt und besichtigte den Stadtstaat. Er wohnte im Hotel de la Grand Bretagna am Canale Grande, fuhr mit der Gondel zum Markusplatz, bewunderte den Dogenpalast, die Bibliothek und das Teatro de la Fenice. Unangenehm berührt war er vom Verfall der Stadt, die er – außer am Canale Grande – als *sehr schmutzig, eng und stinkend* empfand. Selbst das *so gerühmte weibliche Geschlecht sieht im Ganzen schlecht und lumpig aus.* Er nahm auch wahr, dass die österreichische Regierung unbeliebt war, weil sie nicht viel tat *für das Publikum* und *sehr wenig Inländer angestellt werden.* Seine negativen Eindrücke färbten auch auf die Wahrnehmung der alltäglichen Lebensverhältnisse ab: *Die Gondeln sind beym Ein- und Aussteigen unbequem. Man muß rückwärts hinein gehen. Mit dem dicken Schöll saß ich sehr gepreßt in dem engen Behältnisse.*[15]

Am 25. Februar verließ Hardenberg mit seiner Begleitung die prachtvolle, schmutzige Stadt und fuhr über Padua, Ferrara, Bologna und Florenz, Arezzo, Perugia, Assisi, Spoleto, Terni, Narni und Città Castellana nach Rom, manchmal durch Schneegestöber und bei Glatteis. *Wir sahen nichts, sondern eilten nach Rom, um dort noch am Schluß des Carnevals anzukommen.*

Sobald er am 6. März in Rom eintraf, ergriff ihn sofort die rastlose Neugier des gebildeten Italienreisenden aus Deutschland. Dem Zauber der Ewigen Stadt verfallen, erlebte er *das Carneval* an der Piazza del Populo und am Corso, wohnte am Aschermittwoch *der sehr langweiligen Cermonie* mit dem Kardinalskollegium bei und absolvierte in den folgenden Wochen, bis zum 26. März, das volle touristische Programm, das gesamte antike und das kirchliche Rom: das Kolosseum, die Thermen, das Forum Romanum, das Forum Trajanum, die Engelsburg, die Palazzi, die Vatikanischen Museen, die Bibliothek des Vatikans, die Sixtinische Kapelle, das Appartamento Borgia, Sankt Peter – *der Platz von St. Peter machte nicht den großen Eindruck auf mich, den ich erwartet hatte.* Es ist erstaunlich, welch ungeheures Besichtigungsprogramm sich der 71-Jährige zumutete. Auch die durch und durch katholisch geprägte Erscheinung der Stadt scheint den Protestanten Hardenberg nicht erschreckt zu haben.

Der Kanzler verfolgte zwar auch jetzt die Entwicklung im Königreich Neapel und bei den revolutionären Aufständen in Turin, aber seine Tagebuchnotizen bleiben doch mit Vorliebe bei seinen

Eindrücken von Rom. So rankten sich um seine inzwischen sehr überschaubaren politischen Geschäfte die farbigen Girlanden kunsthistorischer Ausflüge, aber auch heiterer Begegnungen mit Künstlern. Er besuchte die römischen Brunnen, die Mosaiken, die Villen, die Kirchen, die Ruinen (sein Kommentar: *sic transit gloria mundi),* die Katakomben. Er genoss die Aussichten von den Hügeln herab auf die Ewige Stadt.

Natürlich nahm der Horaz-Kenner Hardenberg auch die Spuren seines Lieblingsdichters auf, so in Tivoli, wohin er mit Schöll, der *sich vortrefflich auf dem Esel ausnimmt,* ritt. Er besuchte den klassizistischen Bildhauer Thorwaldsen und die heute weniger bekannten preußischen Künstler wie Rudolf Schadow, den in Rom geborenen Sohn des preußischen Hofbildhauers, oder Rittig aus Koblenz und Ramboux aus Trier.

Hardenberg wurde auch dem Papst vorgestellt, *der mich äußerst liebreich und freundlich empfing, mich bei sich sitzen lies, mir mehrmals die Hand gab und drückte. Er sprach italienisch und ich französisch und gab mir mehrmals seinen Seegen.*[16]

Hardenbergs römische Notizen verströmen eine gelassene Heiterkeit, eine Freude am Schauen und ein herzliches Interesse an den Menschen und der Geschichte der Stadt.

Natürlich fehlten auch im römischen Vorfrühling die bitteren Einbrüche der Realität nicht, etwa die Trennung von seiner Frau Charlotte oder eine unerfreuliche Abfuhr durch seinen früheren Freund und Gefährten Karl Freiherr vom Stein, der sich gerade zu historischen Recherchen in Rom aufhielt.

In gewohnter Arglosigkeit lud ihn Hardenberg zu einem Diner ein. Stein aber lehnte *sehr kalt und unfreundlich* ab. Er schrieb: *Meine Gesundheit und Zeiteinteilung in Rom erlauben mir gegenwärtig nicht, die Einladung Ew. Fürstlichen Gnaden zum Mittagessen anzunehmen, und bitte ich daher, mich zu entschuldigen.*[17]

Zu tief war Stein gekränkt: durch den König, durch die staatliche Verwaltung und vor allem durch Hardenberg, der für ihn nur noch ein gewandter, grundsatzloser Realpolitiker ohne politische Leidenschaft war. Auch eine alte Karriere-Rechnung war offen geblieben. Als Hardenberg Staatskanzler geworden war, hatte es für Stein keine Rückkehr in den Staatsdienst gegeben, obwohl er erst 58 Jahre alt war. *Für zwei große Männer bot Preußen keinen*

Raum.[18] Wilhelm Dorow zitiert den Grafen Goltz, dem schon in der Zeit nach 1817 Steins Bruch mit Hardenberg auffiel: *Es ist jetzt sein einziges Geschäft, in meiner Gegenwart den Fürsten Hardenberg herabzuwürdigen, ja, er bricht in förmliche Schimpfreden aus, welche meine Frau für echte Berliner Fischweiberreden erklärt. Er ist ein höchst beschwerlicher Mann.*[19] Hardenbergs römischer Traum ging zu Ende. Am 26. März 1821 verließ er die Stadt. Seine Reiseroute beschwört noch einmal den Zauber der südlichen Landschaft und den Klang großer Namen: Florenz, Bologna, Modena, Mantua, Verona. Von Bozen führt der Weg über den Brenner nach Innsbruck und durch viel Schnee über Scharnitz und Mittenwald nach München. Die drei Frühlingstage in Bayerns Hauptstadt waren der Höhepunkt der Rückreise nach Berlin. Hardenberg wurde von der bayerischen Königin empfangen, speiste mit dem König, sah *viel alte Bekannte* und traf auch den bayerischen Staatsminister Maximilian Graf von Montgelas, mit dem er während des Wiener Kongresses manchmal kooperiert und manchmal gestritten hatte. Montgelas hatte, als Bayern Königreich wurde, sich an der Hardenbergschen Verwaltungsreform in Ansbach orientiert – auch die Bayerische Staatsbank ging zurück auf die markgräfliche und dann preußische »Hofbanco«, deren Chef Hardenberg 14 Jahre lang gewesen war. Montgelas und Hardenberg waren verwandte Seelen: Beide waren diplomatisch außergewöhnlich geschickt und in gleicher Weise von ihren Gegnern gefürchtet und von ihren Anhängern bewundert und verehrt.

In den Münchner Tagen betrachtete Hardenberg voller Vergnügen in der Gemäldegalerie die Bilder von Rubens, van Dyck und Rembrandt und auch den anderen niederländischen Malern des 17. Jahrhunderts. Er interessierte sich auch für den Bau von Klenzes Glyptothek – Leo Klenze hatte 1816 den Wettbewerb für den Bauauftrag gewonnen – bewunderte die Fresken des Peter Joseph Cornelius im neuen Gebäude der Glyptothek und begeisterte sich für den Park, der seit seinem letzten Aufenthalt in München noch *verschönt* worden war.

In guter Stimmung setzte Hardenberg am 16. April die Reise fort. In Bayreuth bereitete man ihm mit einem Fackelzug einen herzlichen Empfang und zeigte ihm, dass seine Zeit als preußischer Minister in Ansbach und Bayreuth nicht vergessen war.

Am 24. April kam er endlich in Glienicke an, empfangen von seiner Frau. Das Tagebuch vermerkt dies ohne weitere Erklärung, außer dass die Begegnung zu einem »Point d'explication« wurde. Der König empfing seinen Staatskanzler in Potsdam am 26. April schon um halb neun Uhr, ohne ihn sein Misstrauen spüren zu lassen. Danach geht es weiter nach Berlin, später nach Tempelberg und Neuhardenberg. In Tempelberg arrangierte Hardenberg am 5. April die Verheiratung von Friederike Hähnel mit einem Herrn von Kimsky, der sich bereit erklärt hatte, die Geliebte des Fürsten zu ehelichen – eine Camouflage, mit der die Vorurteile der Hofgesellschaft beschwichtigt werden sollten. Nach der Zeremonie reiste Hardenberg in Begleitung des frisch vermählten Paares zum Schloss Neuhardenberg.

»Man schüttelt sehr die Köpfe«

Zurück in Berlin – es war der 14. Mai 1821 –, besuchte Hardenberg mit seiner Frau die Uraufführung der Oper »Olympia« von Gasparo Spontini, dem Hofkomponisten und Generalmusikdirektor in Berlin. An der Einweihung des von Schinkel erbauten Schauspielhauses am Gendarmenmarkt, am 26. Mai, nahm er jedoch nicht teil. Seinen Geburtstag, den 31. Mai 1821, ließ er in Neuhardenberg *still vorübergehen*.

Danach fädelte er sich wieder in die Regierungsgeschäfte ein: Finanzplanung, Steuerpolitik, Einfuhrzölle und immer noch und immer wieder die Verfassungsfrage, die jetzt in der »Kronprinzenkommission« verhandelt wurde und die ihm immer mehr entglitt, da der König die gegen Hardenbergs Meinungen laufende Politik der Kommission unterstützte. Am 11. Juli erklärte Friedrich Wilhelm in einem Handschreiben an Hardenberg, ihm falle es wegen der *beiderseitigen Individualität* öfters schwer, sich mit dem Staatskanzler zu beraten. Er wolle deshalb den Fürsten Wittgenstein zu den Besprechungen hinzuziehen.[1]

Das war deutlich. Der Kanzler musste erkennen, dass sein Verhältnis zum König keine Zukunft mehr hatte.

Das gesellschaftliche Leben dieses Sommers spielte sich für

Hardenberg in Berlin, Potsdam und auf den brandenburgischen Gütern ab. Ausflüge, Jagden, Ausritte und des Königs Geburtstag am 3. August mit großem Diner für 62 Personen. Nichts schien auf die Entfremdung zwischen dem Staatskanzler und seinem König hinzuweisen und schon gar nicht auf die Verstimmungen, die sich in Berlin während Hardenbergs Abwesenheit aufgestaut hatten. Karl August Varnhagen von Ense hatte ja immerhin in seinen Tageblättern berichtet: *Man schüttelt sehr die Köpfe über seine Unbekümmertheit in Betreff der häuslichen Angelegenheiten in Preußen, die durch sein Ausbleiben leiden.*[2]

Varnhagen von Ense hat auch von den Spekulationen berichtet, die sich an Hardenbergs Fernbleiben vom Hof anschlossen und die in Fürst Wittgenstein den Drahtzieher der schleichenden Entmachtung Hardenbergs sahen: *Einige glauben, er empfange von hier Briefe, die ihn über die Dringlichkeit seines Zurückkommens absichtlich einschläfern. Die Feinde benutzen den Spielraum, den er ihnen läßt.*[3]

Wenn Wittgenstein gegen Hardenberg intrigiert hat, dann offenbart sein Briefwechsel mit dem Kanzler ein befremdliches Doppelspiel. Der Ton der Briefe an Hardenberg aus der Zeit von August bis September 1822 ist von einer so übertriebenen Höflichkeit, dass sich beim Leser unwillkürlich Misstrauen einstellt. Wittgenstein versichert dem *theuersten Freund,* dass sich trotz unterschiedlicher Auffassungen zwischen König und Staatskanzler an den Gesinnungen für Hardenberg nichts geändert hat und *nichts desto weniger meine persönliche Freundschaft und Ergebenheit für Sie immer dieselbe bleibt.*[4]

Dass Hardenberg die Situation eher als heikel empfand, verrät ein kurzer Brief vom 3. August 1822, in dem er bedauert, seinen *liebsten Freund* vor dessen Abreise nicht noch umarmt zu haben, und dann schreibt: *Die Versicherungen Ihres Wohlwollens sind mir äußerst wohlthätig. Bey unserm Wiedersehen wollen wir recht öfter und freundschaftlich miteinander reden.*[5] Hardenberg und Wittgenstein haben sich nicht wiedergesehen.

Das Kopfschütteln in Berlin hatte nicht aufgehört. Die dritte Ehe des Karl August von Hardenberg war zerrüttet. Die Verheiratung der Friederike Hähnel hatte nur äußerlich geordnete Verhältnisse hergestellt. Charlotte wandte sich endgültig von ihrem Mann ab, verließ am 24. Juni 1821 den gemeinsamen Haushalt und ging zunächst nach Karlsbad, schließlich nach Dresden. Von dort hatte sie, nach brieflichen Verhandlungen, im Oktober 1821 mitteilen lassen, sie willige in eine dauernde Trennung von Hardenberg ein. Jetzt kümmerte sich Dr. Koreff, der Hausarzt der Familie, um sie. Thomas Stamm-Kuhlmann nennt Koreff den *vertrauten Beschützer der Fürstin*.

Johann David Ferdinand Koreff war als Arzt ein Anhänger der von Franz Anton Mesmer entwickelten Heilmethode des Magnetismus – eben jenem naturphilosophischen Verfahren, von dem Hardenberg schon seit langem die Linderung seiner Schwerhörigkeit erhoffte. Der »Mesmerismus« oder »tierische Magnetismus« war damals äußerst populär und wurde u.a. durch Handauflegen und Hypnose praktiziert. Auch Männer wie Schleiermacher, Humboldt und Stein gehörten zu seinen Anhängern.

Hardenberg hatte Koreff durch die Vermittlung Wilhelm von Humboldts kennengelernt. Der Arzt jüdischer Herkunft war für Hardenberg ein interessanter Gesprächspartner. Er stand mit Goethe, Chamisso und E.T.A. Hoffmann in Verbindung. Hardenberg vermittelte ihm eine Professur an der medizinischen Fakultät der Berliner Universität – eine Gefälligkeit, die auf den Widerstand der Professoren stieß, die weder einen oktroyierten Kollegen noch einen getauften Juden als Lehrstuhlinhaber in ihren Reihen dulden wollten.

Durch die Förderung Koreffs festigte Hardenberg natürlich seinen Ruf als »Judenfreund«, zumal Koreff über die Professur hinaus auch im Staatskanzleramt tätig war. Er war zuständig für Personalentwicklung an den Universitäten Bonn und Berlin, beriet außerdem den Staatskanzler in Wissenschaftsangelegenheiten und behandelte ihn als Arzt. *Ich mag nie einen anderen Arzt haben, Niemand kennt so genau meine Natur als Koreff.*[6]

Koreff erwiderte die Hochschätzung auf überschwängliche Weise: *Es gehört zu den schönsten Erfahrungen meines Lebens, diesen Mann so lange und so nahe gesehen zu haben; mein Glaube an den göttlichen Adel der Menschen-Natur hat dadurch einen ungeheuren Zuwachs bekommen.*[7]

Nach der Darstellung Varnhagen von Enses vom 19. Oktober 1822 und vom 10. Dezember 1822, also aus den Wochen kurz vor und kurz nach Hardenbergs Tod in Genua, ist sogar versucht worden, absichtlich das Leben des Staatskanzlers zu verkürzen, indem Wittgenstein dafür sorgte, dass Frau von Kimsky zum Kongress von Verona mitreiste. Ihre Pflege sei *dem guten Alten unentbehrlich*, soll Wittgenstein gesagt haben. In Wahrheit jedoch, so Varnhagen, verursachte die Frau nur *Spannungen, Verdrüsse, leidenschaftliche Auftritte, Unruhe, Verstimmung*, was Hardenbergs Tod beschleunigt habe. Eigentlich sei bei Hofe davon gesprochen worden, *daß der Kanzler doch nicht die Dreistigkeit haben würde, Frau von Kimsky mit nach Verona zu nehmen, daß der König diese Person dort nur mit Widerwillen erblicken könnte, daß es unanständig vor den Fremden erscheinen müßte etc.*[8] Wittgenstein aber habe den Kanzler, der schon davon abgesehen hatte, Friederike mit nach Verona zu nehmen, wieder umgestimmt.

Ohne die Begleitung durch das Ehepaar Kimsky, so die Spekulationen, hätte Hardenberg die Reise nach Verona gesund überstanden und wäre heil nach Berlin zurückgekehrt. Doch diese ohnehin sinnlose Spekulation verkennt die »innere Uhr« eines alternden Menschen.

Hardenberg wusste, dass seine Zeit zu Ende ging. In seiner beruflichen Arbeit, in der er immer noch eine vom König erlassene Verfassung anstrebte, türmten sich Schwierigkeiten und Widerstand auf. Ein höfisch-höfliches, aber fintenreiches Bedrängen – heute würde man es Mobbing nennen – ließ ihm kaum noch Spielraum zu sinnvoller Arbeit. Und auch in seinem Privatleben konnte der Zweiundsiebzigjährige kaum noch eine zufrieden stellende Perspektive finden. Hardenberg hatte keine Aussicht auf einen entspannten Lebensabend in Würde und Geborgenheit.

Die Tagebücher der letzten 15 Monate seines Lebens vermitteln noch einmal das gewohnte Bild geschäftiger Reisetätigkeit zwischen Berlin, Glienicke, Tempelberg und Neuhardenberg, Magdeburg, Wernigerode, Braunschweig, Goslar und Hannover, dem Familienstammsitz Hardenberg, Oldendorf, Bückeburg, Minden, Hamburg, Schwerin, Neubrandenburg und Muskau. Er empfing den Gartenarchitekten Peter Joseph Lenné, um mit ihm die Umgestaltung der Parkanlagen von Glienicke und Neuhardenberg zu besprechen. Er baute, sammelte, plante und nahm den Um- und Ausbau der neuen Besitzungen in Neuhardenberg in Angriff. Er rief Karl Friedrich Schinkel zu sich, um die Pläne für die architektonischen Maßnahmen begutachten zu lassen.

Von Gebrechlichkeit oder Altersmüdigkeit, wie sie ihm von seinen Gegnern nachgesagt wurde, kann also keine Rede sein. So, wie er im Juli 1818 zu denen gehört hatte, die voller Neugier und Erfahrungslust an Bord des ersten Dampfschiffs von Magdeburg aus die Elbe abwärts nach Hamburg fuhren, so war er jetzt mit von der Partie, wenn zu Treibjagden, Ausritten und Diners eingeladen wurde. Anstrengend und vergnüglich waren auch die familiären Zusammentreffen mit Tochter Lucie und ihrem Mann, dem nur sehr zurückhaltend geschätzten Schwiegersohn Hermann Graf Pückler-Muskau. Trotz aller Zurückhaltung hatte Hardenberg seinem neuen Schwiegersohn die Fürstenwürde vermittelt und befasste den genialen Gartenarchitekten mit den Fragen der Parkgestaltung in Neuhardenberg. Die Erhebung Pücklers zum Fürsten hatte übrigens den Kronprinzen so empört, dass er von einer »Pücklerschen Schweinerey« sprach und Hardenberg unterstellte, er wolle nur Confusion in unser ständisches Wesen machen.[9]

Schon zu Hardenbergs Lebzeiten hat es immer wieder Versuche gegeben, seine komplexe Persönlichkeit zu begreifen. Der Geschichtsprofessor und Diplomat Karl von Woltmann zum Beispiel lieferte 1815 für die geheime Staatskanzlei Metternichs einen Bericht über »Preußische Charaktere«, zu denen er natürlich auch Hardenberg zählt. Woltmann ist überzeugt, dass Hardenberg mehr von der neueren Kultur verstand als alle Übrigen. Aber er entdeckt, gewissermaßen mit innerem Kopfschütteln, in Hardenbergs Charakter auch eine wirkliche Weichheit und Gutmütigkeit des Herzens und befindet dann: Die Verbindung solcher Geschmeidigkeit, ja einer Gefälligkeit, die bis zur Schwäche allen gefällig sein will, mit einem Ehrgeiz, der nichts neben sich duldet, und einem natürlichen Stolze, welcher den durch Sinnlichkeit, Eitelkeit, auch Gutmütigkeit durchlöcherten Willen emporhält, ist der hervorstechendste Zug in Hardenbergs Charakter.[10]

Im Oktober 1822 schickte der König seinen Staatskanzler wieder auf eine Reise. Sie wurde sein letzter Weg. Es ging zunächst über Breslau nach Wien, wo er Metternich traf, ins Theater an der Wien ging und, wahrscheinlich in der Spanischen Reitschule, ein »Pferdeballett« miterlebte.

Von Wien aus fuhr Hardenberg über Klagenfurt, Udine, Treviso nach Mestre und Venedig, vorbei an romantischen hohen

Bergen und über *herrliche Chausseen.* In Venedig besuchte er im Theater San Luca *ein schlecht gegebenes Stück* und fuhr bald weiter über Padua, Vicenza nach Verona, wo die Monarchen mit großem Gefolge den Wiener Kongress fortschreiben wollten. Wieder erlebte der Kanzler das gesellige Treiben rund um die Konferenzen, aber auch ruhige Whist-Abende.

Melancholische Grundstimmung und – im Gegensatz dazu – vita activa: Die Anzahl der Namen, die sich in den Tagebüchern dieser letzten Wochen finden, ist groß wie zuvor.[11] Dabei fällt auf, dass Hardenberg auch mit Leuten zusammentraf und sogar dinierte, die – wie Fürst Wittgenstein oder Otto Karl Friedrich von Voß, der früher Finanzminister war und jetzt als Mitglied der »Kronprinzenkommission für ständische Angelegenheiten« gegen Hardenberg arbeitete – längst als Feinde gegen ihn intrigierten. Hardenbergs Talent zur Unbefangenheit traf auf die Verlogenheit seiner Gegner. Entwaffnen konnte er sie damit nicht.

Es wäre verständlich, wenn der Kanzler alle diese Erfahrungen als Aufforderung genommen hätte, allmählich von der Bühne des Lebens abzutreten. Wer aber tritt von dieser Bühne schon freiwillig ab! Hardenberg hatte dem Tod immer in fast heiterer Gelassenheit entgegengelebt. Auch jetzt wird nirgends von einer Klage berichtet. Umso trauriger ist es, dass er nicht im Kreis der Menschen sterben konnte, die er liebte und für die er sich verantwortlich fühlte.

Familienbande

Hinter dem Bild des viel beschäftigten Staatsmannes und des unentwegt Reisenden, der von sich sagte, zur Ruhe sei er eigentlich immer nur im Reisewagen gekommen – und auch hinter dem Bild des immer wieder in leidenschaftlicher Liebe entflammten Mannes ist ein nicht unwichtiger Teil seines Lebens oft unsichtbar geblieben, der aber von Anfang an lebendig war und vor allem in den letzten Lebensjahren noch einmal hervortrat: Hardenbergs Familie.[1]

Die Rolle des Ältesten in der Geschwisterfolge hat er wie

selbstverständlich übernommen und beibehalten. Auch in den ersten Jahren seines beruflichen Wirkens finden sich in den Tagebuchaufzeichnungen immer wieder die Hinweise auf seine Geschwister und die weitere Verwandtschaft.

Trotz seiner Trennung von Christiane von Reventlow hat er die Verbindung zu den gemeinsamen Kindern immer lebendig erhalten. Ein bewegendes Zeugnis dieser Verbundenheit ist der lange Brief vom 4. Oktober 1807 an den Sohn Christian.[2] Besonderen Anteil am Leben seiner Angehörigen hat der alte Staatskanzler in seinen späten Jahren genommen. In dem von Gebhard Graf Hardenberg in Lietzen zusammengetragenen Familienarchiv finden sich außer Teilen des Briefwechsels mit seinem Sohn und seiner Tochter auch Briefe, die Hardenberg mit seinen Schwiegersöhnen, Graf Pappenheim und Fürst Puckler-Muskau, seinen Enkelkindern, Neffen und Nichten ausgetauscht hat.[3] Es sind formelle, aber herzliche und liebevolle Glückwünsche, die ihn zu seinem letzten Geburtstag, dem 31. Mai 1822, erreichten.

Der Briefwechsel mit dem Sohn und der Tochter offenbart die respektvolle Nähe, aus der heraus die Kinder schreiben, und die zärtliche Zuneigung, mit der Hardenberg am Leben der Kinder Anteil nimmt. Die Briefe zeigen aber auch, dass der alternde Vater immer wieder hemmungslos mit den Problemen der Kinder befasst wird, wobei es bei beiden Kindern regelmäßig um Geld geht: Anleihen, Kreditvermittlungen, Schuldverschreibungen. Trotzdem bleibt Hardenbergs Verhältnis zu Christian und dessen Frau Jeanette herzlich: ... *ich umarme Euch beide herzlich als Euer treuer Freund und Vater.* Großen Anteil nimmt Hardenberg, als im Oktober 1819 Jeanette erkrankt und bald danach stirbt.

Weitaus weniger konventionell hat sich das Verhältnis zur Tochter Lucie entwickelt. Lucies Heirat mit dem Fürsten Pückler gehört zu den skurrilen Episoden im Leben Hardenbergs. Pückler, der Globetrotter, Reiseschriftsteller und Gartenbauarchitekt, sagte von sich selbst, die Natur habe versäumt, ihn mit Charakter auszustatten. So bewahrte er beispielsweise die Konzepte seiner Liebesbriefe auf und versah sie mit der Überschrift:»Konzepte alter Liebesbriefe, bei Gelegenheit wieder zu benutzen«.[4]

Er griff hemmungslos in Hardenbergs Leben ein, wie eine oft,

unter anderen von Theodor Fontane in seinen »Wanderungen durch die Mark Brandenburg«, erzählte Anekdote wissen will: Der Staatskanzler hatte zu einem Diner nach Neuhardenberg geladen. Vor dem Essen erging sich der Gastgeber im Park und durchschritt auch eine ihm vertraute Allee. Als nach dem Essen die Tafel aufgehoben wurde und die Herrschaften auf die Terrasse hinaustraten, war die Allee verschwunden. Pückler hatte die Bäume eigenmächtig fällen lassen, da Hardenberg ihm die Gartengestaltung übertragen hatte. Ob der Handstreich des Schwiegersohnes dem Schlossherrn am Ende gefallen hat, wird nicht überliefert. Fontane erzählt: *Der Fürst, im ersten Augenblicke unangenehm berührt, war doch ein artiger Wirt und guter Schwiegervater genug, um gute Miene zum bösen Spiel zu machen ...*
Doch der Schwiegersohn ist zuvorkommend. Am 29. Juli 1820 schreibt er dem »gnädigsten Vater« aus Muskau: *Da ich gehört habe, daß eine böse Marder Familie in Neuhardenberg große Verheerungen unter den dortigen Fasanen angerichtet hat, hier hingegen eine große Menge junger Brut sich vorfindet, so bitte ich um die Erlaubniß, Ende künftigen Monats, so sie transportabel seyn werden, ein Dutzend davon durch einen Boten nach Neuhardenberg senden zu dürfen. Ihr unterthänigster Sohn Hermann Pückler.*
Pückler, dem Goethe in einer Buchbesprechung unterstellte, er sei ein *geprüfter Weltmann von Geist und lebhafter Auffasssung*, hatte Hardenbergs Tochter Lucie nach deren Scheidung von Graf Pappenheim geheiratet. Er nannte sie seine »Schnucke« und war an ihrem Vermögen sowie der kindlichen Geborgenheit an der Seite der mütterlichen, alles zulassenden und alles verzeihenden Freundin interessiert.
Der Anfang der Beziehung zwischen Hermann Graf Pückler und Lucie Reichsgräfin von Pappenheim, geborene von Hardenberg, war so bizarr wie Pückler selbst. Ganz Berlin verfolgte den Verlauf der Affäre, zumal Pückler alles tat, um aufzufallen. Um seiner Verlobten zu imponieren, soll er sogar mit einem Gespann von vier zahmen weißen Hirschen am Café Kranzler vorgefahren sein.
Bei allem Sinn für Lebensart und Lebenskunst konnte das dem Staatskanzler kaum gefallen. Graf Pückler steckte überdies ständig in akuten Geldnöten – und Lucie verfügte noch über ein statt-

Lucie von Hardenberg, verh. von Pappenheim, verh. von Pückler

liches Vermögen. Allerdings war Lucie verschwenderisch wie ihre Mutter und wie ihr Vater – und wie nun ihr neuer Verlobter. Das Vermögen schmolz schnell zusammen.[5]

Auch in anderer Hinsicht trat Lucie das Erbe ihrer Eltern an: Sie dachte nicht daran, sich um das Gerede der Leute zu kümmern, wenn es um ihr Privatleben ging – und auch darin passte sie gut zu Pückler, der mit seinen Gartenbauprojekten, seinen Reisen und seinen Liebesaffären immerzu für Gesprächsstoff sorgte, ohne auf die Tabus der preußischen und der europäischen Gesellschaft Rücksicht zu nehmen.

Mit ihrer verschwenderischen Großzügigkeit und ihrem Hang zur Exzentrik ist Hardenbergs Tochter aber keineswegs hinreichend umschrieben. Denn sie organisierte den Haushalt, sorgte für die Dienerschaft und gab ihrem leichtlebigen Ehemann Geld, viel Geld, auch wenn es darüber manchmal zu Streit kam.

Als Lucies Vermögen nahezu verbraucht und auch vom Vater nichts mehr zu erwarten war, machte Lucie, jenseits aller Konventionen, ihrem Mann den Vorschlag, sich pro forma von ihr scheiden zu lassen, eine reiche Erbin zu heiraten und sich dadurch finanziell zu sanieren.

Eine solche Idee musste natürlich gefeiert werden, bevor sie in die Tat umgesetzt wurde: Das Paar verbrachte selige Monate auf Schloss Muskau. Die verschwörerisch geschiedene Ehe zwischen dem inzwischen zum Fürsten erhobenen Pückler und seiner »Schnucke« wurde nach der Scheidung zu einer noch innigeren Verbindung, der nicht einmal die Heimführung der schwarzen Geliebten Machuba etwas anhaben konnte.[6]

Nach Lucies Tod – sie stirbt 1854 mit 78 Jahren – wird Pückler noch 17 Jahre lang reisen und Bücher schreiben, bis er 1871, kurz nach Ausbruch des Krieges gegen Frankreich, stirbt – nicht, ohne sich noch als Fünfundachtzigjähriger, wie schon 1866 im Krieg gegen Österreich, freiwillig zum Dienst mit der Waffe gemeldet zu haben.

Am 4. Dezember 1821 hatte Hardenberg sein Testament unterzeichnet. Dieses Dokument zeugt von der Sorgfalt und der Treue gegenüber den Menschen, die in seinem Familienleben eine Rolle gespielt haben. Selbst *der unehelich geborenen Tochter der Frau von Haßbergen, wegen deren Geburt die Ehe getrennt und die im Anfange des Jahres 1800 kurz nach Ablauf des gesetzlichen Termins in Prag zur Welt kam, bin ich willens, sobald sie majorenn sein wird, ein kleines Kapital von einigen tausend Talern anzubieten.*

Hardenbergs Erbregelungen sind häufig so verstanden worden, als hätte er im Grunde nur Schulden hinterlassen. In der Tat war er hoch verschuldet. Aber er war nicht überschuldet. Wie aus einem »Familienrezess« aus dem Jahr 1843, nach dem Tod des Sohnes Christian, hervorgeht, stand den Schulden ursprünglich ein beträchtliches Vermögen gegenüber, das als »Fideikommiss« das Stammvermögen der Hardenbergschen Ersten Linie ausmachte und nicht veräußert werden durfte. Offenbar hat jedoch der Sohn Christian Teile des Stammvermögens verkauft, obgleich nicht er, sondern der Älteste der Brüder Karl Augusts mit Zustimmung der Gesamtfamilie dazu berechtigt gewesen wäre. Im »Familienschluß der Graeflichen und Freiherrlichen Familie von Hardenberg, de dato den 18. September 1843« wurde die entstandene Situation schließlich hingenommen.[7]

Doch das Bild Hardenbergs in der Geschichte muss in der Frage seiner finanziellen Schulden korrigiert werden. Nicht er hat das Stammvermögen der Familie veräußert, sondern sein Sohn Christian.

Durch das Leben der Hardenbergschen Kinder Christian und Lucie wird die komplexe Persönlichkeit des Staatskanzlers noch einmal von allen Seiten beleuchtet. Von außen und aus der geschichtlichen Distanz betrachtet, mutet der Lebensweg der beiden Kinder an wie die Spiegelung der zwei Seiten im Charakter des Vaters. Christian, der auf Ansehen und Stellung bedachte Staatsdiener, und Lucie, die lebensfrohe, mit vollen Händen ihren Reichtum verschwendende Gefährtin eines Exzentrikers. Es ist, als hätte Hardenberg je ein Lebensprinzip seiner Persönlichkeit an eines seiner Kinder delegiert.

Tod in Genua

Ob es die Nähe des Todes war, die Hardenberg in Verona so weit über den Dingen des Lebens stehen ließ? Was früher undenkbar gewesen wäre, geschah jetzt: Noch während der Beratungen, die ihn keineswegs langweilten, sondern eher anregten, verließ der amtierende Staatskanzler Preußens die Kongressstadt. Dabei konnte er sich auf seinen Arzt Dr. Rust berufen, der ihm nach schweren Asthma-Anfällen riet, ein milderes Klima aufzusuchen und die Nähe der Berge zu meiden.

In früheren Jahren hätte Hardenberg einen solchen Vorschlag ignoriert. Jetzt ließ er, wie einer inneren Stimme folgend, seine dienstlichen Verpflichtungen hinter sich und begann, seine Tage nach anderen Gesetzen einzurichten. Mit dem 9. November 1822 bricht auch sein Tagebuch ab.

Er verließ Verona und widmete sich in aller Gelassenheit der Stadt Mailand. Er ging ins Theater, besuchte die Museen, die Kirchen und bestieg trotz seiner Beschwernisse die ersten 158 Stufen des Domes. Dann brach er, begleitet vom Ehepaar Kimsky, zu seinem letzten Ziel auf.

Es ist, als habe Hardenberg die tragische Symbolik der letzten beiden Jahre seines Lebens verstanden und wolle den Tod allen weiteren Demütigungen und Kränkungen vorziehen. Der politischen Isolierung war die Kälte der persönlichen Vereinsamung gefolgt.

Jetzt, auf dem Weg in ein milderes Klima – Dr. Rust suchte es in der Nähe des Meeres, in Genua –, verschlimmerte sich sein Zustand. In Pavia, am 17. November, überkam ihn ein heftiger Brustkatarrh, am 19. traf er in Genua ein. Seine Begleitung fürchtete schon, *den Kranken ersticken zu sehen*. Wenige Stunden später traf ihn ein »Nervenschlag«, heute würde man es Schlaganfall nennen. Hardenberg konnte nicht mehr sprechen und verlor das Bewusstsein. Er fiel in wirre Träume und führte Fantasiegespräche mit seinem Vater. Der Hardenberg-Biograf von 1851, Carl Ludwig Klose, berichtet, dass der Staatskanzler schon in den Wochen vorher immer wieder an den Todestag seines Vaters, den 26. November, gedacht habe.

Am 25. November lebte er noch einmal auf und verlangte sofort nach seinen Akten: *Beschäftigung ist mein Lebenselement, vom Arbeiten allein werde ich wieder gesund.*[1] Das klingt wie die Rückkehr zu einem Lebenskonzept, von dem er sich vorübergehend hatte ablenken lassen. In den letzten Jahren hatte er die Heilung seiner Schwerhörigkeit manchmal eher von den Ärzten und ihren modischen Methoden erhofft. Jetzt aber kehrte er zurück zu sich selbst und zur Arbeit als seinem Lebenselement.

Am Tag seines Todes ließ er vormittags den preußischen Konsul zum Vortrag zu sich kommen und empfing ihn *in seiner gewöhnlichen zugleich würdevollsten und liebreichsten Weise,*[2] las die eingegangenen Depeschen und bestellte den Konsul wieder für den nächsten Tag.

Gegen 14 Uhr jedoch verlor er endgültig das Bewusstsein. Klose schreibt: *Näher und näher trat jetzt der Todesengel, und der verhängnißvolle Tag war noch nicht ganz abgelaufen, als Hardenberg – bald nach elf Uhr Nachts – aus langen bewegungsreichen Träumen seines Lebens erwacht war.*

Es war der 26. November 1822, auf den Tag genau 41 Jahre nach dem Tod des Vaters. Das Leben Karl Augusts von Hardenberg war zu Ende gegangen. Vollendet war es nicht.

Sofort kamen Meinungen und Spekulationen über die Todesursache auf. Klose erzählt: *Der Fürst, an die angestrengteste Thätigkeit gewohnt und im Lebensgenusse die Schwäche des Alters sich und Anderen gern verbergend ... vermochte während seines ganzen Lebens, ja bis in die letzten Tage desselben, manchen falschen Lockungen der Sinnlichkeit nicht zu widerstehen ...*

Varnhagen von Ense berichtet schon am 10. Dezember 1822 von Spekulationen, die sich um die Anwesenheit der Frau von Kimsky drehen: *Es werden vielerlei Dinge von diesem Frauenzimmer erzählt. Sie verursachte in dem Kreise des Kanzlers unaufhörliche Spannungen, Verdrüsse, leidenschaftliche Auftritte, ihm selbst Unruhe, Verstimmung, ja sogar nachteilige körperliche Reizung; man gibt in letzter Hinsicht allerlei Abscheuliches zu verstehen; kurz, man sieht ihre Mitreise nach Italien als die Beschleunigung seines Endes an.*[3]

Die scheinbar diskreten Andeutungen über die »Lockungen der Sinnlichkeit« und »körperliche Reizung« tauchten also sehr früh auf. Offenbar sollte suggeriert werden, Friederike Hähnel, verheiratete von Kimsky, hätte den greisen und kranken Staatskanzler ohne Rücksicht auf seine Gesundheit zu sexuellen Aktivitäten animiert und dadurch in den Tod getrieben.

Varnhagen von Ense fügt hinzu: *Nun hat ja Wittgenstein, was er gewollt hat! Die Kimsky hat er dem Kanzler richtig mitgegeben, und ohne die lebte er gewiß noch ...*[4]

Ludwig von Voß schreibt – nach Klose – ebenfalls am 10. Dezember 1822: *Hardenberg ist nun ein Mann der Geschichte geworden – abgeschnitten der Lebensfaden ... Ich wünsche, er wäre in einer anderen Umgebung gestorben ... Wäre Koreff bei ihm gewesen, so wäre er sicher uns erhalten worden ... Rust hingegen – fremd seiner Natur in jeder Beziehung – konnte keine anderen Wirkungen hervorbringen! Ärger und Erkältung haben zusammengewirkt. Wäre der Fürst doch über Dresden gegangen und hätte sich mit seiner Frau verstanden! Dann wäre wieder Klarheit in seine Seele gekommen; so aber wurde er den Nachtgeistern zum Raube.*

Der Kant-Schüler Friedrich Gentz, der nach seiner Zeit als preußischer Kriegsrat zum publizistischen Herold Metternichs in Wien geworden war – Franz Schnabel nennt ihn »Offiziosus der Hofburg« und »Soldschreiber Metternichs«[5], für Karl vom Stein war er *ein Mensch von vertrocknetem Gehirn und verfaultem Herzen*[6] –, hatte schon seit einiger Zeit verbreitet, Hardenberg sei nur noch ein Schatten.[7] Er wiederholte damit ein bis in die Gegenwart wirksames Klischee der Gegner Hardenbergs. Sogar Franz Schnabel spricht von den *Folgen eines ausschweifenden Lebens, von dem er bis zu seinem Tode nicht gelassen hat*[8] und meint, Hardenberg sei *in den letzten Jahren zu alt und zu verbraucht gewesen, als daß er eine folgerichtige Politik hätte durchführen können.*[9] Die in den Tagebüchern Hardenbergs festgehaltenen Aktivitäten sprechen dagegen eine andere Sprache.

Die »Leichenöffnung« ließ *mehrere bedeutende organische Fehler auffinden, doch wurde erkannt, daß keineswegs in ihnen die unmittelbare Ursache des Todes lag.* Unerwartet lange hatte sich *mit großer Gewandheit des männlich schönen Körpers auch die innere Rüstigkeit desselben unverändert* erhalten.

Hardenbergs Leichnam wurde einbalsamiert und in der Gruft des evangelischen Friedhofs von Genua vorläufig beigesetzt. Auf Wunsch des Toten sollte das Herz gesondert bestattet werden. Nach der Überführung des Staatskanzlers nach Neuhardenberg wurde das Herz getrennt aufbewahrt. Es ruht seitdem als steinernes Herz im Altar der Dorfkirche von Neuhardenberg und ist dort zu sehen. Auch in der Zeit, als das Dorf Marxwalde hieß, hat niemand gewagt, das Herz des Karl August von Hardenberg zu entfernen.

C.A. FÜRST von HARDENBERG

Hardenbergs Fürstenwappen

Anstelle eines Nachwortes

Die Geschichte von dem philosophischen Raben, der gern drei kleine Raben sein möchte, wirft auch ein Licht auf das Verhältnis der Geschichtsschreibung zur Geschichte und das der Geschichtsschreibung zu sich selbst. Der schlaue Rabe möchte hinter sich herfliegen und dabei sehen können, wie er hinter sich herfliegt. Trotz aller hermeneutischen Reflexion in der Philosophie fällt es den Geschichtswissenschaften schwer, die Neugier des klugen Raben zu entwickeln und die eigene Geschichte in die Betrachtung einer Person oder einer Epoche einzubeziehen und sich dabei selbst zum Gegenstand ihrer Beobachtung zu machen.

Das kann vor allem bei der Betrachtung umstrittener Personen oder unterschiedlich interpretierter Konstellationen zu erheblichen Verzerrungen führen. Gunst oder Hass der Parteien lässt ja nicht den historischen Charakter selbst, wohl aber sein Bild in der Geschichte schwanken.

Im Bild, das sich die Geschichtsschreibung von Hardenberg gemacht hat, ist dies besonders deutlich zu erkennen. Wie sehr selbst ein großer Historiker dem Geist der eigenen Zeit erliegen kann, hat Hans Haussherr mit seinem Buch »Die Stunde Hardenbergs« und dessen zwei Versionen gezeigt. (Vgl. Kapitel 51)

Interessantes Material zur Hermeneutik der Geschichtsbetrachtung hat auch Ernst Klein in seinem Buch »Von der Reform zur Restauration« zusammengestellt. Die 1965 erschienene Arbeit befasst sich mit der »Finanzpolitik und Reformgesetzgebung des preußischen Staatskanzlers Karl August von Hardenberg«[1].

In seiner Einleitung referiert Klein die ungünstigen Beurteilungen, die Hardenberg bei seinen Zeitgenossen und in der nachfolgenden Geschichtsschreibung gefunden hat. Als einzige Ausnahme führt er Johann Friedrich Benzenberg mit seiner Schrift von 1821, »Die Verwaltung des Staatskanzlers Fürsten von Hardenberg«, an – von der Hardenberg selbst sich aber distanziert habe. Hardenberg musste sich davon distanzieren, weil »die höfischen Ultras ihn beim König ohnehin jakobinischer Sympathien verdächtigten«[2].

Klein zählt die bekannten Kritiker Hardenbergs auf: Theodor von Schön in seiner dem König am 18. Juni 1817 vorgelegten Denkschrift mit einer »rückhaltlosen Kritik des Hardenbergschen Regiments«, in der auch die Hinweise auf andere Kritiker nicht fehlen, die von der *Hardenbergschen Wirtschaft* und einer Klage der Gesandten über Hardenbergs Sorglosigkeit sprechen: *Seine Sorglosigkeit ist beispiellos. Er ist abgespannt und lebt nur in der Liebe.* Nach Schöns Ansicht hatte Hardenberg sich mit Männern umgeben, *welche schon im gesellschaftlichen Leben nicht mit Achtung dastanden.* Dem Innenminister Schuckmann warf Schön *Mangel an Charakter* vor. Und der Finanzminister Bülow, ein Vetter Hardenbergs, sei *gewandt wie ein französischer Abbé, doch ohne alle Wissenschaft und Geistesbildung.*

Zur Fronde der Kritiker gehörten auch der Staatsrat und spätere Historiker Barthold Georg Niebuhr, der Oberpräsident Johann August Sack, die Geheimen Räte Gruner, Staegemann und Beguelin und schließlich der Feldmarschall von Boyen und der Freiherr vom Stein. Unter überzeitlichem Aspekt ist besonders aufschlussreich die Kritik des Vortragenden Rates im Staatskanzleramt, Heinrich von Beguelin, dessen Frau zeitweise Hardenbergs Geliebte gewesen war. Beguelin übt im Jahre 1812 Kritik an der Gesetzgebungspraxis des Staatskanzlers: Es würden übereilt viel zu viele neue Gesetze gegeben, die nur vorläufig seien oder Verheißungen enthielten: *Wozu vorläufig bekannt machen: das und jenes wird geschehn, um nachher es zu modifizieren oder gar nicht auszuführen.*

Ernst Klein führt dann die Liste der Historiker auf, unter denen sich nur selten ein Verteidiger Hardenbergs gefunden habe. Sehe man von den »unbedeutenden« frühen Biografen Karl Ludwig Klose und Fanny Arndt ab, so bleibe eigentlich nur Karl Mamroth mit seiner »Geschichte der preußischen Staatsbesteuerung« von 1890, der Hardenberg verteidige. Friedrich Meinecke habe ihm »Flachheit und Wurzellosigkeit« und ein »charakterloses Regiment« vorgeworfen, Heinrich von Treitschke »Nachlässigkeit in den Geschäften« und »leichtsinnige Verschwendung«. Selbst der Philosoph Wilhelm Dilthey (1833 – 1911) habe in seinen Schriften zur preußischen Geschichte nicht auf die Spekulation verzichtet, Hardenberg habe wegen seines lockeren Lebenswandels immerzu die höchsten Ämter anstreben müssen, um durch Macht »den Widerstand der Welt« zu überwinden.

Folgt man Ernst Kleins Referat der Meinungen zu Hardenberg bis ins Detail und bis in seine eigenen Differenzierungen, so entsteht allerdings ein viel positiveres Bild. Da wird diskutiert, wie weit sowohl Hardenberg als auch Stein vom Prinzip des modernen Liberalismus entfernt waren, da wird gewürdigt, dass Hardenberg den Mut aufbrachte, unter den Augen der Franzosen Scharnhorst die Armee aufrüsten zu lassen, die Mittel dafür zur Verfügung zu stellen und die Kontinentalsperre zu ignorieren. Und da wird auf einmal die Frage zugelassen, ob denn überhaupt irgendjemand – gegen den geschlossenen Widerstand der altpreußischen Aristokratie und gegen die Trägheit der bürgerlichen Eliten – die Reformen hätte verwirklichen können. Klein zitiert dann den britischen Historiker J. R. Seeley, der 1879 schrieb: *Probably he was the best of all available statesmen to pilot Prussia through the stormy time which was before her.*

Noch positiver wird das Bild, wenn man die Urteile der Geschichtsschreibung überprüft. Es fällt zum Beispiel auf, dass zahlreiche negative Urteile in der Zeit des Nazi-Regimes geäußert wurden. Sollte das Klima der Hardenberg-Rezeption, dem sogar Hans Haussherr nicht entgangen ist, auch das Urteil der anderen, weit weniger spezialisierten Autoren bestimmt haben? Geben etwa – so, wie Meinecke und Treitschke den Geist der Kaiserzeit widerspiegeln – die kritischen Äußerungen zu Hardenberg aus den Jahren 1936, 1938, 1940 und 1943 den Geist der deutschen Geschichtswissenschaft dieser Jahre wieder, erst recht, wenn er sich in Werken wie »Der Aufstieg des Reiches« zu Wort meldete?

Die Versuchung, Hardenberg jeweils aus dem Blickwinkel der eigenen Epoche zu betrachten, ist so alt wie die Geschichtsschreibung über ihn. So war es nahezu vorhersehbar, dass die Historiker der Kaiserzeit besondere Kritik üben würden an der zeitweise unentschiedenen Neutralitätspolitik Preußens in den Jahren 1805/06. Im gleichen Maße, wie man versuchte, den König von Kritik freizuhalten, geriet Hardenberg in die Auseinandersetzung um die Haltung Preußens zwischen den Bündnisangeboten durch Frankreich und, auf der anderen Seite, durch Russland. Hardenberg war unzeitgemäß. Sein genau kalkuliertes Abwägen wurde 1878, aus dem Blickwinkel der Sieger von 1871, mit einem hämischen Fragezeichen versehen: *Ist diese Selbstbescheidung die Art eines Staatsmannes, welcher »Lust und Liebe zur Sache und keine Furcht vor Schwierigkeiten« hat?*[3]

Hardenberg, der vor allem am Ende seiner Amtszeit nicht wählerisch war in der Wahl seiner Feinde, hat das Problem der politischen Moral, das hier zur Debatte gestellt wird, vorausgesehen. Folgt man Rankes »Denkwürdigkeiten«, ging er dabei unbefangen und konsequent von der Interessenlage Preußens aus: Es könne einen Notfall geben, *wo Allianzverhandlungen mit Frankreich stattfinden müßten.* Für eine Allianz mit Frankreich hatte Napoleon immerhin die Annexion Hannovers durch Preußen in Aussicht gestellt. *Mit den Forderungen einer richtigen politischen Moral war die angetragene Verbindung mit Frankreich gar wol zu vereinigen, da die Sicherheit des Staats ... eine solche Maßregel durchaus notwendig machte.*[4]

Viele weitere Beispiele könnten belegen, dass die Urteile über richtig oder falsch, moralisch oder unmoralisch bei den Handelnden und bei den historischen Betrachtern unterschiedlich ausfallen können, dass aber auch die historischen Beurteilungen ihrerseits durch die wiederum nachfolgenden historischen Urteile eingeordnet werden und die Urteile der Urteile ebenfalls unterschiedlich ausfallen.

Laut Leopold von Ranke in seiner Vorrede zu den »Denkwürdigkeiten des Staatskanzlers Fürsten von Hardenberg« weckt gerade die Epoche der Restauration und der konstitutionellen Bestrebungen ein Interesse, das »mehr politisch als historisch« ist. Ranke hat das Grundgesetz der historischen Relativität deutlich vor Augen gehabt und damit Maßstäbe gesetzt für eine hermeneutisch reflektierte Geschichtsschreibung: »Denn nicht nach Jahr und Tag bestimmen sich die Epochen für die historische Auffassung, sondern nach den in den Begebenheiten vorwaltenden Direktionen.«

Zu den »vorwaltenden Direktionen« der heutigen, ernsthaft um Demokratie bemühten Epoche gehört die Wiederentdeckung eines Mannes, der stets Veränderungen wagte, der in einer realistischen Vision von Demokratie um eine Verfassung und um die Einbindung aller Staatsbürger in das kulturelle, wirtschaftliche und politische Leben der Gesellschaft kämpfte und dabei auch für die Minderheiten gleiche Rechte und gleiche Pflichten forderte. Seiner eigenen Zeit war Hardenberg so weit voraus, dass die nachfolgenden Epochen ihn noch keineswegs hinter sich lassen konnten. Er bleibt bis heute eine große Gestalt der deutschen

Geschichte. Sein Charakterbild zeigt Licht und Schatten. Sich mit ihm auseinander zu setzen, ist nützlich – vor allem für eine Politikauffassung, die damit Ernst macht, dass auf Dauer nur die Politik erfolgreich sein kann, die immer wieder zu Reformen bereit ist.

Als 1967 die letzte große Biografie des Staatskanzlers Karl August von Hardenberg, die von Peter G. Thielen, erschien, waren wesentliche Quellen für die westliche Hardenbergforschung nicht zugänglich. Seit der Wiedervereinigung Deutschlands stehen alle Archive wieder offen. Die Tagebücher und autobiografischen Aufzeichnungen Hardenbergs wurden im Jahr 2000 von Thomas Stamm-Kuhlmann herausgegeben. Sie umfassen die Bestände aus Merseburg, Potsdam, Berlin und Neuhardenberg und bieten eine Zusammenschau der Tagebücher, der Memoiren und der 1877 von Leopold von Ranke herausgegebenen »Denkwürdigkeiten des Staatskanzlers Fürsten von Hardenberg«. Die Edition bildet heute das Fundament für die Erkundung und Darstellung des Lebens und Wirkens Karl Augusts von Hardenberg. Darüber hinaus hat im Jahre 2001 Gebhard Graf von Hardenberg in Lietzen (Oderland) ein Familienarchiv errichtet, das den Quellenbestand ergänzt und auch bisher unveröffentlichte Dokumente enthält. Thomas Stamm-Kuhlmann kann deshalb in seiner Bestandsaufnahme der Hardenberg-Forschung (2001) feststellen: *Der ganze Hardenberg wird sichtbar.*

Es war meine Absicht, ein Porträt des Reformers, Staatskanzlers und Kavaliers Karl August von Hardenberg zu zeichnen, das dem historisch interessierten Leser die Begegnung mit einer der faszinierendsten Gestalten der deutschen und der europäischen Geschichte vermittelt. Ich glaube, dass in der Person des Karl August von Hardenberg eine Epoche lebendig wird, deren Auswirkung bis in die Gegenwart reicht: Aufklärung, Reform und Befreiung von entmündigender Fremdherrschaft markieren die deutsche Geschichte bis heute – aber auch Aberglaube, Beschränktheit und immer wieder sich rückwärts wendende Restauration.

Bei der Fülle der historischen Fakten und der unterschiedlichen Perspektiven der Geschichtsschreibung habe ich versucht, mit den Erfahrungen aus einer modernen Demokratie auf Hardenberg zu schauen und mein subjektives Bild von seiner Persönlichkeit und seinem stürmischen Leben zu zeichnen. Dabei habe ich mich bemüht, dem »Helden« meiner Erzählung auch emotional gerecht zu werden. Ein Wort Leopold von Rankes aus der Vorrede zu den »Denkwürdigkeiten des Staatskanzlers Fürsten von Hardenberg« hat mir geholfen, der Faszination der Vergangenheit nicht ganz zu erliegen. Ranke schreibt: *Für die Muse der Geschichte, wenn ich sie recht kenne, giebt es Dinge, welche sie unbekümmert auf sich beruhen lassen kann.*

Warum hat mich Hardenberg interessiert? Einer meiner Lehrer im Westfälischen nutzte jede Gelegenheit, seinen Schülern die »Stein-Hardenbergschen Reformen« als einen Höhepunkt der deutschen Geschichte nahe zu bringen. Seither waren mir der Name Hardenberg und die preußischen Reformen ein Begriff. Allein es war ein Begriff ohne Leben. Erst als mir in den neunziger Jahren des 20. Jahrhunderts der viel diskutierte Reformstau der deutschen Gesellschaft, insbesondere die Unfähigkeit zu einer Bildungsreform, zu denken gab und ich mich für die Bedingungen der Möglichkeit erfolgreicher Reformen interessierte, begann der Begriff der »Stein-Hardenbergschen Reformen« für mich zu leben und das Interesse an den handelnden Personen zu wachsen.

Mir wurde klar, dass Reformen sich nicht ergeben, sondern von Menschen gemacht werden müssen. Und während ich versuchte, dies zu verstehen, wuchs der Wunsch in mir, die Persönlichkeiten kennen zu lernen, die am Anfang des 19. Jahrhunderts die großen Reformen entworfen haben, ohne die heute weder der preußische noch der deutsche Staat zu verstehen sind – auch wenn diese »Stein-Hardenbergschen Reformen« zunächst gebremst wurden und die Restauration sie zu ersticken suchte. Aber, wie Marion Gräfin Dönhoff im Zusammenhang mit dem 20. Juli 1944 sagte: *In der Geschichte ist nicht nur Erfolg entscheidend, sondern der Geist, aus dem heraus gehandelt wird.*

Unter den preußischen Reformern wandte ich mich Karl August von Hardenberg zu, weil mir die oft verschlungenen Wege seiner Politik die Grundmuster politischen Handelns deutlicher aufzudecken scheinen als etwa der idealtypische, kompromisslose Weg, für den der Freiherr vom Stein steht. Zum leitenden Interesse wurde die Frage: Aus welchem Holz ist ein Charakter geschnitzt, der fähig und lebenslang motiviert ist, Reformen zu konzipieren, zu wagen und gegen starke Widerstände durchzusetzen?

Hardenberg war weit davon entfernt, ein Verwaltungsfetischist oder Bürovorsteher des Königreichs Preußen zu sein. Er war vielmehr der erste moderne Politiker im Deutschland seiner Zeit und ein Visionär der Demokratie, der aber realistisch genug war, die »reine Demokratie dem Jahr 2440 zu überlassen«.

Anmerkungen

Das steinerne Herz

1 Gespräch mit dem Autor am 13. Dezember 2000
2 Wilhelm Dorow, Erlebtes 50; Amalie von Beguelin, Denkwürdigkeiten 289. Vgl. Peter Gerrit Thielen, Hardenberg 245 f.
3 Zit. Thielen, Hardenberg 245
4 Golo Mann, Deutsche Geschichte 77
5 Stein am 4. Mai 1788 an Reden, zit. Haussherr, Stein und Hardenberg, in: Historische Zeitschrift 190 H.2 (1960) 268
6 Stein am 6. Dezember 1822 an Merveldt, zit. Haussherr, Stein und Hardenberg, in: Historische Zeitschrift 190 H.2 (1969) 289
7 Zur Geschichte der Herzbestattung vgl. Arnim Dietz, Ewige Herzen. München 1998. Philipp Ariès, Geschichte des Todes. München 1991. Marcel Reich-Ranicki, Herz, Arzt und Literatur. Zürich 1987
8 Vgl. Arnim Dietz, Ewige Herzen 19
9 Archiv des Heimatvereins Neuhardenberg. Heimathaus Neuhardenberg.
10 Johann August Sack an Karl vom Stein am 4. April 1811
11 Karl Schlögel, Hommage und Grabstein für Preußen, in: F.A.Z. vom 11. Nov. 2001
12 Kabinettsordre Friedrich Wilhelms III. vom 6. November 1814. Vgl. auch die Verleihungsurkunde über die Herrschaft Neuhardenberg. Zit. Thielen, Hardenberg 464
13 Vom Sparkassen- und Giro-Verband. Das Anwesen wird seit Mai 2002 von der »Stiftung Neuhardenberg« als Tagungs- und Begegnungsstätte genutzt.
14 Alfred Stern in: Propyläen Weltgeschichte, hgg. von Walter Goetz, Bd. 7 (1929) 448
15 Vgl. H. Alexander Krauß, Die Rolle Preußens in der DDR-Historiographie, in: Europäische Hochschulschriftenreihe III. Frankfurt 1993
16 Wilhelm Dorow, Erlebtes aus den Jahren 1813-1820. Leipzig 1843f., III, 374
17 Christof Dipper, Hardenberg als Reformpolitiker. Ein Kommentar, in: Freier Gebrauch der Kräfte 193

I.
Lebenslauf mit Hindernissen

Aller Anfang ist leicht

1 Vgl. dazu Thomas Stamm-Kuhlmann, Tagebücher 80
2 Karl Ludwig Klose, Leben Karl Augusts 12
3 Stamm-Kuhlmann, Tagebücher 83
4 Die Bedeutung des Onkels wird in der von Thomas Stamm-Kuhlmann 2001 herausgegebenen Bestandsaufnahme der Hardenberg-Forschung noch einmal zusammenfassend dargestellt. Vgl. Silke Lesemann, Prägende Jahre, in: Freier Gebrauch der Kräfte. Eine Bestandsaufnahme der Hardenberg-Forschung, hgg. von Thomas Stamm-Kuhlmann. München 2001, S. 11-30
5 Stamm-Kuhlmann, Tagebücher 84

Eberkopf und Verbum Dei

1 Karl Heinrich Lang, Die Geschichte des Geschlechtes von Hardenberg, hgg. von Hans Adolf Graf von Hardenberg und Alexandra Gräfin von Hardenberg. Nörten-Hardenberg 1983 (2. Aufl.), 108-111
2 Die Memoiren des Ritters von Lang, hgg. von Hans Haussherr, Stuttgart 1957
3 Ritter von Lang, Memoiren 137

Wer eine Leiter hinaufsteigen will

1 Zit. Christoph Wetzel (Hg.), Goethe und seine Zeit. Salzburg 1982, 30
2 Vgl. zur Familiengeschichte Karl Heinrich Lang, Die Geschichte des Geschlechtes von Hardenberg, hgg. von Hans Adolf Graf von Hardenberg und Alexandra Gräfin von Hardenberg. Nörten-Hardenberg 1983 (2. Aufl.). R. Pröpper, Burg Hardenberg. Nachdruck aus Plesse-Archiv H.7, 1972
3 Silke Lesemann, Hardenbergs Herkunft, in: Freier Gebrauch der Kräfte 16
4 Thomas Stamm-Kuhlmann, Hardenberg. Mann des achtzehnten Jahrhunderts und Diplomat. Das Bild seiner Persönlichkeit in den Tagebüchern, in: Freier Gebrauch der Kräfte 231-253
5 Zum Ganzen siehe Stamm-Kuhlmann, Tagebücher 89-100
6 Vgl. Gustav Freytag, Bilder aus der deutschen Vergangenheit 334 f.
7 Christian Ludwig von Hardenberg an Schuldirektor Ballhorn, Brief vom 30. November 1762. Zit. Haussherr 30 f.
8 Hardenberg-Archiv Lietzen Nr. 1714, ohne Datum

Studentenleben

1 Instruktion Christian Ludwig von Hardenbergs vom 10. Oktober 1766: Vorschriften für die Lebensführung Karl Augusts an der Universität Göttingen. Vollständiger Text bei Thielen, Dokumente aus dem Nachlass, in: Hardenberg (1967) 430 ff.
2 Stamm-Kuhlmann, Tagebücher 98
3 Zit. Thielen, Dokumente 432
4 Goethes Jugendfreund Johann Adam Horn in einem Brief an den gemeinsamen Frankfurter Bekannten Wilhelm Carl Ludwig Moors vom 21. August 1766. Goethe und seine Zeit, a.a.O. 52
5 Johann Wolfgang Goethe, Aus meinem Leben. Dichtung und Wahrheit, VI. Buch
6 Varia meinen Gesundheitszustand betreffend. Dokumente bei Thielen 440 ff.
7 Joachim Werner von Alvensleben, Domherr in Merseburg, ein Bruder seiner Großmutter mütterlicherseits.
8 Goethe, Aus meinem Leben. Dichtung und Wahrheit, VI. Buch
9 Brief an Hardenberg vom 1. Juni 1769
10 Stamm-Kuhlmann, Tagebücher 106
11 Haussherr, Hardenberg I, 41 ff.
12 G. Achenwall, Staatsverfassung der heutigen vornehmsten europäischen Reiche im Grundriss (1752). Zit. Haussherr I, 43
13 Denkwürdigkeiten I, 20
14 Zit. Thielen, Hardenberg 24 ff.
15 Denkwürdigkeiten I, 17

Die Kavaliersreise

1 Denkwürdigkeiten I, 21
2 Denkwürdigkeiten I, 22
3 Stamm-Kuhlmann, Tagebücher 110
4 Die Notiz findet sich bei Ranke, der noch aus dem später verschollenen Reisetagebuch zitieren kann. Sie findet sich unter Berufung auf Ranke auch bei Haussherr und Thielen, nicht aber bei Stamm-Kuhlmann. Die Notiz selber muss sich auf den 17. August beziehen, da Hardenberg am 18. in Gießen war. Das heißt: Goethe muss bereits am 17. auf Hardenbergs Besuch vom 16. reagiert haben.
5 Denkwürdigkeiten I, 32
6 Denkwürdigkeiten I, 35
7 Vgl. dazu Heinrich August Winkler, Der lange Weg nach Westen I, 5-39
8 Winkler, Weg nach Westen 51
9 Thielen, Hardenberg 28
10 Vgl. Peter Claus Hartmann, Kulturgeschichte des Heiligen Römischen Reiches. Wien, Köln, Graz 2001
11 Denkwürdigkeiten I, 26. Zum Ganzen auch H. Haussherr, Bildungs-

416

reise und erste Heirat des Freiherrn Karl August von Hardenberg, in:
Ein Leben aus freier Mitte. Festschrift für Ulrich Noack. Würzburg
1961, 37-56
12 Denkwürdigkeiten I, 27
13 Denkwürdigkeiten I, 27
14 Denkwürdigkeiten I, 27
15 Denkwürdigkeiten I, 29
16 Denkwürdigkeiten I, 36
17 Denkwürdigkeiten I, 36
18 Stamm-Kuhlmann, Tagebücher 112
19 Stamm-Kuhlmann, Tagebücher 112

Erstes Eheglück

1 Siehe Thielen, Hardenberg 64
2 Denkwürdigkeiten I, 37
3 Denkwürdigkeiten I, 43
4 Denkwürdigkeiten I, 43

Skandal in London

1 Denkwürdigkeiten I, 55f.
2 Denkwürdigkeiten I, 52
3 Denkwürdigkeiten I, 53
4 Denkwürdigkeiten I, 53
5 Denkwürdigkeiten I, 54
6 Zit. Haussherr, Hardenberg 80
7 Denkwürdigkeiten I, 55 f.

Vergebliche Mühen

1 Denkwürdigkeiten I, 64. Der Adressat des Briefes wird nicht genannt.
2 Vgl. Klose, Leben Karl Augusts 44
3 Stamm-Kuhlmann, Tagebücher 153
4 Alexandra Gräfin Hardenberg, geb. von Lenthe, im Gespräch mit
dem Autor am 7. November 2001 in Wolbrechtshausen
5 So am 28. November 1788, am 17. Mai 1789 und am 21. Januar
1790. Vgl. Stamm-Kuhlmann, Tagebücher 179, 186, 196

Erfolg ohne Ergebnis

1 Siehe Michael Hundt, Hardenbergs deutsche Verfassungspolitik in
den Jahren 1780 bis 1815, in: Stamm-Kuhlmann (Hg.), Freier Gebrauch der Kräfte, 163-190
2 Vgl. Karl Otmar Freiherr von Aretin, Heiliges Römisches Reich
1776-1806. Reichsverfassung und Staatssouveränität. 2 Bände. Wies-
baden 1968

3 Michael Hundt, Hardenbergs deutsche Verfassungspolitik, in: Freier Gebrauch der Kräfte 166
4 Denkwürdigkeiten V, 9 f. Deutsch zit. Haussherr, Hardenberg 98

Ein Minister wird gesucht, ein Vizekönig kommt

1 Vollständiger Text (französisch) bei Ranke, Denkwürdigkeiten I, 95
2 Haussherr, Hardenberg 117
3 Denkwürdigkeiten I, 99
4 Denkwürdigkeiten I, 100
5 Zit. Stamm-Kuhlmann, Tagebücher 122, Anm. 263
6 Denkwürdigkeiten I, 106
7 Denkwürdigkeiten I, 106, Anm. 1
8 Vgl. Arno Störkel, Christian Friedrich Carl Alexander. Der letzte Markgraf von Ansbach-Bayreuth. Ansbach 1995, 239 ff.
9 Jobst Christoph Ernst von Reiche (geb. 1772). Zit. Bayreuth, Ein literarisches Porträt, hgg. von Frank Piontek und Joachim Schultz. Frankf./Leipzig 1996
10 Karl Müssel, Bayreuth in acht Jahrhunderten. Bindlach 1993
11 Vgl. Rudolf Endres, Hardenbergs fränkisches Reformmodell, in: Freier Gebrauch der Kräfte, 31-49. Walter Demel, Hardenberg in Franken: Rechtsbrecher oder Reformer, in: Freier Gebrauch der Kräfte, 51-60
12 Stamm-Kuhlmann, Tagebücher 117
13 Stamm-Kuhlmann, Tagebücher 125
14 Zit. Haussherr, Hardenberg, Anhang 244

Er schwang den Hut:
Es lebe Friedrich Wilhelm

1 Zit. Thielen, Hardenberg 63
2 Heinrich Zschokke (1771-1848), Meine Wallfahrt nach Paris. 1796. Zit. Bayreuth, Ein literarisches Porträt, hgg. von Frank Piontek und Joachim Schultz. Frankf./Leipzig 1996
3 Zit. Thielen 64, nach Klose 25
4 Walter Demel, Hardenberg in Franken, in: Freier Gebrauch der Kräfte 57
5 Bayern, Franken, Preußen. Eine historische Doppelbeziehung, hgg. vom Tourismusverband Franken e.V.
6 Hardenberg-Archiv Lietzen Nr 1715

Neues Glück und Ohrensausen

1 Lang, Memoiren 190
2 Die Denkschrift ist abgedruckt bei Haussherr, Hardenberg 225-240
3 Vgl. Haussherr, Hardenberg 226

4 Rheinische Gulden
5 Haussherr, Hardenberg 235 f.
6 Haussherr, Hardenberg 236

II.
Wetterleuchten der großen Politik

Im Schatten der Revolution

1 Hardenberg an Graf Soden im März 1792. Zit. Thielen, Hardenberg 65
2 Goethe, Campagne in Frankreich, 19. September 1792
3 Vgl. Stamm-Kuhlmann, Friedrich Wilhelm 69-77. Heinz Ohff, Preußens Könige 165
4 Stamm-Kuhlmann, Friedrich Wilhelm 72
5 Goethe, Dichtung und Wahrheit, 18. Buch, Münchener Ausgabe 16. Band, 765
6 Denkwürdigkeiten I, 197
7 Lang, Memoiren 156
8 Stamm-Kuhlmann, Tagebücher 135
9 Denkwürdigkeiten I, 161 f.

Mon Trésor

1 Stamm-Kuhlmann, Tagebücher 136
2 Stamm-Kuhlmann, Tagebücher 264
3 Lang, Memoiren 191. Stamm-Kuhlmann, Tagebücher 268, Anm. 99
4 Stamm-Kuhlmann, Tagebücher 209, Anm. 8

Hohe Diplomatie – hohes Risiko

1 Denkwürdigkeiten I, 184, Anm. 1
2 Hardenberg am 14. Mai 1795. Zit. Haussherr, Hardenberg 175
3 Hardenberg an Haugwitz am 12. August 1794. Denkwürdigkeiten I, 222. Zit. Thielen 71.

Frieden mit den Königsmördern

1 Denkwürdigkeiten I, 215
2 Stamm-Kuhlmann, Tagebücher 293, Anm. 658
3 Zit. Haussherr, Hardenberg 166
4 Denkwürdigkeiten I, 261
5 Vgl. zum Ganzen Hans Haussherr, Hardenberg und der Friede von Basel, in: Historische Zeitschrift 184, H.2 (1957) 292-335. Denkwürdigkeiten I, 258-299
6 Denkwürdigkeiten I, 221

7 Stamm-Kuhlmann, Friedrich Wilhelm III. 102
8 Denkwürdigkeiten I, 271
9 Denkwürdigkeiten I, 214
10 Stamm-Kuhlmann, Tagebücher 137

»Die Details aber gehören für die Räthe«

1 Stamm-Kuhlmann, Tagebücher 126, Anm. 297
2 Hardenberg am 31. Mai 1807 an Friedrich Leopold von Schroetter. Denkwürdigkeiten III, 427
3 Hardenberg, Denkschrift »Ideen zur Errichtung eines Conseils« vom 25. Juli 1797. Zit. Thielen, Hardenberg 98. Vgl. Stamm-Kuhlmann, Tagebücher 126, Anm. 297

Der König stirbt

1 Zum Vorgang Stamm-Kuhlmann, Friedrich Wilhelm III. 129-134
2 Stamm-Kuhlmann, Tagebücher 306. Zum Vorgang Stamm-Kuhlmann, Friedrich Wilhelm III. 129-134
3 Stamm-Kuhlmann, Tagebücher 306

Der fieberhafte Friede

1 Zit. Stamm-Kuhlmann, Friedrich Wilhelm III. 352
2 Treitschke, Rede zum 100. Geburtstag der Königin Luise. Ausgewählte Schriften Bd. 1 (Leipzig 1917)
3 Stamm-Kuhlmann, Friedrich Wilhelm III. Bailleu, Königin Luise

Gesandtschaftspuppenspiele

1 Lang, Memoiren 179
2 Zit. Haussherr, Hardenberg 216

Beobachtungen eines Zeitgenossen

1 Lang, Memoiren 178
2 Lang, Memoiren 178
3 Lang, Memoiren 176
4 Lang, Memoiren 262 f.

Die Opinion

1 Vgl. Andrea Hofmeister, Der Reformkanzler und die Öffentlichkeit, in: Freier Gebrauch der Kräfte, 125-140

Neider und Intriganten

1 Zit. Haussherr, Hardenberg 190
2 Vgl. Stamm-Kuhlmann, Friedrich Wilhelm III. 146 ff.
3 Lang, Memoiren 204
4 Vgl. den vollständigen Vorgang in: Hermann Granier, Ein Reformversuch des preußischen Kanzleistils im Jahre 1800, in: FBPG 15 (1902) 168-180
5 Separatvotum vom 8. April 1800. Zit. Thielen, Hardenberg 106
6 Generalbericht vom Mai 1801. Zit. Thielen, Hardenberg 107

Der »kleine Roman«

1 Lang, Memoiren 192
2 Stamm-Kuhlmann, Tagebücher 352
3 Lang, Memoiren 194
4 Zur finanziellen Situation Hardenbergs siehe Thomas Stamm-Kuhlmann, Der Staatskanzler von Hardenberg, die Bankiers und die Judenemanzipation in Preußen, in: Vierteljahrschrift für Sozial- und Wirtschaftsgeschichte (VSWG) 83 (1996) H. 3, 334-345.

Coup de Théâtre mit Kaiser, Zar und König

1 Zit. Thielen, Hardenberg 110
2 Denkwürdigkeiten II, 10
3 Denkwürdigkeiten II, 13
4 Denkwürdigkeiten II, 27f.
5 Denkwürdigkeiten II, 30
6 Denkwürdigkeiten II, 28
7 Schreiben Hardenbergs an den König vom 2. April 1804. Denkwürdigkeiten II, 32
8 Denkwürdigkeiten II, 53
9 Denkwürdigkeiten II, 50

Kombinieren, teilen, tauschen

1 Denkwürdigkeiten II, 63
2 Bericht Metternichs vom 24. Juli 1804. Zit. Thielen, Hardenberg 125
3 Vgl. Thielen, Hardenberg 126

Zwischenfall vor Hamburg

1 Denkwürdigkeiten II, 88
2 Denkwürdigkeiten II, 106
3 Denkwürdigkeiten II, 94

4 Bericht Metternichs vom 28. Oktober 1804. Zit. Thielen, Hardenberg 128
5 Vollständiger Text (französisch): Denkwürdigkeiten II, 109
6 Denkwürdigkeiten II, 111
7 Denkwürdigkeiten II, 103
8 Denkwürdigkeiten II, 113
9 Denkwürdigkeiten II, 115

Die Wände kommen näher

1 Zit. Henry Vallotta, Metternich. München 1976, 38
2 Denkschrift Hardenbergs vom 10. September 1805. Zit. Thielen, Hardenberg 140
3 Denkwürdigkeiten II, 255
4 Denkwürdigkeiten II, 252 f.
5 Vgl. Denkwürdigkeiten II, 260 f.
6 Denkwürdigkeiten II, 261

Das Ende der Neutralität

1 Denkwürdigkeiten II, 263
2 Denkwürdigkeiten II, 301
3 Denkwürdigkeiten II, 301
4 Denkwürdigkeiten II, 298
5 Denkwürdigkeiten II, 305
6 Denkwürdigkeiten II, 316

Der »Feind Frankreichs«

1 Denkwürdigkeiten II, 357
2 Vgl. Denkwürdigkeiten II, 357. Text des Abkommens: Denkwürdigkeiten II, 324-332
3 Abgedruckt: Denkwürdigkeiten V, 220-243
4 Denkwürdigkeiten II, 386
5 Denkwürdigkeiten II, 387
6 Denkwürdigkeiten II, 387
7 Denkwürdigkeiten II, 414

Schlafmütze oder Degen

1 Der Artikel des »Moniteur« vom 21. März 1806 ist abgedruckt in den Denkwürdigkeiten II, 591
2 Denkwürdigkeiten II, 594
3 Denkwürdigkeiten II, 595f.
4 Denkwürdigkeiten II, 596

III.
Im Auge des Orkans

Das Geräusch der Welt

1 Brief vom 4. Juli 1806 an den preußischen Gesandten in Kassel, Wilhelm Ludwig Georg von Sayn-Wittgenstein, in: Denkwürdigkeiten III, 108
2 Stamm-Kuhlmann, Tagebücher 447f.
3 Vgl. Schnabel I, 466 ff.
4 Denkwürdigkeiten III, 108
5 Vgl. Brief an Wittgenstein, in: Denkwürdigkeiten III, 111
6 Denkwürdigkeiten III, 111
7 Zit. Klose, Leben Karl Augusts 522
8 Denkwürdigkeiten III, 106

Der »quieszierende Minister«

1 Vgl. Denkwürdigkeiten III, 114
2 Stamm-Kuhlmann, Friedrich Wilhelm III. 212

Schlachtenlärm in Preußen

1 Denkwürdigkeiten III, 208 f.
2 Denkwürdigkeiten III, 212. Zit. Stamm-Kuhlmann, Tagebücher 434, Anm 219
3 Denkwürdigkeiten III, 201
4 Alexandra Gräfin Hardenberg im Gespräch mit dem Autor am 7. November 2001.
5 Stamm-Kuhlmann, Friedrich Wilhelm III. 244
6 Brief Hardenbergs an Königin Luise. Denkwürdigkeiten III, 217. Deutsch zit. bei Thielen, Hardenberg 175
7 Denkwürdigkeiten III, 218
8 Denkwürdigkeiten III, 232
9 Denkwürdigkeiten III, 238
10 Hardenberg im Dezember 1806, in: Denkwürdigkeiten III, 261
11 Denkwürdigkeiten III, 264

Der »Froschmäusekrieg«

1 Beyme an Wittgenstein am 14. Mai 1807. Zit. Thielen, Hardenberg 191
2 Zit. Thielen, Hardenberg 188
3 Denkwürdigkeiten III, 266
4 Denkwürdigkeiten III, 267
5 Denkwürdigkeiten III, 268

6 Zit. Thielen, Hardenberg 180
7 Denkwürdigkeiten V, 448
8 Denkwürdigkeiten V, 450

Unentbehrlich

1 Thielen, Hardenberg 187
2 Kabinettsdekret vom 26. April 1807, in: Denkwürdigkeiten III, 387-389
3 Stamm-Kuhlmann, Tagebücher 972 f., 975

Am Ende des Lateins

1 Denkwürdigkeiten III, 480
2 Denkwürdigkeiten III, 480
3 Bailleu, Luise 242
4 Bailleu, Luise 241
5 Stamm-Kuhlmann, Friedrich Wilhelm III. 262, Anm. 168
6 Stamm-Kuhlmann, Friedrich Wilhelm III. 262, Anm. 171
7 Denkwürdigkeiten III, 511 f.
8 Denkwürdigkeiten III, 516

»Die reine Demokratie müssen wir noch dem Jahre 2440 überlassen«

1 Rigaer Denkschrift, Denkwürdigkeiten IV, Anhang 8*
2 Denkwürdigkeiten IV, 30*
3 Denkwürdigkeiten IV, 20*
4 Denkwürdigkeiten IV, 115, Anm. 1
5 Denkwürdigkeiten IV, 115, Anm. 2
6 Stamm-Kuhlmann, Tagebücher 50
7 Denkwürdigkeiten IV, 103*
8 Denkwürdigkeiten IV, 8*

Geschenkte Zeit

1 Vgl. Thielen, Hardenberg 454-459
2 Vgl. Hardenberg-Archiv Lietzen, Nr. 1704

IV.
Das System Hardenberg

Kalte Vernunft und warmes Herz

1 Zit. Thielen, Hardenberg 192
2 Vgl. Thielen, Hardenberg 381, Anm. 8

3 Stamm-Kuhlmann, Tagebücher 518
4 Stamm-Kuhlmann, Tagebücher 491
5 Als Dokument abgedruckt bei Thielen, Hardenberg 444-453. Es wurden hier die Teile ausgewählt, die Hardenbergs Charakter, seine selbstkritischen Gedanken und seine Loyalität gegenüber dem Sohn und gegenüber seiner Frau anschaulich machen.
6 Stamm-Kuhlmann, Tagebücher 544
7 Dorow, Erlebtes I, 171
8 Dorow, Erlebtes III, 242
9 Dorow, Erlebtes III, 213

Der Stolperstein

1 Brief an den König vom 20. Dezember 1806
2 Friedrich Wilhelm III. am 3. Januar 1807 an den Freiherrn vom Stein. Zit. nach Stamm-Kuhlmann, Friedrich Wilhelm III. 273
3 Vgl. zum Ganzen Gerhard Ritter, Stein. Eine politische Biographie. Neuausg. der Auflage von 1958. Stuttgart 1981
4 Stein am 3. Juli 1807 an Minister Friedrich Wilhelm Graf von Reeden
5 Luise an ihre Vertraute, Frau von Berg, am 10. November 1807
6 Hardenberg am 10. Juli 1807 an Stein. Zit. Stamm-Kuhlmann, Friedrich Wilhelm III. 27
7 Günter de Bruyn, Preußens Luise 52

Reform mit Siebenmeilenstiefeln

1 Vgl. zum Ganzen Gerhard Ritter, Stein. Eine politische Biographie. Neuausg. der Auflage von 1958. Stuttgart 1981
2 Vgl. G. Ritter, Stein 215
3 Zum Beispiel der Finanzrat Theodor von Schoen und der preußische Provinzialminister Friedrich Leopold Schroetter.
4 G. Ritter, Stein 238 f.

Der Brief des Anstoßes

1 Hardenberg am 6. Januar 1809 in seinem Tagebuch. Stamm-Kuhlmann, Tagebücher 621, deutsch bei Thielen, Hardenberg 231

Alles oder nichts

1 Stamm-Kuhlmann, Tagebücher 53f.
2 Stamm-Kuhlmann, Tagebücher 687
3 Vgl. Wolf Jobst Siedler, Auf der Pfaueninsel. Berlin 1987
4 Denkwürdigkeiten IV, 224

Zurück im Zentrum der Macht

1 Denkwürdigkeiten IV, 229
2 Denkwürdigkeiten IV, 223, Anm. 1
3 Kriegsminister Hermann von Boyen. Zit. Thielen, Hardenberg 249

Die Mühen der Hochebene

1 Zit. Stamm-Kuhlmann, VSGW 1996, 342
2 Schnabel, Deutsche Geschichte II, 275
3 Schnabel, Deutsche Geschichte I, 468, 471
4 Die Christlich-deutsche Tischgesellschaft nannte sich schon bald (1816) Christlich-germanische Tischgesellschaft und wurde zur Keimzelle der späteren »Konservativen Partei« in Preußen.
5 Ansprache Hardenbergs. Zit. Thielen, Hardenberg 264
6 Deutsch zit. Thielen, Hardenberg 265
7 Jens Bisky, Im Park. Neues über Kleists Marionettentheater, in: Süddeutsche Zeitung vom 7. Januar 2002
8 Vgl. Kleist-Jahrbuch 2001

Gleiche Pflichten – gleiche Rechte

1 Hans-Werner Hahn, Judenemanzipation in der Reformzeit, in: Stamm-Kuhlmann, Freier Gebrauch der Kräfte 141-161
2 Wilhelm von Humboldt, Denkschrift von 1809. Zit. Hans-Werner Hahn, a.a.O. 150
3 Zu Grattenauer und Stein s. Hahn, a.a.O. 144, 149 u.157
4 Hahn, a.a.O. 141 u.158
5 Stamm-Kuhlmann, Der Staatskanzler von Hardenberg, die Bankiers und die Judenemanzipation in Preußen, in: Vierteljahrschrift für Sozial- und Wirtschaftsgeschichte (VSWG) 83. Band (1996) Heft 3, 334-346
6 Stamm-Kuhlmann, VSWG 93 (1996), 337 u.346
7 Haussherr, Die Stunde Hardenbergs 210
8 Aus dem Edikt vom 11. März 1812. Vgl. Juden in Preußen. Ein Kapitel deutscher Geschichte, hgg. vom Bildarchiv Preußischer Kulturbesitz. Katalog der Ausstellung 1881

Verzerrtes Weltbild

1 Haussherr, Die Stunde Hardenbergs 6
2 Haussherr, Die Stunde Hardenbergs 212
3 Haussherr, Die Stunde Hardenbergs 213
4 Haussherr, Die Stunde Hardenbergs 220
5 Haussherr, Die Stunde Hardenbergs 224
6 Haussherr, Die Stunde Hardenbergs 227
7 Ludwig von der Marwitz, Letzte Vorstellung der Stände von Lebus und Beeskow-Storkow

8 H. Banniza von Bazan, Zur Frage der jüdischen Versippung des Staatskanzlers Hardenberg, in: Historische Zeitschrift, Bd. 164, H. 1, 106 f.
9 Zum Folgenden vgl. Haussherr, Die Stunde Hardenbergs 201-209
10 Vgl. Stamm-Kuhlmann, Hardenberg, Mann des 18. Jahrhunderts, in: Freier Gebrauch der Kräfte, 237 f.
11 Denkwürdigkeiten IV, 52 f.

»Man lebt wie im hitzigen Fieber«

1 Stamm-Kuhlmann, Tagebücher 722
2 Brief Alexanders an den schwedischen Kronprinzen vom 10. Oktober 1812, in: Denkwürdigkeiten IV, 318
3 Yorck am 3. Januar 1813 an Friedrich Wilhelm III.
4 Zit. Thielen, Hardenberg 283
5 Stamm-Kuhlmann, Tagebücher 760
6 Vgl. Stamm-Kuhlmann, Tagebücher 731
7 Tagebuchnotiz vom 4. Februar 1813
8 Hardenberg am 6. Januar 1813 zum Gesandten Hannovers. Zit. Thielen, Hardenberg 284
9 Autobiografie Steins. Zit. Stamm-Kuhlmann, Tagebücher 729, Anm. 45
10 Stamm-Kuhlmann, Tagebücher 730, Anm. 56
11 Zit. Stamm-Kuhlmann, Friedrich Wilhelm III. 373
12 Anita Heiden-Berndt, Friederike Auguste Krüger. Ein historisch-biographischer Roman. Neubrandenburg 1994

»Wir brauchen Geld und Waffen«

1 Vgl. Franz Schnabel, Deutsche Geschichte im 19. Jahrhundert, Bd. 2. München 1933 u. 1987, 9 f.
2 Schnabel, Deutsche Geschichte 10
3 Vgl. Schnabel, Deutsche Geschichte 218
4 Denkwürdigkeiten IV, 404 f.
5 Denkwürdigkeiten IV, 421

»Aus der Fülle meiner Seele«

1 Denkwürdigkeiten IV, 424. Zit. Thielen, Hardenberg 294
2 Zit. Stamm-Kuhlmann, Friedrich Wilhelm III. 381 f.
3 Zit. Thielen 293
4 Wahrscheinlich Johann Wilhelm Metzler, der Justizrat, der 1813 an der Spitze der provisorischen Stadtverwaltung stand.
5 Tagebucheintragung Hardenbergs vom 9. November 1813. Zit. Thielen, Hardenberg 294

1 Vgl. Alfred Stern, Propyläen, Weltgeschichte 415
2 Liverpool an Wellington am 23. Dezember 1814. Zit. Stamm-Kuhlmann, Friedrich Wilhelm III. 400
3 Stamm-Kuhlmann, Tagebücher 769
4 So Gebhard Graf von Hardenberg in einem Gespräch mit dem Autor
  am 15. Januar 2002

Triumph

1 Abgedruckt bei Thielen, Hardenberg Dokument Nr. 18, 460 f.
2 Abdruck der Dokumente bei Thielen, Hardenberg 463 ff.
3 Stamm-Kuhlmann, Tagebücher 790, Anm. 280 u. 286
4 Stamm-Kuhlmann, Tagebücher 794
5 Hardenberg am 25. Juli 1814. Zit. Thielen, Hardenberg 305 f.

V.
Das Elend der Restauration

»Was stört, ist dieser Ruf nach Freiheit«

1 Zit. de Bourgoing, Jean, Vom Wiener Kongress. München 1964, 25
2 Zit. de Bourgoing, Wiener Kongress 26
3 Nach Thielen 311
4 Carl August Varnhagen von Ense. Zit. Thielen, Hardenberg 309
5 Von der Heyden-Rynch, Europäische Salons 165
6 Gespräch mit dem Autor am 7. November 2001 in Wolbrechtshausen
7 Zit. de Bourgoing, Wiener Kongress 92
8 Astrid Gräfin Hardenberg im Gespräch mit dem Autor am 27. 11.
  2001 in Berlin
9 »Jurat in verba des K. v. Rußland...«, Tagebuchnotiz vom 1. Oktober 1814
  Stamm-Kuhlmann, Tagebücher 799
10 Hardenberg an Metternich am 3. Dezember 1814, deutsch zit. Thielen, Hardenberg 314 f.
11 Hardenberg an Metternich am 21. Dezember 1814. Zit. Bourgoing,
  Wiener Kongress 307
12 Zit. Henry Valotton, Metternich 330

»Oh ihr Politiqer...«

1 Blücher an Hardenberg am 27. Februar 1815. Zit. Thielen, Hardenberg 325
2 Hardenberg und Humboldt am 10. Januar 1815 an Metternich. Zit.
  Thielen, Hardenberg 318

3 Vgl. Thielen, Hardenberg 322
4 Hardenbergs Umfrage über die Lage der Kinder in den Fabriken und andere Dokumente aus der Frühgeschichte der Lage der Arbeiter, hgg. von R. Hoppe, J. Kuczynski, H. Waldmann. Berlin 1960
5 Hardenbergs Umfrage 4
6 Stamm-Kuhlmann, Tagebücher 69

»Die Rheinische Pressfrechheit«

1 Friedrich Wilhelm am 23. Februar 1818. Vgl. Stamm-Kuhlmann, Tagebücher 852 f., Anm. 59
2 Wilhelm Dorow, Erlebtes. Zit. Stamm-Kuhlmann, Tagebücher 849, Anm. 36
3 Hans-Joachim Schoeps, Preußen. Geschichte eines Staates. Frankfurt/M.-Berlin 1966, 168 f.
4 Stamm-Kuhlmann, Tagebücher 72
5 Vgl. Stamm-Kuhlmann, Tagebücher 841, Anm. 86
6 Vgl. Stamm-Kuhlmann, Friedrich Wilhelm III. 433
7 Zit. Schnabel, Deutsche Geschichte 286

VI.
Der letzte Winter

Die Angst des »Hofgewürms«

1 Stamm-Kuhlmann, Friedrich Willhelm III. 426
2 Brief Adam Müllers an den Freiherrn von der Marwitz. Zit. Paul Haake, König Friedrich Wilhelm III., Hardenberg und die preußische Verfassungsfrage, in: Forschungen zur Brandenburgischen und Preußischen Geschichte (FBPG) 26 (1913) 180
3 Haake, a.a.O. 174
4 Haake, a.a.O. 185 f.
5 Hardenberg am 9. Februar 1811. Zit. Thielen, Hardenberg 270
6 Stamm-Kuhlmann, Friedrich Wilhelm III. 10.
7 Stamm-Kuhlmann, Friedrich Wilhelm III. 413
8 Eingabe vom 21. März 1815. Vgl. Stamm-Kuhlmann, Friedrich Wilhelm III. 413
9 Immediatbericht vom 3. Mai 1818. Zit. Thielen, Hardenberg 349
10 Vgl. Schnabel, Deutsche Geschichte 33

»Gönner der Verschwörung«

1 Vgl. David E. Barclay, Die Gegner der Reformpolitik Hardenbergs, in: Freier Gebrauch der Kräfte, 217-229.
2 Schnabel, Deutsche Geschichte 284
3 Aufzeichnung Hardenbergs vom Dezember 1819. Zit. Thielen, Hardenberg 357

429

4 Wilhelm und Caroline von Humboldt in ihren Briefen, hgg. von Anna von Sydow, Bd. 6: Im Kampf mit Hardenberg. Briefe von 1817-1819, Berlin 1913.
5 Heinrich Lutz, Zwischen Habsburg und Preußen. 1985, 1994 und 1998. Zit. nach der TB-Ausgabe Berlin 1998
6 Lutz, a.a.O. 29-33
7 Stamm-Kuhlmann, Friedrich Wilhelm III. 431-440. Thielen 349-357. Andrea Hofmeister, Der Reformstaatskanzler und die Öffentlichkeit, in: Freier Gebrauch der Kräfte, 136 f.
8 Vgl. Lutz, a.a.O. 42-56

Der Alte vom Berge

1 Zit. Thielen, Hardenberg 331
2 Branig, Hans, Briefwechsel des Fürsten K.A.v. Hardenberg mit dem Fürsten Wilhelm Ludwig von Wittgenstein 1806-1822. Veröffentlichung aus den Archiven Preuß. Kulturbesitz. Köln/Berlin 1972
3 Zit. Stamm-Kuhlmann, Tagebücher 903, Anm. 117
4 Hardenberg am 5. November 1820. Zit. Stamm-Kuhlmann, Tagebücher 903
5 Karl von Mecklenburg am 2. November 1820 an den Kronprinzen. Zit. Thielen, Hardenberg 363
6 Vgl. Schnabel, Deutsche Geschichte 275
7 Vgl. Michael Seiler, Potsdam – Schlösser, Gärten, Stadt- und Parklandschaft, in: Potsdamer Schlösser und Gärten. Katalog der Ausstellung 1993. Potsdam 1993, 157-163
8 Vgl. Stamm-Kuhlmann, Tagebücher 903-1020
9 Vgl. die Eintragungen vom 16. November und 17. Dezember 1820. Zit. Stamm-Kuhlmann, Tagebücher 909
10 Dorow, Erlebtes III, 308
11 Dorow, Erlebtes I, 171
12 Zit. Thielen, Hardenberg, Dokument 21, 466
13 Zit. Stamm-Kuhlmann, Tagebücher 922
14 Niebuhr an Dore Hensler am 17. März 1821. Zit. Stamm-Kuhlmann, Tagebücher 944, Anm. 426
15 Stamm-Kuhlmann, Tagebücher 940
16 Stamm-Kuhlmann, Tagebücher 948 f.
17 Stein am 28. März 1821. Stamm-Kuhlmann, Tagebücher 948, Anm. 486
18 Schnabel, Deutsche Geschichte 218
19 Dorow, Erlebtes I, 182

»Man schüttelt sehr die Köpfe«

1 Stamm-Kuhlmann, Tagebücher 1010, Anm. 66 und 68
2 Zit. Stamm-Kuhlmann, Tagebücher 933, Anm. 334

3 Zit. Stamm-Kuhlmann, Tagebücher 933, Anm. 334
4 Hans Branig, Briefwechsel des Fürsten K. A.von Hardenberg mit dem Fürsten Wilhelm Ludwig von Wittgenstein 1806-1822. Veröfftl. aus den Archiven Preußischer Kulturbesitz, Köln/Berlin 1972.
5 Branig, Briefwechsel 317
6 Dorow, Erlebtes III, 206
7 Dorow, Erlebtes III, 213
8 Zit. Stamm-Kuhlmann, Tagebücher 1017, Anm. 107
9 Vgl. Stamm-Kuhlmann, Tagebücher 1007, Anm. 58
10 Karl von Woltmann, Preußische Charaktere, mitgeteilt von Franz Hadamowsky, in: Forschungen zur Brandenburgisch-Preußischen Geschichte (FBPG) 40 (1927) 101
11 Vgl. Stamm-Kuhlmann, Tagebücher 997-1020

Familienbande

1 Vgl. zum Ganzen die Blätter zur Familiengeschichte im Hardenberg-Archiv Lietzen
2 Vgl. S. 264 ff.
3 Hardenberg-Archiv Lietzen Nr. 1634, 1637, 1638, 1775, 1776
4 Briefwechsel und Tagebücher, hgg. von Ludmilla Assing. Nachdruck Bern 1971
5 Zu Pückler im Ganzen vgl. Heinz Ohff, Fürst Hermann Pückler, Berlin 1982/1999
6 Vgl. Klessmann, Pückler 25-60
7 Unveröffentlichter Vertragstext im Hardenberg-Archiv Lietzen

Tod in Genua

1 Zit. Thielen, Hardenberg 368
2 Vgl. zum Folgenden Klose, Leben Karl Augusts 506-522
3 Stamm-Kuhlmann, Tagebücher 1020, Anm. 145
4 Stamm-Kuhlmann, Tagebücher 1020, Anm. 145
5 Schnabel, Deutsche Geschichte 220
6 Stamm-Kuhlmann, Tagebücher 796, Anm. 339
7 Vgl. Stamm-Kuhlmann, Tagebücher 899, Anm. 88
8 Schnabel, Deutsche Geschichte 277
9 Schnabel, Deutsche Geschichte 289

Anstelle eines Nachwortes

1 Ernst Klein, Finanzpolitik, Berlin 1965
2 Klein, Von der Reform zur Restauration, 1
3 Max Lehmann, Hardenbergs Memoiren. Historische Zeitschrift 39 NF (1878) 86
4 Denkwürdigkeiten II, 191. Vgl. Lehmann a.a.O. 87

Danksagung

Dank sagen möchte ich allen, die mir geholfen haben: Gisi von Klot-Heydenfeld, Albrecht Graf von Hardenberg und Andreas Graf von Hardenberg für die Kontakte zu meinen Gesprächspartnern. Alexandra Gräfin von Hardenberg und Gebhard Graf von Hardenberg danke ich für die Gespräche und den Zugang zum Familienarchiv, Astrid Gräfin von Hardenberg für die Unterstützung bei den Recherchen. Ich danke Dr. Fritz Hufen für die großzügige Erlaubnis, seine Bibliothek zu nutzen. Ich danke Irmgard Busch und dem Heimatverein Neuhardenberg e.V. für wertvolle Hinweise. Matthias Landwehr, Thomas Sparr und Stephanie Esser danke ich für Mitdenken, Kritik und Korrektur. Prof. Dr. Thomas Stamm-Kuhlmann danke ich für Gespräch, Korrektur und Literaturhinweise, Monika Hermann für staatsrechtliche Beratung und Maximilian von Mersi für den »Mädchengucker«. Und Evelyn Roll danke ich sowieso für alles.

Zeittafel

1750	31. Mai	Karl August von Hardenberg wird in Essenrode geboren
1756	August	Der Siebenjährige Krieg bricht aus
1763	15. Februar	Ende des Siebenjährigen Krieges. Friede von Hubertusburg
1766	13. Oktober	Karl August wird an der Universität Göttingen immatrikuliert
1769	15. August	Napoleon Bonaparte wird geboren
1770	3. August	Friedrich Wilhelm von Preußen, der spätere König Friedrich Wilhelm III., wird geboren
1771	12. Januar	Karl August wird als Auditor in die hannoversche Justizkanzlei übernommen
	August	Karl August wird in die Finanzkammer versetzt
1772	15. Juli	Karl August bricht zu seiner Kavaliers reise auf
1773	15. Mai	Metternich wird geboren
	26. November	Hardenberg wird zum Kammerrat ernannt
1774	8. Juni	Heirat mit Christiane von Reventlow
1776	10. März	Luise von Mecklenburg-Strelitz, die spätere Königin Luise von Preußen, wird geboren
1777	23. Dezember	Alexander I., der spätere Zar von Russland, wird geboren
1780	13. Januar	Denkschrift Hardenbergs zur Reform der hannoverschen Verwaltung
	29. November	Kaiserin Maria Theresia stirbt. Joseph II. wird ihr Nachfolger
1781	15. Februar	Das Ehepaar Hardenberg-Reventlow geht nach London

	13. März	Karl Friedrich Schinkel wird geboren
	8. Mai	Denkschrift Hardenbergs zur hannoverschen Außenpolitik
	28. September	Hardenberg reicht bei George III. sein Abschiedsgesuch ein
	26. November	Hardenbergs Vater, Christian Ludwig, stirbt
1782	30. Mai	Hardenberg wird zum herzoglich-braunschweigischen Geheimen Rat ernannt
1785	13. Februar	Hardenbergs Denkschrift zum Vertrags- und Kriegsrecht der Reichsstände
1786	28. Mai	Denkschrift Hardenbergs zur Reform der Landesverwaltung
	17. August	Friedrich der Große stirbt. Sein Neffe wird als Friedrich Wilhelm II. König von Preußen
1787	1. August	Hardenberg wird Kammerpräsident
1788	9. Juni	Hardenberg heiratet Sophie von Lenthe, geb. von Haßberg
1791	16. Januar	Friedrich Wilhelm II. und Markgraf Alexander schließen einen Vertrag zur Übernahme von Ansbach-Bayreuth durch Preußen. Hardenberg wird Staats- und Kriegsminister
	9. Juni	Hardenberg wird mit der Regierung der Markgrafschaften betraut
1792	19. Januar	Hardenberg wird zum preußischen Kabinettsminister ernannt und übernimmt die Leitung der fränkischen Angelegenheiten
	1. März	Kaiser Leopold stirbt. Nachfolger wird Franz II., der letzte Kaiser des Heiligen Römischen Reiches Deutscher Nation
1793	17. Mai	Christiane von Reventlow stirbt
	28. Juli	Französische Truppen erobern Belgien und das linke Rheinufer
1795	Januar	Österreich und Russland schließen einen Geheimvertrag über eine dritte Teilung Polens

1795	5. April	Unterzeichnung des Friedensvertrags von Basel
1796	29. Januar	Denkschrift Hardenbergs zur Außenpolitik
1797	16. November	Friedrich Wilhelm II. stirbt. Sein Sohn wird als Friedrich Wilhelm III. sein Nachfolger
1799	28. Februar	Beginn des 2. Koalitionskrieges
	24. März	Denkschrift Hardenbergs über die Finanzverwaltung in Ansbach-Bayreuth
1801	26. Januar	Denkschrift Hardenbergs über eine Reichsverfassung
1802	6. Juni	Preußen übernimmt Westfalen als Entschädigung für linksrheinische Verluste
1803	26. Mai	Französische Truppen marschieren in Hannover ein
1804	2. Dezember	Napoleon wird zum Kaiser gekrönt
1805	12. März	Denkschrift Hardenbergs zur politischen Lage
	2. Dezember	Schlacht bei Austerlitz
1807	10. April	Hardenberg wird zum Ersten Kabinettsminister ernannt
	17. Juni	Hardenberg heiratet in dritter Ehe Charlotte Schönemann
	7. Juli	Frieden von Tilsit
	9. Juli	Friedensvertrag zwischen Preußen und Frankreich
	14. Juli	Hardenberg wird auf Druck Napoleons offiziell entlassen
	15. September	Hardenberg schließt seine große Rigaer Denkschrift ab
1810	4. Juni	Hardenberg wird zum Staatskanzler ernannt
	19. Juli	Königin Luise stirbt
1812	24. Februar	Bündnis zwischen Preußen und Frankreich

	26. Mai	Hardenberg trifft in Dresden mit Napoleon zusammen
1813	16.-19. Oktober	Völkerschlacht bei Leipzig
1814	25. August	Berliner Frieden zwischen Preußen und Dänemark.
	17. September	Hardenberg auf dem Wiener Kongress
1815	15. Juli	Hardenberg zu Friedensverhandlungen in Paris
1817	18. Oktober	Wartburgfest der Burschenschaften
1821	5. Mai	Napoleon stirbt auf St. Helena
	24. Mai	Denkschrift Hardenbergs über eine ständische Verfassung
1822	26. November	Hardenberg stirbt in Genua

Literaturverzeichnis

ARIÈS, PHILIPP: Geschichte des Todes. München 1991
ASSING, LUDMILLA: Briefwechsel und Tagebücher des Fürsten Hermann von Pückler-Muskau. Neuausgabe Bern 1971
BAILLEU, PAUL: Königin Luise. Ein Lebensbild. Berlin/Leipzig 1908
BANNIZA VON BAZAN, H.: Zur Frage der jüdischen Versippung des Staatskanzlers Hardenberg, in: Historische Zeitschrift (HZ) 164, H. 1, 106 f.
BOURGOING, JEAN: Vom Wiener Kongress. München 1964
BRANIG, HANS: Briefwechsel des Fürsten Karl August von Hardenberg mit dem Fürsten Wilhelm Ludwig von Wittgenstein 1806-1822. Veröffentlichung aus den Archiven Preußischer Kulturbesitz. Köln/Berlin 1972
DE BRUYN, GÜNTER: Preußens Luise. Vom Entstehen und Vergehen einer Legende. Berlin 2001
CRAIG, GORDON A.: Die Politik der Unpolitischen. Deutsche Schriftsteller und die Macht 1770 – 1871. München 1993
DIETZ, ARNIM: Ewige Herzen, München 1998
DOROW, WILHELM: Erlebtes aus den Jahren 1813 – 1820. Band I. Leipzig 1843
FONTANE, THEODOR: Wanderungen durch die Mark Brandenburg, München 1979
FREYTAG, GUSTAV: Bilder aus der deutschen Vergangenheit. München 1998
GEHEIMES STAATSARCHIV PREUSSISCHER KULTURBESITZ (HG.): Hardenberg und seine Zeit. Ausstellungskatalog zum 150. Todestag des preußischen Staatskanzlers. Berlin 1972
GOETHE, JOHANN WOLFGANG: Aus meinem Leben. Dichtung und Wahrheit, Frankfurt 1984
Ders.: Campagne in Frankreich, (1792), Frankfurt 1994
GRANIER, HERMANN: Ein Reformversuch des preußischen Kanzleistils im Jahre 1800, in: Forschungen zur Brandenburgischen und Preußischen Geschichte (FBPG) 15 (1902) 168-180.
HAAKE, PAUL: König Friedrich Wilhelm III., Hardenberg und die preußische Verfassungsfrage, in: Forschungen zur Brandenburgischen und Preußischen Geschichte (FBPG) 26 (1913)
HAFFNER, SEBASTIAN: Preußen ohne Legende. Hamburg 1979
HALLER, ELFI: Karl August Freiherr von Hardenberg. München 1987
HARTMANN, PETER CLAUS: Kulturgeschichte des Heiligen Römischen Reiches. Wien Köln Graz 2001
HAUSSHERR, HANS: Die Stunde Hardenbergs. Hamburg 1943. 2., veränderte Aufl. Köln Graz 1965

HAUSSHERR, HANS (HRSG.): Die Memoiren des Ritters von Lang. Stuttgart 1957
HAUSSHERR, HANS: Hardenberg und der Friede von Basel, in: Historische Zeitschrift (HZ) 184, H. 2 (1957) 292-335
HAUSSHERR, HANS: Hardenberg. Eine politische Biographie. 1. Teil Köln/ Graz 1963
HAUSSHERR, HANS: Stein und Hardenberg, in: Historische Zeitschrift (HZ) H. 2 (1969) 268
HEIDEN-BERNDT, ANITA: Friederike Auguste Krüger. Ein historisch-biographischer Roman. Neubrandenburg 1994
HOFMEISTER-HUNGER, ANDREA: Pressepolitik und Staatsreform. Die Institutionalisierung staatlicher Öffentlichkeitsarbeit bei Karl August von Hardenberg (1792 – 1822). Göttingen 1994
R. HOPPE/J. KUCZYNSKI/H. WALDMANN: Hardenbergs Umfrage über die Lage der Kinder in den Fabriken und andere Dokumente aus der Frühgeschichte der Lage der Arbeiter. Berlin 1960
KLEIN, ERNST: Von der Reform zur Restauration. Finanzpolitik und Reformgesetzgebung des preußischen Staatskanzlers Karl August von Hardenberg. Berlin 1965
KLESSMANN, ECKART: Fürst Pückler und Machbuba. Berlin 1998
KLOSE, CARL LUDWIG: Leben Karl Augusts Fürsten von Hardenberg, Königlich Preußischen Staatskanzlers. Halle 1851
KRAUSS, H. ALEXANDER: Die Rolle Preußens in der DDR-Historiographie, in: Europäische Hochschulschriftenreihe III. Frankfurt 1993
LANG, KARL HEINRICH RITTER VON: Memoiren. Siehe HAUSSHERR (Hg.)
LEHMANN, MAX: Hardenbergs Memoiren, in: Historische Zeitschrift (HZ) 39 NF (1878)
LUTZ, HEINRICH: Zwischen Habsburg und Preußen. Berlin 1998
MANN, GOLO: Deutsche Geschichte des 19. und 20. Jahrhunderts. Frankfurt a. Main 1958
PIONTEK, FRANK UND SCHULTZ, JOACHIM: Bayreuth. Ein literarisches Porträt. Frankfurt/Leipzig 1996
MÜSSEL, KARL: Bayreuth in acht Jahrhunderten. Bindlach 1993
OHFF, HEINZ: Preußens Könige. München 1999
OHFF, HEINZ: Fürst Hermann Pückler. Berlin 1982/1999
RANKE, LEOPOLD VON: Denkwürdigkeiten des Staatskanzlers Fürsten von Hardenberg. 5 Bände. Leipzig 1877 f.
REICH-RANICKI, MARCEL: Herz, Arzt und Literatur. Zürich 1987
RITTER, GERHARD: Stein. Eine politische Biographie. 1. Aufl. Stuttgart 1981
ROTHKIRCH, MALVE GRÄFIN VON (HG.): Königin Luise an ihren Vater. Briefe und Aufzeichnungen. München 1985
SABROW, MARTIN: Das Diktat des Konsenses. Geschichtswissenschaft in der DDR 1949-1969. München 2001
SCHLÖGEL, KARL: Hommage und Grabstein für Preußen, in: F.A.Z. vom 11. November 2001

SCHNABEL, FRANZ: Deutschland in den weltgeschichtlichen Wandlungen des letzten Jahrhunderts. Berlin 1925

SCHNABEL, FRANZ: Deutsche Geschichte im neunzehnten Jahrhundert. Bd. 1. 5. Aufl. Freiburg 1959

SCHNABEL, FRANZ: Deutsche Geschichte im 19. Jahrhundert, Bd. 2. München 1933, dtv 1987

SCHOEPS, HANS JOACHIM: Preußen. Geschichte eines Staates. Frankfurt/Berlin 1966

SIEDLER, WOLF JOBST: Auf der Pfaueninsel. Berlin 1987

STAMM-KUHLMANN, THOMAS (HG.): Karl August von Hardenberg 1750-1822. Tagebücher und autobiographische Aufzeichnungen. München 2000.

STAMM-KUHLMANN, THOMAS: König in Preußens großer Zeit. Friedrich Wilhelm III, der Melancholiker auf dem Thron. Berlin 1992

STAMM-KUHLMANN, THOMAS (HG.): Freier Gebrauch der Kräfte. Eine Bestandsaufnahme der Hardenberg-Forschung. Beiträge von Silke Lesemann, Rudolf Endres, Walter Demel, Brendan Simms, Philip G. Dwyer, Georg Moll, Barbara Vogel, Andrea Hofmeister, Hans-Werner Hahn, Michael Hundt, Christof Dipper, Paul Nolte, David E. Barclay und Thomas Stamm-Kuhlmann. München 2001

STAMM-KUHLMANN, THOMAS: Der Staatskanzler von Hardenberg, die Bankiers und die Judenemanzipation, in: Vierteljahrschrift für Sozial- und Wirtschaftsgeschichte (VSWG) 83 (1996) H. 3, 334-346

STAMM-KUHLMANN, THOMAS: Die Tagebücher Karl August von Hardenbergs als Quelle zur Geschichte des tierischen Magnetismus in Preußen, in: Sudhoffs Archiv 77 (1993) H. 2, 231-235

STAMM-KUHLMANN, THOMAS: »Man vertraue doch der Administration!« Staatsverständnis und Regierungshandeln des preußischen Staatskanzlers Karl August von Hardenberg, in: Historische Zeitschrift (HZ) 264 (1997) 613-654

STERN, ALFRED: Propyläen Weltgeschichte, hgg. Von Walter Goetz, Bd. 7 Berlin o. J.

STÖRKEL, ARNO: Christian Friedrich Carl Alexander. Der letzte Markgraf von Ansbach-Bayreuth. Ansbach 1995

THIELEN, PETER GERRIT: Karl August von Hardenberg 1750-1822. Eine Biographie (mit Quellenanhang), Köln Berlin 1967

SYDOW, ANNA VON (HG.): Wilhelm und Caroline von Humboldt in ihren Briefen. Bd. 6: Im Kampf mit Hardenberg. Briefe von 1817-1819. Berlin 1913

TOURISMUSVERBAND FRANKEN E.V. (Hg.): Bayern, Franken, Preußen. Eine historische Doppelbeziehung, Nürnberg 1999

TREITSCHKE, HEINRICH VON: Ausgewählte Schriften Bd. 1. Leipzig 1917

VALOTTON, HENRY: Metternich. München 1976

VARNHAGEN VON ENSE, CARL AUGUST: Denkwürdigkeiten und vermischte Schriften. 9 Bände, Leipzig 1837 – 1859

439

VARNHAGEN VON ENSE, CARL AUGUST: Aus dem Nachlaß, Tagebücher. 6 Bände, Leipzig 1861.

VOGEL, BARBARA: Allgemeine Gewerbefreiheit. Die Reformpolitik des preußischen Staatskanzlers Hardenberg 1810 – 1820. Göttingen 1983

VON DER HEYDEN- RYNCH, VERENA: Europäische Salons. München 1992

WETZEL, CHRISTOPH (Hg.): Goethe und seine Zeit. Salzburg 1982

WINKLER, HEINRICH AUGUST: Der lange Weg nach Westen, 2 Bände, München 2000

WOLTMANN, KARL VON: Preußische Charaktere, mitgeteilt von Franz Hadamowsky, in: Forschungen zur Brandenburgischen und Preußischen Geschichte (FBPG) 40 (1927) 101

Namenverzeichnis

Kursive Ziffern verweisen auf Bildunterschriften

443

Abbildungsnachweis

Archiv für Kunst und Geschichte, Berlin: 107, 165, 240, 268 (o.), 340 (alle drei Bilder), 343, 346 (r. u.), 359
Bildarchiv Preußischer Kulturbesitz, Berlin: 149, 151, 223, 243, 268 (l. u. und r. u.), 309 (o.), 346 (o.), 346 (l. u.)
Rainer Fischer, Berlin: 234
Hans Glave, Berlin: 406
Privatbesitz Friedrich Carl Graf von Hardenberg, Nörten/Fotografie Hans Glave, Berlin: 373
Privatbesitz Gebhard Graf von Hardenberg, Lietzen/Fotografie Hans Glave, Berlin: 286, 363
Privatbesitz von Pückler, Branitz/Fotografie Hans Glave, Berlin: 401
Stadtmuseum Berlin: 147
Stiftung Preussische Schlösser und Gärten Berlin-Brandenburg, Potsdam: 130, 226
Stiftung Schloss Neuhardenberg, Berlin/Neuhardenberg: 17

Die übrigen Bilder stammen aus folgenden Büchern:

Sebastian Haffner: Preußen ohne Legende. Hamburg 1981 (S. 258f.): 323
Hans Joachim Schoeps: Preußen ohne Legende. Bilder und Zeugnisse. Berlin 1967 (S. 102): 309 (u.)
Peter Gerrit Thielen: Karl August von Hardenberg 1750-1822. Eine Biographie. Köln/Berlin 1967 (Titel, S. 16, S. 32, S. 80): Titel, 25, 40, 71